“十四五”高等职业教育电子商务系列教材
中国特色高水平高职学校建设项目成果
电子商务国家级职业教育教师教学创新团队建设成果

跨境电商运营

王晓亮　李亚斌　主　编
程　码　陈　菲　张　静　李恒杰　副主编
王庆春　主　审

中国铁道出版社有限公司
CHINA RAILWAY PUBLISHING HOUSE CO., LTD.

内 容 简 介

本书是中国特色高水平高职学校建设项目成果，也是电子商务国家级职业教育教师教学创新团队建设成果。全书内容包含跨境电商平台运营、跨境电商物流、跨境电商支付、跨境电商营销、跨境电商风险控制、跨境电商品牌建立，共六大模块、20个项目、58个学习任务。本书在各个模块中都加入了"直通职场"栏目，以帮助学习者在学习情境中对岗位职责、技能、能力、职业素养等方面建立良好认知，为步入工作岗位做好准备。

本书适合作为高等职业院校电子商务、市场营销、网络营销、现代物流管理、零售业管理等专业学生的教材，也适合作为从事相关行业人员的参考书。

图书在版编目(CIP)数据

跨境电商运营/王晓亮，李亚斌主编．—北京：中国铁道出版社有限公司，2023.8

"十四五"高等职业教育电子商务系列教材

ISBN 978-7-113-30216-0

Ⅰ.①跨… Ⅱ.①王… ②李… Ⅲ.①电子商务-运营管理-高等职业教育-教材 Ⅳ.①F713.365.1

中国国家版本馆CIP数据核字(2023)第075509号

书　　名： 跨境电商运营
作　　者： 王晓亮　李亚斌

策　　划： 潘星泉　　　　**编辑部电话：**（010）51873090
责任编辑： 潘星泉　贾淑媛
封面设计： 郑春鹏
责任校对： 安海燕
责任印制： 樊启鹏

出版发行： 中国铁道出版社有限公司（100054，北京市西城区右安门西街8号）
网　　址： http://www.tdpress.com/51eds/
印　　刷： 三河市兴达印务有限公司
版　　次： 2023年8月第1版　2023年8月第1次印刷
开　　本： 787 mm×1 092 mm 1/16　**印张：** 17　**字数：** 419千
书　　号： ISBN 978-7-113-30216-0
定　　价： 54.00元

总　序

2019 年 3 月，教育部、财政部联合印发《关于实施中国特色高水平高职学校和专业建设计划的意见》（简称“双高计划”），支持建设一批引领改革、支撑发展、中国特色、世界水平的高职学校和专业群；2019 年 6 月，教育部印发《全国职业院校教师教学创新团队建设方案》，提出分专业建设一批高水平、结构化的国家级职业教育教师教学创新团队，教师分工协作进行模块化教学；首批电子商务国家级职业教育教师教学创新团队经过公开遴选，于 2019 年 8 月立项建设；2020 年 7 月，教育部公布首批国家级职业教育教师创新团队专业领域实践课题研究项目。首批电子商务国家级职业教育教师教学创新团队紧紧围绕立德树人这一根本任务，建设基于现代商贸流通领域的新商科专业群的系列教材。

该系列教材作为首批电子商务国家级职业教育教师教学创新团队研究成果之一，也是教育部公布的“专业领域-电子商务实践课题‘电子商务产学协同育人生态圈探索与实践（SJ2020110104）’”建设成果。

该系列教材是适应结构化、模块化专业课程教学要求的新形态教材，同时配套建设了丰富的可听、可视、可练、可互动的数字化资源。期待本系列教材在实践中不断完善，成为培根铸魂、启智增慧的精品教材。

首批电子商务国家级职业教育教师教学创新团队

2022 年 2 月 22 日

前言

商务部、中央网信办、发展改革委三部门联合发布的《“十四五”电子商务发展规划》中显示：至2025年我国跨境电子商务交易额将增长至2.5万亿元。跨境电商作为新业态，实现了飞速发展。作为新兴贸易业态，跨境电商已经成为稳外贸的一个重要力量；跨境电商以互联网为纽带进行全球范围内的信息传递、商品交易，不仅有效拓展市场、降低交易成本，差异化的商品流动更是促进全球卖家与消费者的互惠互利。跨境电商有望成为全球贸易的主要形式。

本书是中国特色高水平高职学校建设项目建设成果系列教材，也是首批电子商务国家级职业教育教师教学创新团队、云南省商务研究院、云南省国际贸易学会、南京云开数据科技有限公司等产学协同育人成果。本书全面贯彻党的二十大报告中关于建设教育强国的重要论述，紧紧围绕立德树人这一根本任务，服务跨境电子商务新模式、新业态发展及人才需求，强化学生职业道德素养养成和专业技术积累，将专业精神、职业精神和工匠精神融入教材。

本书内容设计以服务“三全育人”为宗旨，将知识目标、能力目标、素养目标融汇贯通，以服务专业、服务后续课程、服务应用、服务市场为宗旨，内容设计上有理论、有案例、有分析、有应用，内容包含跨境电商平台运营、跨境电商物流、跨境电商支付、跨境电商营销、跨境电商风险控制、跨境电商品牌建立六大模块，共20个项目58个学习任务；各个模块加入“直通职场”，使学习者在学习情境中对岗位职责、技能、能力、职业素养等方面有良好认知。

党的二十大报告指出：“推进教育数字化，建设全民终身学习的学习型社会、学习型大国。”本书响应二十大报告中的这一精神，进行全方位立体化教材开发，对应开发配套微课、音频、动画等多样化自主学习资源素材库，服务教师教学、学生学习。相关资源可向编者索取。

本书由昆明冶金高等专科学校王晓亮、李亚斌担任主编，昆明冶金高等专科学校程玛、陈菲、张静，云南省商务研究院李恒杰担任副主编，昆明冶金高等专科学校刘芮含、盖柄元，云南省国际贸易学会杨怡玲、谢晨，南京云开数据科技有限公司李松林参与编写；全书由王晓亮统稿，由昆明冶金高等专科学校王庆春审稿。

本书编写过程中编者参阅了有关网站、研究成果和文献，在此表示感谢！

跨境电子商务正在以前所未有的速度发展，其所涉及的知识与技能具有较强的前瞻性、时效性，由于编者水平有限，疏漏之处在所难免，敬请广大读者批评指正。编者邮箱：68502693@qq. com。

编　者

2023 年 3 月

目录

模块 1　跨境电子商务平台运营

模块 2　跨境电子商务物流

模块 6　跨境电子商务品牌建立

模块1　跨境电子商务平台运营

学习目标

知识目标

1. 掌握跨境电子商务基本模式。
2. 了解各跨境电商的基础运营逻辑及规则。

能力目标

1. 能根据不同的跨境电商业务需求选择科学合理的物流模式。
2. 能独立完成各跨境电商平台的入驻及前期维护。
3. 能协调统筹整体店铺运营及管理店铺各部门开展运营。

素养目标

1. 树立跨境电子商务中的风险防范意识。
2. 提高跨境电子商务中的法律意识。

思维导图

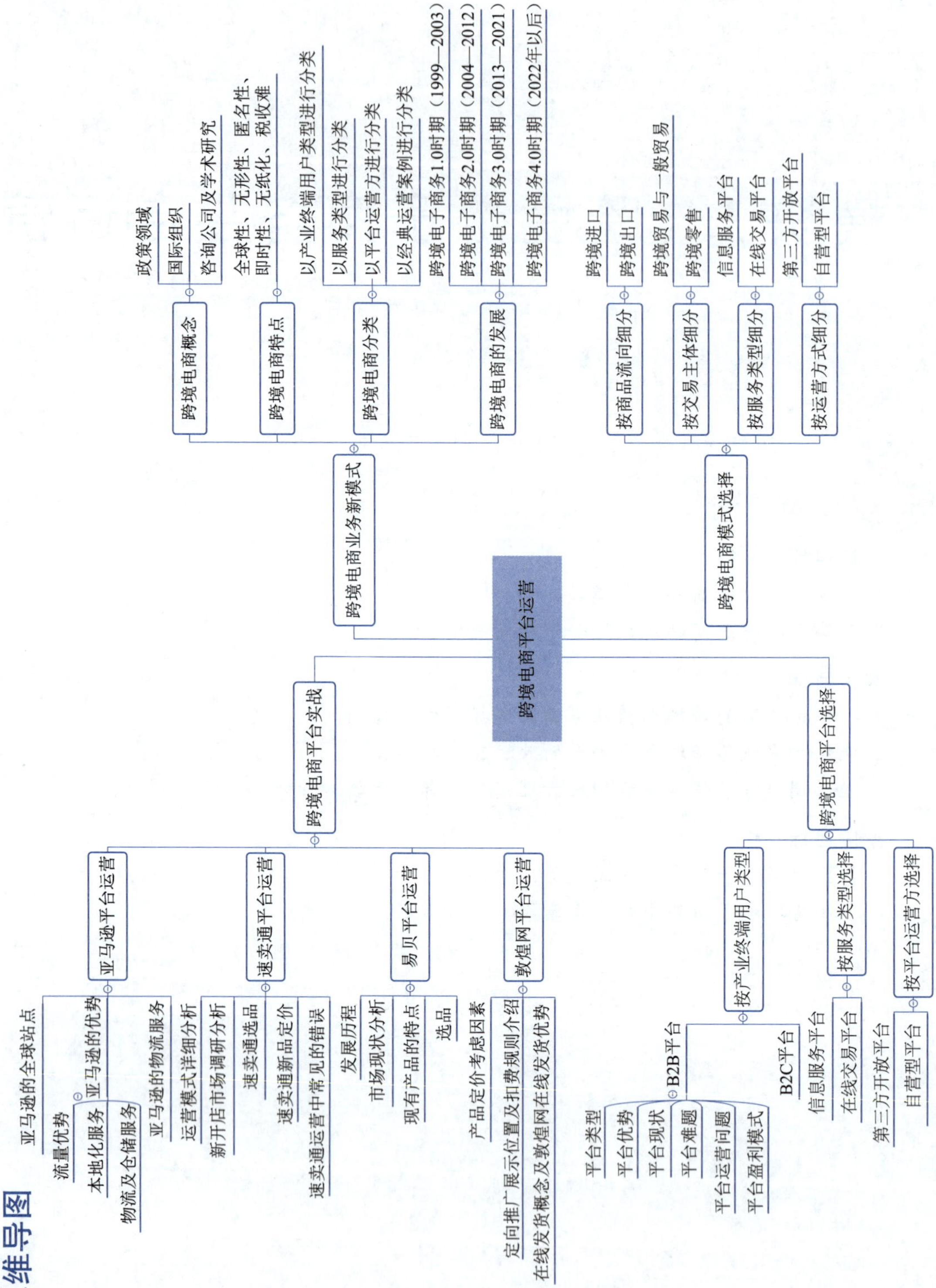

- 跨境电商平台运营
  - 跨境电商业务新模式
    - 跨境电商概念
      - 政策领域
      - 国际组织
      - 咨询公司及学术研究
    - 跨境电商特点
      - 全球性、无形性、匿名性、即时性、无纸化、税收难
    - 跨境电商分类
      - 以产业终端用户类型进行分类
      - 以服务类型进行分类
      - 以平台运营方进行分类
      - 以经典运营案例进行分类
    - 跨境电商的发展
      - 跨境电子商务1.0时期（1999—2003）
      - 跨境电子商务2.0时期（2004—2012）
      - 跨境电子商务3.0时期（2013—2021）
      - 跨境电子商务4.0时期（2022年以后）
  - 跨境电商模式选择
    - 按商品流向细分
      - 跨境进口
      - 跨境出口
    - 按交易主体细分
      - 跨境贸易与一般贸易
      - 跨境零售
    - 按服务类型细分
      - 信息服务平台
      - 在线交易平台
    - 按运营方式细分
      - 第三方开放平台
      - 自营型平台
  - 跨境电商平台实战
    - 亚马逊平台运营
      - 亚马逊的全球站点
      - 亚马逊的优势
        - 流量优势
        - 本地化服务
        - 物流及仓储服务
      - 亚马逊的物流服务
    - 速卖通平台运营
      - 运营模式详细分析
      - 新开店市场调研分析
      - 速卖通选品
      - 速卖通新品定价
      - 速卖通运营中常见的错误
    - 易贝平台运营
      - 发展历程
      - 市场现状分析
      - 现有产品的特点
      - 选品
    - 敦煌网平台运营
      - 产品定价考虑因素
      - 定向推广展示位置及扣费规则介绍
      - 在线发货概念及敦煌网在线发货优势
  - 跨境电商平台选择
    - 按产业终端用户类型
      - B2B平台
        - 平台类型
        - 平台优势
        - 平台现状
        - 平台难题
        - 平台运营问题
        - 平台盈利模式
      - B2C平台
    - 按服务类型选择
      - 信息服务平台
      - 在线交易平台
    - 按平台运营方选择
      - 第三方开放平台
      - 自营型平台

场景引入

跨境电子商务促进企业发展

HHTU品牌是从2016年6月份和跨境谷进行合作的，之前一直在做国内市场的电商天猫平台，自有厂家进行生产。

HHTU在速卖通开通初期有一个痛点，店铺产品都是国内风格的款式，比较不适合国外。这时就需要重新选品，来开发适合速卖通平台的款式。跨境谷运营部利用在平台里沉淀的经验，进行大数据选品，将各大平台上的热卖款以及上升款整合一起，让客户自主研发新品。设计师推陈出新，根据推荐的款式，设计出来新的款式在平台上非常受买家的喜爱。

同年6月份，HHTU和跨境谷合作，成功拿下速卖通银牌店铺，也正式开始了扬帆起航之旅。这一年HHTU整个店铺都在不断摸索、开发属于自己品牌风格的产品，并且迅速积累了大量的店铺订单。

第二年2月份，HHTU店铺成交额成功达到1万美元。但HHTU的海外之旅显然不只是这个目标，在稳定了店铺成交基础后，跨境谷和速卖通行业小二沟通了店铺的发展趋势以及定位目标，并且得到了小二的充分认可。在2017年8月份成功入驻孕婴童行业金牌卖家，目前品牌发展态势良好。

跨境谷和HHTU两家公司都真正将客户放在心上，深知唯有思客户之所思、忧客户之所忧，公司才能保持前行和发展。两家公司携手共进，将再创新辉煌。

直通职场

❖ **职位描述：**×××跨境电子商务平台——跨境电商运营经理。

❖ **技能要求：**分析能力、数据统计。

❖ **岗位职责：**

(1)独立制定并负责平台内外年度、月度活动运营计划，统筹平台内外活动(活动主题、促销方案、主推商品等)，推动活动在平台内外高效落地。

(2)负责站点(如亚马逊)账号管理，产品上架，维护和优化listing产品页面链接，确保账号安全。

(3)产品资料编辑和优化。

(4)定期统计销售数据、库存数据、RMA(退料审查)等，及时调整销售策略，保持较好的库存周转率和库存量的安全。实时跟进平台内外活动的新玩法、市场动态、热点调整活动方案及节奏。

(5)掌握市场的新动向，定期进行竞品分析，创新多形式的运营活动，落实测试和跟进效果。

❖ **岗位要求：**

(1)大专及以上学历，熟悉电商行业，了解快时尚动向、本地市场方向和用户需求，有开拓海外资源、品牌策划活动的经验更佳。

(2)熟悉市场销售额和利润的相关指标，掌握跨境电商常用指标的定义、来源和逻辑关系，对指标异常点查找原因并提供优化方案。

(3)3 年及以上电商活动运营工作经验，熟悉网站运营、用户运营的活动策划和上线流程，针对展示效果进行优化，针对不同人群提供精准化运营思路。

(4)了解国内外主流电商平台活动玩法，了解海外品牌营销工具的动向和玩法，掌握营销渠道特性、数据指标定义、广告投放方式等运营、营销知识。

(5)熟悉 B2C 跨境电子商务平台操作或有相关工作经验者优先考虑。

(6)良好的沟通能力、执行力和资源统筹能力，应对突发事件的快速反应能力、应变能力等。

❖ **职位描述：**×××跨境贸易公司——选品经理。

❖ **技能要求：**熟悉市场消费行为，对产品有认知能力。

❖ **岗位职责：**

(1)精品开发，负责跨境电商平台市场调查分析，根据公司产品需求，寻找具有畅销潜力的产品以及优质供应商。

(2)调研和判断国外市场，能独立开发和拓展产品线，并制定和执行开发计划。

(3)熟练运用数据分析，追踪、搜集、分析、汇总及考察评估新产品的信息，深度开发产品。

(4)根据市场变化，对产品进行生命周期管理，包括产品的改进、产品线的延伸、包装升级等工作。

(5)随时掌握开发的产品状态、交期情况等，并根据情况及时调整订单；定期跟进竞品变动，收集市场情况。

(6)负责与供应商洽谈，筛选适合公司的产品并进行价格谈判，确保达到公司预期毛利，控制成本。

❖ **岗位要求：**

(1)全日制大专及以上学历，英语不低于 CET-4。

(2)至少两年跨境电商平台选品经验，有丰富的采购渠道及供应商资源者优先。

(3)对国外市场有很强的敏感度和洞察力，熟悉市场消费者行为，对产品和市场定位有一定的认知和理解力，有产品开发以及跨境电商平台运营经验者优先考虑。

(4)具备良好的谈判技巧及沟通协调能力，以及良好的数据分析能力。

项目1 跨境电子商务业务新模式

任务1.1 了解跨境电子商务的概念

跨境电子商务，简称为跨境业务，是指不同关境的交易主体，通过电子商务平台达成交易、进行支付结算，并通过跨境物流送达商品、完成交易的一种国际贸易活动。

跨境电子商务是基于网络的发展，网络空间是相对于物理空间的一个新的空间，是一个虚拟但客观存在的站点和密码。网络空间的独特价值和行为模式对跨境电子商务产生了深刻的影响，使其与传统的交易方式不同，呈现出其自身的特点。目前，对跨境电子商务的认知主要在四个方面：政策领域、国际组织、咨询公司、学术研究。

1. 政策领域

欧盟在其电子商务统计中出现了跨境电子商务(cross border E-commerce)名称和有关内容，主要是指国家之间的电子商务，但并没有给出明确的含义。

2. 国际组织

联合国于2000年就已经关注到了国际贸易和电子商务的关系；2010年国际邮政公司(international postal corporation，IPC)在《跨境电子商务报告》中，分析了2009年的跨境电子商务状况，但对跨境电子商务的概念也没有明确地界定，而是出现了“Internet shopping”“online shopping”“online cross-border shopping”等多个不同的说法。

3. 咨询公司及学术研究

在著名公司及诸多学者的表述中也运用了不同的名词表达，如跨境在线贸易、外贸电子、跨境网购、国际电子商务等；阿里巴巴电子商务研究中心在2016年报告中对跨境电子商务概念界定是：跨境电子商务有广义和狭义之分，广义的跨境电子商务是指分属不同关境的交易主体通过电子商务手段达成交易的跨境进出口贸易活动；狭义的跨境电子商务概念特指跨境网络零售，指分属不同关境的交易主体通过电子商务平台达成交易，进行跨境支付结算，并通过跨境物流送达商品、完成交易的一种国际贸易新业态。跨境网络零售是互联网发展到一定阶段的产物。

任务1.2 了解跨境电子商务特点

1. 全球性

网络是一个没有边界的媒介体，具有全球性和非中心化的特征。依附于网络发生的跨境电子商务也因此具有了全球性和非中心化的特性。电子商务与传统的交易方式相比，其中一个重要特点在于电子商务是一种无边界交易，丧失了传统交易所具有的地理因素。互联网用户不需要考虑地理界限就可以把产品尤其是高附加值产品和服务送到市场。网络的全球性特征带来的积极影响是信息的最大程度的共享，消极影响是用户必须面临因文化、政治和法律的不同而产生的风险。任何人只要具备了一定的技术手段，在任何时候、任何地方都可以让信息进入网络，相互联系进行交易。

2. 无形性

网络的发展使数字化产品和服务的传输盛行。而数字化传输是通过不同类型的媒介，例如数据、声音和图像在全球化网络环境中集中进行，这些媒介在网络中是以计算机数据代码的形式出现的，因而是无形的。以一个 E-mail 信息传输为例，这一信息首先要被服务器分解为数以百万计的数据包，然后按照 TCP/IP 协议通过不同的网络路径传输到一个目的地服务器并重新组织转发给接收人，整个过程都是在网络中瞬间完成的。

数字化产品和服务基于数字传输活动的特性也必然具有无形性，传统交易以实物交易为主，而在电子商务中，无形产品却可以替代实物成为交易的对象。以书籍为例，传统的纸质书籍，其排版、印刷、销售和购买被看作是产品的生产、销售。然而在电子商务交易中，消费者只要购买网上的数据便可以使用书中的知识和信息。

3. 匿名性

跨境电子商务由于非中心化和全球性的特性，因此很难识别电子商务用户的身份和其所处的地理位置。在线交易的消费者往往不显示自己的真实身份和地理位置，重要的是这丝毫不影响交易的进行，网络的匿名性也允许消费者这样做。

4. 即时性

对于网络而言，传输的速度和地理距离无关。传统交易模式所使用的信息交流方式如信函、电报、传真等，在信息的发送与接收间，存在着长短不同的时间差。而电子商务中的信息交流，无论实际时空距离远近，一方发送信息与另一方接收信息几乎是同时的，就如同生活中面对面交谈。某些数字化产品（如音像制品、软件等）的交易，还可以即时清结，订货、付款、交货都可以在瞬间完成。

5. 无纸化

电子商务主要采取无纸化操作的方式，这是以电子商务形式进行交易的主要特征。在电子商务中，电子计算机通信记录取代了一系列的纸面交易文件。用户以比特的形式发送和接收电子信息，整个信息发送和接收过程实现了无纸化。无纸化带来的积极影响是使信息传递摆脱了纸张的限制，但由于传统法律的许多规范是以“有纸交易”为出发点的，因此，无纸化带来了一定程度上的法律混乱。

6. 税收难

互联网是一个新生事物，现阶段它尚处在幼年时期，网络设施和相应的软件协议的未来发展具有很大的不确定性。但税法制定者必须考虑的问题是，网络，像其他的新生儿一样，必将以前所未有的速度和无法预知的方式不断演进。基于互联网的电子商务活动也处在瞬息万变的过程中，短短的几十年中，电子交易经历了从 EDI 到电子商务零售业兴起的过程，而数字化产品和服务更是花样出新，不断改变着人类的生活。

一般情况下，各国为维护社会的稳定，都会注意保持法律的持续性与稳定性，税收法律也不例外。这就会引起网络的超速发展与税收法律规范相对滞后的矛盾。如何将分秒都处在发展与变化中的网络交易纳入税法的规范，是税收领域的一个难题。网络的发展不断给税务机关带来新的挑战，税务政策的制定者和税法立法机关应当密切注意网络的发展，在制定税务政策和税法规范时充分考虑这一因素。

跨国电子商务具有不同于传统贸易方式的诸多特点，而传统的税法制度却是在传统的贸易方式下产生的，必然会在电子商务贸易中漏洞百出。网络深刻地影响着人类社会，也给税收法律规范带来了前所未有的冲击与挑战。

任务1.3 了解跨境电子商务分类

1.3.1 以产业终端用户类型进行分类

1. B2B平台

B2B平台的最终用户是企业或者是集团的客户，B2B平台跨境电商的市场交易，占跨境电商市场交易总规模的90%以上，处于跨境电商市场的主导地位。

2. B2C平台

B2C平台的最终客户为个人消费者，主要是以零售方式将产品零售给消费者。目前，B2C平台在跨境电商市场所占据的交易比重并不大，但也处于不断上升的位置，未来有可能会得到大规模增长。

1.3.2 以服务类型进行分类

1. 信息服务平台

信息服务平台，主要是为供应商及采购者提供信息服务，让双方能够完成交易。

2. 在线交易平台

在线交易平台，主要用于提供产品、服务等多方面的信息展示，购物者可通过在线交易平台完成搜索、咨询、下单等购物环节。目前，在线交易平台属于跨境电商的主流模式。

1.3.3 以平台运营方进行分类

1. 第三方开放平台

第三方开放平台是指在线上搭建商城，并对物流、支付等资源进行整合，吸引商家入驻平台，为商家提供跨境电商交易服务，交易成功以后，第三方开放平台，从中获取盈利。

2. 自营平台

自营平台，是平台自己去整合资源，自己寻找货源采购商品，并且自己售卖商品，以商品差价为盈利。

1.3.4 以经典运营案例进行分类

1.“海外直邮购+保税进口”模式——天猫国际

天猫很早就已经和自贸区有深度合作，在各地的保税区埋下自己的产业链，如物流、仓库、货代等，在几个重要城市试点了跨境电商贸易保税区（宁波、上海、重庆、杭州、郑州、广州），规避了基本法律的风险，获得法律保证。这种模式基本上就是以自己的信誉争取各种各样的资源，在现今的社会里已经很难有其他的行业可以超越这种信誉了。

典型案例

2011 年的双十一，天猫首次设立了国际分会场，加入天猫数年的优衣库也第一次参加了双十一活动，全店 5 折活动收获了预期的效果。事后阿里巴巴技术团队在一次聊天中聊到，要是不仅能买到海外快时尚和高端大牌，也能买到奶粉、纸尿裤、进口小吃就更好了。技术团队立刻意识到海购需求将为天猫未来发展带来不可估量的前景。购物已经成为出国旅游的必备项目，而国内消费者让海外朋友帮忙代购的需求也越来越流行。传统海淘不仅要懂外语，还要有海外信用卡并找转运公司搞物流订单，有时等个半年都没有音讯。阿里巴巴团队分析消费需求后立刻拿出了一个进口方案，决定要给消费者提供逼近国内购物的语言、支付、购物的体验，方案涉及的交易底层改造和跨境支付的开发需要跨部门甚至跨公司的资源。当研发团队向张勇汇报完方案后，张勇立刻批准启动了天猫国际项目。

第一批商家是天猫和支付宝平台团队联合招募的，热门的海淘目标网站听说天猫要开启海淘模式后，纷纷响应。天猫国际境外品牌企业不仅不需要到中国注册公司、开办公室建仓库，还能直接通过天猫国际就进入中国市场。这使得从未进入中国市场的海外品牌或遇到困难的海外商家，终于以更加高效的方式试水中国市场。通过数月的共同努力，终于把店铺、商品、运营、支付和物流等关键环节都打通摸熟。

在这一过程中，阿里巴巴团队跟政府包括海关等部门积极沟通。沟通中，阿里巴巴团队利用其大数据，把支付宝消费者的实名信息、天猫国际的订单交易信息和菜鸟的物流信息三单合一，和海关电子口岸对接。商检等部门也能从大数据系统中获取全量信息。2012 年 12 月 19 日，海关总署在郑州召开跨境贸易电子商务服务试点工作启动部署会，上海、重庆、杭州、宁波、郑州 5 个试点城市成为承建单位，标志着跨境贸易电子商务服务试点工作的全面启动。

天猫国际通过高效便捷阳光的模式，消除了中间贸易商，让商家直接面对消费者，成本大大节约。而保税模式下，大宗货物的集装箱海运又相比单个包裹的运输降低了 90% 的物流成本。

跨境电子商务领域的全球竞争已经开始。而中国拥有着世界上最大的电子商务市场，这对于一直在寻找转型方向的中国制造，对于想要全球化国际化的本土企业，对于渴望价廉物美的中国商品的全球消费者，都是一种希望。

2. "海外直邮购"(直营)模式——美购国际

"直营"模式就是跨境电商企业将直接参与到采购、物流、仓储等环节中。通常，直营模式的公司都会有自己的一整套完整体系。美购国际是专注于跨境进口供应链服务的创新型平台，倡导全新的社交零售模式(S2B2C)。该模式由《2017 年中国社交电商和微商行业发展报告》首先引入，一般解释为：一种集合供货商，赋能于渠道商，并共同服务于顾客的全新电子商务营销模式(S 为大供货商，B 为渠道商，C 为顾客)。此处假设某些入驻平台的高度分散的小商户为小 b(即规模较小的渠道商 B)。"直营"模式的创新之处在于为小 b 店主进行了赋能。同样都是销售，传统模式下小 b 是替平台打工，但小 b 有维护和发展 C 端用户的强大能力，而在 S2B2C 模式中，小 b 会更觉得是自己在开店，替别人打工和替自己打工动力当然不一样，因此会更加卖力销售。

中国电子商务研究中心认为美购国际有四大优势：用户的使用频率增高（使用者会习惯性地使用该 App 进行购物，消费习惯和消费能力提升，提高购买频率）；产品种类优势（商品皆为海外特有商品，体积不大，毛利率丰厚，保质期久）；成本相对较低（对比起其他大型 B 端平台，这种小型 b 店做起来没有压力）；资金链高速有效率（$T+1$ 方式活动资金链，让小 b 店主充分享受全新的生活经营模式）。

3."自营＋招商"模式——苏宁海外购

"自营＋招商"模式相当于发挥最大的企业内在优势，本身缺乏或者比较弱的方面就采取外来招商以弥补不足。苏宁选择该模式，结合了自身现状，本来是传统电商佼佼者的苏宁，发挥它自身的供应链模式和资金链充足的优势。

4."自营而非纯平台"模式——京东海外购

京东海外购在 2012 年底上线了英文版，直接面向海外买家出售商品。2014 年初，京东加快国际化步伐，采用的是自营而非纯平台的方式，京东海外购是京东海淘业务的主要方向。京东把所有海外的产品统一严格标准，将产品品质、发出包裹时间等严格把控，得到消费者的信赖。

为了促进跨境电商的发展，国家也相应出台了鼓励政策，跨境电商将来会有更加广阔的发展空间。

任务 1.4 了解跨境电子商务的发展

1.4.1 跨境电子商务 1.0 时期（1999—2003）

1999 年阿里巴巴成立，拉开了中国跨境电商发展的序幕。最初，阿里巴巴中国供应商只是互联网上的黄页，将中国企业的产品信息向全球客户展示，定位于 B2B 大宗贸易。买方通过阿里巴巴平台了解到卖方的产品信息，然后双方通过线下洽谈成交，所以当时的大部分交易是在线下完成的。2000 年前后，少量中国人开始在易贝和亚马逊等国外平台尝试跨境电商，但并没有形成规模。

此阶段主要的商业模式是网上展示、线下交易的外贸信息服务模式，主要的功能是为企业信息以及产品提供网络展示平台，并不在网络上涉及任何交易环节。

1.4.2 跨境电子商务 2.0 时期（2004—2012）

2004 年，跨境电子商务 2.0 时期悄然而至。这一时期，跨境电商平台逐渐开始消除纯信息内容黄页的展现方式，将线下买卖、支付方式、货运物流等步骤数字化，逐步实现线上交易网站，图 1-1 所示为跨境电子商务 2.0 业务模式流程图。

对比第一周期，跨境电子商务 2.0 更能反映电子商务的实质，依附于电商平台，通过服务、整合资源合理开通多个环节供应链，包含 B2B（平台对公司小额买卖）平台模式及 B2C（平台对用户）平台模式两种模式。跨境电子商务 2.0 时期，B2B 平台模式为跨境电商主流模式，通过对中小企业商户的产业链进行缩减，提高产品销售盈利空间。

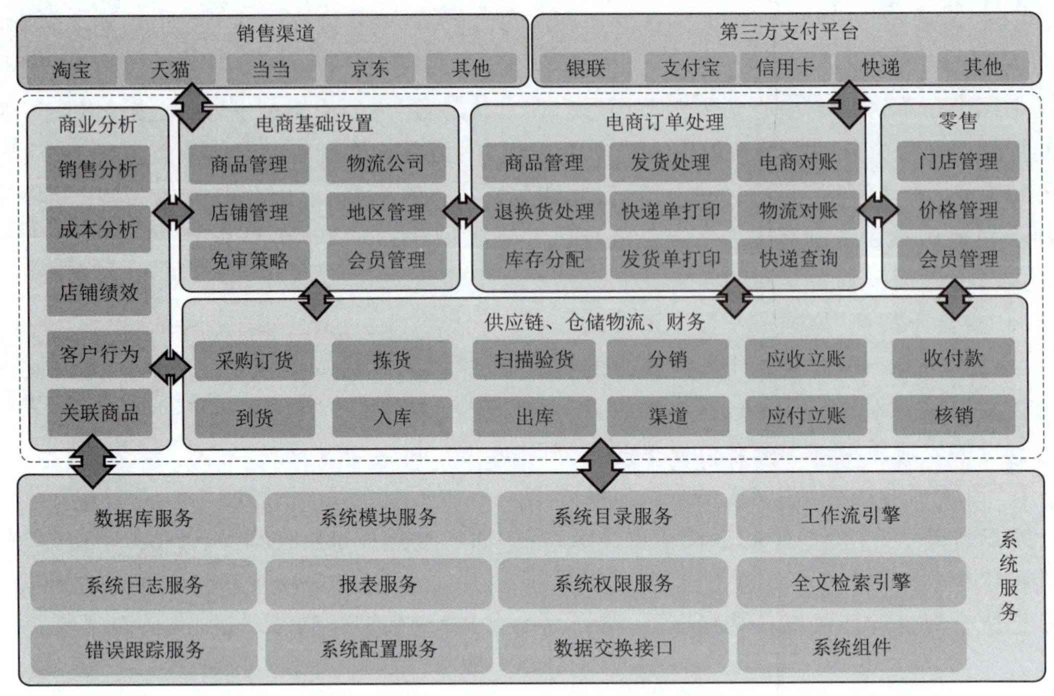

图 1-1　跨境电子商务 2.0 业务模式流程图

1.4.3　跨境电子商务 3.0 时期(2013—2021)

2013 年成为跨境电商重要转型发展年,跨境电商全产业链都发生了运营模式的转变。伴随着跨境电商的转型发展,跨境电商 3.0 时代也随之来临。再加上 2015 年"互联网+"时期的悄然而至,跨境电商现已站到了资本市场的风口上。中央政府在 2015 年出台政策扶持跨境电商,在全国各地设立跨境电商试验区,也在全国各地设立进出口贸易自由试验区,积极主动地探索跨境电商的管理规范,全国各地也建立跨境电商保税区,这全是政策利好的信息。

近些年,伴随着国际贸易条件的恶化,以及欧洲、日本的需求量不断疲弱,中国出口贸易增长速度有所放缓。而以跨境电商为代表的新式进出口贸易的发展脚步正渐渐加快,并有望成为中国贸易乃至整个经济的全新增长引擎。

2018 年 11 月 21 日,国务院常务会议确定持续和健全跨境电商零售进口制度并扩张应用领域,扩大进口,激发消费潜力。截至目前,在全国各地有 35 个跨境电商试验区,这是规模巨大的市场机会,政府极力鼓励中国企业走出去,中国产品借助跨境电商平台出海,达到经济增长的目的,这对中国经济发展有巨大的影响力。

1.4.4　跨境电子商务 4.0 时期(2022 年以后)

由于电子信息技术和经济全球化的进一步发展,电子商务在国际贸易中的影响力和关键作用日渐凸显,已变成中国出口贸易的市场趋势。跨境电商未来的发展前景必定是有助于降低经济成本、推动全球贸易便利化,有助于提高国内群众福祉,有助于打造良好的营商环境,推动经济长期健康发展。

从出口看,跨境电商出口卖家已经从广东、江苏、浙江向中西部扩大,已经由 3C(三类数码产品)等低毛利率标准品向服装、户外用品、健康美容、家居园艺和汽配等新类目扩大,这将为中国出口电商发展保证新的空间。

从进口看，由于新兴市场如巴西的持续进入，以及计算机技术推广、基础建设逐步完善、新政持续推开，中国出口电商的空间将进一步扩大。研究表明，由于国际人均购买力进一步增强、网络覆盖率提高、物流水平发展、网络支付提升，未来几年中国跨境电商仍将保持30%的复合年均增长率。

跨境电子商务4.0时期，以有下发展趋势：

1. 趋势一：进口提升迅速、出口仍占主导地位

近些年，中国的跨境电子商务进口持续增长，不断涌现一批活跃的进口B2C电商平台，"海淘"、海外代购等购物形式盛行，化妆品、护肤品、奢侈品、新潮服装、电子消费品、食品和保健品等进口量增速强劲，但伴随着国内制造业影响力不断提升，跨境电商的出口占比远高于进口占比，特别是外贸B2B主要以出口为主导。伴随着国内跨境电商政策制度环境的不断完善，在电子商务服务公司的推动下，跨境电商将深入利用中国制造的品牌优势，推动"中国制造"向"国内营销"和"中国创造"加速转变。

2. 趋势二：公开化、清晰化将是大势所趋

因为历史因素和体系建设不健全，海关对邮包的综合抽查率较低，无法对各个邮包开展拆包查验货值和商品种类，大批的海淘快件邮包事实上不征税，直接造成国内跨境电商出现不符合条件商品利用政策漏洞的灰色通关状况。

伴随着跨境电商占比的增加，将灰色清关物品列入法定行邮监管的必要性进一步增强。另外，跨境电商公开化有利于保障正品销售、降低运输成本、健全售后制度，是未来跨境电商发展的必然方向。未来伴随着跨境电商试点公开化继续推进，监管经验不断累积丰富，使阳光模式流程化、制度化。

3. 趋势三："自营＋平台"双重结合是未来主流

保障正品、有价格优势、货运物流体验好、售后健全将是跨境电商公司的核心竞争领域。跨境电商平台类公司的综合竞争优势主要体现在产品丰富等领域，其不参与交易，只是为平台上的交易双方给予商谈机会。

而自营类公司因为需要先采购海外商品，对公司资金实力和选择商品水平都提出了更高要求，其综合竞争优势主要体现在正品保障、售后服务响应强劲等领域，对母婴用品、3C、服饰等规范化、便于运输的重点消费产品，如果自营类公司可以把握市场热点，可以在市场细分中形成较强的竞争优势。下一步跨境电商公司的发展趋势应是"自营＋平台"类型公司，融合产品丰富、正品保障等多个优点。

跨境电商的发展仍面对一连串挑战，包含通关、跨国货运物流、交易安全、跨境支付等。

4. 趋势四：B2C策略将迅速发展

近些年，中国跨境网络零售增势迅猛。以兰亭集势、唯品会等为代表的部分电商企业组建起独立的B2C网站，大批外贸公司借助阿里巴巴全球速卖通、敦煌网等第三方电商平台进行零售业务，大批出口服装、饰品、小家电、数码产品等日用消费品可完成网上交易。另外，"海淘"等跨境电子商务进口业务迅速发展。

5. 趋势五：保税策略释放潜力

保税策略是店家利用统计分析，将可能畅销的商品利用海运等物流形式提前进口到保税区，国内消费者利用网络下单后，店家直接从保税区发货，更类似于B2B2C。相比于散、小、慢的国际直邮形式，保税策略可以利用集中进口、采用海运等物流形式，降低物流成本。另外，店家从保税区发货的物流速度较快，几乎与国内网购无差别，可减少等待时间，进而有更好的网购感受。

从监督角度讲，保税策略也有助于提高税收监督的便利性。虽然保税策略会对店家的资金实力提出更高要求，但目前来看，保税策略是最为适合跨境电商发展的集货策略，也是国内电商平台选用的首要策略。另外也要看到，利用保税策略进入仓库的货物能以个人物品清关，无须缴纳传统进口贸易17%的增值税，可能会对传统进口贸易产生影响，监督机构也已经探索制订相对健全的监督新政。

跨境电商乃是未来发展大趋势，在这一前景大好的趋势下，将会有越来越多的新卖家涌入这一市场。谁能更早地进入跨境电商，谁能更好地布局跨境电商，谁能更多地抢占高地，谁就能在这场竞赛中获得更多的优势。

项目小结

跨境电商的发展对中国的经济转型、经济结构、经济发展和消费促进有着深远的影响：

1. 跨境电商是推动产业结构升级的新动力，为企业打造国际品牌提供了新的机遇。电商已经成为未来跨境贸易的必然趋势，具有巨大的产业发展潜力。

2. 跨境电商有利于传统外贸企业的转型和升级，对维持我国对外贸易的稳定增长具有深远的意义。大力发展跨境电商，有助于在成本效率方面加强我国进出口竞争优势，提高外贸企业利润率。

3. 提高我国对外开放水平。跨境电商是全球化时代的产物，是世界市场资源配置的重要载体。这必将促进中国的全面开放。跨境电商平台将进一步打破全球市场壁垒，促进跨境商业流通。

4. 创造新的经济增长点。跨境电商是互联网时代的产物，是“互联网＋外贸”的具体体现，必将成为新的经济增长热点。随着信息技术的快速发展，规模已经不再是对外贸易的决定性因素，多批、小批的对外贸易订单需求将取代传统的对外贸易大宗交易，为促进对外贸易稳定和便利化注入了新动力。

5. 提高国内消费者的福利水平。跨境电商是消费时代的产物。它响应了国内消费者对更高生活质量的需求，必将改善消费者福利。

同步测试

一、单选题

1. 以下(　　)可以体现对跨境电子商务的认知。

A. 政策领域　　B. 商务领域　　C. 咨询领域　　D. 垂直领域

2. 电子商务的匿名性导致了(　　)问题亟待解决。

A. 交易　　B. 税收　　C. 技术　　D. 物流

3. 平台自己去整合资源，自己寻找货源采购商品，并且自己售卖商品，以商品差价为盈利，是(　　)模式的体现。

A. 信息服务平台　　B. 在线交易平台
C. 第三方开放平台　　D. 自营平台

4. 从监督角度讲，保税策略也有助于(　　)。
A. 提高税收监督的便利性　　B. 提高商家交易便利性
C. 提高买家购物便利性　　D. 提高平台运营便利性

5. 跨境电商的发展有助于(　　)。
A. 降低用工成本
B. 降低企业运营成本
C. 提高国外群众福祉
D. 打造良好的营商环境，推动经济长期健康发展

二、判断题

1. 广义的跨境电子商务是指跨境网络零售，指分属不同关境的交易主体通过电子商务平台达成交易，进行跨境支付结算、通过跨境物流送达商品，完成交易的一种国际贸易新业态。(　　)

2. "自营＋招商"模式相当于发挥最大的企业内在优势，本身缺乏或者比较弱的方面就采取外来招商以互补不足。(　　)

3. 保税策略是店家利用统计分析，将可能畅销的商品利用海运等物流形式提前进口到保税区，国内消费者利用网络下单后，店家直接从保税区发货，更类似于B2B2C。(　　)

4. 跨境电商按服务类型分类，可以分为信息服务平台和在线交易平台。(　　)

5. B2C平台的最终客户为个人消费者，主要是以批发方式将产品批发给商户。(　　)

项目 2　跨境电子商务模式选择

任务 2.1　按商品流向进行细分

2.1.1　跨境进口

1. 快件清关模式

一般情况下，跨境电商进口的订单被国外供应商确认后，就会通过国际快递将货物直接邮寄给国外消费者，整个过程无海关单据。因为这一模式对应的物流模式就是海外直邮模式，所以与下面的其他两种进口模式相比，这一模式更加灵活，对于电商卖家而言，提前备货的操作更少，也更方便。

2. 备货清关模式

海外商品由商家在海关监管下备到保税仓库，消费者下单后，电子商务企业根据订单办理每件商品的相关手续，在保税仓库完成文件登记、数据记录和包装，海关查验放行后，电子商务企业委托国内快递送达给消费者。每一份订单都有海关单据凭证。需要注意的是，备货清关模式要求商家提前备货，它是一把双刃剑，其优点是国际物流成本低，进口到保税仓库的售后服务也到位，顾客的购物体验会很好，但存储在保税仓库中所需的成本将相应增加。

3. 集货清关模式

跨境电商进口的集货清关模式流程是先由销售商将所售商品统一包装，经国际物流运至国内保税仓库，每一件商品都要经过电子商务企业的报关，电子商务企业在海关查验放行后，将国内快件托运给消费者，并附送海关单据。与前两种模式相比，这一进口模式物流时间较长，且境外备货阶段是由海外公司打包处理，这在一定程度上增加了成本，但与快件清关相比，这一进口模式的优势在于物流运输过程中的通关效率较高。

4. 跨境电子商务零售进口业务模式及对比分析

根据商务部等六部委《关于完善跨境电子商务零售进口监管有关工作的通知》（商财发〔2018〕486 号，以下简称 486 号文），跨境电商零售进口是指中国境内消费者通过跨境电商第三方平台经营者自境外购买商品，并通过“网购保税进口”（海关监管方式代码 1210）或“直购进口”（海关监管方式代码 9610）运递进境的消费行为。另外，对于 486 号文适用范围以外的城市（地区），可通过“网购保税进口 A”（海关监管方式代码 1239），按规定开展跨境保税电商零售进口业务。

通过上述三种模式的跨境电商零售进口，在跨境电商税款征收、清单申报、年度（单次）消费限额及入境检疫方面的政策要求是一致的，但具体业务流程则有明显区别。

“1210 网购保税进口”和“1239 网购保税进口 A”模式下，商品通过国际物流批量运输至境内，进入海关特殊监管区域或保税物流中心（B 型）［以下简称区域（中心）］专用仓库仓储备货，境内消费者在电商平台下单购买商品后，办理出区域（中心）手续，由国内物流送递境内消费者。

"9610 直购进口"模式下，消费者（订购人）在跨境电商平台购买商品后，电子商务企业或平台企业、支付企业、物流企业分别向海关传输"三单信息"，商品运抵海关监管作业场所（场地）后，电子商务企业或其代理人向海关办理申报和纳税手续。因其在商品种类的多样性上具有优势，该模式多被经营品类较宽泛的跨境电商平台及海外电商企业所采用。图 2-1 所示为"9610 直购进口"具体业务流程图。

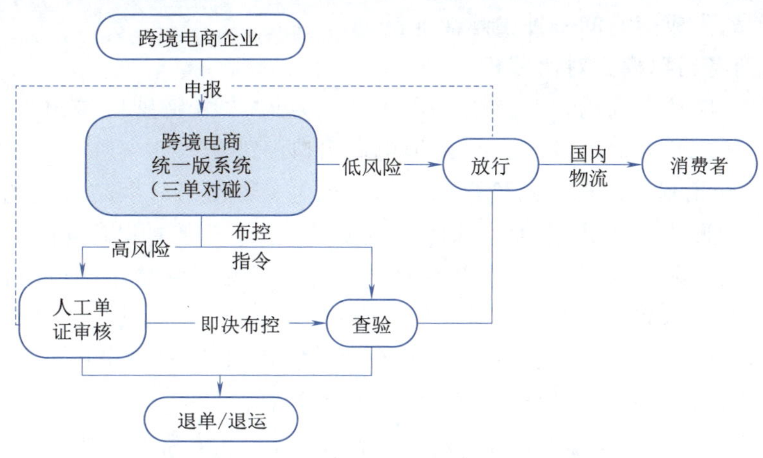

图 2-1 "9610 直购进口"具体业务流程图

5. 三种跨境电子商务进口模式比较分析

"1210 网购保税进口""1239 网购保税进口 A"和"9610 直购进口"三种模式比较分析如表 2-1所示。

表 2-1 三种跨境电子商务进口模式比较分析

比较项目	1210 网购保税进口	1239 网购保税进口 A	9610 直购进口
实施范围	所有自贸试验区、跨境电商综试区、综合保税区、进口贸易促进创新示范区、保税物流中心（B型）所有城市（及地区）及海南全岛的区域（中心）	1210 适用范围之外的区域（中心）	没有实施城市的限制，需要在符合海关规范要求的监管作业场所（场地）进行
商品进口要求	按个人自用进境物品监管，不执行有关商品首次进口许可批件、注册或备案要求	按《跨境电子商务零售进口商品清单（最新版）》尾注中的有关要求执行：网购保税商品"一线"进区时需按货物监管要求执行，"二线"出区时参照个人物品监管要求执行；依法需要执行首次进口许可批件、注册或备案要求的化妆品、婴幼儿配方奶粉、药品、医疗器械、特殊食品（包括保健食品、特殊医学用途配方食品等）等，按照国家相关法律法规的规定执行	按个人自用进境物品监管，不执行有关商品首次进口许可批件、注册或备案要求
正面清单	按照正面清单管理	按照正面清单管理	按照正面清单及备注列明适用范围管理，备注栏提示"仅限网购保税商品"的不适用
物流方式	以国际物流方式批量运至区域（中心），海关实施账册管理，待国内消费者下单后，再派送至消费者		商品在国外打包，通过国际物流运输至国内海关监管作业场所，按照小包逐个向海关申报，海关放行后派送至消费者
适用电商主体	适用于品类相对专注、备货量大的跨境电商企业		适用于销售品类宽泛琐碎，不易批量备货的跨境电商企业

需强调，近期商务部等六部委《关于扩大跨境电商零售进口试点、严格落实监管要求的通知》（商财发〔2021〕39 号）将“1210 网购保税进口”的实施范围扩大到几乎涵盖所有区域（中心）所在的城市（地区），意味着“1239 网购保税进口 A”的模式将逐步退出历史舞台。

2.1.2 跨境出口

跨境出口是指国内电子商务企业通过电子商务平台达成出口交易、进行支付结算，并通过跨境物流送达商品、完成交易的一种国际商业活动。

1. 跨境电子商务出口模式对比分析

按照海关规定，跨境电商出口目前有四种模式，包括“1210 特殊区域出口”“9610 一般出口”“9710 跨境电商 B2B 直接出口”“9810 跨境电商出口海外仓”。

“1210 特殊区域出口”又分为“跨境电商特殊区域包裹零售出口”和“跨境电商特殊区域出口海外仓零售”两种形式。“跨境电商特殊区域包裹零售出口”指企业将商品批量出口至区域（中心），海关对其实行账册管理：境外消费者通过电商平台购买商品后，通过物流快递形式送达境外消费者。“跨境电商特殊区域出口海外仓零售”指企业将商品批量出口至区域（中心），海关对其实行账册管理；企业在区域（中心）内完成理货、拼箱后，批量出口至海外仓，通过电子商务平台完成零售后再将商品从海外仓送达境外消费者模式。

“9610 一般出口”模式下，境外消费者通过平台下单后，电子商务企业或其代理人、物流企业通过“单一窗口”或跨境电子商务通关服务平台分别将“三单信息”实时传输给海关。商品出口时，跨境电子商务企业或其代理人向海关提交申报清单，采取“清单核放、汇总申报”方式办理报关手续。跨境电商综合试验区内不涉及出口征税、出口退税、许可证件管理，且单票价值在人民币 5 000 元以内的一般出口商品，可采取“清单核放、汇总统计”方式办理报关手续。

自 2020 年 7 月起，“9710 跨境电商 B2B 直接出口”以及“9810 跨境电商出口海外仓”模式陆续在部分直属海关试点，根据海关总署 2020 年第 75 号公告，北京、天津、南京、杭州、宁波等 10 个海关首批正式开展试点工作。2020 年 9 月 1 日，海关新增上海、福州、青岛、重庆、成都、西安等 12 个直属海关开展试点。至此，跨境电商 B2B 出口监管试点已扩容至 22 家。“9710 跨境电商 B2B 直接出口”是指境内企业通过跨境电商平台与境外企业达成交易后，通过跨境物流将货物直接出口至境外企业，并向海关传输相关电子数据的模式。“9810 跨境电商出口海外仓”是指境内企业将货物通过跨境物流出口至海外仓，通过跨境电商平台实现交易后从海外仓送达境外购买者，并向海关传输相关电子数据的模式。

典型案例

早在 2015 年，海外仓就已经成为进口电商平台竞争的焦点。目前，包括京东国际、蜜芽在内的跨境电商都称要加紧海外仓布局。

天猫国际：与菜鸟物流一起建设海外仓，打造多种跨境物流服务方式，在美国，天猫国际就有两个海外仓。

京东国际：在美国、韩国、日本、澳大利亚、欧盟、加拿大等地区均建立了海外仓。

洋码头：与其他跨境电商平台不同的是，洋码头并没有重点拓展保税仓，而是先从海外仓做起，其 90% 的交易都是通过海外直邮。目前已经有洛杉矶、东京、悉尼、法兰克福等十来个海外仓。

典型案例

蜜芽:正在积极寻求海外仓布局。作为母婴垂直类跨境电商,蜜芽在德国、荷兰、澳大利亚建有 3 个海外仓。

波罗蜜:保税、直邮两手抓,波罗蜜在海外的布局也比较早,在日本和韩国的仓库规模不小。

9710、9810 出口申报前,跨境电商出口企业或其代理人(含境内跨境电商平台企业)应通过“单一窗口”向海关传输交易订单或海外仓订仓电子信息,物流企业向海关传输物流电子信息,具备条件的可加传收款信息,并对数据真实性负责。根据规定,采用 9710、9810 模式出口的跨境电商企业可享受以下便利:

单票低于 5 000 元人民币且不涉证、不涉检、不涉税的货物,企业可报送申报清单,校验通过后自动推送至出口统一版系统申报;单票超过 5 000 元人民币或涉证、涉检、涉税的货物,应通过 H2018 通关系统申报。

跨境电商出口统一版系统申报清单不再汇总申报报关单或备案清单。其中,不涉及出口退税的,可按照 6 位 HS 编码简化申报。

跨境电商 B2B 出口货物适用全国通关一体化,企业可以选择向属地海关进行申报,货物在口岸地海关进行验放,海关对跨境电商 B2B 出口货物可优先安排查验,在物流以及海关查验方面也可享受较大便利。

图 2-2 所示为跨境出口海关申报流程示意图。

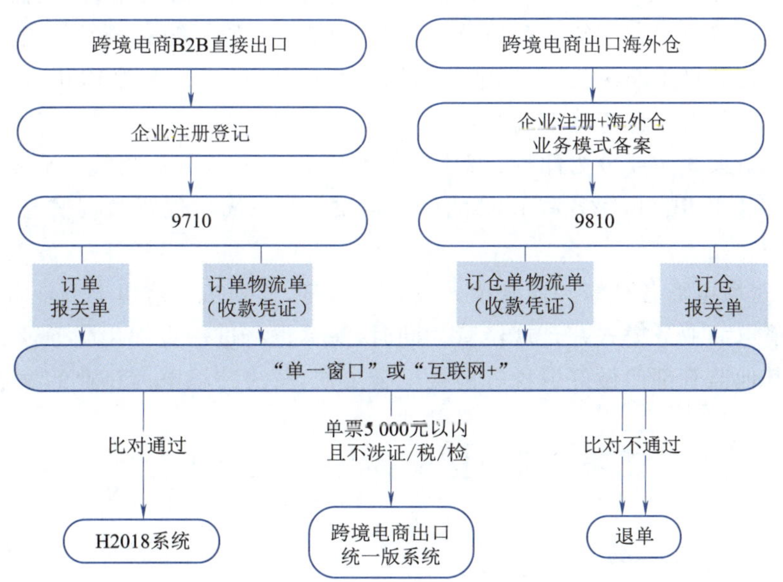

图 2-2　跨境出口海关申报流程示意图

“1210/9610/9710/9810 出口”业务流程比较分析如表 2-2 所示。

表 2-2 “1210/9610/9710/9810 出口”业务流程比较分析

<table>
<tr><td rowspan="2">比较项目</td><td colspan="2">1210</td><td>9610</td><td>9710</td><td>9810</td></tr>
<tr><td>特殊区域包裹零售出口</td><td>特殊区域出口海外仓零售</td><td>一般出口</td><td>跨境电商 B2B 直接出口</td><td>跨境电商出口海外仓</td></tr>
<tr><td>交易性质</td><td colspan="3">B2C</td><td colspan="2">B2B</td></tr>
<tr><td>适用范围</td><td>区域（中心）</td><td>国内所有综合保税区和跨境电子商务综合试验区的区域(中心)</td><td>没有实施城市的限制,需要在符合海关规范要求的监管作业场所（场地）进行</td><td colspan="2">目前可以在 22 个直属海关开展</td></tr>
<tr><td>申报模式</td><td>申报清单</td><td>报关单或备案清单</td><td>申报清单</td><td colspan="2">报关单或备案清单(单票低于 5 000 元人民币且不涉证、不涉检、不涉税的货物,可报送申报清单)</td></tr>
<tr><td>优势</td><td colspan="2">入区即退税政策</td><td>跨境电商综试区出口可采取 4 位 HS 编码简化申报,可“清单申报、汇总统计”</td><td colspan="2">优先安排检验,系统实时验放
积极响应跨境电商企业批量出口需求,降低出口成本
跨境电商综试区不涉及出口退税的,可按照 6 位 HS 编码简化申报</td></tr>
</table>

2. 一般贸易出口和跨境电商出口的区别

一般贸易出口,是指中国境内有进出口经营权的企业单边进口或单边出口的贸易,按一般贸易交易方式进出口的货物即为一般贸易货物,需要正常缴纳各种进出口税费。对于 FBA 头程(指产品从国内到亚马逊仓这一段的物流运输)的出口,基本归属于一般贸易报关方式(代号 0110)的范畴,也叫正式报关出口。

与一般贸易出口不同,跨境电商出口面对的一般是直接的消费者,而对于一般消费者而言,完成进口货物的通关是一件非常耗时耗力的事情,同时对于海关来说,也需要占用大量的行政资源。因此跨境电商政策能对跨境电子商务实现有效监管,进行规范性的引导,并且随着跨境电商产业扶持政策不断深化、全球消费市场升级换代,数字贸易全球化进程加速演进,吸引着越来越多的参与者投身跨境电商行业。

跨境电商出口模式主要分为两种:B2B 模式和 B2C/C2C 模式。跨境电商零售出口也就是我们常说的 B2C/C2C 出口,B2B 和 B2C 的区别本质上可以简单理解为批发与零售,针对的客户群体不一样。

综上,随着跨境电商各种海关监管模式越来越丰富,计划拓展跨境电商业务的企业可选择适合自己的跨境电商业务模式并合规经营。同时,海关也将进一步优化服务,在创新通关监管方式的同时与其他监管部门做好退税等衔接配合工作,解决跨境电商企业的发展难题。

任务 2.2　按交易主体进行细分

2.2.1　跨境贸易与一般贸易

跨境贸易与一般贸易也称为跨境 B2B 贸易,是指分属不同关境的企业对企业,通过电商平台达成交易,进行支付结算,并通过跨境物流送达商品、完成交易的一种国际商业活动,已纳入海关一般贸易统计。从一般意义上讲,一般贸易和跨境贸易在产品配方、税率、发货流程三方面均有不同。

1. 一般贸易和跨境贸易的区别——产品配方

一般贸易为了符合国内的食品标准，会对原版配方进行“改动”。如拿某袋装成人全脂奶粉，“中国特供版”（即通过一般贸易交易）的奶粉，背后一定会有中文背标，其中，钠的含量是 60 mg，钙的含量为 200 mg，而原版（即通过跨境贸易交易）的奶粉中钙的含量为 298 mg，钠的含量为 88 mg。

2. 一般贸易和跨境贸易的区别——税率

除了产品配方，跨境贸易最关键的优点就是渠道短路，没有中间商。而一般贸易一定有个进口商，代表着一定会有进口环节的增值税。而且由于渠道商层层加价，价格通常比较高，相比跨境电商进口，有些产品可高出 30%以上。跨境电商的商品成本明显要低于一般贸易。

3. 一般贸易和跨境贸易的区别——物流

1）一般贸易发货流程

当用户下单后，电商平台会产生订单数据，支付公司产生支付数据，仓储物流公司产生运单数据，此为三单（订单、运单、支付单），平台一般委托第三方清关公司产生进口清单。

三单与进口清单数据均传输给跨境通关服务平台，服务平台再将数据传输到管理平台（即海关内网）“三单”与进口清单数据对碰，数据通过，完成清关。

清关完成后，清关公司反馈清关结果，通过的订单开始拣货出仓，出库后交给物流公司发货，最后用户签收包裹。

现阶段国内的管控形式依然偏向于一般贸易，有着相应的传统路径依赖。对于跨境电商这一创新形式，中国完全能够在国外市场领跑，应该加快形成新的管控形式，为跨境电商保证便利化，帮助跨境电商提升市场竞争力，夺取国际主战场。

2）跨境贸易发货流程

（1）保税仓备货发货流程。保税仓是指存放未交关税的仓库，如同境外仓库。当用户付款后，向海关申报，海关放行之后，直接从保税仓出货，再收取关税。保税仓的优势在于提高通关速度、降低贸易成本，还可以随时转口，方便快捷，同时可以享受一定的便捷和免税政策。

（2）海外直邮发货流程。海外直邮是指将商品直接从海外邮寄到用户手中。直邮模式不用压货，由海外供应商直接发货，海外直邮的商品需要通过两个国家的海关，再加上运输时间，一般需要几天到几周商品才能到达客户手中。

2.2.2　跨境零售

跨境零售又分为跨境 B2C 和跨境 C2C。跨境 B2C 是指不同关境的企业直接面对消费者开展在线跨境销售和服务，还是一样地进行交易，进行支付结算，并通过跨境物流送达商品、完成交易的一种国际商业活动。跨境 C2C 电商是分属不同关境的个人卖方对个人买方开展在线销售活动和服务的一种形式，个人卖家在跨境电商第三方的平台进行发布产品和服务销售等内容，个人买家进行筛选，然后在跨境电商网站上进行一系列的流程。

跨境零售的发展，不仅影响消费者，还对产业提升乃至国际收支都有着不可忽视的作用。第一，跨境零售引导国内消费升级，提高消费质量的同时使消费流程简单化、规范化；第二，拉动消费回流，提升国内消费者福利；第三，促进产业结构的提升，改变产业发展现状，驱动产业发展创新；第四，助力实现供给侧改革，扩大有效供给，平衡供需关系；第五，跨境零售的发展，有助于缓解长期贸易顺差所带来的压力，缓解我国国际收支严重失衡的现状；第六，跨境零售的发展不仅对国内产业发展起促进作用，还为本国创造大量就业机会以及促进电商全球生态布局的建立起到积极的作用。

任务 2.3　按服务类型进行细分

1. 信息服务平台

信息服务平台主要是为境内外会员商户提供网络营销平台，传递供应商或采购商等商家的商品或服务信息，促成双方完成交易。

2. 在线交易平台

在线交易平台不仅提供企业、产品、服务等多方面信息展示，并且可以通过平台线上完成搜索、咨询、对比、下单、支付、物流、评价等全购物链环节。在线交易平台模式正在逐渐成为跨境电商中的主流模式。

素养园地

张女士在“海狐海淘”电商平台购买了一台手持电子阅读器，起初商家迟迟不发货，找客服多次催促后，终于发货了，但却长时间不更新物流消息，再次找客服沟通，被告知继续等待。

针对商家迟迟不发货的情况，消费者可按照平台规定的卖家发货期限要求商家进行赔偿。此外，有的商家为了在短时间内提高自己商品的销售量，故意用性价比高的商品吸引买家，但最后以物流原因推迟发货，甚至不发货。如果在催促后还未发货，则可以考虑取消订单，及时申请退款或者官方仲裁。

注：本案例适用《中华人民共和国电子商务法》第二十条：“电子商务经营者应当按照承诺或者与消费者约定的方式、时限向消费者交付商品或者服务，并承担商品运输中的风险和责任。但是，消费者另行选择快递物流服务提供者的除外。”

思考与讨论：与同学讨论，分享自己在跨境电商交易过程中遇到的问题及解决方案。如果日后作为跨境电子商务的卖家，应该如何防范此类问题带来的风险？

任务 2.4　按运营方式进行细分

1. 第三方开放平台

第三方开放平台是指平台型电商通过线上搭建商城，整合物流、支付、运营等服务资源，吸引商家进驻，为其提供跨境电商交易服务。同时，平台以收取商家佣金及增值服务佣金作为主要盈利模式。

2. 自营型平台

自营型平台是指自营型电商通过在线上搭建平台，平台方整合供应商资源，通过较低的进价采购商品，然后以较高的售价出售商品。自营型平台主要以商品差价作为盈利模式。

项目小结

现阶段，中国比较常用的跨境电商模式主要有两种，分别是B2C和B2B，这两种模式有很大的不同：一是所面对的客户群体不同，B2C模式的客户主体是自然人，而B2B模式的客户群体主要是面对企业组织；二是产品不同，B2C模式的产品大多是生活消费类产品，而B2B模式的产品更多的是用于企业生产或运营；三是B2C模式的平台运营模式主要流程都能在线上进行，而B2B模式的平台运营模式目前还是以线上交易、线下执行相结合。这三方面差异的存在，让我们在平台模式的选择方面多纬度考虑，以方便做出更精准的决策。

1. 企业或者平台自身的实力。这里面蕴含着很多内容，B2C模式往往不会涉及国家政策或者企业制度等因素，所以相对会比较简单，只要满足单体自然人的需求即可，从询盘到执行都通过线上，可以尽最大程度抵消各种成本支出。而B2B模式则不然，如果客户本身就是实力很强的国外规模性企业，跨境平台就得考虑产品的品牌、质量、交货期、支付、风控模型、收汇、核销、产品运用场景，甚至还会带有一定的服务等。任何一个因素出现问题，都会对组织形成很大的压力，所以会迫使平台去增加更多的合作伙伴来共同抵消风险，也需要线下高素质的人员操作项目，如果没有一定实力去进行操作，极容易与客户形成不对等的地位，导致企业面临巨大的风险。

2. 如果是刚刚踏入电商这个门槛，最好先从B2C开始做，熟悉互联网的特性及客户的消费习惯以后再根据自己的能力寻求创新。贸然进入B2B这个模式，企业要为平台做出很多改变，要为这个模式重新构架品牌营销手段和价值创新点，以及前、中、后台的数据一体化运营，还要对自己的产品及市场重新定位，这对于一个新手来说，会是一个极大的挑战。

3. 产品的特性。如果产品是用于生产的商品，并且质量优秀，品牌成熟，那运用B2B模式更容易扩大战果，更多地去抓取客户，获取项目；如果产品是用于消费的商品，质量中等偏下，没有品牌优势，那还是要以B2C为主，以等待时机的进一步成熟。

同步测试

一、单选题

1. 通过国际快递将货物直接邮寄给国外消费者，整个过程无海关单据，是(　　)。

A. 海外直邮模式　　B. 保税发货模式

C. 物流中转模式　　D. 物流转运模式

2. 对于“1210”，以下(　　)描述符合定义。

A. 一般出口　　B. 跨境电商B2B直接出口

C. 特殊区域出口　　D. 跨境电商出口海外仓

3. 跨境零售的发展，不仅影响消费者，还对产业提升乃至国际收支都有着不可忽视的作用。下面描述不正确的是(　　)。

A. 跨境零售引导国内消费升级　　B. 拉动消费回流

C. 促进产业结构的提升　　D. 促进平台升级

4. 第三方平台指(　　)。

A. 线上搭建商城,整合物流、支付、运营等服务资源

B. 提供技术支撑

C. 提供第三方继续运营

D. 提供商家服务

5. "9710""9810"模式出口的跨境电商企业可享受(　　)。

A. 海关免检

B. 物流补贴

C. 跨境电商出口统一版系统申报清单不再汇总申报报关单或备案清单

D. 免税

二、判断题

1. 保税仓的优势在于提高通关速度、降低贸易成本,还可以随时转口,方便快捷,同时可以享受一定的便捷和免税政策。(　　)

2. 保税仓是指存放未交关税的仓库,如同境外仓库。当用户付款后,向海关申报,海关放行之后,直接从保税仓出货,再收取关税。(　　)

3. 跨境零售的发展,对消费者、对产业提升乃至国际收支都没有作用。(　　)

4. "9610"是网购保税进口的简称。(　　)

5. 跨境出口是指国内电子商务企业通过电子商务平台达成出口交易、进行支付结算,并通过跨境物流送达商品、完成交易的一种国际商业活动。(　　)

项目 3　跨境电子商务平台选择

任务 3.1　根据产业终端用户类型进行选择

3.1.1　B2B 平台

B2B 平台是电子商务的一种模式，即商业对商业，或者说是企业间的电子商务，即企业与企业之间通过互联网进行产品、服务及信息的交换。它将企业内部网通过 B2B 网站与客户紧密结合起来，通过网络的快速反应，为客户提供更好的服务，从而促进企业的业务发展。

1. B2B 平台类型

1)商务型

面向制造业或面向商业的垂直 B2B，垂直 B2B 可以分为两个方向，即上游和下游。生产商或商业零售商可以与上游的供应商形成供货关系；面向中间交易市场的 B2B，这种交易模式是水平 B2B，它是将各个行业中相近的交易过程集中到一个场所，为企业的采购方和供应方提供了一个交易的机会。

2)交易型

卖方控制型市场战略，是指由单一卖方建立，以期寻求众多的买者，旨在建立或维持其在交易中的市场势力的市场战略。买方控制型市场战略，是由一个或多个购买者建立，旨在把市场势力和价值转移到买方的市场战略。买方控制型市场战略除了由一个购买者直接建立的电子市场之外，还包括买方代理型和买方合作型两种买方控制型市场战略。中介控制型市场战略，是由买卖双方之外的第三者建立，以便匹配买卖双方的需求与价格的市场战略。

通过 B2B 电商的方式，提高传统行业的交易、流通效率，继而优化和重塑传统的行业格局。钢铁、航运、化工、农业、石油等行业，都是中国的支柱行业。此前，这些行业长期以来与互联网绝缘，业务展开模式一成不变，无法享受到互联网带来的更便捷、更高效的优势。垂直领域交易型 B2B 平台不断涌现，塑化材料 B2B 平台大易有塑、农产品 B2B 平台一亩田、煤炭领域的找煤网以及钢铁全产业链电商找钢网等，都已在各自领域全面布局。

B2B 是企业与企业之间通过互联网进行产品、服务及信息的交换。网站的主要模式分为三类：大型企业的 B2B 网站、第三方经营的 B2B 网站、行业生态型的 B2B 网站。这里要谈论的是第三方经营的 B2B 网站，此类网站为买卖双方提供信息交流的网络商业平台，并为用户提供网上交流的条件，促成交易的机会。此类网站的最终目的是盈利，也提供一些免费使用权限，但其目的是聚集人气，为将来收费打下基础。

处于成长阶段的 B2B 网站，已经形成一定的规模，给用户较多的免费权限，是免费使用的最佳对象；当然，即使是发展得成熟的 B2B 收费网站，也还是有一些可以免费使用的资源的。

2. B2B 平台优势

1)降低采购成本

企业通过与供应商建立企业间电子商务，实现网上自动采购，可以减少双方为进行交易投入的人力、物力和财力。另外，采购方企业可以通过整合企业内部的采购体系，统一向供应商采购，实现批量采购，获取折扣。

2)降低库存成本

企业通过与上游的供应商和下游的顾客建立企业间电子商务系统，实现以销定产、以产定供，实现物流的高效运转和统一，最大限度控制库存。

3)节省周转时间

企业还可以通过与供应商和顾客建立统一的电子商务系统，实现企业的供应商与企业的顾客直接沟通和交易，减少周转环节。

4)扩大市场机会

企业通过与潜在的客户建立网上商务关系，可以覆盖原来难以通过传统渠道覆盖的市场，增加企业的市场机会。

5)规模大竞争力强

企业网站提供的是一个信息发布平台，信息内容由网上的各类厂家提供，内容相当丰富。这种网站结构复杂，所以往往有十分强大技术研究团队，对于搜索引擎优化(Search Engine Optimization,SEO)技术的实施还是比较有保障的。这类网站的竞争对手往往是一些企业站。

3. B2B 平台现状

在中国电子商务应用与发展的过程中，企业的作用相当重要，但是很多企业，对如何开展网络营销和商务活动缺乏详细的规划。虽然大部分企业已接通互联网，但多数仅在网上开设了主页和电子邮件地址，很多网站内容长期不更新，更谈不上利用网络资源开展商务活动。究其原因，主要有以下几个方面：

(1)“商务为本”的观念薄弱。由于中国电子商务是由主导信息技术的 IT 业界推动的，使得中国电子商务在发展之初就带有过度技术化倾向。很多企业在没有了解自己的商务需求时就匆忙上网，以为只要 IT 厂商技术支持到位一切自然成功。结果上网企业花了巨资却赚不到钱。

(2)对为什么需要 B2B 中介服务网站，企业的认识是模糊的。让陌生的买卖双方在互联网上相互沟通、查询和匹配将是一个大问题。就会在买卖双方之间产生四个问题：一是因为信息沟通不畅，必然造成生产和需求不对称，出现商品短缺和过剩并存的局面；二是由于一个卖家对应的买家有限，众多买家和卖家就会形成多层销售链，因而产生许多中间环节，致使销售费用越来越高；三是由于买家与卖家选择余地的限制，造成买、卖竞价不充分，既影响交易效率又不能营造一个公平的市场环境；四是由于信息不畅，对市场反应迟钝，从而造成库存积压、生产成本加大的现象。而要解决上述四大问题，必然需要建立一个公共的信息交流与交易平台。

(3)对如何有效开展 B2B 电子商务，行动是盲目的。普遍的现象是：企业网站的内容定位不准确，或设计得过于简陋，只有主页和 E-mail 地址；或片面追求大而全，发布信息不分主次；或片面追求网站功能的强大，企图“一站通”；经营方式不正确，对网站挂接在何处才有利于企业网上商务的开展缺乏本质上的把握，以为有了一个已注册域名的网址，商家就会通过 Internet自动找上门来。

4. B2B 平台难题

网站优化已经成为B2B电子商务网站的基本网络营销策略。由于B2B电子商务网站具有明显的B2B行业特征，B2B网站优化面临着B2B网站特有的问题。

1)网站栏目和产品分类设置不合理的综合问题

B2B网站结构看起来简单，无非是供应信息、求购信息、产品库、企业库等主要栏目，以及每个栏目下对不同行业、不同产品类别的分类，将相应的信息发布到相应的分类中。但实际上，B2B网站分类方法对于网站的整体优化状况是至关重要的，分类目录不合理将造成用户难以获取网站信息、搜索引擎忽略二级栏目及二级栏目中的信息，以及网站PR(PageRank，网页级别)值低等综合问题。

2)大量新发布的信息无法被搜索引擎收录

随着供求信息发布量的增加，大量新发布的信息在不断滚动更新，但很多新的信息还未等到搜索引擎收录就已经滚动到多层次目录之下，而由于网站结构层次设计不合理，即使全部网页都转化为静态网页，仍有可能造成信息无法被搜索引擎收录。

3)动态网页的制约因素

领先的网站早已经过网站优化改造，实现了全部信息的静态化处理，但B2B网站发展到如今，仍然有大量网站采用全动态网页技术，甚至主栏目和二级栏目都是动态生成，这样的动态网站已经无法在搜索引擎自然检索结果中获得任何优势，即使网页被搜索引擎收录，也难以比其他同类内容的静态网页有任何优势，其结果是，通过搜索引擎自然检索带来的访问量越来越少。

4)网页标题设计及网页内容的相关性问题

在一般由网站维护人员编辑内容的网站中，网页标题的设计及网页标题与网页内容的相关性问题可以得到比较好的控制，但在用户自行发布信息的B2B行业网站，网页标题设计不专业及与网页内容相关性不高的问题比较突出，其后果是不仅供求信息内容网页在搜索引擎中没有竞争优势，甚至可能影响整个网站的表现。

5. B2B 平台运营问题

1)B2B平台存在的困惑

B2B跨境电商平台运营的重点，在于帮助跨境电商企业解决行业内的一些问题，例如，清关效率低、销售环节重叠等。那么做跨境电商B2B平台存在哪些困惑呢?

(1)如果企业B2B系统控制不严，订单超过限额被退单，订单超免征税额需要交纳更多的进口税，严重影响销售。

(2)B2B跨境电商平台需要根据不同海外仓、不同保税区的不同贸易模式进行拆单，否则严重影响清关效率。

(3)进口税复杂，行邮税、增值税、消费税等各种税费计算复杂。

2)B2B思路亟待革新

网站构造、布局千篇一律，都是那么几个:资讯、行情、品牌、供求、求购、展会等;盈利模式单一，没有新意，几乎都是会员、广告位、关键字等;不注重企业真实需求，未站在企业出发点，一味考虑盈利;B2B平台涉及行业、类目众多，但是平台自身对此并没有专业人才;内容丰富，但安全及诚信问题仍无法保证;售后问题不能有效保证和处理;采购交易中的税务问题无法很好地解决。

对于以上困惑和老思路，是B2B电商平台都普遍存在的问题，而之所以会产生这些问题，最根本的原因B2B平台没有了解众多企业的根本需求，没有深入了解不同行业企业的需求和心声，没有听取企业的建议，不知道企业交易有什么困难和疑惑，更没有关注如何去解决这些困难，比如上面提到的安全、诚信问题，质量、售后问题，税务、合同问题等。若想真心发展B2B，就应该以这些问题为基础，寻求解决方案，建立既开放又封闭的B2B电商平台，启发、引导、培养各类企业开展网上贸易，习惯电商这种交易渠道。

开放平台的意思是明确企业真实身份的前提下，降低平台使用权限、引入流量，因为用户原创内容在B2B的发展中影响非常大；而封闭指的是由于当中的企业之间具有陌生性，所以必须通过平台才可进行贸易活动，整个贸易过程中的资金、信息流都在B2B平台循环流动，更增加了交易的安全性和可靠性。

6. B2B平台盈利模式

1)会员费

企业注册为B2B网站的会员，每年要交纳一定的会员费，才能享受网站提供的各种服务，如今会员费已成为中国B2B网站最主要的收入来源。

2)广告费

网络广告是门户网站的主要盈利来源，同时也是B2B电子商务网站的主要收入来源。

3)竞价排名

企业为了促进产品的销售，都希望在B2B网站的信息搜索中将自己的排名靠前，而网站在确保信息准确的基础上，根据会员交费的不同对排名顺序作相应的调整。

4)增值服务

B2B网站通常除了为企业提供贸易供求信息以外，还会提供一些独特的增值服务，包括企业认证、独立域名、提供行业数据分析报告、搜索引擎优化等。像现货认证就是针对电子行业提供的一个特殊的增值服务，因为通常电子采购商比较重视库存。另外，针对电子型号做的谷歌排名推广服务，就是搜索引擎优化的一种，企业对这个都比较感兴趣。所以可以根据行业的特殊性去深挖客户的需求，然后提供具有针对性的增值服务。

5)线下服务

线下服务主要包括展会、期刊、研讨会等。通过展会，供应商和采购商面对面地交流，一般的中小企业还是比较喜欢这个方式。期刊主要是关于行业资讯等信息，期刊里也可以植入广告。

6)商务合作

商务合作包括广告联盟、行业协会合作、传统媒体的合作等。广告联盟通常是网络广告联盟，但在中国，联盟营销还处于萌芽阶段，大部分网站对于联盟营销还比较陌生。

7)询盘付费

区别于传统的会员包年付费模式，按询盘付费模式是指从事国际贸易的企业不是按照时间来付费，而是按照海外推广带来的实际效果，也就是海外买家实际的有效询盘来付费。其中询盘是否有效，主动权在消费者手中，由消费者自行判断，来决定是否消费。尽管B2B市场发展势头良好，但还是存在发育不成熟的一面，体现B2B交易的许多先天性交易优势，比如在线价格协商和协作等，还没有充分发挥出来。因此传统的按年收费模式越来越受到以ECVV为代表的按询盘付费平台的冲击。"按询盘付费"有四大特点：零首付、零风险；主动权、消费权；免费推、针对广；及时付、便利大。广大企业不用冒着"投入几万元、十几万，一年都收不回成本"的风险，零投入就可享受免费全球推广，成功获得有效询盘后，辨认询盘的真实性和有效性后，只需在线支付单条询盘价格，就可以获得与海外买家直接谈判成单的机会，主动权完全掌握在供应商手里。

8)佣金

企业可以收取佣金，只在买卖双方交易成功后收取费用。比如，它采取佣金制，免注册费，佣金比例为成交金额的2%～7%。

3.1.2 B2C平台

跨境电商B2C模式主要是指：出口企业与海外终端消费者，通过第三方跨境电子商务平台完成交易的服务。我们根据B2C平台的运行方式，分为开放式平台和自营式平台。

1. 开方式平台

开放平台的内容涉及出口电子商务的各个环节。除开放买卖双方数据外，还包括开放商品、门店、交易、物流、评估、仓储、营销、促销等环节和流程，实现应用与平台的系统对接，通过整合平台服务资源，进行数据共享，直接为买卖双方提供服务。

代表企业：亚马逊、全球速卖通、eBay、wish。

2. 自营式平台

模型介绍：平台对所管理的产品进行统一生产或采购、产品展示和在线交易，通过物流配送将产品放入最终消费群，并通过互联网IT系统管理和大型仓储物流系统建设，实现对整个交易过程的实时管理。

代表企业：兰亭集势、环球易购、米兰网。

素养园地

杨女士在某跨境网购平台App下单购买内衣，出现严重质量问题。首先按照平台要求发送邮件说明详情并附上商品质量问题的图片。杨女士未使用该商品，但平台售后客服却告知这属于质量小瑕疵，给予平台2 000积分补偿，并且提出内衣出售概不退换。同时，该平台表示，平台对于此类质量问题的最终处理均遵从商家给出的处理结果。杨女士随后联系商家进行沟通，商家表示此并不属于质量瑕疵，如不能接受商品可在21个工作日内退回商品并提供退款，可免去当地运费，对于中国到美国的国际运费则无法承担。考虑到客户的权益，平台给出商品价20%的补贴，可转换等价现金退款39.17元。杨女士仍表示不能接受。

跨境电商交易退款问题一直是消费投诉的“重灾区”，由于其物流配送环节复杂，包括海外配送和国内配送两部分，期间出现包裹破损甚至是商品破损的概率会大大增加，因此产生退换货的概率相对较大。但是由于跨境网购商品与个人身份认证联系在一起，并且受到国外供应商、退货渠道等的限制，很多跨境商品无法退货给商家，而退换货也将涉及关税问题，因此目前多数跨境网购平台并不能完全做到七天退货，更别说是无理由退货。因此，消费者跨境网购时就要仔细查看退换货规则，并且就退换货事宜提前与卖家进行沟通，并截图取证。对于直接在商品页面标注不支持退换货的商品，一定要三思再下单。

注：本案例适用《中华人民共和国消费者权益保护法》，其第二十四、二十五条明确规定，消费者在收到商品后七日内，有权退货，且无须说明理由。但无理由退货的商品亦有边界，消费者定制的商品、鲜活易腐商品、消费者拆封的音像制品、计算机软件、交付的报纸、期刊等商

品不在无条件退货之列。

《中华人民共和国电子商务法》第十三条：电子商务经营者销售的商品或者提供的服务应当符合保障人身、财产安全的要求和环境保护要求，不得销售或者提供法律、行政法规禁止交易的商品或者服务。

思考与讨论：与同学分享自己在境内电商、跨境电商平台交易过程中遇到的退换货问题，以及最终是否解决，解决方案是什么。跨境电商如何降低退换货风险及成本？

任务3.2 根据平台运营方进行选择

一、第三方开放平台

卖家通过第三方平台来搭建和运营自己的店铺，例如入驻亚马逊、eBay和速卖通等平台。

（一）选择第三方开放平台的优势

1. 平台自带流量

第三方平台已有一定知名度，形成了固定的消费者群体。平台自带流量，无须过多的引流推广。

2. 入门简单，上手快

第三方平台具备成熟的运营模式和功能丰富的管理后台，卖家只需简单了解开店步骤、产品上下架等就可以直接开始店铺的设置和运营。

3. 节约成本

入驻第三方平台开店，节省了域名、建站和网站维护的成本。同时，平台自身具备支付和物流的功能，对于新建店铺来说，相对节省了人力和时间成本。

4. 交易的稳定性和安全性

大型电商平台经过长期的发展，有比较详细和完善的交易规则、支付体系和物流体系，若在交易中遇到一些问题，可以及时与平台沟通，保证交易的安全性。

（二）选择第三方开放平台的劣势

1. 同质化竞争激烈

第三方平台的流量大、入驻开店门槛低，吸引了很多卖家，竞争激烈，很容易陷入价格战中。同类型卖家聚集，对于一些产品特性不足，品牌化弱的中小卖家来说，很容易被湮没在海量的产品中。

2. 平台规则复杂多变

在第三方平台开店，一定要遵守平台规则，一旦违反平台规则，就可能被封号。

3. 无法沉淀数据

卖家可以通过平台获取公域流量，但是很难将公域流量转化为私域流量进行二次销售。

二、自营型平台

自营平台，卖家自己搭建网站并运营。自营型平台已受到越来越多跨境电商企业的重视，精细化运营的平台将成为更多企业的选择。

（一）选择自营型平台的优势

1. 经营自主权高，塑造品牌形象

卖家可以对自己的独立站进行个性化的设计和宣传，品牌经营有更多自主性。自营型平台可以拥有属于自己的独立域名、LOGO、独立品牌、独立页面等，更能体现企业的品牌形象和实力，让客户对企业产生品牌认可度和信任度。

2. 拥有数据资源，打造私域流量

自营型平台最大的优势就是可以将客户资源100%掌握在自己手中。通过对网站数据分析和精细化运营，实现客户的二次开发和购买，提升复购率。卖家还可以与客户直接沟通，获取产品的反馈，持续优化产品质量。

（二）选择自营型平台的劣势

1. 成本高，推广周期长

自营型平台不像第三方平台自带流量，独立站的流量只能依靠自主引流，需要通过SEO（搜索引擎优化）、SEM（搜索引擎营销）、广告投放等渠道，将流量引入网站或落地页。而跨境电商的火热，导致流量成本不断增长。除了流量成本以外，域名和服务器是搭建独立站必不可少的，这也需要一笔成本支出。此外，推广新品牌、建立用户认知需要时间，自营型平台可能在短期内无法看到成效，需要长期坚持投入。

2. 运营难度大

自营型平台从建站、推广再到维护，整个过程都需要卖家自己设计、规划和决策。

第三方平台的运营是基于平台的规则和用户属性来决策执行，是对商品的运营。而自营型平台从零开始，目标群体、营销推广策略、用户购物体验等都由企业自已规划执行，企业既要运营独立站平台，还要运营品牌和产品。

自营型平台的运营人员需要了解选品、美工、广告投放等，甚至还需要了解用户运营。

第三方跨境电商平台自带流量，入驻简单，但竞争激烈，风险高，难以打造自己的品牌。而自营型平台拥有较高的白主权，更有利于品牌的发展，但缺少流量来源，引流是自营型平台运营最大难点。

项目小结

国内的电商平台似乎已经达到了一个顶端，竞争激烈，所以做跨境电商是相对比较明智的选择，中国的地位在不断提升，很多国外的朋友对中国的产品越来越感兴趣，很多卖家便把眼光转向了国外市场，政府也鼓励跨境电商的发展。早些年就已经崛起的亚马逊等平台，已经成为成熟的跨境平台。欧美市场已经被大卖家占领，市场竞争激烈，但也有很多的平台正在进步，比如面对东南亚市场的虾皮和拉赞达。虾皮是中国大陆卖家选择比较多的平台之一，有着雄厚的资金支持还有很多的消费着，吸引了很多想要做跨境电商的卖家。

同步测试

一、单选题

1. 以下垂直B2B分类错误的是（　　）。

A. 上游、下游　　B. 中游、上游　　C. 下游、中游　　D. 全链条

2. 以下 B2B 平台的优势描述错误的是(　　)。

A. 降低采购成本　　B. 降低人工成本　　C. 降低库存成本　　D. 扩大市场机会

3. 以下 B2B 平台盈利模式描述错误的是(　　)。

A. 线下引流盈利　　B. 会员费盈利

C. 广告费盈利　　D. 引流服务费盈利

4. 以下 B2B 平台现状描述错误的是(　　)。

A. 网站构造、布局千篇一律,都是那么几个:资讯、行情、品牌、供求、求购、展会等

B. 盈利模式丰富,会员、广告位、关键字等都可以实现盈利

C. 不注重企业真实需求,未站在企业出发点,一味考虑盈利

D. B2B 平台涉及行业、类目众多,但是平台自身对此并没有专业人才

5. B2B 平台佣金收取时间是(　　)。

A. 成交前　　B. 成交后　　C. 交易中　　D. 不收佣金

二、判断题

1. B2C 平台的最终客户为个人消费者,主要是以零售方式将产品零售给消费者。(　　)

2. 自营平台,是平台自己去整合资源,自己寻找货源采购商品,并且自己售卖商品,以商品差价为盈利。(　　)

3. 只要全部网页都转化为静态网页,信息就可以被搜索引擎收录。(　　)

4. B2B 平台的最终用户是企业或者是集团的客户。(　　)

5. 整个贸易过程中的资金、信息流都在 B2B 平台循环流动,是没有安全性和可靠性的。(　　)

项目4　跨境电子商务平台实战

任务 4.1　了解亚马逊平台运营

亚马逊是全球最大的电商平台。亚马逊成立于 1995 年，位于美国华盛顿州的西雅图，是网络上最早开展电子商务的公司之一。

亚马逊一开始只是经营网络书籍销售业务，现在已经发展成为全球商品种类最多的电商平台和全球第二大互联网企业。

亚马逊涵盖的商品十分丰富，涵盖了图书、音像制品、软件、消费电子产品、家用电器、厨具、食品、玩具、母婴用品、化妆品、日化用品、运动用具、服装鞋帽、首饰等类目。

4.1.1　亚马逊的全球站点

就像淘宝在国内电商行业稳坐第一的宝座，亚马逊在全球同样扮演者领军者的角色。

目前，亚马逊在全球的站点涵盖：北美站（美国、加拿大、墨西哥三站通用）、欧洲站（英国、德国、法国、意大利、西班牙、荷兰）、亚洲站（中国、日本、印度、新加坡）、南美（巴西）、大洋洲站（澳大利亚）、中东站（阿联酋、土耳其）。

包括亚马逊北美站、欧洲站、大洋洲站、亚洲站、中东站的大站点已向中国卖家全面开放。这意味着，中国的卖家可以将自己的产品销往全球 180 多个国家和地区。

4.1.2　亚马逊的优势

1. 流量优势

对于打算做电商平台的卖家来说，流量就是金钱。在电商的世界里，即使产品再好，没有流量也很难销售出去。而作为全球最大电商平台的亚马逊来说，拥有 3 亿活跃付费用户（包括亚马逊 Prime 会员）和遍布全球的跨境电子商务运营中心，有着显著的流量优势。

2. 本地化服务

亚马逊的各个站点都有专属的本土运营服务，亚马逊卖家可通过多种跨境电商营销工具拓展自己的国际电商业务，创造自己的国际品牌。

3. 成熟的全球跨境物流及仓储服务

亚马逊拥有遍布全球 140 个电商运营中心，可配送至全球 180 多个国家和地区，让卖家可以专心于产品打造和营销，不用分心于国际物流及海外仓服务。

4.1.3　亚马逊物流服务

亚马逊提供的物流服务，这对于新手来说，能解决物流这一大难题。

亚马逊的物流服务名称为 FBA，亚马逊将自身平台开放给第三方卖家，将其库存纳入到亚马逊全球的物流网络，为其提供拣货、包装以及终端配送的服务，亚马逊则收取服务费用。

卖家在向亚马逊提供一定费用后，即可把商品放至亚马逊的仓库中，当卖家的商品在网上成功销售后，亚马逊就会根据订单信息负责把商品从仓库派送到买家手中。

对于比从国内发货到国外，从仓库直接派送到买家的时间无疑要缩短许多。

4.1.4 亚马逊开店的入驻条件及资料

一是公司营业执照（我国香港公司为公司注册证明书＋商业登记条例），要求清晰且未过期。营业执照上的名称要与注册亚马逊账号上的名称一致，且不接受个体工商户和澳门特区法人。

二是身份证正反两面的扫描件或复印件，身份证明文件必须为以下语言之一：中文、英语、法语、德语、意大利语、日语、葡萄牙语或西班牙语。如果不是其中任何一种语言，需要提供护照或公证翻译成其中一种语言的身份证明文件。

三是公司账单或者法人个人账单。需满足以下条件：正规企业近三个月的日常账单发票，且开具机构须真实有效；银行账户对账单上的地址和公司名称应与注册的亚马逊账户上的一致；不接受任何由物业公司或私人房东开具的账单、发票、收据；不接受任何银行的信用卡账单。

四是双币种信用卡，用于账户验证。可为以下卡种：中国境内银行签发的能扣款美元的VISA 双币信用卡；日本站除了 VISA 双币信用卡，也可以使用能扣款日币的 JCB 卡；美国/日本站可以使用持卡人为他人的信用卡；欧洲站的信用卡持卡人必须为公司法人/受益人或者由公司承债的商务信用卡。

五是一个海外收款账户，包括：美国、英国、德国、奥地利、法国任何一国当地的海外银行借记账号；第三方收款机构签发的跨境收款账号。

六是具备 ISO9001 质量标准认证。卖家需要具备国际资质专业检测公司审核颁发的有效 ISO9001 质量标准认证。生产厂商需提交 ISO9001 质量管理体系认证，贸易服务商需提交所售产品工厂的 ISO9001 质量管理体系认证。

4.1.5 亚马逊跨境电子商务平台的四大运营理念

创始人杰夫·贝佐斯给亚马逊的定位是“地球上最以客户为中心的企业”，起初很多人觉得可笑和荒诞，如今再看亚马逊，真的是将追求卓越的用户体验贯彻到极致，事实上，平台客户满意度也极高。从这一定位出发，就不难理解亚马逊平台的四大理念了：重推荐，轻广告；重展示，轻客服；重产品，轻店铺；重客户，轻卖家。

1. 重推荐，轻广告

对亚马逊运营稍有了解的卖家都能发现这样一个现象：亚马逊平台上可做的站内推广形式很有限，基本上除了广告[产品广告（Sponsored Products）和展示广告（Display Advertising）]就是促销活动（Promotions）、秒杀（Lighting Deals）。为什么这么少？广告推广形式越多，平台不是应该更赚钱吗？回归到亚马逊最以客户为中心的定位，我们就不难理解了。过多的广告推广必然引起客户反感，影响用户体验。

在整个亚马逊的 A9 搜索算法中，购物一直是最核心的功能。亚马逊平台会根据客户的浏览习惯、搜索习惯、购物习惯、付款习惯等个性化数据，进行关联推荐和排行推荐。当客户搜索某一个产品时，亚马逊会推荐非常多的相同或相关产品作为参考。同时，在客户浏览每一个产品页面的 Listing 排名旁边，都可以轻易找到该类目的 Top 100 排行榜，在 Top 100 排行页面右边，又有一个新刊登热卖排行推荐。此外，客户每次登录亚马逊平台，曾经浏览或者购买过的产品及相关产品还会被推荐展示。比如客户曾浏览或购买过户外帐篷，诸如户外背包、防晒衣之类的户外用品就会频繁被推荐展示。

各种推荐相互交叉，同类产品反复出现，频繁刺激消费者购买的欲望和神经。所有推荐最终要达成的目的就是：让消费者有更多的选择，进而通过这些丰富的选择触发消费者购买行为。反观广告方面，亚马逊只有简单的一种关键词广告，每个搜索页面，六个广告位基本固定出现。较少地出现广告，减少了用户对广告的排斥心理，可以说，亚马逊深谙用户排斥广告的心理，用更精准的关联推荐带来的成交为平台创造了更多的营收。凭借着这样的算法和技术，亚马逊在业内有着“推荐系统之王”的美称，据统计，亚马逊有35%的销售额都与推荐系统相关。

2. 重展示，轻客服

与国内跨境电商平台淘宝等不同，亚马逊没有即时在线客服。

如果买家在购买产品前有疑问，只能通过邮件这种形式来咨询卖家，卖家也只能通过邮件形式进行回复。相比国内电商平台的在线客服及时沟通，亚马逊买卖双方的沟通成本是比较高的，如果再算上全球不同地域的时差问题，沟通成本更是不敢想象。

这就促使卖家必须在产品页将所有的信息表达得尽量丰富、全面和完整，同时不断地对Listing进行优化，标题、图片、五点描述、长描述等方面都要精心打磨，将买家想要了解的内容进行充分展示。通过产品展示促成订单，通过后置客服联系方式降低买卖双方的沟通成本，亚马逊正是用这样的方式，降低了卖家的客服成本。

看图购物、自助购物，正是亚马逊着力打造的交易方式。尽可能简化整个交易流程，想买就下单等收货，不想买就换个Listing继续了解，省心、省力、省时。

3. 重产品，轻店铺

“七分选品，三分运营”是亚马逊运营的至理名言。

在亚马逊，店群模式和铺货模式（多SKU运作）可能会让卖家暂时赚钱，但不会让卖家长远赚钱，运营回归到本质还是产品，精品模式才是最终出路。

对于一个客户来说，在亚马逊购物的过程大概是这样的：如果客户想购买A产品，在亚马逊首页搜索，在搜索结果中选择合适的产品，添加到购物车，如果不需要其他产品，直接付款，购买过程完成；在购买A产品的同时，如果客户同时想购买B产品，客户的选择往往是，回到首页搜索B产品，而不是看看销售A产品的卖家是否也正好有B产品。

这样的购买思维就直接导致了卖家能够获得的流量大都是来自于搜索结果的展现，很少会有客户进入店铺去查看。除了客户这样的购买思维之外，亚马逊也对卖家店铺做了后置处理，如果顾客想查看一个卖家的店铺，需要在不起眼的地方经过多个页面的切换才能找到，对于普通的买家来说，查找的过程是一点都不便利的。

相对于弱化店铺，亚马逊非常重视优质Listing的展示，如果一条Listing，图片精美，价格合适，订单转化率高，亚马逊会根据短时间内的订单数量，不停更新Listing的排名，排名越靠前，订单越多，订单越多，排名越靠前，也正是这样的循环，导致了很多卖家都非常重视爆款的打造。

这也是为什么很多优秀亚马逊卖家的经营策略都是“少做产品，做精产品”，整个店铺加起来可能只有几款产品，却依然不影响他们月销几十万美元。聚焦产品、聚焦客户，是一个合格亚马逊卖家必备的修养。

4. 重客户，轻卖家

亚马逊设计了两套评价体系：一个是“商品评论”(Review)，另一个是“卖家反馈”(Feedback)，前者针对的是卖家提供的产品，后者针对的是整个订单，这表明亚马逊非常鼓励客户表达真实的感受。

即便是在整个交易过程中，亚马逊也都尽可能地简化交易流程，提升客户体验，只要客户对产品和服务有任何的不满意，亚马逊接受无条件退款，亚马逊对买家的高容忍也意味着对卖家要求的高标准。

卖家也不必担心自己一定会受到平台的不公正待遇。按照实际情况来看，亚马逊在买家和卖家之间的平衡点把握得比较好，它会根据实际情形来判断双方的责任归属。

基于这样一个严苛而又公正的交易环境，买卖双方都会更加信任亚马逊，更加依赖亚马逊。于买家而言，良好的用户体验会让其产生更多的购买行为，卖家自然会有更好的销量，更加努力去开发好的产品，提供优质的服务，这样一来，一个基于亚马逊平台的良性循环就形成了。

4.1.6　亚马逊新手卖家必知的 30 个运营术语

对于刚刚入驻亚马逊的新手卖家来说，在店铺运营过程中一定会碰到许多“新鲜”的专业术语，比如 Listing、UPC、FBA、KYC 等，下面整理一些亚马逊运营过程中比较常见的术语。

(1)Listing，又称产品页面链接，相当于淘宝的宝贝、标题、图片等，经常说的优化 Listing，也就是优化产品页面，有了好的产品页面，才能吸引更多的流量。

(2)SKU(Stock Keeping Unit)，即库存进出计量单位，亚马逊上，通俗来讲，SKU 也代表了款式，比如销售的产品有大、中、小三个款式，那么就有三个 SKU 编码。如果后面每个款式又增加了红、蓝、黄三种颜色，那么总共就有九个 SKU 编码。

(3)ASIN(Amazon Standard Identification Number)，中文全称是亚马逊标准标识号，也就是每个商品的编码标识，可以把它当成该商品的“身份证号”，当然，每个商品的 ASIN 是不一样的。

(4)UPC(Universal Production Code)，即通用产品编码，贴在商品上，用来识别实物产品的编码。UPC 是最早大规模应用的条码，是一种长度固定、连续性的条码，目前主要在美国和加拿大使用，由于应用范围广泛，故又被称万用条码。UPC 仅可用来表示数字，故其字码集为数字0～9。EAN 与 UPC 作用基本一致，只不过是 EAN 在欧洲用得比较多。

(5)GCID(Global Catalog Identifier)，是亚马逊内部生成的品牌标识符，备案后亚马逊会自动分配独一无二的 GCID 码来替代 UPC。GCID 为十六字符，包括字母和数字，每个 GCID 码将等同于每一条 Listing 里面的 UPC。

(6)FBA(Fulfillment By Amazon)，是由亚马逊提供的包括仓储、包装、配送、退货等在内的物流服务。卖家向亚马逊支付一定的费用，当产品成功出售后，亚马逊将根据订单派送商品至买家。

(7)FBA 头程，指产品从国内到亚马逊仓这一段的物流运输，包括清关预付关税等。

(8)FBM(Fulfillment by Merchant)，卖家自己配送。

(9)KYC(Know Your Customer)，这个政策不仅要求金融机构实行账户实名制，还要求对客户的身份、地址、行业和资金来源有充分了解。亚马逊 KYC 十分严格，卖家最好提前准备好审核资料，避免因材料不足或审核超时被封店铺。

(10)分类审核,即特定的商品和品类必须经过亚马逊的审核才能发布,审核通过后,再发布此类商品和品类就无须再经审核,可以直接发布。

(11)亚马逊 Prime,亚马逊会员,亚马逊官方会给予 Prim 会员配送费优惠,年费 99 美元,任何 FBA 的商品,无论多少价格,会员都享受免费两日送达服务。

(12)Buy Box,黄金购物车,即在 listing 页面最容易看到的那个购物车。亚马逊根据众多因素评估卖家绩效,合格卖家的商品有资格竞争及获得黄金购物车。

(13)Buy Box Percentage,黄金购物车的比例,假设这个数小于 100%,表示有可能被跟卖了。

(14)W8 税表(Form W-8 BEN),美国税务局发布,由开户人填报,声明其本人并非美国公民,要求免除美国的相关税项。申报后有效期三年。三年到期前,需要重新填表,再申报。

(15)W9 税表,美国人的税表,资料要来自于 SSN(Social Security Number,社会安全号码),包括名字、出生日期,以及对应的 SSN。

(16)A-Z(A-Z Guarantee Claim),保障索赔,亚马逊给买家制定的维权途径之一,买家发起 A-Z 索赔对卖家店铺的绩效影响很大。买家可以在收货后三天内,或者订单日期后 30 天内提出索赔。

(17)Product Review,针对产品本身的评价,不涉及物流、客服质量,只影响客户对产品的判断,不影响卖家绩效。采用打分和文字、图片、视频评论结合方式。对产品下单购买的顾客,所留的评价带有 VP 标志(Verified Purchase,核实购买),没有对产品下单购买的顾客也可以留评价,但所留的评价不带 VP 标志。

(18)Customer Feedback,对订单的评价,涉及物流、客服等,只有下单的买家可以评论,影响卖家的 ODR(Order Defect Rate,订单缺陷率)。

(19)ODR(Order Defect Rate),订单缺陷率,即收到负面反馈、亚马逊商城交易保障索赔或服务信用卡拒付的订单的百分比。

(20)Amazon Choice,是亚马逊为了帮助顾客在购物搜索时节省时间而推出的一个功能,有这个标志表明被亚马逊推荐了。

(21)Sessions,独立 IP 数量访问量。

(22)Click,点击数,由于同一 IP 可以多次访问同一产品形成多次点击,所以 Session 值通常小于 Click 值。

(23)Sponsored Products,关键词竞价广告,类似百度竞价,设定关键词和价格,关键词被搜索时有机会展现产品,被点击时付费。

(24)ACOS(Adversting Cost of Sale),广告销售成本,用于衡量亚马逊站内广告的表现情况。假如 ACOS 超过毛利率,就说明这个广告尽管带来了出单但是仍然是亏钱的。

(25)Ad Impressions,曝光量,产品展示在顾客浏览界面的次数。

(26)BSR(Best Seller Rank),热销产品排行榜,这个数字可以用于比较某个同类目下面产品的销量,数值越小,表明销售量越多,亚马逊会将这个数值作为搜索算法里面的一个因素。

(27)CoGS(Cost of Good Sold),销货成本,即产品销售成本。

(28)CR(Conversion Rate),转化率,指访问某一网站访客中,购买下单转化的访客占全部访客的比例。

(29)CPC(Cost per Click),点击付费广告,通过点击次数收费。

(30)CTR(Click Through Rate),广告点击率,广告曝光 100 次,被点击 20 次,CTR 就是 20%。

4.1.7 亚马逊的选品模式

1. 精品模式

什么是精品模式?就是把重点放在选品和营销上面,因为精品如果不发 FBA、不做测评、不做 CPC,根本不会被注意。

还有一些商家靠亚马逊的自然流量和自然留评来转化订单,但前提还是产品与低价策略。精品前期对资源要求较高,风险较大。

从 2019 年的旺季可以看出,大部分卖家的店铺销量还是不尽人意的。特别是一些做 FBA 的卖家,他们都是收获了一大堆的库存,而让他们赚钱的也只是那么几个 SKU,抗风险能力特别弱,稍微一个恶意投诉,都可能导致业绩惨淡的后果。

大部分坚持做精品的卖家,可能会遇到这样的一些心酸和艰难的问题:永无止境的卖家恶搞、跟卖,高昂的推广费,产品推不起来、卖不出去,一堆库存,账号被关、评论被删,等等。

当然,这种情况也并不是发生在全部的卖家身上,还是有很多坚持做精品的卖家继续逆袭上扬,并取得不错的成绩。但这种情况会一直持续,而且越来越好吗?答案是否定的,从整个行业来说,目前卖家以及平台的缩影就是,每一个细分品类的增长越来越疲软,而且某个品类做得越大,排在面前的增长问题就越加艰巨。

总的来说,需求增长的乏力已经是很多亚马逊精品大卖的普遍现象。

2. 铺货模式

亚马逊大铺货侧重点在于铺,放弃精品模式的精确选品和广告引流。但铺货模式做到后期,也是往精品方向去发展。实际上,亚马逊现在的大铺货模式是大卖订单的主要来源。

可铺货模式也不是大家想的那么简单,不仅仅是单纯地疯狂上产品。原因很简单,之前传统铺货模式已经没有作用,动销率年年走低,增长乏力愈发凸显,除了现金流比较好以外,其他的优势已经逐渐流失不在。再加上近几年来亚马逊卖家的大量入驻,平台竞争日益激烈,产品非常多样化,现在买家已经变得非常挑剔,导致大批量粗放式提供产品的出单成功率越来越低。更何况,现在的亚马逊早已经过了靠红利赚钱的时代,卖家在盲目铺货的同时,只会给自己留下巨大的库存以及极低的销量。

3. 精铺模式

精品不好做,铺货成为过去式,难道就没有最佳的运营模式吗?事实上,现在很多大卖都已经达成了这样的一些共识,就是在精品与铺货之间找到平衡点,也就是有所选择,不盲目铺货,也不是只走精品模式。这种就是精铺模式,把铺货的范围缩小一点,把精品的范围扩大一点。我们可以选择一个类目,假设是做服装类的,就可以在前期适量铺货服装类的所有产品,前提是能找到货源的产品。这种把铺货范围缩小到一个类目,有两个好处:一是通过选品,找到有潜力的类目的难度远远低于直接找到具体产品的难度;二是通过自建铺货这种低成本的方式,可以测试出这个类目的潜力爆款。

4.1.8 亚马逊各国站点机遇

亚马逊对中国招商的站点如图 4-1 所示。

图 4-1　亚马逊全球 14 个对中国招商的站点

北美站——美国,加拿大,墨西哥。

欧洲站——英国,法国,德国,西班牙,意大利,荷兰。

亚洲站——日本,印度,新加坡。

还有澳大利亚站和中东站。

这些站点,中国卖家都可以申请入驻,那么这些站点的市场情况和机遇都有哪些呢？现在来分别介绍。

1. 北美市场

北美市场包括美国站、加拿大站和墨西哥站。只要我们开通美国站,就可以同时开通剩下两个站点。美国站是亚马逊全球最大的市场。当然,美国站也是中国出口商品种类排名第一的。这几年美国的电子商务发展得也非常快,达到美国总零售额的 17%,而且每年也保持百分之十几的增长。亚马逊占据美国电商销售总额的 28%,排名第一;整体的流量也是排名第一的,每个月流量达到 17 亿多,占所有电商平台流量份额的一半以上。图 4-2 所示为亚马逊北美市场概览与优势。

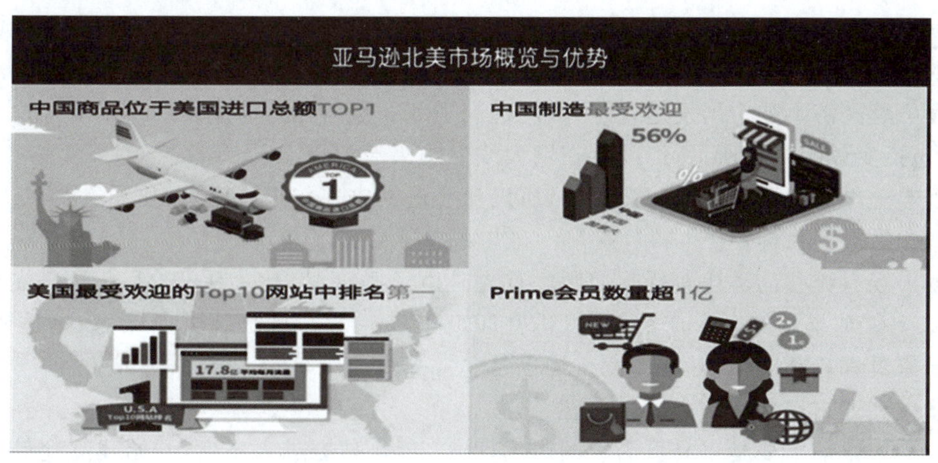

图 4-2　亚马逊北美市场概览与优势

亚马逊在美国的Prime会员也有1亿多,Prime会员占美国顾客的50%以上。75%的会员都是美国的中产阶级家庭,平均花费比非Prime会员高2倍,购买潜力非常大。尤其在北美的Prime会员日、黑色星期五,还包括网络星期一,都是快速打造爆款、提升销量非常好的机会。

加拿大站和美国站非常相似,无论是节日还是消费习惯。同样的,加拿大也是个英语国家。在美国站开通加拿大站,可以同步管理加拿大站的商品和相应的销售。

总结:如果要做亚马逊,亚马逊的北美站尤其美国站应该要作为首选。因为美国站市场最大,最容易打造爆款,也是最容易获得回报的一个市场。

2. 欧洲市场

欧洲站是亚马逊的第二大市场。欧盟覆盖了27个国家,只要在欧盟上开通一个国家账号,同时也能开通另外六个国家站点。而且每个月费用只有25欧元,就可以将产品销售到27个国家。

也正是因为美国市场竞争比较激烈,欧洲市场上也诞生了很多中国大卖家。只要解决了欧洲的VAT税(售后增值税)的问题,欧洲站是一个非常不错的选择。尤其要重视欧洲的德国市场。

3. 日本市场

日本是全球第三大经济体,其互联网覆盖率达93.3%。日本电子商务年增长9.9%,但只占整个零售市场的5.43%,蕴含巨大消费潜力。中国商品在日本广受欢迎,进口总额连续多年位于第一。

亚马逊是深受日本客户信任的电商品牌,PC端浏览量在电商网站中排名第一,PC端月访问亚马逊日本站用户约1.624万,月流量约10.4亿次。移动端月访问亚马逊日本站用户约3.296万,月流量约10.8亿次,日本因毗邻中国,拥有相较欧美站点更低的物流费用及退货率,但以下方面仍需继续发展:其一,日本站中国卖家比例较少,不像北美站和欧洲站那么多;其二,产品品类没有那么丰富,不像美国站规则那么健全、严格。

4. 新兴市场——印度市场

印度人口众多,庞大的人口基数是印度电商体量的基础。近年来,印度经济发展较快,高速稳定的经济增长刺激消费升级,购买力提高,其电商规模呈爆发式增长。

印度虽然经济不如中国发达,但是网民达到了8.3亿。因为印度发展不平衡,缺少实业和制造业,包括实体购买场所,所以就存在巨大线上购买潜力。

印度本土电商发展还是比较滞后的,所以亚马逊在这几年投入巨资,亚马逊要在这个新兴市场做到非常大的目标。

印度市场有哪些品类比较受欢迎呢?首先是电子类产品,比如手表、手机等,它的数据达到48%以上。如果是做电子产品,可以进驻印度市场。第二是服装类产品,数据达到29%。接下来是家具和母婴产品,其在印度市场也是非常受欢迎的,增长速度非常快。

5. 澳大利亚市场

澳大利亚以前主要是以易贝为主的市场,2017年亚马逊进入之后,开始建立仓储,进行推广,不断完善,现在已经成长为澳大利亚第一大购物平台。如果要进驻澳大利亚站,需要重点关注销量最大的三个品类:第一是时尚业,第二是家具用品,第三是汽车配件。这三个品类是澳大利亚的重点选品，其他品类可以通过当地的消费习惯去做选择。

6. 中东市场

中东站主要包括了两个市场，即阿联酋和沙特。这两个国家作为能源输出大国，在当地轻工业不发达，主要依赖进口，大部分商品也是从中国进口的。

这几年，中东电商发展非常快，人均 GDP 也排在世界前列，非常富有，互联网覆盖率也非常高，所以在线购物的客单价也很高。亚马逊在收购中东最大的电商平台之后，便大举进入中东市场，而且保持着非常快速的增长。

现在来了解下中东的一些畅销的品类。第一是电子类产品、服装、家具(也是当下最热门的品类)；第二是美妆、个人护理、运动户外产品(增长率非常快)。如果要做中东市场，还需了解中东市场的消费者喜好，例如中东人喜欢黄金的颜色，也喜欢鳄鱼皮质类似的纹理，同时也要考虑中东市场的文化，包括男性和女性消费者的差异。

7. 新加坡市场

亚马逊于 2019 年进入新加坡市场，新加坡作为马六甲海峡的咽喉要道，重点布局的是东南亚市场，也就是东盟十国。目前入驻亚马逊是零费用的，没有月租费，但是单量不会太多。如果是为了布局以后的发展空间，可以持续关注亚马逊在这个市场的仓储建设、FBA 的基础建设。

任务 4.2　了解速卖通平台运营

全球速卖通正式上线于 2010 年 4 月，是阿里巴巴旗下唯一面向全球市场打造的在线交易平台，被广大卖家称为“国际版淘宝”。全球速卖通面向海外买家，其中 65%买家是个人用户，35%的买家从事小额批发业务。通过支付宝国际账户进行担保交易，并使用国际快递发货。经过近几年的迅猛发展，目前已成为中国最大、全球第三大英文在线购物电商平台。全球速卖通是阿里巴巴帮助中小企业接触终端批发零售商、小批量多批次快速销售、拓展利润空间而全力打造的融合订单、支付、物流于一体的外贸在线交易平台。

4.2.1　全球速卖通运营模式详细分析

全球速卖通是作为阿里接轨国际电商市场而重点推出的一个电商平台，目前成绩斐然，不少商家都将它当作开展跨境电商业务的首要之选，那么全球速卖通的运营模式是怎样的？其运营特点又如何？下面从多个角度进行介绍。

1. 全球速卖通运营模式

全球速卖通有 B2B 和 B2C 两种运营模式，但主要是以 B2C 模式为主，是中国供货商面向国外消费者交易的一种小额跨境电子商务。

按传统的国际贸易模式看，外贸的交易将会从制造、贸易、出口、进口、批发到零售，中间有一根长链条，而跨境 B2C 电子商务零售模式，从制造商(代理商)直接到国外消费者，省掉了中间所有环节，国外消费者直接面对中国供货商。因此，商品的价格低，消费者选择机会多，再加上买卖程序简便等，速卖通业务具有传统国际贸易模式所不具备的众多优势，在当前电子商务发展的大浪潮中具有很强的生命力。

2. 全球速卖通模式的特点

速卖通是借助网络和阿里平台诞生的新业务，其有着传统国际贸易业务模式无法具有的一些优点：

1)无关税支出、成本降低

由于速卖通业务的单笔订单成交金额少，因此送出去的包裹价值普遍较低，没有达到进口国海关的关税最低起征点，因而无关税支出，这大大降低了消费者的购买成本。速卖通平台上的商品具有较强的价格竞争优势。

2)入驻门槛低、受众广泛

速卖通能满足众多小商家迅速做出口业务的愿望。因为它对卖家没有企业组织形式与资金的限制，进入门槛低。公司、Soho、个人都可以在平台上发布产品。发布10个产品后，卖家就可以在平台上成立自己的店铺，然后可以直接面向全球200多个国家或地区的消费者或小型商家，沟通、交流、发布、推广商品，订单反应迅速，交易活跃，这极大地满足了中国小供货商迅速做出口业务的愿望，也刺激了双方交易的活跃性。

3)交易流程易、发货迅速

速卖通的一大优点就是做出口省力了，交易程序非常简便。出口商无须成立企业形式，也无须到外经贸委和外汇管理局等备案，无须出口报检。出口报关、进口报关全由物流方简单操作完成。买卖双方的订单生成、发货、收货、支付，全在线上完成。双方的操作模式，犹如国内的淘宝操作，非常简便。卖家通过第三方物流迅速发货，买家通过银行卡进行交易支付。双方不需要T/T、信用证、贸易术语等外贸专业知识，进出口业务的门槛降低了。

4)商品类目多、竞争优势

鉴于中国制造业的聚集优势，中国目前是全球众多国家销售商品的货源国。国外消费者利用网络和速卖通平台，越过自己国家的零售、批发商，直接向货源的供应基地——中国供货商购买产品，面临的商品选择品种多，价格低廉。因此，全球速卖通业务与传统国际贸易业务相比，具有无比强大的市场竞争优势。

5)竞争压力小、市场广阔

由于速卖通业务订单金额小，因此该商品往往以礼品或样品方式进入进口国，其对进口国同类产业的影响往往被忽视。因此，近期来看，小额跨境电子商务可以避免中国产品出口到国外的国际贸易摩擦问题。

4.2.2 速卖通新开店市场调研分析

首先，“入驻”之前的第一步就是市场分析。当然，很多人其实是不想做这个的，因为每次统计市场产品数据都要花很长时间，而且需要查找大量的数据。新手很少会有耐心去进行市场调研分析。但是，开店之前不做市场调研，随意乱开类目，这很大概率会导致亏损。因为店主不是厂家，拿不到批发价，除去物流和推广费用，利润很低。如果物流模板没有整理好，很有可能面临亏损。所以开店第一件事就是先做市场调研分析，分析出流量大或者潜力大的产品，然后再开店。数据分析要做到以下几点：了解市场价格分布情况；进行竞品属性价格段分析；调查类目是否有销量断层；优化类目的搜索量；掌握直通车推广情况；明确是搜索为主还是首页活动为主。

如图4-3所示，首先考虑好要做的类目，然后再选择类目下查看行业的数据，搜索曝光量的高低，得出行业趋势分析数据，如图4-4所示。

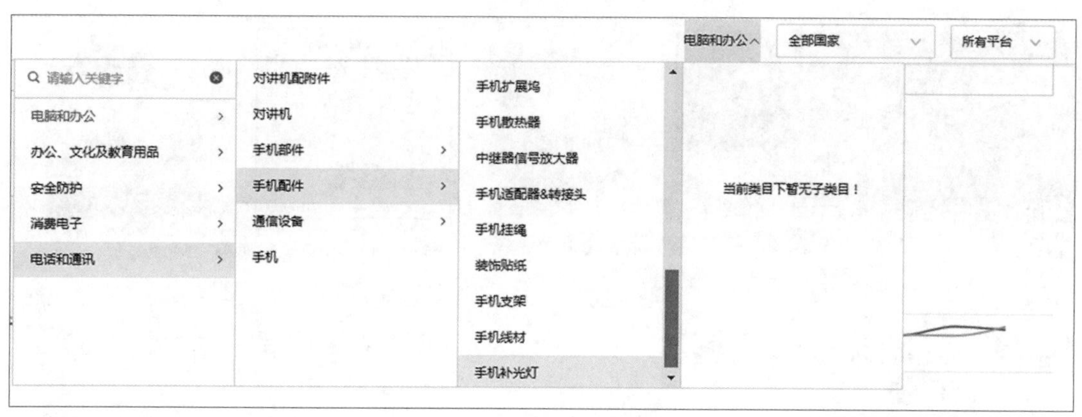

图 4-3 选择销售类目

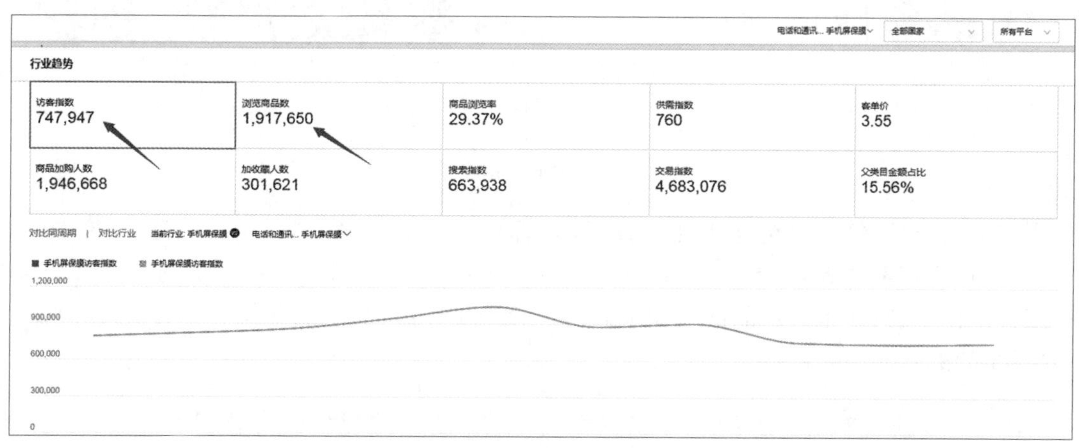

图 4-4 行业趋势数据

这个时候就能得到这个产品类目的流量数据情况和它的客单价，这点非常重要。哪怕是跟某个强大竞争者做的是同一个类目，里面也会有很多利润空间，只要所选的类目销量不断层，就有很多机会可以操作。

前期无论是货源还是资金，我们都可能是缺乏的，所以只能做更加精细化的市场调研分析，把80%的精力放在开店前的准备工作，才能在中后期追赶上销量的第一梯队。

至于销量断层，如图 4-5 所示。像这个产品第一个商家的销量有两万多单，排在后面的商家只有几十个甚至几个，那就说明这个类目基本是被头部卖家给拿完了流量。这样的类目，竞争压力会非常非常的大，就算砸钱做到类目前几名，但是跟第一名的差距还是很大。

选好自己要做的产品类目，确定好价格，选好关键词，剩下的就是分析竞争同行的商品为什么会做的好、会爆款了。

最基础的可以从他的关键词和主图去看。是不是搜索你的关键词出来的商品最高销量跟搜索他的关键词销量不一样。这就是关键词的选择方向有问题了。这时候可以看看竞争对手的关键词是怎么写的，去借鉴一下，重新整改。重新整改关键词，权重会下降一段时间，不过别担心，很快就会恢复上来，再次提交即可。

图 4-5　口罩类目销量展示

当店铺上架后，每天要统计店铺的数据，查看哪个商品曝光量高、访客数高、下单转化率高，那就往这个产品去倾斜资源，如图 4-6 所示。当做好这些分析之后，剩下的就是上架宝贝的指定性工作了，具体包含产品的前期基础销量分配工作、产品主图和关键词的设计和优化内容、直通车的测款测图，等等。

商品名称	访客数	搜索曝光量	浏览量	下单转化率	支付金额
	2205	55,245	5,300	7.72%	2560.53$
	2,340	33,029	3,701	11.84%	1376.06$
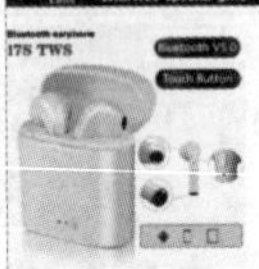	2,149	24,027	4,937	4.51%	1065.5$
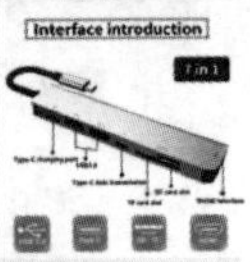	1830	16324	1920	4.03%	783.6$
	3,075	40,945	8,049	4.00	668.61$

图 4-6　某店铺具体商品数据分析

4.2.3　速卖通选品

速卖通新手卖家在准备开店或开店之后，面对产品、运营，即使熟看资料，仍免不了发虚，总怕自己从一开始就没做好，影响了后面。下面总结了新手卖家最常见、最关心、提问数最多两大问题。

1. 确定销售类目

很多卖家会发出这样的疑问：什么类目好卖？这部分卖家总是想着有别人的经验作后盾，自己做了就会顺利。殊不知，这种想法太错了。

第一，别人做得好的类目，凭什么你问他就会百分百告诉你？告诉你以后，他产品多了竞争对手，他不会这样做。

第二，即使别人很认真地告诉你哪个类目好卖，但不代表你做这个类目就一定能起来。别人能做起来或能卖得好，靠时机、产品、运营策略、执行人，当你做时，诸多因素已不是当时情况，也许对手更多，也许行业遇冷，也许消费者需求改变，有各种可能导致你进入后不如意。

想清楚以上两点，再来谈这个问题就容易得多。什么类目好做，不是取决于自己想当然，也不是取决于别人推荐，而是更多的，我们要考虑未来变化、自身情况。

有需求，就会有产品来满足，这样就有了市场。速卖通上类目数量多，存在即合理，即所有类目均可做，区别是不同类目因平台政策不同，入驻允许售卖的难易程度不一样罢了。与其想着什么类目好做，不如想想自己适合什么类目。

考虑到不同类目的产品消费频次、售后成本差异化很大，因此可以先认真想想：有可能存在纠纷率较高的行业，想不想做？周边有没有优势的行业或产品可供我选择？……

如果你是个不知做什么类目好的卖家，可以这样想：

假如说不想做纠纷率太高的、损坏概率过高的、被投诉侵权概率较高的行为，那可以排除掉如鞋、服装、照明、玩具类行业。服装、鞋类产品与尺寸有关，同一尺寸，即使相同体重的人穿着，也可能不一样，而鞋类产品尺寸稍大或稍小没办法容忍，很影响走路体验，所以如果不想做纠纷率太高的，可以不考虑这类行业。请记住：我们所说的是较之其他行业的相对比较，不是绝对。

再比如不想做破损率过高的，那照明类行业或某些较敏感的器材类也不要做，这不是绝对，只是相对性地给出建议。我们不能否认，需轻拿轻放的行业即使包装再精细，路途长远，在快递员分拣下，产品破损的概率还是会较之耐摔性产品要高。玩具行业道理亦然。

问清自己想法后，第一点排除了不少类目，第二点我们要结合自身情况。如身处汕头，做卫浴、五金、陶瓷类产品肯定不错；如身处白沟，做箱包有优势；如身处深圳，做3C数码类利处多多。

以上两点想清楚后，就可以把剩余的类目写下来，然后再一个个判断，我们给出的原则是"就大（市场）不就小（市场）"，"就多（卖家数量）不就少（卖家数量）。"

2. 进行选品

速卖通如何选品？在众多的方式中，最常见的就是利用平台来寻找了，这种方式可以快速找到合适的目标。进入速卖通首页，在速卖通首页单击Bestselling，可以在弹出界面选择Hot product或Weekly Bestselling查看平台里卖得好的产品。

4.2.4　速卖通新品定价

为产品定价是个技术活儿，定价太高固然能保证每笔都赚钱，可能不能卖出去是个问号，毕竟平台上同类产品那么多，不只我们一家；定价太低出单容易，但不赚钱也是白忙活，且打价格战，永远有比我们更低的价格出现，亏的是自己。

1. 常见定价法

常见定价法又分两种：成本定价法与咬紧对手法。

成本定价法的计算方式为“成本＋利润”，如卖家卖水杯，进货价 15 元，打算每笔赚 5 元，故定价 20 元。这种方法优点是能保证卖家每笔交易都能赚到钱，缺点是不区分用户，对所有用户统一售价，不能保证预估的销量。如对手降价，我们仍保持此价，影响销量，即不能对市场反应做出及时调整。

咬紧对手法的定价思路是紧跟对手出价，不能保证预估的销量。如对手降价，我们也降价，疲于应付，以亏本的姿态保证销量。其优点为紧跟对方，不让其抢占份额，缺点是对方有可能综合成本比我们低，故卖低价能赚钱，而我们成本比他们高，紧跟价格，易亏损，坚持不能长久。

2. 公式定价法

卖家为速卖通产品定价时，通常需要考虑进货价、国内运费、国际运费、海关报关费、利润(成本×利润率)、平台佣金(销售额的 5%或 8%)、营销活动折扣、联盟佣金提现手续费、海外仓成本等因素。计算公式：

价格＝成本÷汇率÷(1－类目佣金)÷(1－联盟佣金)÷打折数÷(1－利润率)

3. 活动定价法

这里的活动是指平台活动。卖家可对产品所在行业的主要平台活动多多观察，了解热门的平台活动中同类产品的价格、折扣，同时在卖家后台详细了解平台活动在价格、折扣方面的具体要求，在考虑成本的基础上，可适当结合这些因素为产品定价。

4. 区域国家定价

速卖通面向全球用户，我们在为产品定价时需要考虑这点。并不是说每个国家都要考虑到，一是不现实，二是做不到。卖家可以认真结合“数据纵横”下“国家市场”这个工具分析产品所在的行业，其主要的流量贡献国家和销量国家，这些国家的用户其实就是我们要考虑的主要群体。这类重点国家，我们通过对国家市场进行分析，可以了解当地用户购买力情况，在结合产品成本的基础上，对出价的考量及折扣设置做到更好。

5. 市场定价法

此种定价方法需要借助于平台搜索结果中展示的区间价格。在搜索产品的热搜词后，在价格筛选项中可以看搜索此词的已购买用户中不同价位下的用户群比例，如若想更精进些，可以结合产品的重要属性在左边进行筛选后再看此值，卖家也可多搜索一些热门词来加强判断。

4.2.5　速卖通运营中常见的错误

跨境电商近段时间来一直是非常热的话题，国内电商的竞争激烈，让很多卖家把眼光投到国外市场。本着国内是全世界制造大国的优势，我们在产品的价格上肯定会比国外的卖家更有操作空间。越来越多的人加入到跨境电商的队伍中，亚马逊、wish，虾皮等平台不断涌入国内的电商大军。

就速卖通来说，平台上的产品千千万万，在选好类目精心运营时，几个常见的误区千万不要去尝试。

1. 价格问题

新产品上架的时候商家往往会把价格降得极低，因为上新后平台会给到一定的曝光量，再加上本身的价格优势，可能在一开始的时候曝光就会猛增，甚至拿到很好排名，等流量起来后再调整价格，达到扩大盈利的目的。岂不知这种做法最是平台忌讳的，会极大降低产品的权重，如果想调高价格，建议通过折扣来调整，而不是直接改价格。

2. 侵权问题

一些商家上新后的产品，在商标、标题或者详情方面会涉及侵权，被查处后，产品下架，链接失效，严重的会扣分甚至是封店。建议大家上新的时候多考虑这方面问题，在主图、标题、详情方面尽量避免敏感词汇。

3. 产品从众问题

很多新商家加入平台时都会先查看什么产品卖得好，再去找一件代发。建议小作坊的卖家不要这样做，销量高的类目往往挤满了各种大厂家，虽然盈利空间很大，但是竞争也最为激烈，在几大最火的类目中，能排到头部的卖家都是经过厮杀才抢到的位置，建议新手选择一些竞争小而又有盈利空间的类目。

4. 主图和标题的问题

可能很多国内电商转到速卖通后，都会把国内电商的经验应用到速卖通，常见的如经常性改主图、换标题词，美其名曰优化，岂不知这会降低产品的权重，影响曝光，如果是新店还好，要是做到了一定排名再去随意更改主图标题词，将会降低产品的权重，影响排名。

任务 4.3　了解易贝平台的运营

易贝是可让全球消费者上网买卖物品的线上拍卖及购物网站，于 1995 年 9 月 4 日创立于加利福尼亚州圣荷西。人们可以在易贝上出售商品。

4.3.1　易贝的发展历程

1995 年 9 月 4 日，欧米迪亚创立 Auctionweb 网站，总部位于美国加利福尼亚州圣荷西，Auctionweb 是易贝的前身。

当时欧米迪亚的女朋友酷爱 Pez 糖果盒，却为找不到同道中人交流而苦恼。于是欧米迪亚建立起一个拍卖网站，希望能帮助女友和全美的 Pez 糖果盒爱好者交流。令欧米迪亚没有想到的是，该网站非常受欢迎，很快就被收集 Pez 糖果盒、芭比娃娃等物品的爱好者挤爆。

史科尔在 1996 年被聘雇为该公司首任总裁及全职员工。1997 年 9 月，该公司正式更名为易贝。起初，该网站属于欧米迪亚的顾问公司 Echo Bay Technology Group。欧米迪亚曾经尝试注册一个 EchoBay 的网址，却发现该网址已被 Echo Bay 矿业注册了，所以他将 EchoBay 改成他的第二备案——eBay(易贝)。

1997 年欧米迪亚开始为易贝物色 CEO，看中哈佛 MBA 出身，并先后在宝洁、迪斯尼担任过副总裁的惠特曼。惠特曼由于从未听说过易贝而拒绝加盟，后经职业猎头贝尼尔的软磨硬泡才同意，并把易贝带向今天的辉煌。

4.3.2　易贝的市场现状分析

作为全球商务的领军者，易贝帮助全球消费者随时、随地、随心地购买他们所爱、所需的产品，因此易贝平台上的产品非常多样化，目前提供的上架物品数量超过 8 亿件，种类繁多。可以说，消费者需要和喜爱的任何产品，在易贝上都可以找得到。

以美国、英国、澳大利亚和德国为代表的成熟市场目前是易贝中国卖家最主要的销售目的地市场。这些市场具有人均购买力强、网购观念普及、消费习惯成熟、物流等配套设施完善等特点，消费者对于产品质量、买家体验都有比较高的要求，卖家除了要选择高性价比的产品之外，很重要的是要提供堪比“零售标准”的服务。而新兴市场发展迅速，网购群体日益增长，发展潜力巨大，但由于语言文化、物流通关、市场规范、法律法规等与成熟市场有很大的不同，卖家为单笔交易付出的时间和人力成本相对较高。卖家进入市场前，需要先熟悉市场状况，从自己熟悉的产品品类开始销售。

4.3.3 易贝平台现有产品的特点

易贝平台上销售的产品品类非常丰富，既有成本较低的产品，也有高附加值的产品。而产品销售趋势主要受市场趋势、买家需求影响，但总体而言产品本身特性及性价比受到更多消费者的关注。

同时，海外仓的逐步普及，不仅能够降低易贝中国卖家跨境贸易成本、提升物流配送品质和效率，也大大拓展了跨境物流配送的适配性，使得从轻小件到大重量、大体积等不同商品均能按时、保质完成配送。因此这也为诸如家居园艺、汽车零配件等大件、重件，以及价值更高商品的零售出口提供了强有力的支撑，进一步拓宽了中国卖家出口的品类。

4.3.4 易贝新卖家如何根据市场需求选品

易贝相关负责人表示，对于新卖家来说，选品和做好产品定位是非常重要的。卖家需要从熟悉市场开始。

卖家可以浏览易贝目前在售商品及热销产品，根据相关信息分析自身的优劣势。销售自己熟悉的产品可以帮助卖家从物品刊登到面对买家咨询都可以应付自如。

物品的质量及性价比是决定买家是否满意的先决条件。除了把好质量关之外，销售侵权商品时也是严重违反易贝规则的。所以，为了避免以后由于商品违规而影响账号安全，在选择商品时也需考量。此外，一定不要销售市场所在地区法律法规所禁止销售的产品。

卖家需要对跨国货运方案（包括运送流程、时间及成本）有所了解，在充分考虑买家购物体验（发货速度及送达时间需快于买家预期）的前提下，选定适合自己商品的跨国货运方式。跨国物流是易贝外贸中的一个关键环节，对于中国卖家来讲，要在物流时间和运费方面赢得买家认可与满意，还需更深入地了解跨国物流的解决方案，尝试多种不同的物流方式。

此外，卖家需要将相应的信息结合自身产品、目的地市场需求、当地消费者的喜好，制定适合有效的产品描述、产品定位和销售策略。

4.3.5 不同国家站点选品不同

从易贝内部数据了解到，美国、英国和澳大利亚等发达国家依然是中国卖家零售出口的重镇；2019 年中国跨境电商零售出口产业销售额最高的前三大品类依次为：技术型电子消费产品（如通信设备、IT 设备、消费电子产品、大家电、小家电等）、汽配品类（如行车记录仪、倒车影像、启动、导航、汽车音响等）、家居与园艺品类（如工具、卫浴、照明/灯饰、电气、家用五金等）。

电子类产品中，手机及配件、电脑和其他消费电子产品的总交易额尤为突出。时尚类产品中，服饰鞋帽和配饰，珠宝、首饰和手表类，体育休闲类产品的总交易额位居前列。而热销的家具园艺产品包括家具、家居用品和家用安保系统。其中，家居园艺类、汽配类以及时尚类是目前增长最快的前三大产品品类。

但是在不同的市场，热销的品类各有差别，这就要求卖家了解每个市场的需求。截至 2021 年，欧美发达国家仍是海外消费电子产品的主要销售市场。美国、英国、德国及澳大利亚的市场规模最大。

4.3.6 通过平台工具和数据分析进行选品

易贝相关负责人表示，卖家在进入市场前，可以通过易贝网站进行简单的市场调研，以确定单品的市场规模、平均售价及近期销量等核心数据，此外，卖家也可以通过第三方数据分析软件(如 Terapeak)查询销售结果、热销品类，从而分析不同目的地市场的需求及消费者偏好。

易贝团队通过其官网每月发布全球热卖商品月刊，为卖家提供易贝全球站点销量高、需求大的商品总结，帮助卖家掌握行业发展趋势、熟悉各地潮流。同时，易贝团队定期向卖家提供线上线下的培训，为卖家提供覆盖操作指南、政策规则解读、销售经验分享、物流指导等多方位的指导，帮助卖家更好提升客户服务以及运营效率。

除此之外，卖家还可以通过浏览易贝站点的在售商品及热销产品了解不同目的地市场的市场趋势及消费者偏好。同时，易贝团队也会根据内部数据为卖家提供市场变化、热销产品、消费者喜好等方面的资讯信息。

4.3.7 卖家是否可以多品类经营且是否有禁售商品

易贝方面表示，平台非常欢迎卖家不断丰富产品类别、拓宽产品品类。不过，卖家还是需要找准适合的产品定位和制定有效的销售策略，所以一般建议卖家从自身比较熟悉的产品及领域入手，能够充分结合自身的产品优势、销售目的地市场的趋势和消费者喜好。

在易贝平台，除了侵犯版权、商标或其他权利的物品被禁止出售外，仿货、复制品、赝品、未获销售许可、中国及目标市场法律所规定的禁运或限制进出口的商品或服务也在禁止出售之列。

在易贝平台，卖家需确认其销售的商品质量稳定可靠，未侵犯他人知识产权(包括商标权、专利权、著作权等)或者其他在先权利，且在境内外拥有相关品牌或者具备相关品牌的相关海外国家销售(包括互联网络上销售)许可，并符合中国及进口国的各项行业标准及法律法规。

4.3.8 易贝海外仓选品规则

计划拓展海外仓的卖家是否遇到了这样的问题：想做海外仓却不知道开发什么产品，觉得某个产品可能适合海外仓却没法做出判断。

对于易贝海外仓选品，不同的卖家有不同的策略。有的卖家倾向大尺寸、高重量的产品，有的卖家喜欢时效要求比较高的产品，还有的卖家偏向结构复杂、对售后要求比较高的产品。

海外仓选品规则一般包含以下二点：

1. 产品的市场需求量要大

这是最重要的原则。长尾产品不适合海外仓，除非卖家不在乎转化率和死库存。但究竟多大的市场规模可以接受，就看卖家的资金情况和周转率要求了。

2. 中国发货物流问题严重的产品一定要用海外仓

严重的物流问题会影响易贝账号的信用表现，如果卖家想卖这些产品，就只能用海外仓了。

3. 关注单位时间内的总利润而不是单笔交易利润

一般来说，大多数产品的海外仓利润率都远高于国内发货，这也是海外仓的优势。但是，是不是海外仓利润不如国内发货的产品就一定不能做海外仓了呢？其实也不尽然，我们还要考虑海外仓转化率，高转化率的产品同样可以通过海外仓实现更好的总利润。

例如，如果一个产品从中国发货的利润率是30%，海外仓发货的利润率是15%。但海外仓的转化率(售出金额或数量除以刊登数量)是中国发货六倍的话，那在同样时间内获得的总利润就是中国发货的三倍。所以卖家不能只看利润率，不看转化率。前面提到的按重量尺寸、时效要求、售后要求选品，就是从这些因素来判断海外仓的转化率优势。

以上海外仓选品规则，相信可以帮助卖家制定更科学的海外仓选品策略。但实际选品过程中还需要具体数据做判断，比如市场规模、海外仓转化率优势、中国发货物流问题比例等。

为帮助卖家解决这个问题，更精准地制定海外仓选品策略，易贝汇总了电子、时尚、家居、汽摩配件、工商业品类中主要细分分类的海外仓相关数据，包括市场规模、海外仓转化率优势、中国发货物流问题比例及其他维度的数据。

4.3.9 易贝店铺分类介绍

在易贝美国站点，易贝提供了五种不同级别的店铺，其订阅费如图4-7所示。

Starter	Basic	Premium	Anchor	Enterprise
$4.95/mo with 1-yr plan or $7.95/mo without	$21.95/mo with 1-yr plan or $27.95/mo without	$59.95/mo with 1-yr plan or $74.95/mo without	$299.95/mo with 1-yr plan or $349.95/mo without	$2,999.95/mo with 1-yr plan
For sellers who want an entry level solution	For sellers who want an online store and lower selling fees	For sellers wanting lower listing fees and more business tools	For high volume sellers who want lower fees	For high volume sellers who want the lowest fees

图4-7　易贝店铺订阅费用

以ebay.com美国站举例，进入Seller hub后单击Marketing板块，若卖家还未订购店铺，即可在这个页面上单击Get started开始开设店铺的流程。

一旦订购了店铺，卖家将获得一些优惠的政策以及一些免费的工具(具体详见易贝网站)，帮助卖家更快地提升业务，图4-8所示为易贝卖家工具及费用。

每月额度	无店铺	Starter	Basic	Premium	Anchor	Enterprise
按月订阅 Monthly Subscription	N/A	$7.95/month	$27.95/month	$74.95/month	$349.95/month	N/A
按年订阅 Yearly Subscription	N/A	$4.95/month	$21.95/month	$59.95/month	$299.95/month	$2999.95/month
每月一口价免费刊登数 Monthly Fixed price free listings			250	1000	10.000	100.000
每月拍卖免费刊登数（仅Coll & Fashion分类） Monthly Auction free listings	50	100	250 (Collectable & Fashion)	500 (Collectable & Fashion)	1000 (Collectable & Fashion	2500 (Collectable & Fashion
一口价刊登费 Fixed Price				$0.10	$0.05	$0.05

图4-8　易贝卖家工具及费用

当卖家第一次订购了店铺，无论是月度订购方式还是年度订购方式，卖家的店铺优惠将立即生效。例如,如果卖家是 5 月 22 日开始订购店铺,卖家将立即获得完整的 5 月份的 ZIF 条数(Zero Insertion Fee Listings,免刊登费的 Listing 条数)。

卖家第一次店铺订购账单包含了:

- 店铺起订月份的按订购天数比例分配的店铺订阅费。
- 下一个完整订购月的店铺订购费。

4.3.10　易贝流量入口分类及提高方式

流量对电商平台运营是非常关键的,那么易贝流量入口有哪些?如何提高易贝流量?

1. 易贝站内流量

1)平台给予的流量

(1)新上架的 Listing,无论是拍卖还是固价,易贝会给予额外 48 小时的曝光。每天上架 10～20 个新品有利于带动店铺的活跃度。

(2)新账号:平台会额外给予 20%～30%的流量。作为一个新的卖家,易贝会给予相应的扶持政策,卖家在平台上出售产品,平台希望卖家多多的盈利,平台也可以多收取费用。

(3)平台主推的分类,会给予额外的自然流量。例如,近几年来,易贝的各大分类的销售额都处在下滑的趋势,只有汽配,每年保持超高的增长率。

2)店铺活跃度

易贝对店铺有一个新品活跃度的考核,店铺里每天要有新的产品上线,来带动整个店铺的曝光。

3)拍卖引流

拍卖是易贝出单最快的方法,低价拍卖可促进排名和店铺活跃度,同一款产品的拍卖,如果效果好的话可以提高固价的销售。

2. 易贝站外引流

易贝平台以外的流量来源有:社交媒体、谷歌、视频推广以及其他流量渠道。

3. 易贝促销活动设置引流

易贝平台上的产品促销设置主要五种,具体为扩大订单、优惠通道、运费折扣、降价活动和捆绑销售。平台卖家可针对不同程度下的促销手段,对产品活动予以设置。

(1)扩大订单。用于整个店铺、物品分类或一组物品的折扣促销,例如可以采用买一送一的赠品方式,或者是赠品外加优惠折扣的方式,促进买家购买多件物品。

(2)优惠通道。主要借助邮件向买家输送优惠券,也可以刊登到社交媒体和网站店铺的展示页面上。

(3)运费折扣。可适当借助满足多少量免运费的促销,扩大产品的订单量。

(4)降价活动。用于推广所有的打折商品,吸引买家对主页的访问。

(5)捆绑消费。指的是关联产品的优惠活动,只要买家购买主要产品,每种关联物品即可按照不同百分比的折扣优惠吸引买家购买。

4.3.11　易贝店铺运营实操

1. 关键词的核心公式

关键词的核心公式即"品牌+产品称谓+产品特性词+产品作用"。有一定知名度的品牌自带流量,自有品牌虽然对流量的效果不大,但是对长远发展和辨识度有很大帮助。

产品称谓需要卖家将产品的名称写上去,很多产品不只一个名称,卖家应结合关键词工具选取最相近、最热的词。而转化率最高的词，是能满足买家真正需求的词，也就是产品的特性和作用。

热卖的原因可以有很多，价格战、活动、站外推广，优化出一个真正按照买家需求打造的listing，爆款离卖家就会越来越近了。

2. 借助工具来筛选最佳

Terapeak数据分析工具是易贝卖家必须会用的一个工具，在刊登产品时，不要因为同行放什么类目就跟着放，应看看 Terapeak 分析再分类，把产品刊登在“成交率高、客单价高、刊登数少的分类”中。

在 Terapeak 给出关键词后，卖家可以把这些词放入表格中，然后再结合易贝默认搜索指引做定位，部分指引是产品开发指引，记住不要把和产品不匹配的词堆积进去做成标题，而且材质词要谨慎使用。易贝标题是买家需求和卖家产品的共性连接点，只有联系到一起，才能引来源源不断的流量。

3. 流量高度分散、新链接为王

易贝跟亚马逊最大的区别在于：亚马逊的流量高度集中在前 20%优质的链接，20%的链接占据了市场上 80%的销售额，易贝恰恰相反，易贝的流量是高度分散的，从平台的收费方式也能看出，易贝对于新上的链接，上架的时候会收取一次刊登费，链接到期之后还会再收取一次刊登费，易贝新上的链接曝光是最好的，也很容易出单，在易贝的运营过程中，新链接的上架是非常重要的环节。

易贝跟亚马逊的另一个比较明显的区别在于易贝主要针对的用户群体是欧美中等或者中等以下消费能力的人群，他们对价格的敏感度较高，更愿意花较低的价格买到品质还不错的产品。易贝的运营核心在于促销方式的组合搭配，灵活多变，做大流量和流量池。亚马逊的核心运营思路是“重链接，轻店铺”，而易贝恰恰相反，是“重店铺，轻链接”，店铺状态的维护、风险的把控在平时的易贝运营中极其重要。

任务 4.4　了解敦煌网平台的运营

敦煌网由王树彤女士于 2004 年创立，是国内领先的 B2B 跨境电子商务交易平台。敦煌是中国古代丝绸之路上的辉煌驿站。敦煌网以此命名，正是承载着其创始人兼 CEO 王树彤女士打造网上丝绸之路、帮助中小企业“买全球，卖全球”的梦想。

自 2004 年成立以来，敦煌网已经取得这些成绩：

- 十八年外贸电商品牌。
- 供应商遍布全中国。
- 50+国家清关能力，200+物流专线，17 个海外仓。
- 海量 B 类买家覆盖全球 222 个国家和地区。

4.4.1　敦煌网产品定价考虑因素

1. 同款产品

卖家的产品是否已有人做？如果有，其价格又是多少？有些时候可能就是卖家定价不对，才导致不出单。比如卖家将产品设置为 14.99 美元，但竞争对手的同款全都是 9.99 美元，这种情况下卖不出去也是正常，要经常切换成买家视角去看产品。

2. 经济水平

比如做欧美发达国家和做东南亚的发展中国家，定价肯定也不一样。东南亚国家中，又属新加坡的经济最好，如果是做新加坡地区，定价可能可以比其他地方高些。

3. 消费人群

比如使用苹果手机的人群，经济能力一般较好，那么理论上其配件可以卖得更贵些。因为有这种消费能力的人，更在乎的是质量，而不是性价比。

苹果手表、无人机、各种智能装备的消费人群也是如此。用这个逻辑去反向思考，购买产品的可能是什么人？如果更多是学生，那么他们可能对价格更敏感。

4. 男女习惯

整体上看，女性消费频率较高，单次购买金额较低；而男性消费频率较低，但单次购买金额较高。以包包为例，女性可以一年买三个包包甚至更多，而男性可能一个包用三年。

5. 难易程度

比如在批发网上卖产品，越是能轻易获得的，竞争便越大，那么就越无法高价。而从该批发网上进货，价格也不一样，比如大批量进货，可降低进货价。门槛高的商品，可以设置高价。

6. 低价引流

有些产品，可以特别设置成低价来引流，利润放低或设置小亏，然后通过组合在其他产品上赚钱。

比如满 30 美元免邮活动，可设置一款 9.99 美元没利润的，但客户为了满 30 美元免邮会再购买其他产品，卖家可以从其他产品获利。

7. 综合考虑

上面的情况是一个个区分的，但有时情况是复杂多变的，比如还是以包包为例，即使男性会愿意付出更多的钱，但如果卖家选择的依旧是经常见到的款式，竞争激烈，也一样无法卖出高价。而即使是在东南亚国家，也未必不能高价，有些产品，卖家把产品设置成高价，就是为了筛选消费能力低的用户。比如同样卖手表，有的卖家就是设置特别高的价格，卖贵不卖多，卖一单抵别人几十单；但也有的人设置特别低的价格，走量，细水长流。

4.4.2 敦煌网定向推广展示位置及扣费规则介绍

1. 定向推广的概念

定向推广是通过买家搜索的关键词与卖家计划中所设关键词的匹配度来抓取最符合买家购买意向的产品，最精准地展示在搜索页的右侧。定向推广可创建重点推广和快捷推广，可在 PC 和移动端展示。

2. 推广系统使用要求

- 账户非关闭/冻结状态。
- 产品处于正常在线状态。
- 敦煌账户内有余额。

3. 定向推广的展示位置（广告评分＝出价×商品质量得分）

（1）PC 端：

- 广告评分最高的前三名将展示在关键词的前十页搜索结果中：第一名展示在每页的第三位，第二名展示在每页的第 26 位，第三名展示在每页的第 27 位。
- 广告评分的第四名及后续广告将展示在关键词搜索结果右侧，从第一页开始顺序排放，每页广告数量为18个。

(2)移动端:买家关键词搜索结果页第7、14、21等"7"的倍数页,以瀑布流下拉形式展现。

4. 定向推广产品推荐原则

• 店铺近期订单量、成交金额——让卖家更易获得点击、订单。

• 与买家搜索匹配度最高的产品——通过关键词搜索展示给买家的产品更加精确,产品与搜索关键词匹配度更高,展示的产品更加精准。

• 关键词出价高的产品——系统会根据公式及卖家对关键词的出价进行计算并排序。如果关键词质量分不够高,可以持续对关键词出价,关键词质量分与出价决定排序,重要占比程度为1∶1。

5. 定向推广扣费规则

定向推广类型实际扣费=下一名的出价×下一名的质量得分÷卖家的质量得分+0.01敦煌币

注意:产品展示不收费,仅在产生国外点击时扣费,国内点击不收费(国外同一IP重复点击按一次扣费)。

4.4.3 DHLink在线发货概念及敦煌网在线发货优势

在线发货是敦煌网为卖家提供的全新模式的物流服务,同时为卖家提供了价格更为低廉、服务更加优质的物流服务渠道:卖家通过线上申请、线下发货的方式,即时简化了物流发货流程。

1. 在线发货分类

1)线上发货

线上发货目前涉及燕文E邮宝、莆田E邮宝、顺丰、英邮小包等多种物流方式。

E邮宝是中国邮政速递物流股份有限公司为适应国际电子商务寄递市场的需要推出的经济型速递产品。其价格低廉,妥投周期短(7~12天),全程可跟踪信息,同时可上门揽货。可发送至美国、英国、澳大利亚、加拿大、法国、俄罗斯等30个国家和地区。

2)DHLink发货

DHLink发货是以在线发货为雏形,为解决国际物流的复杂性以及国际物流成本高对卖家造成的困扰而创建的综合物流平台。

DHLink联合各大快递、专线,为卖家提供享受低廉国际物流折扣的渠道,最低1.9折起。

2. 在线发货优势

• 平台提供全程物流跟踪。可实时完整查看订单信息、买家信息、物流信息等。

• 平台客服协助查询并解答物流跟踪及异常信息问题。可实时查询物流转运节点、通关情况、报关情况、退税情况等,如发生扣关、破损、转运错误等异常信息问题,可联系平台客服及时沟通,提出解决方案并处理。

• 操作一体化。可直接安排线上揽收,支付运费,打印运单,等待取件员上门揽收即可,方便简洁。

• 物流商合作。运费价格更低廉。

• 提供多种物流方式。线上提供的物流方式种类多样,卖家可根据货物的情况安排最适合的出运方案。

• 提供运费月结服务。适合的卖家可申请运费月结服务,线上发货无须按每笔订单支付运费,每个月的指定还款日完成账期内的还款即可。

• 部分情形下免罚。使用在线发货和DHLink发货，如果因为物流原因造成虚假运单号、成交不卖等，可以免处罚。

• 莆田仓优势明显。福建及莆田地区只有莆田仓可以发运鞋子，且一件免费上门揽收。

项目小结

每个平台都一样，首先是学习了解平台，看自己是否真的适合去做，然后是了解平台的运营知识，即怎么优化产品，怎么做站外的营销，怎么发货最有优势还能保证时效。总之一句话，了解平台，用心选品做好产品，保证时效，略懂营销，每个平台都可以成为大卖家！

主流的跨境电商平台是亚马逊，易贝，速卖通。

1. 亚马逊

优势：

• 电子商务的鼻祖，拥有庞大的客户群和流量优势。

• 具有强大的仓储物流系统和服务，尤其是北美、欧洲、日本地区。卖家只需要负责出售产品，后期的打包、物流、退换货都由亚马逊提供统一的标准服务模式。

• 通过国际快递配送的方式，卖家可以实现各种商品，包括大件商品的销售。

• 市场大，买家多，卖家少，平台对卖家有保护。

劣势：

• 对卖家的产品品质要求高。

• 手续较其他平台略复杂。

• 市场比较成熟，竞争激烈。

2. 易贝

优势：

• 易贝是四大平台中创立最早的平台。

• 一些小的类目，例如汽配、摩配、汽车改装件、收藏艺术品类，销量比亚马逊高。

• 开店门槛比较低。

劣势：

• 整体的流量和买家数量上落后于亚马逊。

• 一般采用PayPal付款，具有一定的风险。

• 费用不低，开店是免费的，上架产品需要付费，包括商品成交费用和刊登费用。

3. 速卖通

优势：

• 速卖通是阿里集团旗下的跨境电商平台。

• 在东欧和中东一些国家的市场占有率排行第一。

• 有全中文后台操作系统，操作规则和流程、店铺运营方式、广告投放体系和国内淘宝天猫非常相似。

劣势：

- 入驻门槛是10 000元人民币的保证金。
- 需要团队化的运营和投入大量的精力。
- 一些热门和特殊类目的准入非常严格。

同步测试

一、单选题

1. 产品的曝光与(　　)有直接关系。

A. 产品的详情页面　　B. 产品的标题
C. 产品的图片　　D. 产品的排名

2. 下列不属于亚马逊选货模式的是(　　)。

A. 精品模式　　B. 铺货模式
C. 精铺模式　　D. 精选模式

3. 全球速读通的运营模式主要以(　　)为主。

A. B2B　　B. B2C　　C. C2C　　D. S2B2C

4. 线上询盘的发送方式有(　　)。

A. 电话、邮件　　B. 传真、电话
C. 邮件、聊天工具　　D. 邮寄、邮件

5. 以下出口跨境电子商务平台中佣金由买家支付的是(　　)。

A. 亚马逊　　B. 易贝
C. 敦煌网　　D. 速读通

二、判断题

1. 天猫国际属于C2C进口跨境平台。(　　)
2. B2B在整个跨境电子商务中的比重最大，约占整个电子商务出口的90%。(　　)
3. 跨境电商需要对海外贸易、互联网、分销体系、消费者行为有很深的理解，对世界各国人民的风俗人情、购物习惯都有所掌握。(　　)
4. 关键词越短，客户需求越清晰。(　　)
5. 非洲市场对产品档次要求非常高，有严格的质量和行业协会认证要求。(　　)

同步实训

选择跨境电子商务平台开设店铺

1. 实训背景

国外电商市场不断被挖掘，新的跨境平台不断衍生，跨境平台处于蓬勃发展的阶段，海外市场也将成为国内消费升级转移的重要市场。

2. 实训目的

(1)掌握跨境电商平台的开店技巧、选品技巧、运营技巧。

(2)理论结合实践了解跨境电商平台的运营规则。

3. 实训内容与步骤

(1)选择跨境电商平台。

(2)开设跨境电商店铺。

(3)提出店铺运营方案。

(4)根据平台特点店铺特点进行选品。

(5)推广平台店铺并获得首单成交。

模块 2　跨境电子商务物流

学习目标

知识目标

1. 熟悉跨境电子商务物流的概念及特点。
2. 理解跨境电子商务物流的模式选择。
3. 掌握跨境电子商务物流的流程。

能力目标

1. 能根据不同的跨境电子商务业务需求选择科学合理的物流模式。
2. 能设计跨境电子商务物流方案。
3. 能结合具体跨境电商平台完成物流整体业务操作。

素养目标

1. 树立跨境电子商务物流中的法律意识。
2. 树立跨境电子商务物流中的竞争意识。
3. 培养从事跨境电子商务物流业务中的爱岗敬业、诚信经营的良好品质。

思维导图

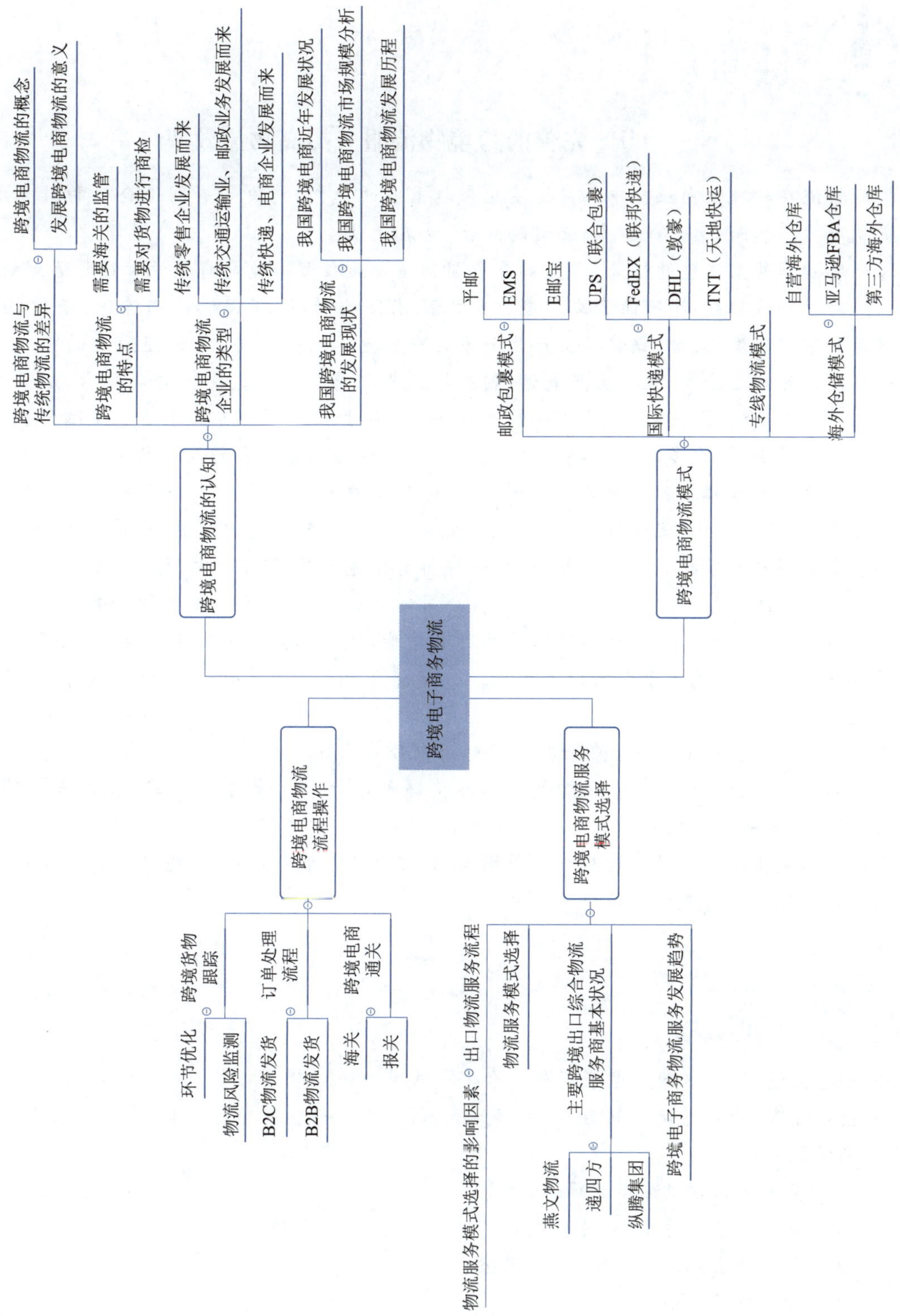

- 跨境电子商务物流
  - 跨境电商物流的认知
    - 跨境电商物流与传统物流的差异
      - 跨境电商物流的概念
      - 发展跨境电商物流的意义
    - 跨境电商物流的特点
      - 需要海关的监管
      - 需要对货物进行商检
    - 跨境电商物流企业的类型
      - 传统零售企业发展而来
      - 传统交通运输业、邮政业务发展而来
      - 传统快递、电商企业发展而来
    - 我国跨境电商物流的发展现状
      - 我国跨境电商近年发展状况
      - 我国跨境电商物流市场规模分析
      - 我国跨境电商物流发展历程
  - 跨境电商物流模式
    - 邮政包裹模式
      - 平邮
      - EMS
      - E邮宝
    - 国际快递模式
      - UPS（联合包裹）
      - FedEX（联邦快递）
      - DHL（敦豪）
      - TNT（天地快运）
    - 专线物流模式
    - 海外仓储模式
      - 自营海外仓库
      - 亚马逊FBA仓库
      - 第三方海外仓库
  - 跨境电商物流流程操作
    - 跨境货物跟踪
      - 环节优化
      - 物流风险监测
    - 订单处理流程
      - B2C物流发货
      - B2B物流发货
    - 跨境电商通关
      - 海关
      - 报关
  - 跨境电商物流服务模式选择
    - 出口物流服务流程
      - 物流服务模式选择的影响因素
    - 物流服务模式选择
    - 主要跨境出口综合物流服务商基本状况
      - 燕文物流
      - 递四方
      - 纵腾集团
    - 跨境电子商务物流服务发展趋势

场景引入

UPS完善的跨境物流服务提高物流效率

物流在跨境电商业务中正在扮演越来越重要的角色，将决定着制造企业的服务水平和市场竞争力。然而，运营成本高、配送时间长、包裹无法全程追踪、不支持退换货，以及出现清关障碍和破损甚至丢包的情况，这些都是中国制造企业在做跨境电商起步时经常遇到的难题。

对于物流难题，小布涂涂文化创意（大连）有限公司（以下简称小布涂涂）有过切肤之痛。这是一家以研发、设计、销售及生产为一体的跨境电子商务公司，是大连最大的出口欧美的热烫压图文定制生产商，主要生产烫钻、刺绣等服装配饰品。通过跨境电商平台，这家企业迅速开拓了海外2B、2C业务。当订单不断增长后，其负责人却为物流服务伤透了脑筋。因为服装配饰品订单小、客户多而零散，填写物流快递单往往会耗费大量的人力与时间。

在全球越来越激烈的市场竞争环境中，终端客户的体验度对于企业利润的增长或减少起着决定性作用。为了优化流程，降低运营成本，小布涂涂与跨国物流公司UPS合作，将UPS功能集成到自有系统和电子商务网站，这样所有信息只需填写一次，订单、发票等都可以通过企业自有系统直接打印，无须再登录物流公司的系统。仅此一项，小布涂涂每个业务员平均每天可节省约45分钟，不仅改善了客户的物流体验，还大幅提升了业务效率，缩短了货件出口前的准备时间，同时更便于查询物流状态。小布涂涂的负责人表示，找对物流供应商后，他们的物流效率提高了11%。

案例思考：UPS给小布涂涂在跨境电商中带来了什么？

案例启示：UPS是世界上最大的国际快递承运商与包裹递送公司，也是专业的运输、物流、资本与电子商务服务的领导性的提供者，通过和这种专业的跨境物流公司对接，电子商务系统可以减少在跨境物流过程中运单填写、运单追踪、海关报关、清关等工作。在提高了效率的同时也完备了自我的跨境物流流程。

直通职场

- **职位描述：**×××跨境电子商务平台——跨境物流经理。
- **技能要求：**能熟练使用ERP系统，能按公司要求进行物流管理。
- **岗位职责：**

(1)负责第三方供应商的跟进，追踪。

(2)负责多渠道对接，跨境货代货运供应商的选取、筛选。

(3)负责运输路线线路优化、费用控制。

(4)对接公司ERP系统。

(5)负责处理运输途中的问题。

(6)收集物流价格及相关物流数据。

(7)协调与配合各部门涉及关务工作的推进。

❖ **岗位要求**：

(1)有进出口、仓储、配送、报关、供应链管理等基础经验的，如无相关的经验，能力优秀者、进取心强烈的亦可。

(2)熟悉EUB类产品，以及DHL、UPS、联邦、荷兰小包、瑞士小包、法国专线、美国专线等产品，对各种邮路和路径清晰者优先。

(3)了解美国专线的国内报关流程、航空订舱流程、国外清关流程者优先。

(4)熟悉租船规则、进出口货运事宜优先者。

(5)有较强的沟通协调能力，踏实，责任感强，抗压能力强。

❖ **职位描述**：×××跨境贸易公司——物流专员。

❖ **技能要求**：能结合具体跨境电商平台完成物流整体业务操作。

❖ **岗位职责**：

(1)协助处理公司国内跨境物流业务订单。

(2)协助处理跨境物流业务欧洲各个海外仓的订单分类管理工作。

(3)负责维护公司客户关系，做好客户服务工作。

(4)做好公司欧洲各海外仓的协调沟通工作。

❖ **岗位要求**：

(1)跨境电子商务、物流管理等相关专业。

(2)熟练使用Excel、Word、OA、钉钉等办公软件。

(3)沟通能力强，具有一定的英语基础，英语不低于CET-4。

(4)工作积极主动，认真踏实，具备良好的职业态度，勤奋上进，具有团队合作精神。

(5)拓展要求举例：因公司业务主要集中在欧洲各国，国内与欧洲存在时差，需接受加班，国内白天上班时间可推迟。

项目 5　跨境电子商务物流的认知

任务 5.1　了解跨境电子商务物流与传统电子商务物流的差异

5.1.1　跨境电商物流的概念

跨境电商物流，是利用互联网技术，尽可能地把世界范围内有物流需求的货主企业和提供物流服务的物流公司联系在一起，提供中立、诚信、自由的网上物流交易市场，促进供需双方高效达成交易，创造性地推动物流行业发展的现代物流模式。

跨境电子商务是分属不同关境的交易主体，通过电子商务平台达成交易、进行支付结算，并通过跨境物流体系送达商品、完成交易的一种国际商业活动。在世界经济一体化和中国电商全球化的大趋势下，跨境电子商务不仅为国内外贸导向型企业扩大了海外营销渠道，也成为了通向全球市场的一条“高速公路”。

跨境电商物流作为供应链的重要组成部分，是对商品、服务以及相关信息从产地到消费地的高效、低成本流动和储存进行的规划、实施与控制的过程，目的是为了满足消费者的需求。

跨境电商物流作为连通买卖双方的桥梁，在电子商务交易中发挥着重要的作用。因此，实现跨境电子商务中商品的有效流通，发展科学、合理的跨境电商物流就显得尤为重要。

5.1.2　发展跨境电商物流的意义

在整个跨境电商交易中，跨境电商物流采用现代物流技术，利用国际化的物流网络，选择最佳的方式与路径，以最低的费用和最小的风险实现货物在国际间的流动与交换。

1. 跨境电商物流服务水平是跨境电商发展的保证

跨境电子商务运作过程中涉及信息流、商流、资金流和物流。其中信息流、商流和资金流均可通过计算机和网络通信设备在虚拟环境下实现，国际物流系统包括仓储、运输、配送、流通加工、包装、装卸搬运和信息处理七个子系统，这些物流环节多数不能在虚拟环境下实现。同时，国际物流系统高效率、高质量、低成本的运作是促进跨境电商发展的保证。

2. 跨境电商效率与效益的提升对跨境电商物流服务提出了更高的要求

随着跨境电子商务的发展，对国际物流服务提出了更高的要求，国际物流企业需要不断更新信息技术和物流技术，增强国际供应链响应能力，降低国际物流成本，提高智能化管理水平，提升客户服务水平，从而促进跨境电商效益的提升。

5.1.3　跨境电商物流与传统物流的差异

与传统电商物流相对比，跨境电商物流的不同之处在于交易的主体分属于不同关境，商品要跨越不同的关境才能够从生产者或供应商到达消费者手中。

1. 整体性差异

跨境电商模式下的物流管理和传统经济模式下的物流管理有很多不同，这也可以通过跨境电商物流与传统物流的不同点看出来。以下从整体性方面分析说明：

1)成品性

跨境电商运营的产品，因其 B2C 模式为主的属性，几乎不会存在半成品或原材料。而传统物流涉及的产品，因传统贸易的 B2B 属性，其范围则覆盖原材料、半成品和成品多种样式。

2)广泛性

跨境电商的产品交付是跟随销售订单走的，如果某跨境电商经营的产品种类较多，那么他每次交付运输的货物中，产品种类就会很多。而这一点，在传统物流方面，由于多是大宗商品交易的交付物流为主，故产品种类不会很多。

3)时效性

跨境电商运营中，不仅比拼产品质量，还要比拼运营推广，而助推运营推广效果的最佳手段是提升买家体验，提升买家体验最直接的方法就是提升物流配送时效，故时效性是跨境电商物流最需重视的特点。而时效性不仅指运输速度的快慢，同时也指时效的准确性。只要能够在承诺的时间内交付给买家，则将带来好评，反之可能带来差评，并且大部分的电商平台对于产品的运输提取信息也是有规则要求的，种种因素导致跨境电商对于时效的要求会十分重视。反观传统物流，由于其 B2B 的特性，对于时效的要求并没有那么重视。

4)成本性

跨境电商其 B2C 属性决定了单个产品均摊的物流成本比重远超传统物流匹配的 B2B 模式下的物流成本比重，并且跨境电商由于运营的产品不同，很多小而便宜的产品，运费已经成为魔咒。但传统物流因为通常是大批量的运输，故均摊下来的成本反而很低。所以，没有跨境电商不重视物流成本的。

5)多样性

跨境电商可以根据运营的需要，选择邮包、快递、空运和海运等多种运输方式，综合物流管理。而传统商家大部分只需要选择一种运输即可满足业务需要。

6)全程性

跨境电商的 B2C 属性，决定了其运输阶段的物流需求基本都是需要全程运输的。即使亚马逊平台 FBA 物流模式，也需要从卖家手上全程递送到 FBA 仓库。而传统物流大部分只需要做机场到机场、港口到港口就可以了。

7)清关性

跨境电商模式，实际在国外是很少有进口商的，基本都是 C 端买家，即使是亚马逊 FBA 模式，亚马逊也不负责清关工作，故导致货物清关工作需要物流公司的强力配合或服务，才能真正做到全程物流服务。而传统物流匹配的货物，都有正式的出口商和进口商，在清关环节，物流公司只需要做好资料和信息的沟通，有的不同贸易术语下，甚至不需要管清关工作。

2. 物流系统要素差异

1)仓储

(1)存储方式。传统物流一般情况大都存储区和拣配区域共用，其实质就是由少品种、大批量的出入模式所决定。

(2)拣货方式。概括来讲:传统物流出库批量大,可以用叉车直接拣货,在衡量拣货效率时多以箱数(原包装箱)为主要单位。

(3)复核。传统出库的复核程序重要,但基本上基于数量清点,以及零头箱和品种校验,也多为人工单独完成,而电商的复核几乎是重新清点,通过电子设备终端一一完成校验。

(4)仓储信息。传统物流货物上的信息元素要求不高,因为货物本身通过外表或物理属性可以区分,例如可以不贴标签,也不需要有票据一一对应。

(5)盘点。传统物流的盘点定期进行,由于没有强系统约束,盘点也成为库存管理或者问题暴露的重要手段。传统物流可以停止运作进行盘点,而多级库存分布也保证了停止作业的可行性。

2)包装

传统物流自从运出工厂后包装一般不需要再行调整,所以传统物流没有明显的包装线,其包装的起因是加固或安全;而电商物流则因为商品经过重组,“新产品”处于无包装状态,电商仓库包装线则需要有设计包装能力,并进行相应操作,需要根据不同的商品特征,在成本时间的约束下,研制包装方案,保证在途货物的安全。

3)运输与配送

(1)传统运输批量大,类型较为单一,目标地点较为固定,容易产生规模效益。对传统物流而言,最后一公里往往是RDC(Regional Distribution Center,区域配送中心)到门店。而对电商而言,由于货物类别不同(贵重、易碎等特点不一),较难整合,我们可以理解为相对传统物流而言,多了一公里,即“站点—客户”,而这一公里往往是电商配送核心所在。

(2)货源组织。传统运输货源简单,附属某单个企业,便可以组织可运作的货源,并且节奏相对稳定,货量相对可靠。电商则不是如此,如果一个运输企业打算经营某个区域,必须要有较多的货源对象才能总体保证稳定,相反,做自营配送决策也需要订单量有足够规模,否则决策很不科学,容易资源闲置。

(3)运输计划。传统物流点固定、数量标准,有很大的计划空间,尤其可以较准确预计到一些季节性或者交通因素的影响,传统物流可以做到提前运输。显然电子商务不到订单最后一刻是无法进行运输作业的,因为我们无法预测运输什么,真正的产品是组合。

(4)运输资源采购。对传统物流来讲,运输资源提供方和需求方保持相对稳定,合同都是大合同,大合同的优势在于保证了运作最小风险。电商物流采购则使得用户作为直接的裁判给出结果评价,加上运输在运作过程中举足轻重的地位,使运输资源的质量较为透明。

(5)最后一公里。双方最后一公里旗帜鲜明。对电商物流而言,最后一公里扮演着非常重要的角色,其是电商唯一和用户直接面对面的通道。服务中积累的数据蕴含着客户端的触角,能够积累出基于数据采购、信息管理等极有价值的东西,对于前端市场预测,供应链管理十分重要。

(6)运输信息流。在途跟踪:相对传统物流,电商物流的在途跟踪已经成为“终极产品”的一部分,要随时能够反馈给客户,而传统物流则允许其不完整,甚至缺失。收货反馈:在传统物流行业,我们将收货人的签单作为交易完成的最终凭证,是解决任何纠纷的最佳工具。其可行性在于订单少,这些凭证都要通过扫描和原件进行档案管理。并且在某些特定的企业,签单有严格的标准规定，如盖章、务必本人签收等要求。而电商行业其一是收款的落实，另外则是系统的确认和评论结合，其庞大的订单量无法采用传统的管理方式，许多企业在这里是形式管理。也由于最后一公里的特征，为了节省时间，很多快递员采用了自动找人代收的方式，保证配送成功，尽管出现了很多“冒名顶替签收”的现象。

如图 5-1 所示，跨境物流由三部分构成，分别是输出国物流、国际货运与输入国物流。国内物流不会涉及输出国海关与商检、输入国海关与商检、国际货运、输入国物流，货运也不涉及输入国物流与配送。跨境物流既包含输出国物流、国际货运，也包含输入国物流，以及输出国海关与商检、输入国海关与商检、汇率、国际金融等，还受到国际政治、经济、社会等因素的制约。跨境物流比较常用国际邮政、国际快递等跨境物流模式，在跨境电商发展的推动下，一些新型跨境物流模式也不断涌现，如海外仓、边境仓、保税区物流、第四方物流等。

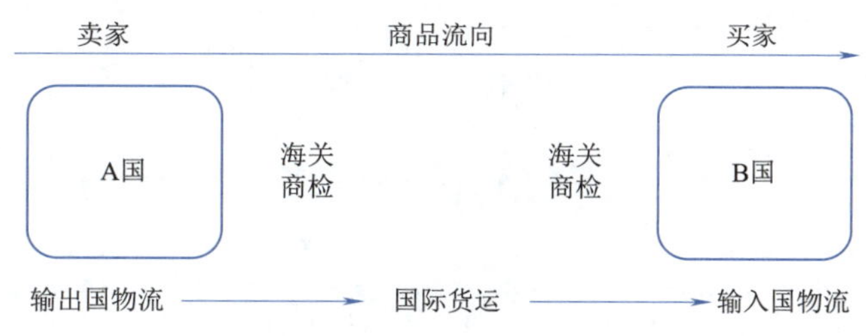

图 5-1　跨境物流流程图

简言之，跨境电商物流和传统物流的不同就是：跨境电商物流需要更准确、更深入、更全面的服务，才能满足跨境电商的需要，而传统物流仅关注运输就能满足大部分需要。

任务 5.2　了解跨境电子商务物流的特点

1. 需要海关的监管

跨境电商是跨越国境进行交易的，网上交易一旦达成，需要国际物流公司进行商品的运送，在运送的过程中需要通过海关，因此跨境电商须接受海关的监管。

跨境电商和传统的贸易方式不同，在海关、税收以及商检方面都存在着不同程度的问题。针对上述问题，国务院办公厅提出了针对海关对跨境电商监管的解决措施，该措施决定对电商出口所形成的海关监管系统进行专项的核算，目的是解决跨境电商小额出口不能顺利进行海关监管统计的难题。海关为了降低报关过程中产生的成本，对零售商的出口商品采取统一的监督和管理，其通关程序按照“清单核放、汇总申报”的规定来处理。零售出口商可以将需要提交的相关文件通过网络传输过来，并且在相关商品需要真实通关的时候，按照税务机关和外汇部门的相关规定，向海关申请签发报关单证明联，从而在海关统计中加入了电商出口这一项。

为了推动跨境电商进一步发展，海关总署决定对通关监管方式进行改良，并在 2012 年选择上海、杭州等五个城市作为试点，建立了新型的跨境电商监管模式，并增加了监管相应代码，为了进一步在全国范围内发展，海关总署还创造了一套新型的跨境电商通关系统，来完善通关监管问题。图 5-2 所示为海关监管流程图。

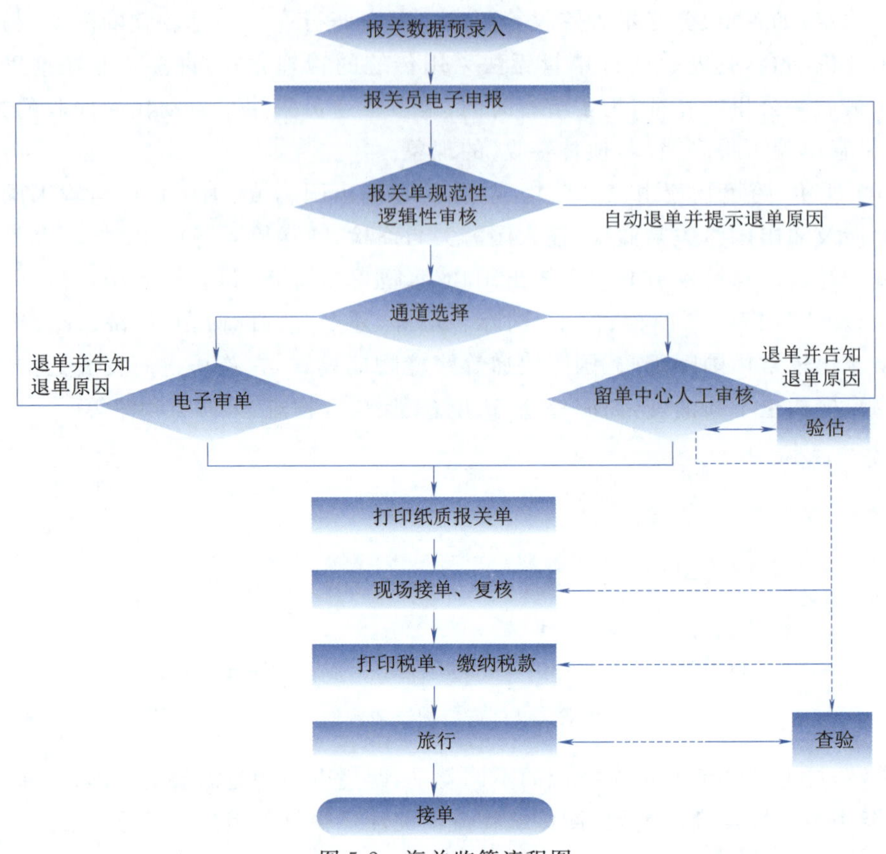

图 5-2　海关监管流程图

2. 需要对货物进行商检

由于跨境电子商务中涉及的商品需要跨越边境交易，那么在物流运送的过程中，就必须在通关时接受商品的检验检疫。国务院办公厅为了支持跨境电商水平的进一步提高，决定建立电商出口的监管检验模式。对参与电商出口的企业和相关商品进行检测并进行准入管理，由第三方专业检测机构出具产品质量的合格评定。

3. 信息化管理水平要求高

与普通电商物流配送相比，跨境电商物流配送在物流信息处理、各配送环节衔接等方面更为复杂，工作难度也相对较大，必须要依靠信息化的管理与服务才能够保证配送效率。从发达国家的跨境物流发展经验来看，物流企业的信息化管理水平与跨境电商物流的配送效率往往存在着直接的关系。

4. 需构建跨国物流网络

通常情况下，跨境物流会涉及境内物流、出境清关、国际物流、目的国清关与商检、目的国物流、目的国配送等多个环节。在这一过程中，往往需要经过国家与多个企业的共同合作，因此在跨境电商物流模式下，对于跨国物流网络的构建是非常重要的。对此，国内物流企业需要与国际物流企业建立稳定的合作关系，搭建多层次、多元化、高效率的物流服务平台，这样才能够逐渐向全球物流网络进行渗透，解决传统模式下不同物流配送环节间的衔接、协同问题，例如国内物流公司韵达快递就在 2018 年开通了跨境直邮网站 UDA(优递爱)，不仅对跨境品牌零售电商进行了有效整合，同时也为多国、多企业间的跨境配合提供了沟通渠道，在跨境物流网络内实现了高效协同。

5. 物流模式更加多样化

跨境电子商务除了普通邮寄快递配送以外，还包括外贸企业自建仓储物流集货后运送、第三方物流仓储集运、海外仓储、保税物流和专线物流等。这些物流模式均是针对跨境电商不同商品和企业的特点而产生的，能够使得跨境电商的商品运送更加便捷，使得消费者权益得到更好的保证。

例如，亚马逊（中国）投资有限公司与福建自由贸易试验区厦门片区（简称“厦门自贸区”）合作。其合作方式为进口通过直购申报平台，由跨境进口直购检验系统办理。

在出口方面，通过厦门海关快件监管中心实施出口电商阳光化通关。利用对台海运快件的物流优势，拓展跨境物流，使跨境电商包裹能大批量从厦门发出，于台湾中转再分拨到全球。这条路线以航空联运为特色，有一定性价比优势，进一步夯实了厦门构建东南国际快件及跨境电商货物转运中心的基础。图 5-3 所示为跨境电商货物转运图。

图 5-3 跨境电商货物转运图

任务 5.3 了解跨境电子商务物流企业的类型

跨境电商的发展推动着跨境物流的发展，诸多行业与企业尝试着涉足跨境物流业务，刺激了跨境物流市场的火热。经过近几年的发展，现有跨境物流企业的类型为以下几类：

1. 传统零售企业发展而来

传统零售企业通过发展跨境电商业务，自有的业务量足以支撑跨境物流的需求，成立跨境物流网络，代表企业有沃尔玛、家得宝等。

典型案例

1996 年 8 月，全球头号零售品牌沃尔玛进入中国市场，在深圳掀起了购物旋风，对传统百货零售业造成强烈冲击。

首先，沃尔玛提出了“帮顾客节省每一分钱”的宗旨，而且实现了价格最便宜的承诺。

其次，沃尔玛还向顾客提供了超一流服务的新享受，走进沃尔玛，顾客便可以亲身感受到宾至如归的周到服务。

再次，沃尔玛推行“一站式”购物新概念，顾客可以在最短的时间内以最快的速度购齐所有需要的商品，正是这种快捷便利的购物方式吸引了现代消费者。

2. 传统交通运输业、邮政业发展而来

传统交通运输业、邮政业企业顺应跨境电商市场的需求，增加跨境物流业务，代表企业有中远、中集、马士基、万国邮政体系等。

3. 大型制造企业或传统行业的大型企业发展而来

大型制造企业或传统行业的大型企业凭借原有的物流资源，一般隶属于集团的物流公司或物流职能部门，伴随自身跨境电商市场的扩张，开始涉入跨境物流业务，代表企业有海尔物流、安得物流等。

4. 传统电商企业扩张

传统电商企业随着跨境电商业务的扩张，刺激了跨境物流的需求，在国内市场自建了物流体系，并尝到自建物流带来的优势，随之将其扩散到跨境物流市场，自建跨境物流网络，代表企业有京东物流、阿里巴巴的菜鸟物流、兰亭集势的兰亭智通、亚马逊等。

典型案例

亚马逊近年来一直在强化公司遍布全球各地交付中心的作用，而这一举动或许意味着这家零售巨头即将正式进入原本被 UPS、联邦速递和 DHL 这些企业所长期把持的传统物流运输领域。

2005 年之前，亚马逊在全美只有三个配送中心。2013 年的假日购物季是公司物流业务的一个转折点。此前美国航空公司接到的亚马逊订单多得让它们不堪重负，导致包裹延误，令客户非常不满。自那以来，亚马逊将仓储、分检和其他配送设施的数量从大约 65 家增加到了大约 400 家。

亚马逊利用“亚马逊钥匙”技术推出了送货到屋的服务。当亚马逊的快递员将包裹送到用户门口时，如果用户不在家，快递员可以通过手机扫描标签然后申请进入用户家中。这个系统会自动打开用户家门锁并同时打开安全摄像头，然后快递员打开门并且将包裹放入用户家中，离开后快递员可以再次点击手机来锁门。

亚马逊目前拥有的无人送货车数量有限，且只在工作日的白天投递包裹。每辆无人车暂时将由亚马逊的一名员工陪同以监视运行情况，未来这些无人车将实现自动递送包裹。

5. 传统快递企业发展而来

传统快递企业不愿错失跨境物流市场，也切入跨境物流业务，代表企业有 UPS、FedEx、顺丰物流、申通物流、OCA 等。

素养园地

顺丰速运有限公司作为一家主要经营国际、国内快递业务的港资快递企业，为广大客户提供快速、准确、安全、经济、优质的专业快递服务，全方位提高企业竞争力。

(1)直营模式。管理经营一体化，和普通公司相比，直营模式的企业从总部、分支机构到受理点实行流程标准化管理。服务的时效性强，由于直营模式在企业管理经营中统一化、标准化的优点，顺丰在服务时效性方面获得了压倒性的优势。

(2)顺丰产品和速度。顺丰快递在运营过程中,承诺顾客 36 小时物品送货上门,这极大地满足了客户对于速度的要求。一方面得益于它是全国首家也是唯一一家使用全货运专机的民营速递公司,另一方面也得益于全体员工的辛苦努力、全年 365 天的运营模式。

(3)顺丰的服务。365 天全天候服务,提供代收货款、保价、签回单、免费纸箱供应等多项增值服务,拥有灵活的支付结算方式。

思考与讨论:同学们在岗位实践和未来工作中应如何培养竞争意识?

6. 新兴的跨境物流企业

新兴的跨境物流企业成立之初就专注跨境物流市场,代表企业有俄速通、SPSR,Intelipost,Axado,Loggi、递四方、出口易等。

任务 5.4　了解我国跨境电子商务物流的发展现状

5.4.1　我国跨境电商近年发展状况

跨境电商是信息时代大背景下诞生的一种新型货物交易方式,这种方式使得人们的购物范围得到了极大的拓展,同时也为人们购买国外商品提供了便利。近年来,随着经济全球化的不断深入和现代信息技术的不断发展,跨境电子商务逐渐成为提升全球经济水平的关键点之一。因此跨境电商行业一直呈现高速增长的趋势,逐渐发展为我国海外经销商在互联网金融模式下的重要渠道。

近年来,我国跨境电商规模快速增长。根据中国海关数据,2020 年通过海关跨境电子商务管理平台验放的进出口清单达到 24.5 亿票,同比增长 63.3%,进出口额达 1.7 万亿元,同比增长 31.1%,与 2015 年相比,5 年增长了 10 倍。另据商务部有关信息,我国外贸综合服务企业已超过 1 500 家,海外仓数量超过 1 900 个(其中北美、欧洲、亚洲地区占 90%)。2021 年 1～6 月,我国跨境电商进出口额达 8 867 亿元,同比增长 28.6%,其中出口 6 036 亿元,同比增长 44.1%,高于同期全国货物贸易出口额,增速 5.5 个百分点。2015 年以来,国务院分五批设立了 105 个跨境电子商务综合试验区,从区域上基本覆盖全国,形成了陆海内外联动、东西双向互济的跨境电商发展格局。

从跨境电商结构来看,2019 年,在纳入海关监管的跨境贸易中,B2B 交易规模约占八成,B2C 约占两成;东部沿海地区处于领先地位,其中广东省规模远高于其他省市;跨境出口贸易主体从大型电商平台逐渐向品牌企业演变,更加注重以消费者为核心、以数据流为驱动力,提升产品品质与创新性,强化供应链快速响应能力,提高物流效率和掌控力。这将为跨境电子商务物流的长期稳定发展提供足够的动力。

5.4.2　我国跨境电商物流发展行业背景分析

物流作为复合型服务业,其自身发展与一国社会经济的发展密切相关。作为全球第一贸易大国,虽然跨境电商在我国起步较晚,但其发展态势却十分迅猛,近年来增速高达 30%。伴随跨境电商迅猛发展而来的,还有我国跨境电商物流市场的快速增长。

我国进出口一直处于增长阶段,2018 年突破 30 万亿元后,2019 年增幅趋于平缓。

2021 年我国进出口贸易逆势大幅增长,总值 39.1 万亿元人民币,连续跨过 5 万亿、6 万亿美元两大台阶,同比增长 21.6%,如图 5-4 所示。

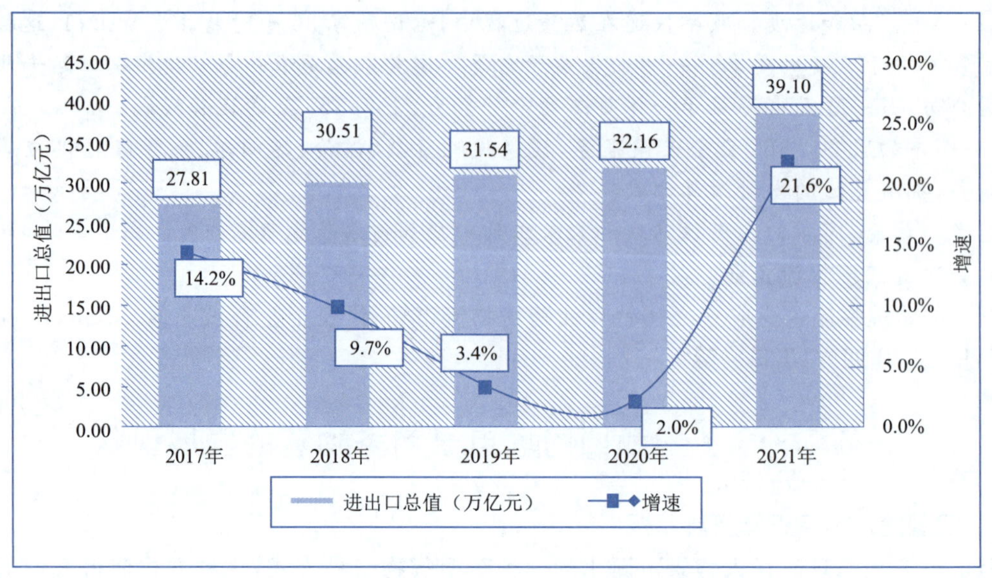

图 5-4　2017—2021 年中国进出口贸易总额增长

从 2017 年起，我国已赶超美国已成为全球第一大贸易国，到 2020 年我国进出口总额分别为排名第三、第四的德国和日本的约 2 和 3.4 倍。

2020 年，全球零售线上化率提升，我国跨境贸易的寄件量大幅提升，2020 年中国跨境快递数量达到 18.4 亿件，同比增长 28%，如图 5-5 所示。

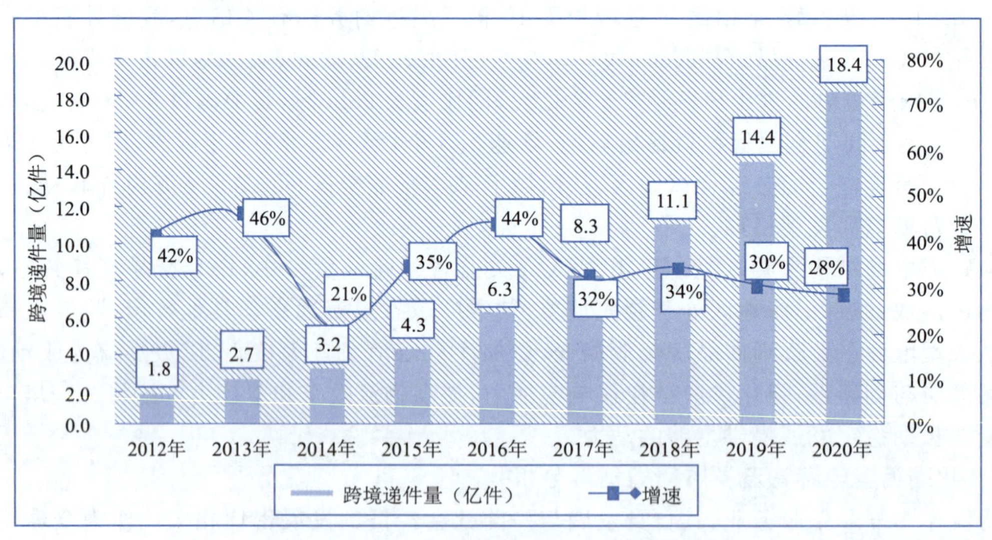

图 5-5　2012—2020 年中国跨境快递数量情况

对照海外国际物流企业发展趋势，在我国制造业公司品牌出海趋势明显、电商体系全球领先的环境下，国内跨境物流服务迎来较大的发展前景。图 5-6 所示为 2015—2020 年中国机场货邮吞吐量及增速。

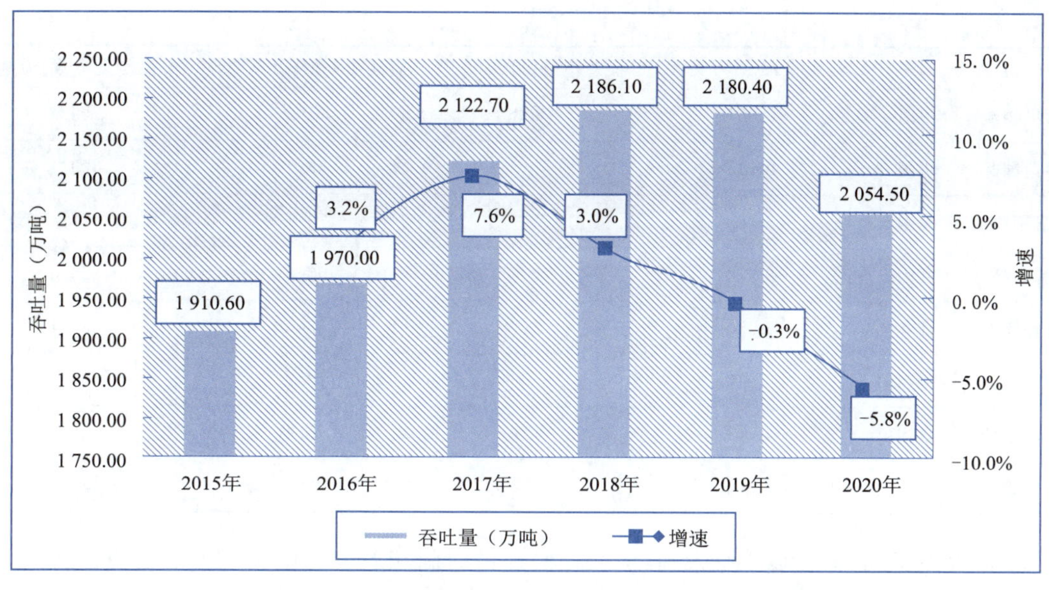

图 5-6 2015—2020 年中国机场货邮吞吐量及增速

5.4.3 我国跨境电商物流行业发展现状

1. 国外大型物流企业资源占据竞争力优势

除各国的邮政联盟外，在商业物流服务行业中，国际物流巨头均具有成熟的全球化网络布局，在全球范围拥有较强的服务能力。DHL、FedEx 覆盖全球 220 个国家和地区，且在欧洲、北美、亚太三大核心经济区域拥有极强的服务保障能力。

发达国家产业升级和企业全球化进程开始于 20 世纪 50 年代，在前期的全球产业转移中，发达国家物流企业伴随着本国制造业一同出海。如欧洲的 DHL、德迅、DSV 等国际物流企业的发展离不开西门子、飞利浦、宝马等工业品牌的出口发展，日本的三菱、松下、东芝、富士也惠及了日通集团、近铁集团等物流企业成为国际物流巨头。

表 5-1 所示为 2021 年全球国际物流公司综合情况排名。

表 5-1 2021 年全球国际物流公司综合情况排名

公司	国家	营业收入(百万美元)	市值(亿元)	海运业务量(万 TEU)	空运业务量(万吨)
DHL	德国	28 453	4 743	286.2	166.7
德迅物流	瑞士	25 787	2 305	452.9	143.3
DB Schenker	德国	20 761	—	205.2	109.4
DSV	丹麦	18 269	3 356	220.5	127.2
中国外运	中国	12 174	337	375	53.2
康捷空	美国	10 116	1 435	109.1	92.7
日本运通	日本	19 347	368	66	72
基华物流	瑞士	7 416	62	108.1	36.3
罗宾逊物流	美国	15 490	857	120	22.5
UPS	美国	11 048	11 266	62	98.9

续表

公司	国家	营业收入(百万美元)	市值(亿元)	海运业务量(万 TEU)	空运业务量(万吨)
嘉里物流	中国	6 867	308	102	49.4
乔达国际	法国	9 135	—	86.7	29.1
波洛莱物流	法国	5 265	943	76.1	57.4
赫尔曼	德国	2 972	—	90.5	55.3
近铁集团	日本	5 750	124	64	55.7
Agility	科威特	4 018	—	77.1	37.2
日邮物流	日本	4 248	794	76.4	33.7
华贸物流	中国	2 160	182	102.1	39.8

目前，我国已发展为制造业大国，但快速赶超的时间相对发达国家的发展历史而言还是较短，在此历史背景下，我国本土的跨境物流企业在全球化的运营规模、服务能力和稳定性上跟国际巨头们相较而言尚有差距。表 5-2 所示为全球大型跨境物流企业服务区域覆盖情况。

表 5-2　全球大型跨境物流企业服务区域覆盖情况

企业名称	服务区域覆盖
FedEx	220 多个国家及地区
DHL	220 多个国家及地区
DSV	90 多个国家及地区，1 300 个办事处
德迅	100 多个国家及地区，833 个办事处
KWE	46 个国家及地区，697 个办事处
华贸物流	160 多国家地区，90＋经营网点
中国外运	39 个国家地区，77 个经营网点

2. 国家对跨境电商物流建设政策支持力度大

我国政府高度重视“构建跨国物流枢纽体系”，陆续出台了多项支持中国跨境物流行业发展的相关政策。长期以来政府工作报告、国务院常务会议以及商务部、国家邮政局、海关总署等部门机关多次出台相关政策文件，鼓励、推动我国跨境电商物流建设，近年相关政策汇总如表 5-3 所示。

表 5-3　2014—2021 年跨境物流行业近年相关政策

时间	发布部门	政策名称	主要内容
2014.7	海关总署	《关于跨境贸易电子商务进出境货物、物品有关监管事宜的公告》	明确了对跨境电商的监管框架

续表

时间	发布部门	政策名称	主要内容
2015.3	国务院	《关于同意设立中国(杭州)跨境电子商务综合试验区的批复》	首次设立跨境电商综试区
2017.5	海关总署	《2017 年海关推进“一带一路”建设重点工作》	积极推进跨境电商在沿线物流枢纽布局设立海外仓
2018.9	财政部等	《关于跨境电子商务综合试验区零售出口货物税收政策的通知》	明确跨境出口无票免征政策
2019.3	国家发改委	《关于推动物流高质量发展促进形成强大国内市场的意见》	提高口岸物流服务效率,提升通道国际物流便利化水平
2019.3	国家邮政局、商务部、海关总署	《关于促进跨境电子商务寄递服务高质量发展的若干意见》	鼓励跨境寄递企业创建品牌,提供跨境包裹、商业快件等寄递服务
2019.7	国家邮政局	《关于支持民营快递企业发展的指导意见》	引导民营快递企业“走出去”,培育具有国际一流竞争力的快递企业
2020.6	海关总署	《关于开展跨境电子商务企业对企业出口监管试点的公告》	增设“跨境电子商务企业直接出口-9710”“跨境电子商务出口海外仓-9810”代码
2020.9	国家发改委等	《推动物流业制造业深度融合创新发展实施方案》	加强国际干线物流通道以及物流枢纽、制造业园区统筹布局和协同联动
2021.1	交通运输部	《关于服务构建新发展格局的指导意见》	培育壮大具有国际竞争力的现代物流企业
2021.2	国务院	《国家综合立体交通网络规划纲要》	提出 2035 年建成“全球 123 快货物流圈”,国内 1 天送达、周边国家 2 天送达、全球主要城市 3 天送达
2021.7	国务院	《关于加快发展外贸新业态新模式的意见》	明确培育一批优秀的海外仓企业

目前我国品牌出海趋势正盛,中国货主支付物流费用占比不断提升,本土物流企业迎来跨境物流需求爆发期。预计中国物流企业在未来几年将乘借国产品牌出海的东风,不断提升、健全海外物流核心节点资源,建设更加自主可控的国际物流供应链,迎来业务量及利润率的双重提升。

3.跨境物流企业区域优势明显且行业集中度低

由于全球不同国家区域情况复杂,跨境物流的标准化程度远低于快递行业,且区域优势明显,企业的物流业务往往集中在本土或者周边地区和国家。2020 年全球国际物流行业 CR5 空运市场占有率仅为 18%左右,CR20 市场占有率约为 34%。

与之相似的,中国的跨境物流区域性明显,且集中度较低,业务较为分散。其中以国企背景为代表的有中国外运、华贸物流,以民企物流公司为代表的有“四通一达”和顺丰。还有深度绑定跨境电商卖家的跨境电商物流企业,如纵腾集团、燕文等。

2020 年我国海运集装箱吞吐量为 2.6 亿集装箱,国内跨境物流 CR3 海运吞吐量市场占有率不足 2.5%,同年我国机场货邮吞吐量为 2 054.5 万吨,CR3 市场占有率约为 8.4%。而相较于国内快递 CR4 近 50%的市占率,我国跨境物流集中度非常低。

4. 我国跨境电商物流被疫情催化格局产生变动

2020 年全球新冠疫情爆发以来,众多行业深受波及,但各国的电商渗透率反而进一步增长,同时全球跨境电商的规模也被带动,2021 年实现 14.6 亿元的交易规模,如图 5-7 所示。

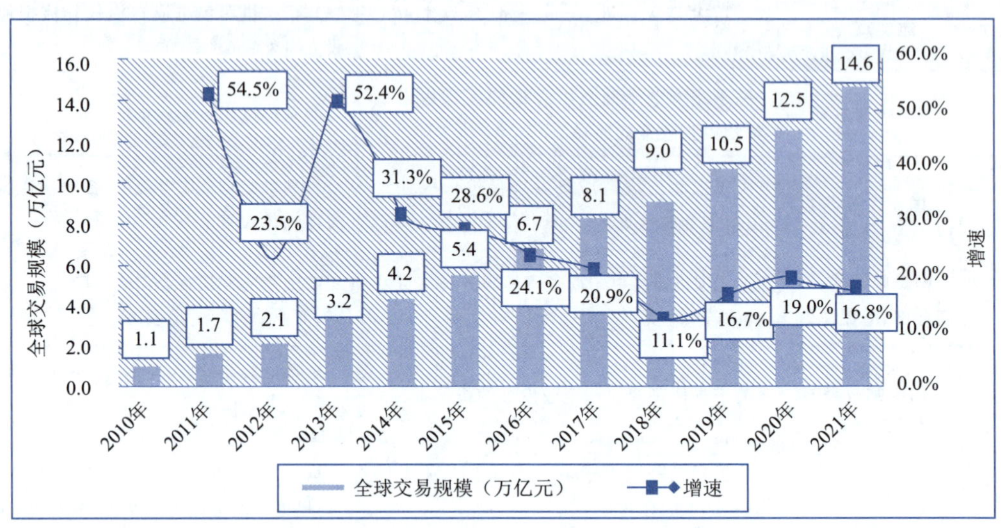

图 5-7 2010—2021 年全球跨境电商规模及增速

中国电商市场已成为全球最大的电商市场,极大地构建和推动了中国跨境物流行业的发展。2020 年中国海关统计数据显示,2020 年我国跨境电商交易额 1.69 万亿元,增长 31.1%。其中,出口 1.12 万亿元,增长 40.1%。

到 2021 年,我国跨境电商进出口 1.98 万亿元,增长 15%;其中出口 1.44 万亿元,增长 24.5%。从进出口结构来看,中国跨境电商出口占比达到 77.5%,进口占比 22.5%,贸易顺差进一步拉大。从模式结构来看,2021 年中国跨境电商的交易模式中跨境电商 B2B 交易占比达 77.2%,跨境电商 B2C 交易占比 22.8%。

虽然来自 B2B 的销售额占主要部分,但 B2C 的增速要明显高于前者,2019 年中国跨境电商 B2C 交易额是 2015 年的五倍,年均增速 49.5%。我国目前也是全球最大的 B2C 跨境电商交易市场,承接全球约 26%的交易量。

B2C 的物流业务相较而言更加零散且追求时效性,小件包裹在漫长的跨境物流中面对的是与批量、大宗商品截然不同的物流模式。如何在跨境 B2C 电商的增量中开辟适合的物流模式,是未来跨境物流企业所面临的新课题。

5. 行业竞争日趋激烈

跨境物流是跨境电商发展的重要支撑,也是提升消费体验的关键环节。根据 Ipsos 和 Paypal 联合发布的相关报告显示,接近 1/4 的全球网购消费者认为配送速度是影响他们选择平台时的关键考量。此外,电商企业会对物流费用、出仓速度、配送效率、异常情况处理能力等综合考量,选择满足自身需求的物流商。建设高水平海外仓是提升物流服务质量的有效途径,在政策支持的红利下,传统物流企业、跨境电商平台、独立站卖家建设海外仓,健全跨境物流管理体系的积极均将提升，行业竞争将日趋激烈。

6. 国际市场调整对我国跨境物流格局产生影响

中欧投资协定的签署进一步加深了中国与欧洲地区的贸易发展，同时，中欧班列、国际海运等国际运输方式实现阶段性发展，尤其是高端领域及高技术领域的产业合作能够进一步增强与欧洲各国之间的贸易伙伴关系。

我国与东盟地区跨境贸易伴随 RCEP 协议签署、且在经济社会发展稳定等因素的利好影响下，东盟地区已成为我国跨境贸易的第一大合作伙伴。未来我国将重点强化与 10 个东盟国家的快递网络建设，实现与 10 个东盟国家的快递网络全覆盖。

长期来看，与东盟地区的跨境电商业务将成为我国对外发展的重点贸易业务，双边跨境物流市场份额将进一步增长。

此外，国际航空受国际客运航班减少的影响，运力受到制约，全货机运输迎来阶段性发展。伴随着我国“一带一路”对跨国轨道的基础建设，我国“海陆空铁”全方位跨境寄递运输格局正在加速形成。

放眼未来全球跨境物流格局，我国跨境物流行业的变革仍将持续。

项目小结

本项目介绍了跨境电商物流的概念、发展跨境电商物流的意义。跨境电商物流服务水平是跨境电商发展的保证，跨境电商效率与效益的提升对跨境电商物流服务提出了更高的要求。跨境电商物流与传统物流相对比，整体性方面，具有成品性、广泛性、时效性、成本性、多样性、全程性和清关性的不同。在物流系统要素方面，仓储、包装、运输与配送等要素也体现出区别。跨境电商行业一直呈现高速增长的趋势，逐渐发展为我国海外经销商在互联网金融模式下的重要渠道。在我国，当前跨境电商仍然以 B2B 为主体，从国际外贸物流方式来看，其主要依然是国际货代。随着“互联网＋”的深入发展及政府对跨境电商物流的推动，进一步刺激了我国跨境电商物流市场的发展需求与规模。

同步测试

一、填空题

1. 整体性方面，跨境电商物流与传统物流相对比，具有成品性、广泛性、时效性、成本性、________、________和________的不同

2. 跨境物流由三部分构成，分别是________、________与________。

3. 在跨境电商发展的推动下，一些新型跨物流模式也不断涌现，如________、________、________等。

4. 物流系统要素方面，________、________、________等要素，跨境电商物流与传统物流也体现出区别。

二、判断题

1. 跨境电商物流需要海关的监管。 ( )

2. 海尔物流传统交通运输业是由邮政业发展而来的跨境电商物流企业。 ( )

3. 我国跨境电商物流发展经历了起步、发展和优化三个阶段。 ( )

4. 从国际外贸物流方式来看,其主要方式依然是国际货代。 ( )

5. 在我国,当前跨境电商仍然以 B2B 为主体。 ( )

三、问答题

1. 什么是跨境电商物流?

2. 简述跨境电子商务物流的特点。

项目6　跨境电子商务物流模式

我国跨境电商物流主要包含直邮和海外仓两种模式。

直邮业务是跨境物流服务商完成跨境电商件门到门、门到仓全流程跨境物流环节，直邮业务又包括邮政包裹模式、国际快递模式、国内快递模式、专线物流模式。跨境电商直邮物流流程分解如图6-1所示。

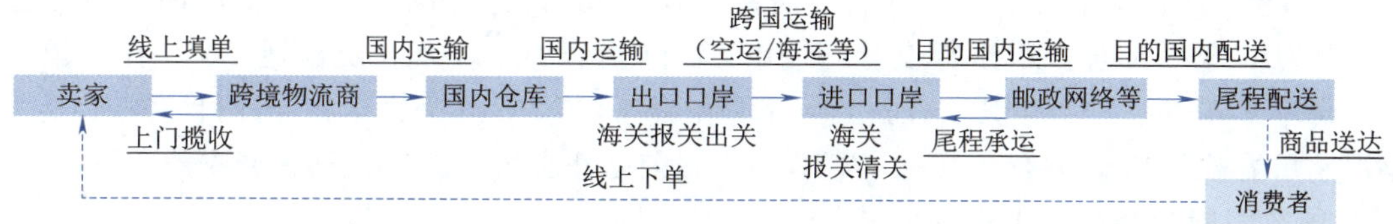

图6-1　跨境电商直邮物流流程分解

海外仓模式以备货模式为主，跨境物流服务商通过将跨境电商件运至目的国的仓库后，如果目的国有相关商品的订单，再通过目的国物流服务商由海外仓直发海外消费者。

跨境电商出口物流业务模式各有不同，但其核心出发点都是帮助跨境电商平台实现对货物运输环节的管控以及改善优化海外消费者消费体验。

任务6.1　了解邮政包裹模式

1. 概述

邮政网络遍布全球，其渠道之广，令广大物流公司叹为观止，这主要得益于万国邮政联盟和卡哈拉邮政组织。万国邮政联盟是联合国下设的一个关于国际邮政事务的专门机构，它由于会员数量较多以及各会员之间的邮政系统发展不均衡，因此会员之间的深度邮政合作很难达成。于是2002年，由邮政系统相对发达的中、美、日、澳、韩等邮政部门成立了卡哈拉邮政组织。该组织要求所有成员的包裹投递的质量标准能达到98%以上。如果该标准没有完成，那么负责投递的运营公司要百分之百把损失赔偿给客户。

跨境物流的邮政包裹模式，是指邮政公司通过自行揽收或第三方物流服务商揽收后再交邮政企业负责出关、国际运输及目的国清关配送等环节的模式，如燕邮宝平邮。

2. 邮政快递的几种模式

邮政快递主要有三种模式，如图6-2所示。

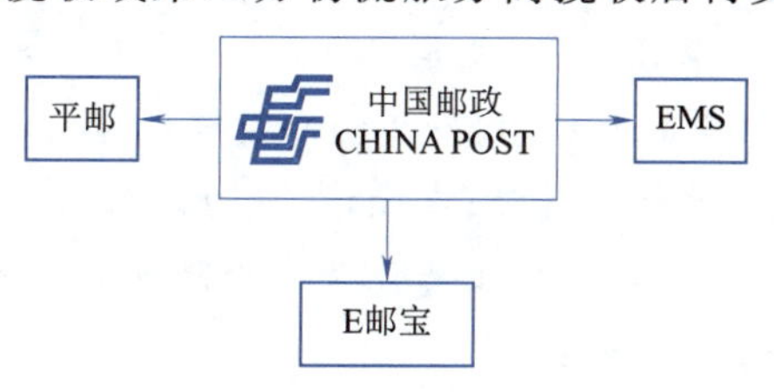

图6-2　邮政快递模式

1）平邮

平邮是邮政中一项寄送信与包裹业务的总称，包括普通的寄信(也就是平信)和普通的包裹,寄送时间都比较慢。平邮是所有邮政递送业务中速度最慢的业务。

2)EMS

EMS 即 Express Mail Service,邮政特快专递服务,它是由万国邮联管理下的国际邮件快递服务,是中国邮政提供的一种快递服务。该业务在海关、航空等部门均享有优先处理权,它以高质量为用户传递国际、国内紧急信函、文件资料、金融票据、商品货样等各类文件资料和物品。

EMS 国际服务的速递网络遍及全球超过 210 个目的地,效率高,稳妥周到,清关能力强。

EMS 的邮寄方式是:当地国家的邮局收集货物后,通过空运、陆运或者其他渠道运到对方邮局,对方国家的邮局再派送到客户手中。相互之间是独立的,但也是合作的。EMS 最大好处是具有优先通关的权利,通关能力强,送达范围广。

3)E 邮宝

"E 邮宝"是中国邮政储蓄银行电子商务快递公司与支付宝打造的一款国内经济型速递业务,专为中国个人电子商务所设计,采用全程陆运模式,其价格较普通 EMS 有大幅度下降,大致为 EMS 的一半,但其享有的中转环境和服务与 EMS 几乎完全相同,而且一些空运中的禁运品将可能被 E 邮宝所接受。E 邮宝的发货地目前已开通九大省市,送达区域覆盖全国。

3. 邮政国际包裹主要工作流程

邮政国际小包流程如图 6-3 所示。

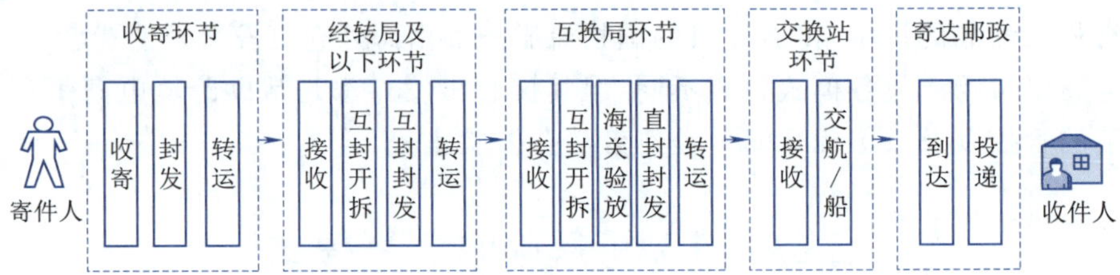

图 6-3　邮政国际小包流程

案例分析

"墨绿色制服,大盖帽,永远伴随着'叮铃叮铃'的自行车铃声出现,笑容可掬地递上贴着邮票的信件。这是中国人对邮政工作人员最深刻的印象。"但这样的场景现在已很少见了。从 1896 年 3 月清政府批准开办大清邮政官局算起,中国邮政已经经历了上百年的历史,因此常被称作"百年老店",意指其历史悠久、信誉可靠;然而,在"百年老店"的背后,它一度也被认为发展缓慢、落后于时代:它的大部分业务依然依靠人力。然而,它所覆盖的网络仍无人能够替代:截至 2013 年底,中国邮政共有 95.4 万名在职员工,2.4 万条邮路,总长度达 586 万千米,相当于沿赤道绕地球 146 圈;4.7 万处邮政支局,70%分布在农村,保证 60 万个行政村里通邮;在南沙,在边防线,在义务兵驻地,可以说,在中国只要有人生活的地方,就有中国邮政的影子,优势和局限并存。在日新月异的年代,这家"百年老店"也在努力书写着自己的蜕变史。

中国邮政在近几十年里经历风风雨雨，其“一分开，二改革，四完善”的改革发展之路也使中国邮政对市场经济有了更深的认识和感悟，实现了转亏为盈的良性发展，然而在为此欢呼的同时，也应该清楚地认识到伴随着改革机遇的还有更大的挑战，下面就是我们对此的一个总结分析：

1. 政治环境

政府实行政企分开，减少了邮政普遍服务的补贴，并且对邮政储蓄银行实行“新老划断”等政策性改革。不可否认的是，政府的这些措施确实刺激了邮政部门向现代市场化企业转型，促使其不断寻找定位、明确业务重心、不断改革以适应市场经济环境的发展，从而逐步向现代企业制度靠拢。

2. 经济环境

我国市场经济的蓬勃发展为邮政速递和邮政金融业带来了巨大的市场发展潜力。我国处于工业化发展的中期，当前，我国工业化、信息化、城镇化、市场化、国际化进程明显加快，已成为了世界第二大经济体，国内需求旺盛，自然而然带动了金融行业的快速发展，案例中，2013 年底邮政银行的资产规模由 2.13 万亿元增长为 5.58 亿元，营业规模也增长了 5 倍，这无疑与我国的经济发展有着巨大的关联；另一方面，经济的发展也带动了速递物流业的发展，仅以网络物流为例，其一天的速递量就可达上千万件，由此邮政速递企业的发展市场不可谓不广。

3. 法律环境

“普遍服务”的法律义务制约着中国邮政的良性发展，但同时《邮政法》的修订体现了与现代经济环境相协调。首先，“普遍服务”是我国《宪法》的具体体现，也是我国政府对公民的承诺义务，《万国邮政公约》中把“以均一低廉的资费向所有地区的所有用户提供经常优质的永久性邮政服务”定位为人的基本权利，然而低廉的资费远远覆盖不了运输成本和人力成本，总是处于亏损状态。其次，众所周知，任何一部法律都是为了调整一定社会关系的，是为一定的政治和经济关系服务的，随着我国市场经济的逐步确立和发展，1986 年制定《邮政法》时的社会经济环境发生了很大变化，2015 年修订的《邮政法》则明显适应了当前经济形势。

4. 技术环境

第三次科技革命的到来也冲击着中国邮政业。随着科学技术的进步，包括互联网在内的新的电子通信手段的应用普及、新产品和新业务的不断开发等在很大程度上代替了邮政传统业务，人们不再通过写信来表达思念，因为电话、视频、即时通信等完全可以把“信件”这个单调缓慢的事物轻松淘汰。

5. 行业竞争环境

中国开放的市场经济条件下，面临国内外企业的竞争压力剧增。首先，对于邮政的速递物流业务而言，随着民营和国外速递公司进入中国速递领域，中国邮政速递正面临着越来越多的竞争对手，一类是 FedEx、UPS、DHL 等有着遍布全球的运递网络、雄厚资金与技术管理的国际快递公司，另一类则是申通、中通、顺丰、韵达等活力极强、成本相对较低的民营速递企业。所以邮政业务的市场竞争力大幅下降。其次，对于邮政银行来说，压力同样存在，虽然不会受到国外银行的威胁，但是中国工商银行、中国农业银行和中国建设银行等对其的竞争压力也是不可忽视的存在。

6. 社会文化环境

人们思想观念、文化教育水平、消费习俗的变化和消费选择的多样化，对邮政传统行业造成威胁。俗话说“三十年河东，三十年河西”，三十年前写信是一种社会时尚，邮政业在人们生活中占有不可或缺的地位，可是三十年后的今天，人们进入了一个快节奏化的生活方式和多样化的消费需求，如“快递”的出现。因此邮政的传统业务正在被人们所淘汰。

7. 交通环境

近年来，我国的交通系统网络逐渐完善，形成了集公路、航空、铁路、航运于一体的交通网，仅仅就高速公路来说，我国 2012 年的高速公路总里程已超越美国成为世界第一，交通基础设施建设升级也极大地推动了产业进步，物流等的速度加快了几倍，但是与此同时行业的竞争压力也是成几何倍数而增长。

任务 6.2　了解国际商业快递模式

1. 国际商业快递模式概述

国际商业快递模式特指国际快递公司（DHL、Fedex、UPS 等）通过第三方物流服务商或自行揽收等途径取得货物订单后，自行组织出关、国际货物运输及目的地清关配送等环节的模式，如燕文全球特快专递。图 6-4 所示为国际快递公司跨境物流流程。

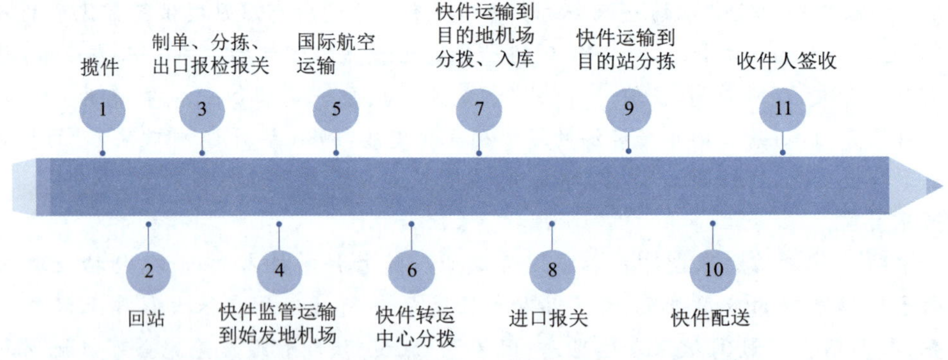

图 6-4　国际快递公司跨境物流流程

2. 典型的国际快递企业

1）UPS（联合包裹）

联合包裹国际快递有限公司，总部设于美国。UPS 是一个提供广泛经营项目的公司，目标是“实现同步化商业”。其商标是世界上知名的商标之一。作为世界上最大的国际快递承运商与包裹递送公司，也是专业的运输、物流、资本与电子商务服务的提供者。每天都在世界上 220 多个国家和地区管理着物流、资金流与信息流。

UPS 在中国业务总量的增长速度已连续几年保持在 35% 以上。目前已在包括深圳、青岛、厦门、东莞、杭州、天津、石家庄、成都等 20 个城市设立代表处。UPS 具有一个强大的地面覆盖系统，这为它的地面运输提供了非常好的条件。它的全球信息网拥有一个专用卫星和50万英里(1英里约为1.6千米)的通信网络，能与全球1 300个配送点随时联络，顾客还可以通过网络随时查到包裹所处的位置和状态。网上查询包裹的投递情况完全透明，使得顾客对企业的信任感大大加强。UPS将把上海建成亚太区的四个转运中心之一。

2)FedEx(联邦快递)

联邦快递有限公司，总部位于美国，为遍及全球的顾客和企业提供涵盖运输、电子商务和商业运作等一系列的全面服务。联邦快递集团激励旗下超过26万名员工和承包商高度关注安全问题，恪守品行道德和职业操守的最高标准，并最大程度满足客户的需求。

联邦快递是全球最具规模的快递运输公司之一，为全球220多个国家及地区提供快捷、可靠的快递服务。联邦快递设有环球航空及陆运网络，通常只需一至两个工作日就能迅速运送时限紧迫的货件，而且确保准时送达。

联邦快递致力于开拓中国市场。凭借自身的空中力量和拥有600多架飞机的优势，成为占支配地位的机场对机场货物运输商，并拥有巨大的卡车运输系统。现已在中国220个城市设有网点，计划在未来4～5年内，再新增100个服务城市。联邦快递的航空网络也在不断地发展建设中。目前，联邦快递在美国和亚洲之间已经成功地建立起一张无可匹敌的网络，直接而全面地进入整个亚洲市场。联邦快递设有服务于北京、上海及深圳机场的航班，并将在上海建设中国最大的快件处理中心。联邦快递已签下广州新白云机场，计划将广州建成联邦快递亚太地区的最大转运中心。

3)DHL(敦豪)国际快递有限公司——德国邮政控股

DHL是全球最大的快递公司之一。世界上绝大多数快递货物都是通过DHL运转的。DHL的价格便宜，服务好，适合寄一些小货，丢失率也是极低的。DHL到欧洲、美洲、中东及非洲国家或地区的价格比同行业的快递都便宜。

DHL作为第一家进入中国的外资专业快递公司，以每年40%的平均增长率高速向前发展，在中国已经达到36%的市场占有率。DHL是网络建设发展最快的国际速递公司之一，目前已在中国各主要城市设立了29家分公司和160个速递中心。敦豪环球快递、丹沙海空运、德国邮政欧洲快递已经统一整合在DHL名下，并凭借其领先的“一站式”综合服务能力使其将成为全球最大的快递与物流公司。整合之后的DHL不仅保持了国际航空快递领域的领先优势，更增强了提供货运和物流解决方案的实力，成为业界最具实力的领导者。

4)TNT(天地快运)

荷兰邮政控股TNT是荷兰最大的快递公司。荷兰TNT快递公司在中国市场保持平均约23%的收入增长率和年均30%的业务增长速度。2005年6月，TNT宣布在上海开设中国总部。TNT已经向中国1 000个城市提供了快递业务，计划几年内扩展中国业务，将其在中国的分支机构增加到100家以上。TNT宣布首次引入两架波音747-400ERF型全货机，执行中国往来欧洲的定期航线服务。TNT曾在中国推出“综合直接快递服务(IDE)”，为其成功吸收大批高增值货源，又将直邮、快递和物流三大业务整合在一起，大力发展汽车物流，争取在新一轮外资快递争夺中获得优势。

案例分析

1943年,17岁的坎普拉德在自家花园棚子里开了家小铺——宜家,从一支笔、一瓶墨水的小生意做起。目前,宜家的产品面向世界100多个国家和地区销售,在40个国家和地区建立了243家宜家超市。坎普拉德已建立了自己的家居用品零售业王国,在2006年度,以280亿美元净资产,在《福布斯》全球富豪榜上排名第四。

宜家在全球五个最大的采购地分别是中国(18%)、波兰(12%)、瑞典(8%)、意大利(7%)、德国(6%),销售量排前五的国家分别是德国(19%)、英国(11%)、美国(11%)、法国(9%)、瑞典(8%)。

宜家在全球有44家贸易公司,分布在32个国家和地区,有1 300个供应商,分布在全球55个国家和地区。高效、敏捷、低成本的供应链管理成为宜家的核心。宜家把核心的产品设计部门放在瑞典,每年设计1 000种不同类别的家居用品。家具制造都采用外包,供应商必须按照图纸来生产,无论是在中国、波兰还是瑞典,制造商都必须保证是遵循宜家的设计和宜家的质量标准。

宜家把全球市场分为八个区域,全球有28个配送中心分布在17个国家和地区,其中,欧洲有19个配送中心,美国五个,在亚洲的中国、马来西亚也各设有一个。

宜家的配送中心按功能可分为两部分:一部分是DC,主要负责对销售网点的货物配送;另一部分是CDC,是配合网上销售,直接面向顾客提供送货上门服务的配送中心(在瑞典宜家总部设有一个运输部门,控制着全球的10 000多辆卡车)。

3. 国际快递主要工作流程

国际商业快递在两个或者两个以上国家(或地区)之间所进行的快递和物流业务,其信函、商业文件及物品的递送,是通过国家(或地区)之间的边境口岸和海关对快件进行检验放行的运送方式进行的。国际商业快递流程如图6-5所示。

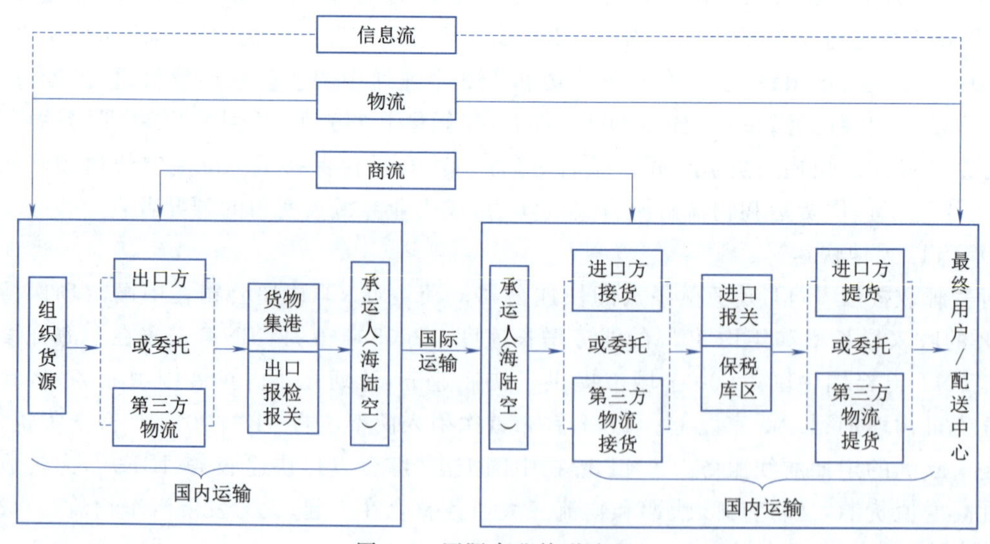

图6-5 国际商业快递流程

4. 不同的国际商业快递优劣势分析

国际商业快递优劣势分析如表6-1所示。

表 6-1 国际商业快递优劣势分析

国际快递公司	优 势	劣 势
UPS(联合包裹)	作为美国公司,到达美国的快件速度较快。速度相对较快,且较稳定	国际快递运费较高
FedEx(联邦快递)	速度较快	费用更高
DHL(敦豪)	DHL 完善的快递和物流服务;全球最大的快递和物流网络	费用偏高
TNT(天地快运)	重量优势,时效优势,区域优势	整体时效慢,货运限制大
EMS	服务范围广泛、折扣超低;简单报关文件,清关查验率低,通关速度快;提供网上跟踪查询	跨境物流布局比较晚

任务 6.3 认识专线物流模式

专线物流——基于自身物流资源运营及整合能力对传统直邮方式的革新。2016 年以前,跨境物流模式主要由国内邮政、国内邮政代理商、国内外贸货物代理商等将外贸商品揽收后,再交由中国邮政、境外邮政或国际商业快递等具备跨境运输能力的企业来完成跨境电商货物的出口流程,部分邮代、货代公司会进行仓内处理工作作为增值服务,如尾程面单、货物分拣等。传统跨境直邮模式随着万国邮盟及部分海外国家采取上调发展中国家终端费或取消免税额等措施成本不断上涨,这压缩了外贸卖家的利润空间,特别是主打高频低货值品类的卖家,由于物流成本高企而生存困难。2015—2016 年之前的货代类型公司纷纷通过整合自身物流资源、优化物流产品设计推出专线类跨境物流产品,通过统筹跨境出口物流各环节,协调多方参与来实现跨境电商出口物流的成本和效益优化。

1. 概述

跨境专线物流模式是指跨境物流服务商通过自营及整合外部物流资源的方式,完成跨境物流全链条的运输配送。通常为通过航空公司的航空舱大批量地把货物运送至国外,再委托各合作公司把货物派送到目的国家的用户手中。专线的核心能力是整合出口物流资源,协调空运、清关代理、邮政方面,并自主安排路由、车次、舱位等、串联成自身可控的定点线路,图 6-6所示为专线跨境物流出口流程。

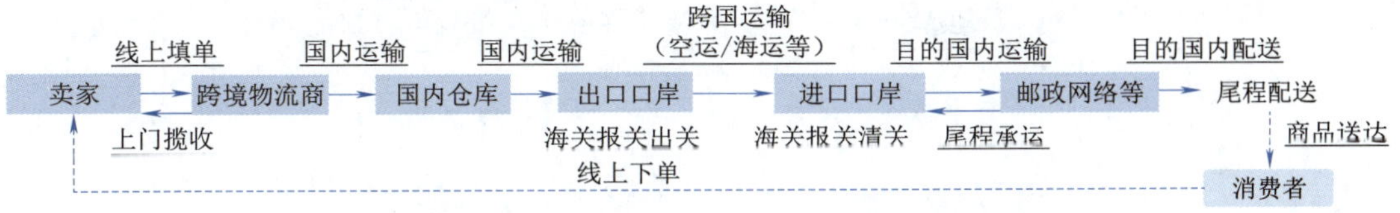

图 6-6 专线跨境物流出口流程

这种物流模式的优势是能够集中大批量运送到某一国家或地区的货物,通过规模优势降低成本。因此,其价格一般比商业快递低,在时效性上,稍逊于商业快递,但强于邮政包裹。目前,专线物流产品是美国专线、欧洲专线、澳洲专线、俄罗斯专线以及中东专线、南美专线、南非专线等。

2. 专线物流的几种模式

1)自营业务

自营业务是指专线物流公司只揽收起始点在线上的货物,以发挥自己的专线优势,同时支撑自营的网点业务。如西安某货运专线,自营到北京、上海等城市的专线运输,仅承接到相应目的地的货物,以便通过价格优势和服务质量展示专线优势。

2)转包业务

转包业务是指专线公司承接到其他目的地的货物后,把这项业务转包给其他的专线物流公司,以便在增加经营利润的同时,发挥熟悉的同行业货运公司的优势,强强联合。

相比较而言,专线物流到达区域的网点少,非专线物流到达区域的网点多,前者价格比一般物流要便宜,抗风险能力要小一点,后者价格相对高,抗风险能力稍强。

案例分析

广东省物资储运公司 2021 年 4 月 19 日受宏隆公司的委托,将宏隆公司被买方拒收的 240 件铁桶包装的 TD 甘油在广州东站办理了托运手续,自装自锁装入 P632697 号 60 吨的棚车。托运人填写的货物运单记载:甘油 240 件,到站上海何家湾站,收货人上海宏隆实业有限公司。承运人缮制的货票记载,运到期限为 9 天。P632697 号货车于 4 月 20 日从广州东站开出,次日到达株州北站,5 月 18 日编入直通货物列车开出,同日到达鹰潭站。6 月 14 日抵达何家湾站。涉案货物后经上海市产品质量监督检验所现场外观检查,结果是抽查检验不合格。此时该货物已在广州滞留 5 个月。宏隆公司以铁路运输企业野蛮装卸致使货物包装严重破损、逾期运到 47 天致使货物变质为由,提出承运人对货损有重大过失。

3. 专线物流工作流程

专线物流工作流程如图 6-7 所示。

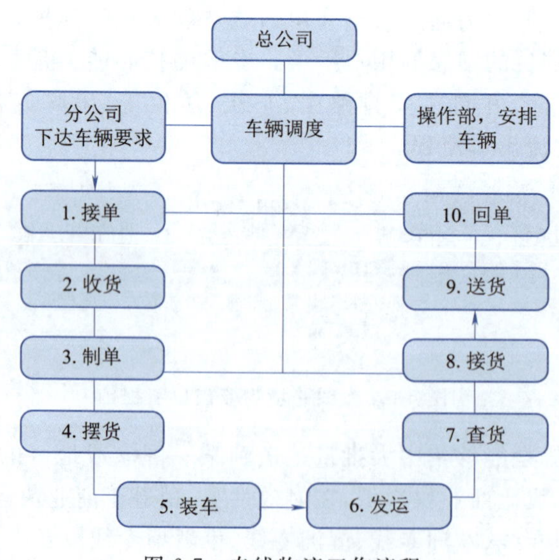

图 6-7 专线物流工作流程

任务 6.4 认识海外仓储模式

1. 概述

海外仓储模式是指卖家在销售目的国或地区直接建立仓库,发往该国的货物均从该仓库直接分拣、包装和派送的管理和控制方式。这种物流模式的优势在于卖家在线远程管理海外仓库,及时更新海外仓库货物,并可以对海外仓的货物进行存储、分拣、包装和配送,及时更新发货后的仓库货物数据信息。海外仓模式彻底改变了卖家与物流配送的关系,使得卖家由被动等待物流公司配送,转变为远程管理海外仓库所有事宜。

海外仓(见图 6-8)模式的具体操作为:在国外预先租下仓库,以海运或空运的方式先把货物运达海外仓,然后在接到客户订单后从海外仓直接发货。所以送货速度快,客户满意度提升,物流成本低。海外仓主要包括自用海外仓和公共海外仓。自用海外仓适合资金实力比较强大的大企业,中小企业适合选择租用公共海外仓。海外仓的建立应结合企业资金实力、产品特性及目标客户的消费习惯等综合考虑。

图 6-8 海外仓

图 6-9 所示为跨境出口海外仓物流流程分解。

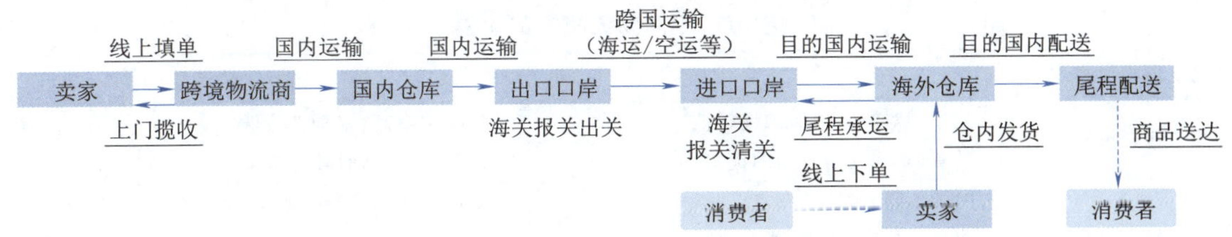

图 6-9 跨境出口海外仓物流流程分解

2. 海外仓储的几种形式

1)自营海外仓库

目前,第三方海外仓的服务水平还不够完善,无法满足跨境业务的个性化需求。对于实力雄厚的跨境电商企业,整个跨境物流过程由跨境企业自行管理,通过海外仓为自己的产品提供仓储和配送服务,提高了服务水平及物流的可控性。但是,由于海外自营仓库的建立成本较高,只有少数大公司选择自建仓库。

2)亚马逊 FBA 仓库

亚马逊 FBA 仓库由 Amazon FBA 仓库平台提供,包括面向服务的仓储、分拣和包装、配送、收集、客户服务和退货服务。亚马逊 FBA 仓库日发货量大,商品种类和消费者数量远远超过第三方海外仓库,其物流服务水平在海外仓储业处于领先地位。缺点是运费昂贵,退货麻烦,由于规模大,也增加了管理难度。

3)第三方海外仓库

第三方物流服务提供商设立并经营的境外仓库,称为第三方海外仓库。例如,亚马逊 FBA 在一些特殊节日会出现爆仓的情况,这就有必要提前与第三方海外仓库建立合作以应对这种季节性的需求。第三方海外仓库可为多家跨境电商卖家提供通关、仓储、订单受理、商品分拣配送等服务。目前,大部分海外仓库可以提供仓储、转运、配送、供应链金融等一站式服务。第三方海外仓库在一定程度上有助于跨境企业开拓国际贸易渠道。

案例分析

李先生夫妇做美容工具生意,使用海外仓之前是典型的“夫妻网店”,现在已成长为该行业较有规模的卖家。刚开始使用海外仓时,建议李先生采用第三方海外仓服务,如递四方、出口易等。李先生夫妇可采用空运、小量发货,一次几十千克进行试销,如销售业绩好可增加发货数量。一段时间后,随着市场反应越来越好,李先生夫妇实行每周补货 200～300 千克,半年后突破 600 千克。此时,李先生夫妇产品的单件毛利高出使用“海外仓”之前 20～30 元,在 eBay 上的买家好评达到 4.9。账号的好评率高,又让卖家争取到平台提供的很多优质推广资源,再次推进销售。经过一年多的发展,李先生夫妇有了很好的资金储备,不断扩大规模,第二年,大批量的产品改由海运输送往海外仓,成本再次降低,在毛利不降的情况下,卖家于重要市场适当下调售价,使得市场占有率再次提升。

3. 不同物流模式的比较

跨境电商物流有多种选择模式,各跨境电商可以根据自身不同的情况选择不同的物流模式,不同物流模式的比较见表 6-2。

表 6-2　不同物流模式的比较

跨境电商物流模式	优　势	劣　势
邮政包裹模式	1. 成本相对国际快递来说较低 2. 具有通关、商检方面的优势	1. 丢包率高,安全性较低 2. 耗时较长,时效性低
国际快递模式	1. 时效性强,运输效率高 2. 服务质量高,货损、货差小 3. 提供“门到门”的服务	1. 由于较高的服务质量,所以价格高昂 2. 特色专线快递未开通,只局限于普通商品的运输
专线物流模式	1. 有效规避通关及商检风险 2. 点对点运输,时效性强,几乎不存在延时问题 3. 规模化运输节省单位运输成本 4. 针对某一类特殊商品的便捷运输,满足异质化需求	1. 线路单一。只适合整车运输,不适合零担运输 2. 货源不足,存在满载率不足、回程空载问题 3. 单独针对某一类型商品的运输,产品单一,不具有普适性

续表

跨境电商物流模式	优　势	劣　势
海外仓储模式	1. 海外仓采用境内关外的存储模式，极大缩短了运输时间 2. 商品的前置时间加长，产品从厂家运到海外仓（边境仓）的时间限制降低 3. 可利用“自由贸易区”的政策	1. 投资成本高，运营成本高 2. 受到有关商品的国家政策、法律的限制

项目小结

我国跨境电商物流主要包含直邮和海外仓两种模式。直邮模式由跨境物流服务商完成跨境电商件门到门、门到仓全流程跨境物流环节，其又包括邮政包裹、国际快递、国内快递、专线物流四种模式。邮政包裹模式，是指邮政公司通过自行揽收或第三方物流服务商揽收后，交邮政企业负责出关、国际运输及目的国清关配送等环节的模式。国际商业快递模式指国际快递公司（DHL、Fedex、UPS 等）通过第三方物流服务商或自行揽收等途径取得货物订单后，自行组织出关、国际货物运输及目的地清关配送等环节的模式。跨境专线物流模式是指跨境物流服务商通过自营及整合外部物流资源，完成跨境物流全链条的运输配送。该模式的优势是能够集中大批量运送到某一国家或地区的货物，通过规模优势降低成本。有自营业务和转包业务两种模式。海外仓储模式是卖家在销售目的国家或地区直接建立仓库，发往该国的货物均从该仓库直接分拣、包装和派送的管理和控制方式。该模式的优势在于卖家在线远程管理海外仓库，及时更新在库货物，对货物进行存储、分拣、包装和配送，实时追踪货物信息，包括自营海外仓库、亚马逊 FBA 仓库、第三方海外仓库三种模式。以上各种模式，各有优缺点及适用范围，各跨境电商可以根据自身不同的情况进行不同的选择。

同步测试

一、填空题

1. 直邮业务由________完成跨境电商件门到门、门到仓全流程跨境物流环节。
2. 直邮业务又包括________模式、________模式、________模式、________模式。
3. 跨境物流的邮政包裹模式，是指邮政公司通过________揽收或________揽收后再交________负责出关、国际运输及目的国清关配送等环节的模式。
4. 典型的国际快递企业有________、________和________。
5. 海外仓包括________、________、________三种模式。

二、判断题

1. 我国跨境电商物流主要包含直邮和海外仓两种模式。（　　）
2. 海外仓模式以直邮模式为主。（　　）
3. 跨境电商出口物流业务模式各有不同，但其核心出发点都是帮助跨境电商平台实现对

货物运输环节的管控以及改善优化海外消费者消费体验。 （ ）

4.直邮业务由跨境物流服务商完成跨境电商件门到门、门到仓全流程跨境物流环节。 （ ）

5.跨境专线物流模式是指跨境物流服务商通过自营及整合外部物流资源的方式，完成跨境物流全链条的运输配送。 （ ）

三、问答题

1.简述海外仓模式。

2.简述国际商业快递模式。

项目 7　跨境电子商务物流服务模式选择

任务 7.1　理解跨境电子商务物流服务模式选择的影响因素

7.1.1　跨境电商出口物流服务流程

跨境电商出口物流服务流程如图 7-1 所示。

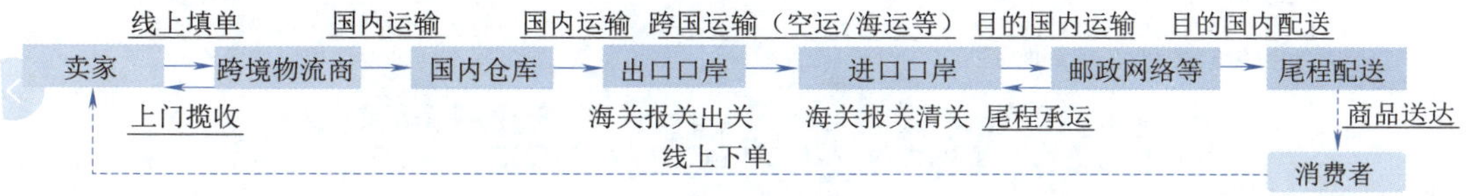

图 7-1　跨境电商出口物流服务流程

跨境电商物流涉及国内揽收、集运、国内仓处理、出境清关等境内物流，以及国际物流、目的国清关与商检、尾程配送等目的国物流多个环节。涉及国内外物流服务商、航空公司等多个市场参与主体的共同合作，才能做到高效协同、准确衔接，形成一个完整、系统的跨境物流网络，保证物流配送的时效性。然而受地区差异尤其是经济差异的影响，不同国家和地区物流水平、物流管理等方面各有差异，要实现有效的衔接与协调配合，协调整合优化物流资源的能力尤为关键。

1. 境内物流

境内物流包括国内揽收、集运、国内仓处理、出境清关等环节。部分跨境物流服务商通过自营物流人员进行上门揽收并通过自有车队进行运输，如燕文物流、递四方；部分跨境物流服务商在部分区域利用第三方物流服务商（如"三通一达"的网点）进行揽货，如纵腾等。

2. 国际物流

多数跨境物流服务商通常都通过航空公司或航运代理公司来购买航空运力，如燕文物流、递四方。少数跨境物流服务商自身具备航空运输能力，采用自己的航空运输工具进行货物运输，但通常在旺季时运力不足，仍会对外采购航空运力，如顺丰、DHL 等。

3. 目的国内物流

目的国内物流包括目的国清关与商检、尾程配送等环节。多数跨境物流服务商并不具备尾程物流的能力，通常会根据货物品类和时效要求选择目的国的物流服务商，如邮政网络、第三方物流服务商，如 DHL、Fedex 等。

7.1.2　跨境电商物流服务模式选择的影响因素

1. 物流成本

跨境物流是跨境电商平台取得消费者信任的重要一环。目前跨境电商外贸卖家数量日益增多，如何在网络订单产生之时快速把货物发到国外去，是首先要考虑的问题。一般来讲，如果是小型卖家，可以直接选择网络平台发货，也可以选择国际小包。但如果是大卖家或者独立平台的卖家，客户体验对于他们来说相当重要，物流成本也是一笔不小的开支。

就物流成本而言，跨境物流企业与电商平台合作的深度与广度决定了其跨境物流货量的规模，货量是物流服务商产生规模效应的基础前提，规模效应越大，成本越低。

由于跨境电商物流企业实质上从事着以跨境电商件为主的物流运输、存储、管理等服务，并且，亚马逊、速卖通、eBay、Wish 占有 80%左右的跨境电商货量。因此，跨境电商的货量大小及货量的稳定性直接影响着跨境电商物流综合服务商能否利用规模效应来降低运输成本。跨境电商物流综合服务商与电商平台的合作程度成为竞争的关键因素。随着跨境电商平台在选择物流供应商时愈发重视物流服务质量，跨境电商平台的合作物流服务商的门槛不断提高。

图 7-2 所示为以货量为核心的跨境电商出口物流链条。

图 7-2　以货量为核心的跨境电商出口物流链条

以跨境专线物流产品的中间环节——国际航空干线运输为例。跨境物流服务商基于自身货量及到目的国的发货频次稳定度与航空公司或航空货代服务商签订包机、包舱、包板等固定费用合同，也可以根据市场价格购买散舱资源。航空公司的舱位资源的计费是以重量(千克)作为依据。而跨境物流服务商可以依照自身货量的规模效应，选择较低成本的国际航空运输方式，特别是在当前全球航空运力市场受疫情影响运力缩减严重、整体运力价格高企的背景下。

图 7-3 所示为基于跨境电商出口物流链条的规模效应分析。

	头程揽收	国际运输	尾程配送
物流费用占比	【10%～15%】	【30%～40%】	【50%～60%】
第三方服务商	通过“三通一达”等物流服务商进行线下揽收	通过航空公司货运部门或航司货代公司	通过邮政网络或当地第三方物流服务商
第三方服务商列举	目前，利用“三通一达”等物流服务商的头程揽收能力对非主要业务区的电商件进行揽收	目前，东方航空、中国国际航空、南方航空是跨国空运的主要运力方	目前，各国本地邮政网络是尾程配送的主要服务商，如USPS、DHL、俄邮
价格分析	基于揽收货量分摊支付给第三方物流服务商的费用成本	固定费用协议方式价格：理论上，包板（航空板）＞包舱（含半包舱）＞包机；基于市场价格浮动变化散舱市场	基于货量与第三方物流服务商进行价格协商；邮政网络的运费较为固定；尾程服务商基于货量提供稳定度更高的服务

图 7-3　基于跨境电商出口物流链条的规模效应分析

例如，美加、南美、英国，这些区域物流服务速度最快的是 UPS 和 DHL。在 5.5 千克以下的货物，DHL 就比较便宜，6～21 千克，UPS 便宜。21～100 千克，DHL 便宜。100 千克以上，UPS 便宜，跨境物流服务商可以酌情选择。

2. 配送效率

根据 lpsos 和 PayPal 联合发布的相关报告显示，接近 1/4 的全球网购消费者认为“配送速度不够快”会促使他们放弃从海外跨境电商平台上进行购物。可见，随着网络购物的持续发展，消费者对于跨境购物的消费体验的要求越来越高，快速配送，甚至接近本地化电商平台的配送体验与过长的跨境物流链路间的矛盾愈发凸显。这对跨境物流企业本身的综合运营能力提出了更高要求。

图 7-4 所示为跨境交易从下单购买到货物送达时间。

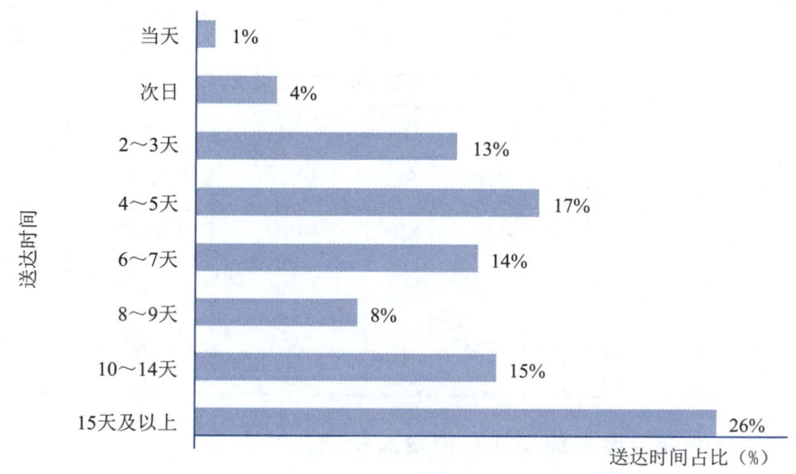

图 7-4　跨境交易从下单购买到货物送达时间

3. 揽收时效和服务范围

物流的时效对卖家的运营和财务都会产生重要影响，因而成为物流服务商在卖家中的核心竞争力之一。从运营的角度分析，时效会影响买家的消费体验，继而影响卖家的获客能力及客户留存度；从财务的角度来讲，物流时效将影响卖家的回款效率，继而影响流动资金情况。

在“揽收-递送-确认交付”的物流环节中，揽收时效是最具不确定性的一环。根据专家访谈，90％～95％的卖家都会选择免费自提服务，因此第三方物流的境内网点布局规模和覆盖范围很大程度上影响了其获客能力。

4. 其他因素

跨境购物的物流链条较长，跨境电商平台为了给消费者提供与其在本国消费相接近的消费体验，往往会对跨境物流服务商在时效性、包裹纠纷等物流服务质量上较为关注。此外，卖家还会出于对跨境物流费用、时间的综合考量，对跨境物流服务商在网络异常情况下的处理、所拥有的线路的稳定度、在旺季时协助出仓等增值服务的能力进行全面评估，选择满足自身差异化运输需求的跨境物流商。

任务 7.2　选择跨境电子商务物流服务模式

1. 跨境直邮中涵盖邮政小包、跨境专线小包及国际商业快递

按照物流环节运营主体来区分，跨境电商出口物流中的直邮模式包含：通过 UPU（万国邮盟）的各国邮政网络完成跨境电商件出口的邮政小包，跨境专线服务商利用自营揽货、自排航班运力以及尾程配送的跨境专线服务，以及以 DHL、Fedex、UPS 为主导的国际商业快递服务。直邮物流服务产品因包裹可追踪能力、时效要求、计费方式的差异，在产品价格方面有明显区别。海外卖家可以依据自身的实际需求进行选择。图 7-5 所示为 2019 年跨境直邮模式占比，表 7-1 所示为跨境直邮产品各指标对比。

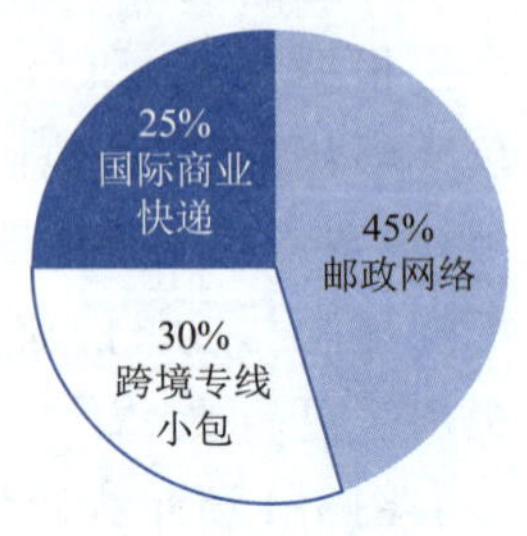

图 7-5　2019 年跨境直邮模式占比

表 7-1　跨境直邮产品各指标对比

跨境产品	时效（以中美为例）	追踪能力	价格	通达范围	货单价	国际运输环节
邮政—平邮类	20～30 天	普邮业务不具备	低	大	货值较低，如手机壳	航空转机或海运
邮政—挂号类	15～20 天	挂号类具备	较高	大	货值较高	航空运输为主
专线类	10～15 天	具备包裹追踪能力	较低	小	货值较高，如假发等	航空直飞占较高比重
国际商业快递类	7 天以内	具备包裹追踪能力	高	较大	货值高，如手机	直飞模式为主

2. 因邮政运费上涨使跨境专线模式获得发展机遇

跨境电商物流的邮政网络、跨境专线、国际商业快递三大直邮模式中，在行业发展初期，以中国邮政和国际商业快递承接国内跨境物流需求为主。2016 年万国邮盟对目的国终端费用做出了一系列调整，使得邮政网络之前对接的低货值、高货量的货物资源出口受到冲击。部分跨境物流服务商提供类邮政的跨境出口物流业务，通过不断优化物流产品、整合物流资源，设计了在部分线路上，成本低于邮政网络模式，而配送时效及包裹追踪能力优于邮政网络的跨境专线模式。2020 年，跨境专线模式占比达到 32%。图 7-6 所示为 2016 年及以前至 2020 年各跨境直邮模式市场规模占比。

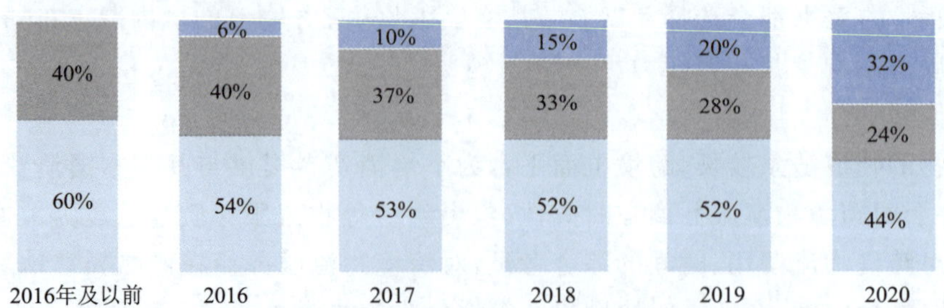

图 7-6　2016 年以前至 2020 年各跨境直邮模式市场规模占比

3. 海外仓模式是跨境物流综合方案的一种优化，但其本身仍具有不足

仓配一体化是整体电商行业发展的趋势，海外仓模式因受国家政策支持和电商平台对物流需求的变化而开始出现并快速发展。2020 年，国务院办公厅发布《关于推进对外贸易创新发展的实施意见》，再次强调“支持建设一批海外仓，扩大跨境电商零售进口试点”。跨境电商平台通过借助第三方海外仓、自营海外仓等仓储资源实现电商订单的履约以及存储功能，减少消费者对于头程及中间跨国运输的不佳体验，并节约大件重货配送成本，在提升产品销售率的同时，也利于卖家积极参与海外市场的竞争，扩大销售市场份额。然而，海外仓作为一种对现有跨境物流服务方案的综合优化和整合，其自身也存在重资产运营、仓储资源周转等难题。因此，长期来看，海外仓与直邮模式将会并存。图 7-7 所示为 2018—2020 年各国海外仓数量，图 7-8所示为 2019 年跨境电商物流市场结构。

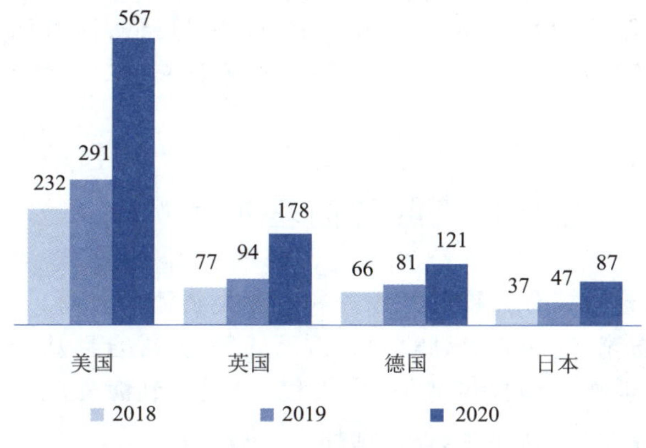

图 7-7　2018—2020 年各国海外仓数量(个)

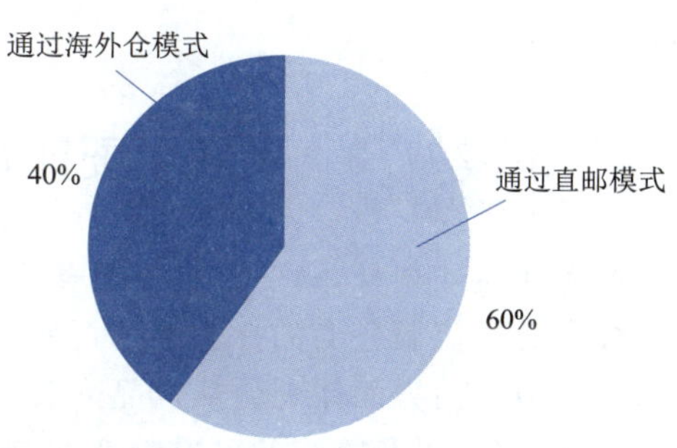

图 7-8　2019 年跨境电商物流市场结构

4. 境内揽货网点的覆盖范围应与外贸卖家出货需求相匹配

根据亚马逊《2020 中国出口跨境电商趋势报告》，我国外贸卖家的地域分布广泛，从珠三角、长三角向内陆延展。其中，长三角地区卖家五年内规模增长近九倍；珠三角地区卖家规模增长达六倍，以福建为代表的海西经济区卖家规模增长了五倍；华北、华中地区卖家逐步崭露头角，以北京为例，科技创新企业等出海进度加快。按照出货量排序，Wish 平台上我国前五大跨境出口电商省份依次是广东、浙江、福建、江苏、湖北。参考主要跨境物流服务企业网点覆盖范围，其企业网点主要覆盖外贸出货体量大的主要省份。表 7-2 所示为我国主要第三方物流服务公司境内揽收点布局。

表 7-2　我国主要第三方物流服务公司境内揽收点布局

公司	境内揽收点数量	覆盖范围
燕文物流	41	华北、华东、华南、华西、华中区域
纵腾集团	27	华南、华西、华东区域
递四方	31	华北、华东、华南、华中区域

5. 尾程配送环节受目的国物流服务能力的条件影响，选择方式不同

由于跨境出口物流相对国内物流而言链条较长，且链条上“最后一公里”的配送环节位于海外，出口国国内物流商很难加以有效管理。此外，尾程环节涉及相关目的国的跨境贸易政策以及基础物流服务能力等不可控因素影响，跨境电商物流发展自身也受到较大制约。根据世界银行披露数据，各国铁路里程数差异较大，基础运输设施对基础物流服务能力的影响显著。对于目的国基础物流服务能力较为完善的国家，国内跨境电商物流服务商在尾程环节可以选择第三方物流服务商和当地邮政服务商，如美国、英国等。对于目的国基础物流服务能力较弱的国家，跨境物流服务商在尾程配送环节仍较为依赖当地的邮政网络。跨境电商物流服务商根据目的国物流运输能力、货物时效、品类等需求来选择尾程服务商。

6. 不同物流模式的组合

跨境电商物流模式在流程与合作关系上都十分复杂，因此在合作方不同、目的国不同以及配送货物不同的情况下，对于物流配送的要求往往会存在较大差异。为满足多样化的物流配送要求，物流企业必须引入多种物流模式，并结合各种物流模式的特点与优势进行灵活组合、搭配，从而设计出最为合理的综合物流模式。例如有些商品的价值较高，因此需要采取海外仓＋国际物流配送的方式来进行配送，从而在保护货物的同时，将物流成本降到最低；而对部分具有时效性要求的商品来说，则需要采取国际物流专线＋国际快递的物流配送模式，以最大限度地缩短配送时间。

任务 7.3　了解主要跨境出口综合物流服务商基本状况

按商业模式划分，第三方物流服务商可以分为综合类物流服务商和专业类物流服务商。

综合类物流服务商的标志性公司有燕文物流、递四方、纵腾集团、万邑通等，其综合性从产品和覆盖地区两方面体现。从产品来看，综合类物流商提供从揽收、头程、清报关到海外配送的全链条服务，以及物流的可追踪性、时效性等差异化产品供客户选择；从覆盖地区来看，综合类物流服务商普遍覆盖欧、美、澳、亚的多个国家和地区。

专业类物流服务商是指聚焦揽收、境内货代、头程、清报关、海外配送中的一个环节，或聚焦某个特定目标国的垂直化物流服务商，标志性公司如坤鑫货代。相较于专业类服务商，综合物流服务商受益于全链条服务带来的消费体验，其本身对专项服务的自营能力，以及对专业物流服务商的资源整合能力，能获得较高的市场份额。图 7-9 所示为综合物流服务商与专业物流服务商的对比。

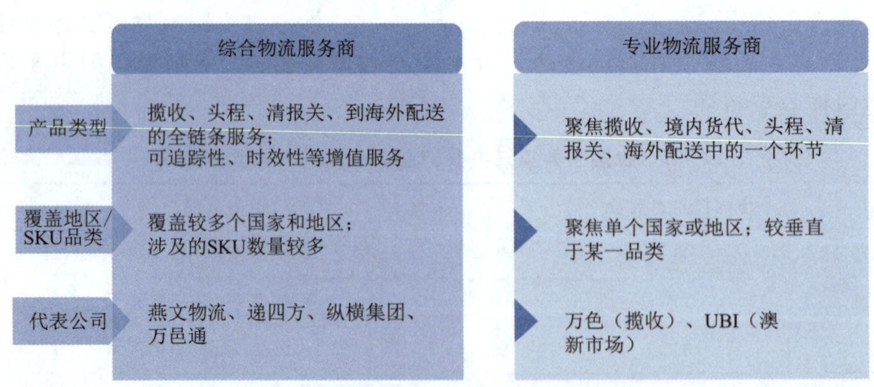

图 7-9　综合物流服务商与专业物流服务商的对比

7.3.1　燕文物流

燕文物流发展逾 20 年，以“中国制造，为世界送达”为企业使命，搭建国内自营揽收及运输体系，积累了大量的跨境电商物流经验和优质的国内外跨境物流资源，在打造优势物流产品的同时，持续不断地加强自身网络优化能力，继续稳固跨境电商出口物流服务商的领先地位。未来会持续依靠提升产品资源整合能力来驱动自身业务发展，成为跨境电商信赖的出口物流综合服务商。基于 2020 年营业收入情况，燕文物流、纵腾集团及递四方位于第三方跨境电商出口物流服务商第一梯队。图 7-10 所示为燕文物流发展历程。

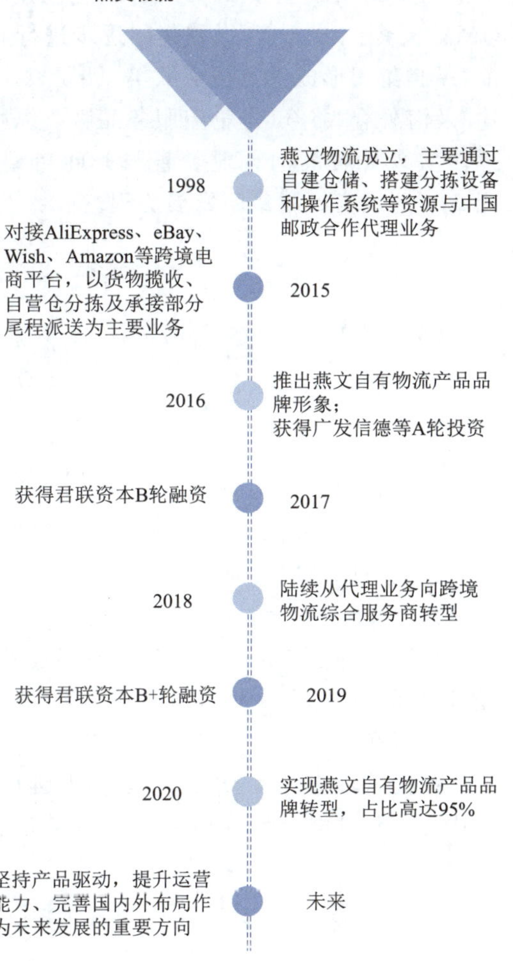

图 7-10　燕文物流发展历程

1. 自营揽收及运输能力

燕文头程揽收覆盖范围广，在全国超过 50 个城市提供直营服务，在 33 个城市设立自营中转站点，实现揽货环节上门服务，通过头程全流程自营来提升服务能力、效率和质量。

2. 跨境物流产品定位

基于对跨境电商平台和跨境电商卖家的需求分析，设计打造了燕文经济、燕文挂号、燕文专线等多元化物流产品，通过互联网全球化和跨境电商来更深维度地重塑全球供应链和价值链。

3. 资源整合能力

与国内外航空公司、尾程物流服务商等多方资源紧密合作，积聚自身资源的整合能力，并通过提升国内环节的智慧化能力，利用智能分拣设备和系统来提升仓内分拣效率和准确度。

7.3.2　递四方

递四方成立于 2004 年，是依托阿里信息网络优势的跨境电商综合物流服务商。通过自身 IT 资源优势，打造全球包裹递送网络（GPN）及全球订单履约网络（GFN），并基于此为跨境电商卖家提供五类衍生服务，包括全球订单履约服务、仓储与物流管理系统服务、全球退件解决方案、全球包裹直发服务，以及全球转运进口服务。递四方于 2016 年获得菜鸟网络战略投资，成为阿里巴巴“买全球卖全球”战略的重要合作伙伴与物流服务提供商，逐步成为跨境电商综合物流服务商之一。图 7-11 所示为递四方跨境物流服务。

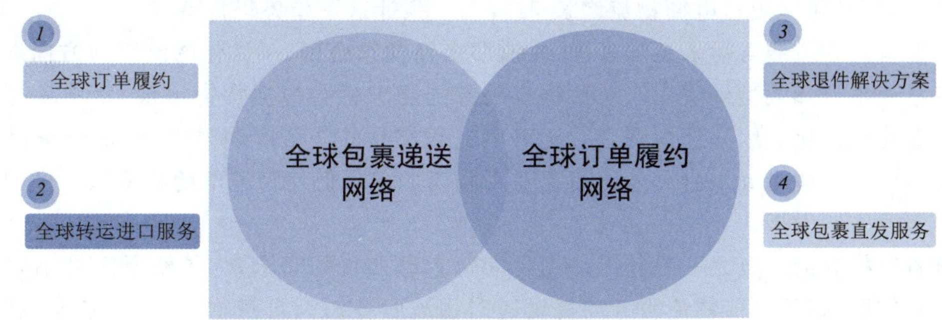

图 7-11　递四方跨境物流服务

7.3.3 纵腾集团

纵腾集团成立于2007年,成立前期以跨境电商贸易业务为主,2013年获得eBay最佳GMV大奖。2014年,纵腾集团逐步进行业务转型,向跨境电商物流服务商不断演变。截至目前,纵腾集团形成重点覆盖欧美、涉足六大洲的跨境电商物流网络体系,并拥有跨境专线"云途"及海外仓"谷仓"等物流服务品牌。纵腾集团通过跨境电商卖家向跨境物流行业进行渗透,逐步实现外贸商向行业垂直服务商转型,成为国内目前领先的跨境电商物流服务商之一。图7-12所示为纵腾集团发展历程。

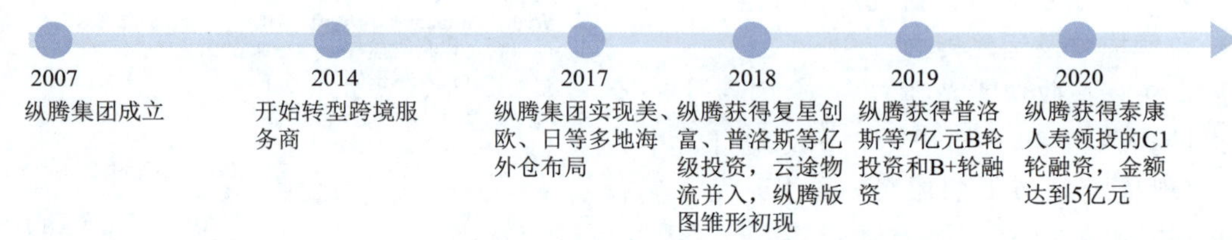

图7-12　纵腾集团发展历程

纵腾集团是由电商平台转型而来的跨境电商物流服务商,主要依托云途及谷仓推行专线与海外仓协同发展布局。

1. 谷仓

纵腾海外业务覆盖欧美日澳等主要外贸经济体,海外仓面积超过70万平方米,日均订单处理量超过40万,平均入库时效小于48小时。

2. 云途

纵腾跨境专线覆盖欧美等国家和地区,除此以外,直邮类业务还包括与邮政公司进行的邮政代理、与国际快递取得的国际商业快递合作。

任务7.4　了解跨境电商物流服务发展趋势

1. B2B仍为跨境电商出口物流的主要方式

疫情使得全球消费者的消费行为向线上渗透。2020年,我国B2C跨境电商出口物流规模超过4 000亿元,B2B跨境电商出口物流规模超过8 000亿元。受疫情在全球蔓延的影响,跨境电商出口物流链路中的干线运输运力和尾程配送能力无法满足线上消费需求的快速增长。2020年跨境出口电商物流规模较2019年整体增长84.3%。其中,B2C跨境出口电商物流增长103.6%,B2B跨境出口电商物流增长74.7%。预计这一趋势仍将持续。

2. 消费者对物流服务需求更加多样,物流服务商向综合型、一体化物流服务方向发展

跨境电商平台和大型外贸卖家对于物流服务的需求将会根据货物单价、货物品类以及时效要求的变化而变化。因海外消费者对于跨境电商交易的认可度明显提高,对于商品物流的需求愈发多样。跨境电商平台和外贸商家对于物流的需求促使跨境电商物流服务商向提供综合性物流服务方向发展。

传统直邮模式的痛点之一是其无法满足消费者退换货的需求,为了给予海外消费者更加完善的购物体验,跨境电商物流服务商提供逆向物流服务作为自身物流服务的"卖点"。一体化物流服务成为发展新特点。图7-13所示为跨境物流服务商的增值服务。

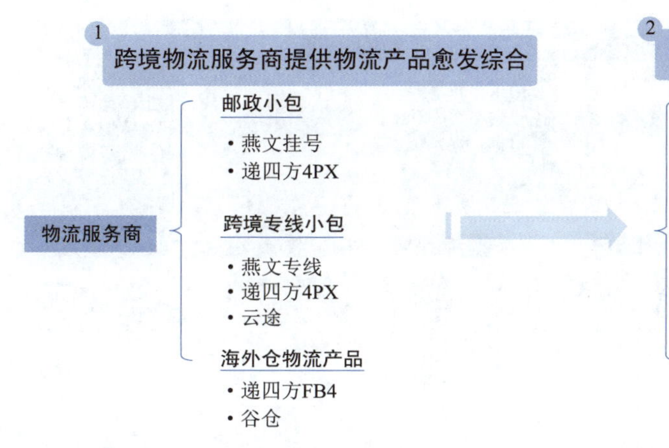

图 7-13　跨境物流服务商的增值服务

3. 跨境电商平台加强对物流服务商的管理，以跨境电商平台为主体的 4PL 成为趋势

跨境物流服务商以提供商品跨境物流服务为主要业务模式，而商品的流量实际掌握在大型跨境电商平台手里，如 eBay、Wish、亚马逊、速卖通等。之前电商平台的主要工作是客流引入和商品铺货，物流交由众多第三方跨境物流服务商运营。随着跨境电商平台进入精细化运营，“电商＋物流”行业融合趋势加强。以跨境平台为主体的 4PL 出现，如 Wish 推出的 Wish A＋4PL 模式帮助跨境电商平台收集整合物流信息，对于物流信息的检索收集工作、物流的实际履约工作交由之前的 3PL 跨境物流服务商继续完成。表 7-3 所示为各大跨境电商平台跨境物流政策。

表 7-3　各大跨境电商平台跨境物流政策

序号	跨境电商平台	平台物流服务
1	eBay	直邮主推自营专线 SpeedPak 和商业预报关，海外仓 eGD 承诺时效服务
2	速卖通	结合菜鸟物流，建设跨境物流主干网，推出“包机/专线＋eHub 清关转运＋海外仓＋落地配”
3	Wish	2019 年推出 Wish A＋物流计划，要求商户必须使用 wishpost 中的物流渠道来履行订单

4. 基于网络优化模型对长链条的跨境物流环节进行环节间的有效优化

跨境电商物流行业由于其涉及国内揽收、集运、国内仓处理、国际运输、尾程配送等物流运输环节，以及国内报关和目的国清关等专业的海关服务能力。这涉及了国内物流服务商、航空公司等多个市场参与主体的共同能力，协调整合优化物流资源的能力尤为关键。因此，基于大数据以及物流网络优化模型，在各环节物流方案选择上以及环节间各节点的时效、服务质量把控上都起到了降低运营成本、提升运营质量的作用。

5. 智能分拣设备系统的应用为提高物流效率、缩短整体时效提供了技术保障

分拣业务是指跨境电商物流服务商对跨境电商包裹的运输线路进行分类、集装和装车配送至港口等操作，是整个跨境物流业务链条中国内段的重要效率提升环节。物流行业之前长期依赖低价劳动力，而随着智能分拣设备和整个智能分拣系统的统一应用，分拣环节的整体效率提升，人力成本下降。智能分拣系统作为系统层，决定了分拣设备的操作准确性。

图 7-14 所示为智能跨境物流系统说明。

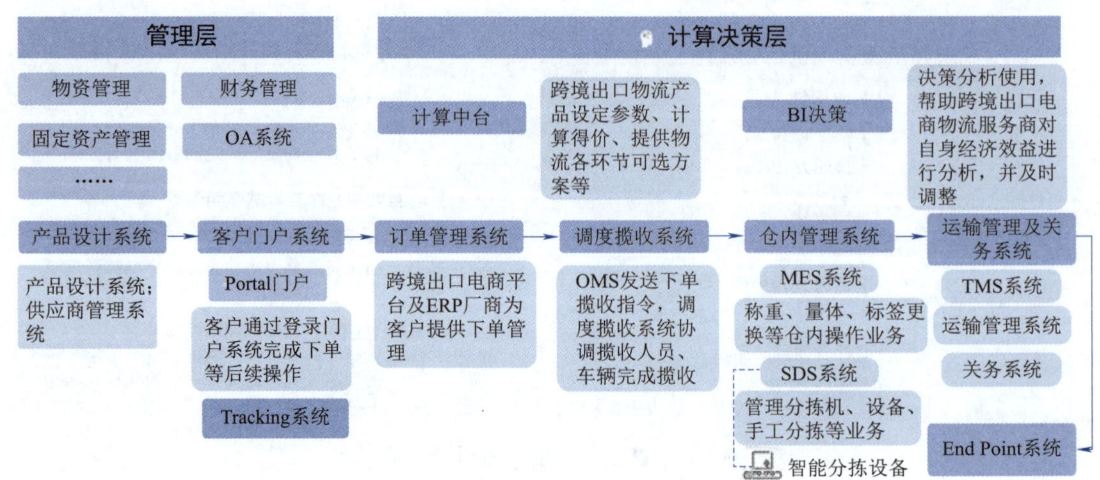

图 7-14　智能跨境物流系统说明

6. 依靠资源整合能力为客户提供多样化的跨境物流服务产品

由于跨境物流整体链条相较国内物流链条长，且涵盖了报关清关等业务环节，这使得综合物流服务商很难对跨境物流链条实现全流程自营。因此，跨境物流综合服务商往往需要对各环节进行物流服务、清报关等专业服务资源的整合与优化，并通过各环节的资源优化和各环节间货物的信息流、物流等快速有效链接，来为客户提供差异化的跨境物流服务产品，从而匹配跨境电商平台上的卖家及外贸卖家更加细致的物流需求差异。

项目小结

跨境电商出口物理服务流程包括境内物流、国际物流和目的国内物流三个环节。跨境电商物流服务模式选择的影响因素有物流成本、配送效率、揽收时效、服务范围和其他因素。跨境直邮中涵盖邮政小包、跨境专线小包及国际商业快递。在行业发展初期，以中国邮政和国际商业快递承接国内跨境物流需求为主，因邮政运费上涨使跨境专线模式获得发展机遇。海外仓模式是跨境物流综合方案的一种优化，但其本身仍具有不足。长期来看，海外仓与直邮模式将会并存。境内揽货网点的覆盖范围、目的国物流服务能力对尾程配送环节的影响，都会影响物流模式的选择方。按商业模式划分，第三方物流服务商可以分为综合类物流服务商和专业类物流服务商。随着消费者对物流服务需求的多样化，跨境物流服务商向综合型、一体化物流服务方向发展，以跨境电商平台为主体的 4PL 成为趋势。

同步测试

一、填空题

1. 跨境电商出口物流服务流程包括________、________和________三个环节。
2. ________是跨境电商平台取得消费者信任的重要一环。

3. 跨境电商物流综合服务商与电商平台的________成为了竞争的关键因素。

4. 在“揽收-递送-确认交付”的物流环节中________是最具不确定性的一环。

5. 跨境直邮包括________、________及________三种。

二、判断题

1. 目的国内物流包括目的国清关与商检、尾程配送等环节。　（　　）

2. 货运量是物流服务商产生规模效应的基础前提，规模效应越大，成本越高。　（　　）

3. 物流的时效性对卖家的运营和财务都会产生重要影响，因而成为物流服务商在卖家中的核心竞争力之一。　（　　）

4. 境内揽货网点的覆盖范围应与外贸卖家出货需求相匹配。　（　　）

5. 对于目的国基础物流服务能力较弱的国家，跨境物流服务商在尾程配送环节可以选择第三方物流服务商和当地邮政服务商。　（　　）

三、问答题

1. 简述跨境电子商务物流服务模式选择的影响因素。

2. 简述跨境电子商务物流服务发展趋势。

项目 8　跨境电子商务物流流程操作

任务 8.1　认识跨境货物跟踪

在跨境货物跟踪方面，电子商务时代下的跨境电商物流服务要求物流信息具有可视性与可追溯性，才能够满足客户的需求。由于国内外的物流信息管理分属于不同信息系统，客户只能够在货物处于境内时查询物流信息，一旦货物进入境外，配送信息难以及时查询，从而给用户带来了很多不便。针对这一状况，解决的措施为：

1. 基于大数据及网络优化模型对长链条的跨境物流环节进行环节间的有效优化

跨境物流服务商通过基于大数据及物流网络的优化模型，对各环节物流方案的选择、各环节间的节点时效及服务质量把控，起到了降低运营成本、提升运营质量的作用。

首先，物流企业需要对整个跨境物流配送流程的业务操作进行全面规范，将业务操作流程的各方面细节明确下来，为信息化管理创造良好基础。其次，通过自身业务系统与电商网站之间的无缝对接，实现信息资源共享，让物流企业、商家、消费者三者都可以精准地掌握物品物流状态，这样既可以加强商家与物流公司间的协同合作，同时也能够提高消费者的满意度。另外，也可以从大数据技术入手，通过生物识别、精准定位、云计算和云存储、物联网等信息技术的综合运用，对用户需求、消费者偏好等展开预测性分析，从而为电商企业发展决策提供参考。图 8-1 所示为基于大数据的跨境物流业务优化模型，其以数据为核心资源，算法模型为核心技术。

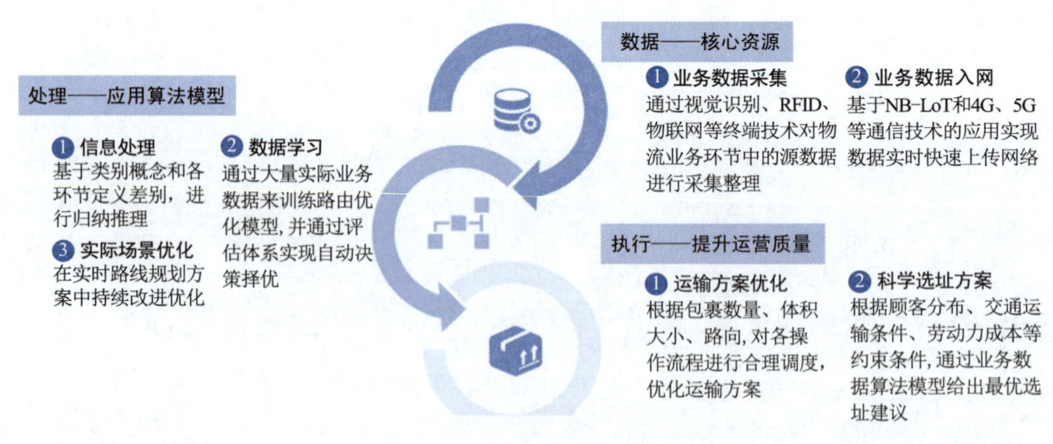

图 8-1　基于大数据的跨境物流业务优化模型

2. 重视物流风险监测

对于跨境物流企业来说，跨境电商物流配送本身的复杂性使得很多物流风险难以避免。

要想将各种物流风险的发生概率与影响降到最低，就必须对物流风险的监督与预测予以重视，利用信息化手段建立完善的物流风险监测体系，并对各种物流风险做出有效应对。例如，在面对购物高峰期的物流配送问题时，就可以与供应商、商家等进行协商，提前做好仓储、中转等方面的准备工作，保证货源充足、发货顺畅，避免丢件、商品爆仓等问题的发生。

任务 8.2　掌握订单处理流程

8.2.1　B2C 物流发货

1. 邮政渠道发货

中邮小包又称中国邮政小包、中国邮政航空小包、航空小包，是中国邮政基于万国邮联网络，为中国客户提供清关便利的轻小件寄递服务。中邮小包是最早在主流电商平台上线的物流解决方案之一，可通过线上与线下两种渠道发货。全国大部分地区可交寄小包，线上渠道提供上门揽收、客户自送等多种交寄方式。中邮小包出关不会产生关税或清关费用，但在目的地国家进口时有可能产生进口关税，具体根据每个国家海关税法的规定而各有不同。

国际平常小包，或称平邮，提供经济类直发寄递服务，通达全球 233 个国家和地区。部分路线提供航空、陆运等多种运输方式。

国际挂号小包业务，推出标准类直发寄递服务，挂号服务费率稍高于平邮，通达全球 215 个国家和地区。可提供全程跟踪信息、异常情况查询、收件人签收等增值服务。

2. 快递专线渠道发货

跨境专线物流一般是通过航空包舱方式将货物运输到国外，再通过合作公司进行目的地国国内的派送。

以菜鸟为例，跨境专线物流出口流程如图 8-2 所示。

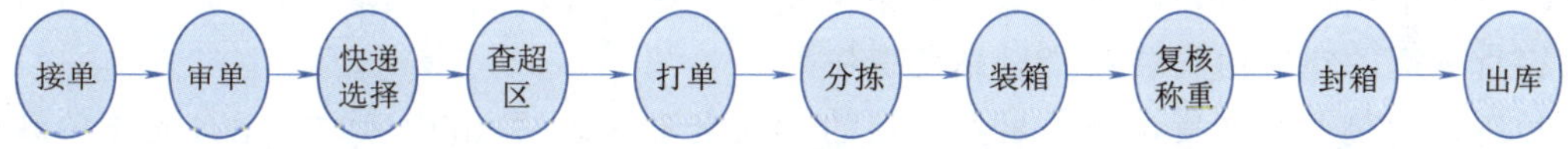

图 8-2　菜鸟跨境专线物流出口流程

(1)接单。菜鸟系统自动抓取在线交易订单。

(2)审单。客户在线审核订单。

(3)快递选择。菜鸟系统根据客户选择快递公司。

(4)查超区。根据快递公司各运营网点的派送范围检查是否有超出快递公司派送范围的订单。

(5)打单。打印快递面单(可根据客户要求打印内容)；打印批量分拣单(主要用于播种式分拣策略)；打印分拣单(也称为销量单等)。

(6)分拣。分拣员根据订单分拣产品。

(7)装箱。装箱员将分拣后的产品放入系统匹配的包装箱内。

(8)复核称重：复核人员检验装箱产品是否正确并称重。

(9)封箱。包装员将复核后的订单二次包装，按订单要求添加填充物并封箱、贴快递面单。

(10)出库：将包装好的快件交接给快递送件员。

菜鸟进口物流订单处理流程：跨境电商买家在国外采购货物，送至菜鸟海外仓后，菜鸟统一打包，以集货方式进境，经海关清单核放。查验放行后配送到消费者手中。业务流程如图 8-3所示。

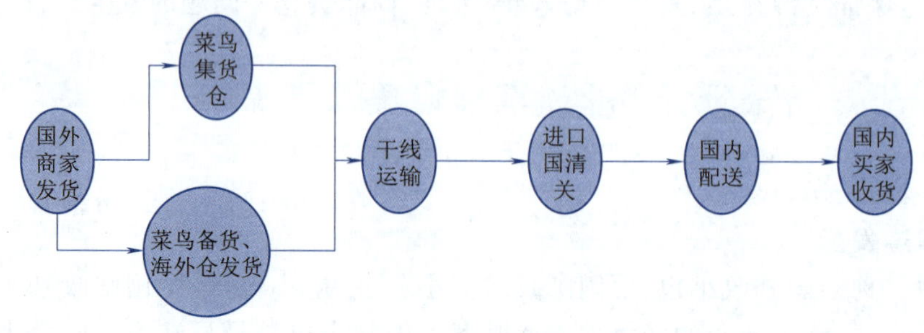

图 8-3　菜鸟跨境专线物流进口流程

8.2.2　B2B 物流发货

1. 海运发货操作

1)国际海运出口流程

B2B 国际海运出口流程分为货代订舱、船公司接受托运申请、发放空箱、拼箱货装箱、整箱货交接、换取提单和装船七个步骤。

(1)订舱。发货人在货物托运前一定时间内填好集装箱货物托运单，委托其代理或直接向船公司申请订舱。

(2)接受托运申请。船公司或其代理公司根据自己的运力、航线等具体情况，同时考虑发货人的要求，决定接受与否，若接受申请就着手编制订舱清单，然后分送集装箱堆场、集装箱货运站，据以安排空箱及办理货运交接。

(3)发放空箱。通常整箱货货运的空箱由发货人到集装箱码头堆场领取，有的货主有自备箱，拼箱货货运的空箱由集装箱货运站负责领取。

(4)拼箱货装箱。发货人将不足一整箱的货物交至货运站，由货运站根据订舱清单和场站收据负责装箱，然后由装箱人编制集装箱装箱单。

(5)整箱货交接。由发货人自行负责装箱，并将已加海关封志的整箱货运到集装箱堆场。集装箱堆场根据订舱清单，核对场站收据及装箱单，验收货物。

(6)换取提单。发货人凭场站收据向集装箱运输经营人或其代理换取提单。

(7)装船。集装箱装卸区根据装货情况，制订装船计划，并将出运的箱子调整到集装箱码头前方堆场，待船靠岸后，即可装船出运。

通常，实际操作过程中大部分工作由国际货运代理完成。

2)国际海运进口流程

B2B 国际海运进口流程分为提交进口单据、换单、报检、报关(清关)、办理设备交接单、提箱、提货七个步骤。

(1)提交进口单据。收货人向货代提供进口全套单据；货代查清此货物的船公司承运人、船代以及在何处可以换取提货单(小提单)。进口单据一般包括：带背书的正本提单或电放副本、装箱单、发票、合同(一般贸易)。货代提前联系场站并确认好提箱费、掏箱费、装车费、回空费。

(2)换单。货代指定船代或船公司确认该船到港时间、地点,如需转船、必须确认二程船名。凭已背书的正本提单(如果电报放货,可带电报放货的传真件与保函)去船公司或船代换取提货单(小提单)。

(3)报检。检验检疫局根据"商品编码"中的监管条件,确认此票货是否要做商检。

(4)报关(清关)。收货人如果有自己的报关行,可自行清关,也可以委托货代的报关行或其他有实力的报关行清关。报关资料包括带背书正本提单/电放副本、装箱单、发票、合同、小提单。

(5)办理设备交接单。货代凭已背书的正本提单(电放放货的传真件和保函)去船公司或船代的箱管部办理设备交接单。设备交接单是集装箱进出港区、场站时,回箱人、运箱人与箱管人或其代理之间交换集装箱及其他机械设备的凭证,并有管箱人发放集装箱凭证的功能。它分进场和出场两种,交换手续均在码头堆场大门口办理。注意:拼箱货(CFS条款交货),凭船代业务部进口科的通知单到箱管部缴纳进口单证费,然后可凭"小提单"和分单到码头直接提取货物,无须办理设备交接单。

(6)提箱。货代凭小提单和拖车公司的"提箱申请书"到箱管部办理进口集装箱超期使用费、卸箱费、进口单证费等费用的押款手续。若押款人不是提单上所注明的收货人,押款人必须出具同意为收货人押款并支付相应费用的保证函(保函)。押款完毕经船代箱管部授权后到进口放箱岗办理提箱手续,领取集装箱设备交接单,并核对其内容是否正确。收货人拆空进口货物后,将空箱返回指定的回箱地点。空箱返回指定堆场后,收货人要及时凭押款凭证到箱管部办理集装箱费用的结算手续。

(7)提货。货代或收货人凭小提单联系拖车去船代指定的码头、场站提取货物。押款人到箱管部办理集装箱押款结算手续。注意:拼箱货需要到船公司或船代理签取散货分提单(分单),提货时用小提单和分单到码头提取货物。

2.空运发货操作

1)国际空运出口流程

(1)揽货。航空货运代理公司与出口单位(发货人)就出口货物运输事宜达成意向后,可以向发货人提供所代理的有关航空公司的"国际货物托运书"。发货人发货时,首先需填写委托书,并加盖公章,作为货主委托代理承办航空货运出口货物的依据。航空货运代理公司根据委托书要求办理出口手续,并据以结算费用。"国际货物托运书"是一份重要的法律文件。

(2)委托运输。托运书是托运人用于委托承运人或其代理人填开航空货运单的一种表单。表单上列有填制货运单所需的各项内容,并应印有授权承运人或其代理人代其在货运单上签字的文字说明。

(3)审核单证。单证应包括发票、装箱单、托运书、报关单、许可证、商检证等。

(4)预配舱。由代理人汇总所接受的委托和客户的预报,并输入计算机,计算出各航线的件数、重量、体积,按照客户的要求和货物重等情况,根据各航空公司不同机型对不同板箱的重量和高度要求,制定预配舱方案,并对每票货配上运单号。

(5)预订舱。代理人根据所制定的预配舱方案,按航班、日期打印出总运单号、件数、重量、体积,向航空公司预订舱。这一环节之所以称为预订舱,是因为此时货物可能还没有进入仓库,预报和实际的件数、重量、体积等都会有差别,这些留待配舱时再做调整。

(6)接受单证。接受托运人或其代理人送交的已经审核确认的托运书及报关单证和收货凭证。将计算机中的收货记录与收货凭证核对。制作操作交接单，填上所收到的各种报关单证份数，给每份交接单配一份总运单或分运单。将制作好的交接单、配好的总运单或分运单以及报关单证移交制单。如此时货未到或未全到，可以按照托运书上的数据填入交接单并注明，货物到齐后再进行修改。

(7)填制航空货运单。包括总运单和分运单，航空货运单是发货人收结汇的主要有效凭证，因此运单的填写必须详细、准确，严格符合单货一致、单单一致的要求。填制航空货运单的主要依据是发货人提供的国际货物托运书。货运单一般用英文填写，目的地为我国香港地区的货物运单可以用中文填写，但货物的品名一定要用英文填写。

(8)接收货物。检查货物的外包装是否符合运输的要求。

(9)配舱。配舱时，需运出的货物都已入库。这时需要核对货物的实际件数、重量、体积与托运书上预报数量的差别。

(10)订舱。就是将所接收空运货物向航空公司正式提出申请并订妥舱位。货物订舱需根据发货人的要求和货物标识的特点而定。一般来说，大宗货物、紧急货物、鲜活易腐货物、危险品、贵重物品等，必须预订舱位。非紧急的零散货物可以不预订舱位。

(11)出口报关。是指发货人或其代理人在货物发运前，向出境地海关办理货物出口手续的过程。

(12)出舱单。配舱方案制定后就可着手编制出舱单。出舱单上应载明日期、承运航班的日期、装载板箱形式及数量、货物进舱顺序编号、总运单号、件数，以及重量、体积、目的地三字代码和备注。出舱单交给出口仓库，用于确定出库计划，出库时点数并交接。

(13)提板箱与装货。根据订舱计划向航空公司申领板箱并办理相应的手续。提板箱时取相应的塑料薄膜和网。对所使用的板箱要登记、消号。货物装箱装板，除特殊情况外，航空货运均是以"集装箱""集装板"形式装运。

(14)签单。货运单在盖好海关放行章后还需到航空公司签单，主要是审核运价使用是否正确，以及货物的性质是否适合空运，例如危险品等是否已办了相应的证明和手续。航空公司的地面代理规定，只有签单确认后才允许将单、货交给航空公司。

(15)交接发运。交接是向航空公司交单交货，由航空公司安排航空运输。交单就是将随机单据和应由承运人留存的单据交给航空公司。随机单据包括第二联航空运单正本、发票、装箱单、产地证明、品质鉴定书等。交货即把与单据相符的货物交给航空公司。交货之前必须粘贴或拴挂货物标签，清点和核对货物，填制货物交接清单。大宗货、集中托运货，以整板、整箱称重交接。零散小货按票称重，计件交接。航空公司审单验货后，在交接签单上验收，将货物存入出口仓库，单据交相关部门，以备配舱。

(16)航班跟踪。单、货交接给航空公司后，航空公司会出于种种原因未能按预定时间运出，所以货运代理公司从单、货交给航空公司后就需对航班、货物进行跟踪。

(17)信息服务。航空货运代理公司须在多个方面为客户做好信息服务，包括订舱信息、审单及报关信息、仓库收货信息、交运称重信息、一程及二程航班信息、集中托运信息、单证信息。

(18)费用结算。主要涉及同发货人、承运人和国外代理人三方面的结算。

2)国际空运进口流程

(1)代理预报。在国外发货前，由国外代理公司将运单、航班、件数、重量、品名、实际收货人及其地址、联系电话等内容发给目的地代理公司。到货预报的目的是使代理公司做好接货前的所有准备工作。

(2)交接单、货单。单核对，即交接清单与总运单核对；单、货核对，即交接清单与货物核对。航空货物入境时，与货物相关的单据也随机到达，运输工具及货物处于海关监管之下。货物卸下后，将货物存入航空公司或机场的监管仓库，进行进口货物舱单录入，将舱单上总运单号、收货人、始发站、目的站、件数、重量、货物品名、航班号等信息通过计算机传输给海关留存，供报关用。同时根据运单上的收货人地址寄发取单、提货通知。

(3)理货与仓储。理货，即逐一核对每票件数，再次检查货物破损情况，确有接货时未发现的问题，可向民航提出交涉；按大货、小货、重货、轻货、单票货、混载货、危险品、贵重品、冷冻品、冷藏品等分别堆存。进仓，即登记每票货储存区号，并输入计算机。仓储，即注意防雨、防潮、防重压、防变形、防变质、防暴晒，独立设危险品仓库。

(4)理单与到货通知。理单，即集中托运，总运单项下拆单；分类理单、编号；编制种类单证。到货通知，即尽早、尽快、尽妥地通知货主到货情况。正本运单处理，计算机打制"海关监管进口货物入仓清单"一式五份，商检、卫检、动检各一份，海关二份。

(5)制单、报关。货主可自行办理制单、报关和运输，也可委托货代公司代办。进口报关大致分为初审、审单、征税、验放四个主要环节。进口货物报关期限为自运输工具进境之日起的14 日内，超过这一期限报关的，由海关征收滞报金，征收标准为货物到岸价格的万分之五。

(6)收费、发货。货代公司仓库在发放货物前，一般先将费用收妥。收费内容有：到付运费及垫付佣金；单证、报关费；仓储费；装卸、铲车费；航空公司到港仓储费；海关预录入、动植检、卫检、报验等代收代付费；关税及垫付佣金。

(7)送货与转运。送货上门业务主要指进口清关后货物直接运送至货主单位，运输工具一般为汽车。转运业务主要指货运代理公司将进口清关后货物转运至内地，运输方式主要为飞机、汽车、火车、水运、邮政。

任务 8.3 掌握跨境电商通关

8.3.1 海关

1. 海关的性质

(1)海关是国家行政机关。

(2)海关是国家进出境监督管理机关。

(3)海关的监督管理是国家行政执法活动。

2. 海关的任务

《中华人民共和国进关法》(以下简称《海关法》)明确规定海关有以下四项基本任务：

(1)监管进出境的运输工具、货物和物品。对进出境的运输工具、货物、行李物品、邮递物品和其他物品进行监管是海关最基本的任务。

(2)征收税费。海关的另一项重要任务是代表国家征收关税和其他税费。

(3)查缉走私。查缉走私是海关为保证顺利完成监管和征税等任务而采取的保障措施。

(4)编制海关统计。

3. 海关的权利

海关的权利是指国家为保证海关依法履行职责，通过《海关法》和其他法律、行政法规赋予海关的对进出境运输工具、货物、物品的监督管理权利。

4. 海关的管理体制与机构

1)海关的领导体制

1980 年 2 月,《国务院关于改革海关管理体制的决定》指出:"全国海关建制归中央统一管理,成立中华人民共和国海关总署,作为国务院直属机构,统一管理全国海关机构和人员编制及其业务。"恢复了海关集中统一的垂直领导体制。《海关法》规定:"国务院设立海关总署,统一管理全国海关。"明确了海关总署作为国务院直属部门的地位,把海关集中统一的垂直领导体制以法律的形式确立下来。

2)海关的设关原则

《海关法》以法律形式明确了海关的设关原则:"国家在对外开放的口岸和海关监管业务集中的地点设立海关。海关的隶属关系,不受行政区划的限制。"对外开放的口岸是指由国务院批准,允许运输工具及所载人员、货物、物品直接出入国(关)境的港口、机场、车站以及允许运输工具、人员、货物、物品出入国(关)境的边境通道。国家规定,在对外开放的口岸必须设置海关、出入境检验检疫机构。

3)海关的组织机构

海关机构的设置为海关总署、直属海关和隶属海关三级。隶属海关由直属海关领导,向直属海关负责;直属海关由海关总署领导,向海关总署负责。此外。我国海关还拥有两所海关高校,并在布鲁塞尔、莫斯科、华盛顿等地设有派驻机构。

1998 年,根据党中央、国务院的决定,由海关总署、公安部联合组建走私犯罪侦查局,设在海关总署。从 2003 年 1 月 1 日起,各级海关走私犯罪侦查部门统一更名。

2018 年 4 月 20 日起,原中国出入境检验检疫部门正式并入中国海关,统一以海关名义对外开展工作,口岸一线旅检、查验和窗口岗位实现统一上岗、统一穿海关制服、统一佩戴关衔。

8.3.2 报关

1. 报关的概念

报关是指进出境运输工具负责人、进出境货物收发货人、进出境物品的所有人或者他们的代理人,向海关办理运输工具、货物或物品进出境手续及其他相关海关事务的全过程。

报关区别于通关。通关一方面包括海关管理相对人(包括进出境运输工具负责人、进出境货物收发货人、进出境物品的所有人或者他们的代理人)向海关办理运输工具、货物或物品的进出境手续;另一方面也包括海关根据管理相对人的申报,对进出境运输工具、货物、物品依法进行查验、征缴税费,直至核准其进出境的监督管理全过程。因此,报关和通关活动的对象虽然都是针对运输工具、货物、物品的进出境而言的,但二者所包括的内容和考察角度仍然存在一定区别。

2. 报关的范围

1)进出境运输工具

进出境运输工具主要包括用以载运人员、货物、物品进出境,在国际上运营的各种境内或境外船舶、车辆、航空器和驮畜等。

2)进出境货物

进出境货物主要包括:一般进口货物;一般出口货物;保税货物;暂准进出口货物;特定减免税进出口货物;过境、转运和通运货物及其他进出境货物。另外,一些特殊货物,如通过电缆、管道输送进出境的水、电等货物及无形的货物,以及附在货品载体上的软件等也属于报关的范围。

3)进出境物品

进出境物品主要包括进出境的行李物品、邮递物品和其他物品。以进出境人员携带、托运等方式进出境的物品为行李物品;以邮递方式进出境的物品为邮递物品;其他物品主要包括外国机构或者人员的公务用品或自用物品,以及通过国际速递企业进出境的快件等。

3. 报关的分类

按照报关的对象,可分为运输工具报关、货物报关和物品报关。

按照报关的目的,可分为进境报关和出境报关。

按照报关活动的实施者的不同,可分为自理报关和代理报关。自理报关即进出境货物收发货人自行办理报关手续。根据我国海关目前的规定,自理报关单位必须具有对外贸易经营权和报关权。代理报关是指接受进出境货物收发货人的委托代为办理报关手续的行为。我国海关法律把有权接受进出境货物收发货人的委托、代为办理报关业务的企业称为报关企业。报关企业从事代理报关业务必须经过海关批准,并且向海关办理注册登记手续。

4. 报关的基本内容

1)进出境运输工具报关的基本内容

进出境申报是运输工具报关的主要内容。根据海关监管的要求,进出境运输工具负责人或其代理人在运输工具进入或驶离我国关境时应如实向海关审报运输工具所载旅客人数、进出境货物数量、装卸时间等基本情况。

2)进出境货物报关的基本内容

进出境货物报关的内容主要包括:报关单位向海关如实申报其进出境货物的情况,配合海关查验货物,对部分货物还需缴纳进出境税费,最后海关放行货物。除此以外,根据海关监管的要求,对于保税货物、特定减免税货物以及暂准进出境货物,在向海关申报前和海关放行后还需办理其他海关手续。

3)进出境物品报关的基本内容

《海关法》规定,个人携带进出境的行李物品、邮递进出境的物品,应当以自用合理数量为限。所谓自用合理数量,对于行李物品而言,“自用”指的是进出境旅客本人自用、馈赠亲友而非为出售或出租。“合理数量”是指海关对进出境邮递物品规定的征免税限制。合理数量原则是海关对进出境物品监管的基本原则,也是对进出境物品报关的基本要求。

5. 跨境电商货物进口清关

1)快件清关

确认订单后,国外供应商通过国际快递将商品直接从境外邮寄至消费者手中。无海关单据。

- 优点:灵活,有业务时才发货,不需要提前备货。
- 缺点:与其他快件混在一起,物流通关效率较低,量大时成本会迅速上升。
- 适合:业务量较少、偶尔有零星订单的阶段。

2)集货清关(先有订单,再发货)

商家将多个已售出商品统一打包,通过国际物流运至国内的保税仓库,电商企业为每件商品办理海关通关手续,经海关查验放行后,由电商企业委托国内快递派送至消费者手中。每个订单附有海关单据。

- 优点:灵活,不需要提前备货,相对快件清关而言,物流通关效率较高,整体物流成本有所降低。

• 缺点：需在海外完成打包操作，海外操作成本高，且从海外发货，物流时间稍长。

• 适合：业务量迅速增长的阶段，每周都有多笔订单。

3)备货清关(先备货，后有订单)

商家将境外商品批量备货至海关监管下的保税仓库，消费者下单后，电商企业根据订单为每件商品办理海关通关手续，在保税仓库完成贴面单和打包，经海关查验放行后，由电商企业委托国内快递派送至消费者手中。每个订单附有海关单据。

• 优点：提前批量备货至保税仓库，国际物流成本最低，有订单后，可立即从保税仓库发货，通关效率最高，可及时响应售后服务要求，用户体验最佳。

• 缺点：使用保税仓库有仓储成本，备货会占用资金。

• 适用：业务规模较大、业务量稳定的阶段。可通过大批量订货或提前订货降低采购成本，可逐步从空运过渡到海运，降低国际物流成本，或采用质押监管融资解决备货引起的资金占用问题。

图 8-4 所示为跨境电商进口清关流程。

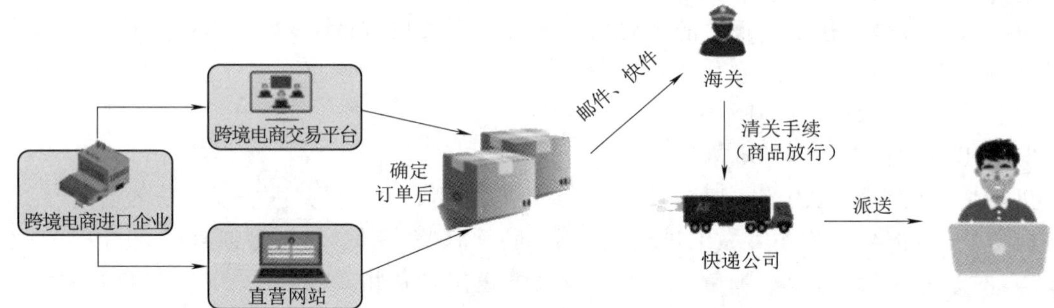

图 8-4 跨境电商进口清关流程

6. 跨境电商货物出口清关

1)跨境电商 B2B 出口海关监管申报方式

根据海关总署《关于开展跨境电子商务企业对企业出口监管试点的公告》(2020 年第 75 号公告)，“跨境电商 B2B 出口”是指境内企业通过跨境物流将货物运送至境外企业或海外仓，并通过跨境电商平台完成交易的贸易形式。跨境电商 B2B 出口分为企业对企业直接出口和出口海外仓。

(1)企业对企业直接出口。企业对企业直接出口即境内企业通过跨境电商平台与境外企业达成交易后，通过跨境物流将货物直接出口至境外企业，简称“跨境电商 B2B 直接出口”，海关监管方式代码“9710”。

(2)出口海外仓。出口海外仓，即境内企业先将货物通过跨境物流出口至海外仓，通过跨境电商平台实现交易后从海外仓送达境外购买者，简称“跨境电商出口海外仓”，海关监管方式代码“9810”。

9710 和 9810 两种方式，都需要先经过注册登记，将订仓单、物流单提交至国际贸易“单一窗口”或者“互联网＋海关”，海关比对通过后通过 H2018 系统或者跨境电商出口统一版系统放行，比对不通过则退单。

其中，单票低于 5 000 元人民币且不涉证、不涉检、不涉税的货物，企业可报送申报清单，校验通过后自动推送至出口统一版系统申报。单票超过 5 000 元人民币或涉证、涉检、涉税的货物应通过 H2018 通关系统申报。跨境电子商务综合实验区内不涉及退税的商品可按照 6 位HS 编码简化申报，并可优先安排查验。

2)跨境电商 B2C 出口海关监管申报方式

B2C 是指境内企业通过跨境电商平台与境外消费者达成交易，通过跨境物流将货物运送至境外消费者或者海外仓，物流方面主要采用航空小包、邮寄、快递等方式，纳入海关登记的较少，其报关主体一般是邮政或快递公司，可根据商品性质选择海关监管方式代码 9610 或 1210 方式向海关申报。

B2C 出口，商家可以将多个已售出商品统一打包，通过国际物流运送至国内的保税仓库(暂存区)，电商企业拆大包，按小包(单个订单包裹)逐个申报，为每件商品办理海关通关手续，经海关查验放行后，再由国内快递派送至消费者手中。每个订单附有海关单据。

(1)9610 清关。按照海关规定，9610 清关是指关境内个人或电子商务企业通过电子商务交易平台实现交易，并采用“清单核放、汇总申报”模式办理通关手续的电子商务零售进出口商品，企业直接面向境内外消费者开展在线销售产品和服务。按一般出口监管方式进行报关，需提交订单、物流单及收款信息，海关比对通过后，通过跨境电商出口统一版系统放行。比较适合生鲜、化妆品等非标商品。

(2)1210 清关。特殊区域包裹零售出口或者特殊区域出口海外仓零售监管方式进行报关，可以享受退税政策。特殊区域包括国内所有综合保税区和跨境电子商务综合试验区。企业可将待售货物运至海关特殊区域，卖出一件，清关一件，未卖出的无须报关。比较适合库存周转快、复购率高、保质期要求低、需要退税的标准商品。

此外，跨境电子商务综合试验区出口且不涉及退税的商品可依据 4 位 HS 编码简化申报，即“清单申报，汇总统计”。

图 8-5 所示为跨境电商出口清关流程。

海外消费者在跨境电商出口平台下单的同时，出口企业办理存仓、备案；然后，在跨境出口平台把数据传给海关的同时，内地厂家或电商平台仓库把商品暂存入海关监管仓库；然后，经海关清单核放后，通过国际物流出口到海外消费者手中。

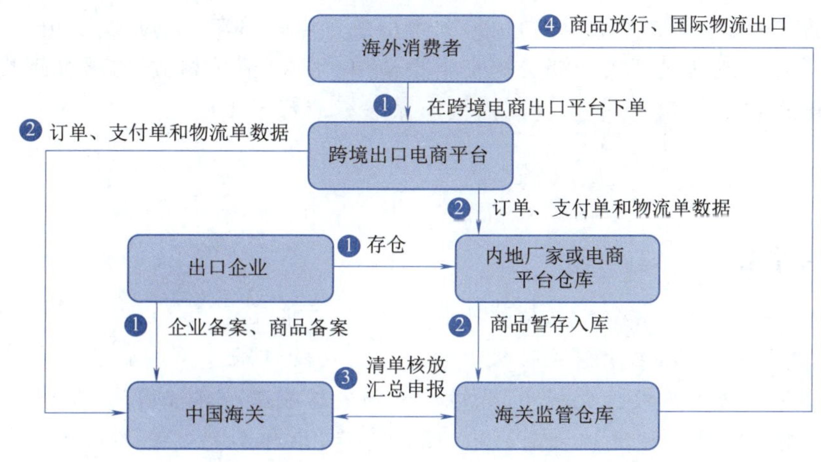

图 8-5　跨境电商出口清关流程

表 8-1 所示为监管方式比较。

表 8-1 监管方式比较

项目	跨境电商 B2B 出口 9710、9810	跨境电商 B2C 出口 9610	一般贸易出口 0110
企业要求	参与企业均办理注册登记 出口海外仓企业备案	电商、物流企业办理信息登记 办理报关业务的办理注册登记	企业注册登记
随附单证	9710:订单、物流单(低值) 9810:定仓单、物流单(低值) (委托书首次提供)	订单、物流单、收款信息	报关委托书、合同、发票、提单、装箱单等
通关系统	"H2018 通关管理系统" "跨境电商出口统一版" (单票<5 000 元,不涉检、证、税)	"跨境电商出口统一版"	"H2018 通关管理系统"
简化申报	在综试区所在地海关通过"跨境电商出口统一版"申报,符合条件的清单,可按照 6 位 HS 编码简化申报	在综试区所在地海关通过"跨境电商出口统一版"申报,符合条件的清单,可按照 4 位 HS 编码简化申报	—
物流	转关 直接口岸出口 全国通关一体化(通过 H2018 申报的)	转关 直接口岸出口	直接口岸出口 全国通关一体化
查验	优先安排查验	—	—

7. 跨境物流企业海关业务流程

(1)企业备案:跨境电子商务企业、物流企业等向所在地海关办理信息登记,如需办理报关业务,向所在地海关办理注册登记。

(2)形成交易数据:国内消费者跨境网购,生成交易订单。

(3)海外仓发货到国内:海外仓根据收到的明细将订单包裹统一打包后,送到境内保税仓库等监管场所。

(4)进口报关:电子商务企业或平台将"三单信息"(电子订单、支付凭证、电子运单)传输给海关;电子商务企业或其代理人向海关提交申报清单,采取"清单核放"方式办理报关手续。

(5)国内配送:电子商务企业委托国内快递派送至消费者手中。

项目小结

跨境电子商务物流流程操作,包括跨境货物追踪、订单处理流程以及跨境电商通关三个方面。在跨境货物跟踪方面,电子商务时代下的跨境电商物流服务要求物流信息具有可视性与可追溯性,基于大数据及网络优化模型,能对跨境物流环节进行环节间的有效优化,同时,需重视物流风险监测。订单处理流程方面,B2C 物流发货,中邮小包是最早在主流电商平台上线的物流解决方案之一,可通过线上与线下两种渠道发货。快递专线渠道发货,一般是通过航空包舱方式将货物运输到国外,再通过合作公司进行目的地国国内的派送。B2B 物流发货,分为国际海运进出口、空运进出口流程，一般为国际货代代为办理。跨境电商通关方面，9610 全称为“跨境贸易电子商务”，9610 清关是指关境内个人或电子商务企业通过电子商务交易平台实现交易，并采用“清单核放、汇总申报”模式办理通关手续，企业直接面向境内外消费者开展在线销售产品和服务。跨境物流企业海关业务流程包括企业备案、形成交易数据、海外仓发货到国内、进口报关、国内配送等环节。

同步测试

一、填空题

1. 报关是指进出境运输工具负责人、进出口货物收发货人、进出境物品的所有人或者他们的代理人，向海关办理________、________、进出境手续及其他相关海关事务的全过程。

2. 报关的范围包括 ________ 、________、________。

3. 9610 全称是 ________________ 。

4. 国际货代公司凭 ________向船公司换取提单。

5. 在飞机上使用的，用来装载货物、邮件和行李的专用设备是 ________________。

二、判断题

1. 中邮小包出关不会产生关税或清关费用，但在目的地国家进口时有可能产生进口关税。（　）

2. 9610 进口也被称为直邮进口模式。（　）

3. 9610 全称为“跨境贸易电子商务”，简称“电子商务”，俗称“集货模式”。（　）

4. 中邮小包是最早在主流电商平台上线的物流解决方案之一。（　）

三、问答题

1. 简述跨境物流企业海关业务流程。

2. 简述跨境货物跟踪的解决措施。

同步实训

地区跨境电子商务物流的发展现状调查

1. 实训背景

伴随跨境电商的迅猛发展，我国跨境电商物流市场的也得到了快速发展。以此为背景，各地区的跨境电子商务物流也会体现出各自的特点。此外，各跨境电商企业也会结合各种因素对物流模式进行选择。

2. 实训目的

通过调查，了解本地区跨境电子商务物流发展的特点与优势，以及跨境电商物流服务模式选择的影响因素，进而总结出各物流模式的适用范围，有助于我们结合实际对其进行掌握，进而更好地促进其发展。

3. 实训内容与步骤

(1)调查本地区跨境电子商务物流企业的数量、规模、业务类型,分析本地区跨境电子商务物流的发展特点及优势。

(2)调查本地区跨境电子商务企业的物流模式、物流成本、配送效率、揽收时效、服务范围及其他因素对模式选择的影响。

(3)总结各跨境电商物流模式的适应范围。

(4)撰写调查报告。

模块3　跨境电子商务支付

学习目标

知识目标

1. 了解跨境电子商务支付的概念和发展。
2. 熟悉跨境电子商务主要支付模式。
3. 掌握跨境电子商务主要支付工具。
4. 了解不同支付工具的优劣势和适用范围。
5. 了解跨境电子商务支付的风险与应对措施。

能力目标

1. 能根据不同的跨境电子商务业务需求选择不同的支付模式。
2. 能掌握各种第三方支付工具的特点。
3. 能根据不同国家或地区选择支付工具。
4. 针对跨境电子商务支付的主要风险有一定的防范概念。

素养目标

1. 通过跨境电商支付风险与应对措施的学习，树立学生资金安全意识。
2. 强调跨境电商不同支付平台的规则，树立学生养成遵守规则的良好习惯。
3. 培养从事跨境支付业务中认真、严谨、细致的工作作风，弘扬工匠精神。

思维导图

跨境电子商务支付概述
跨境电子商务支付的概念
跨境电子商务支付的发展
汇付
托收
信用证
传统跨境支付模式
跨境电子商务支付模式
第三方支付定义
交易模式分类
国内主流第三方工具
第三方支付模式
实训：Escrow使用认知及汇率换算
跨境电子商务的支付模式
实训：贝宝账号注册及正确设置
跨境电商支付流程操作
跨境电子商务支付
跨境电子商务支付工具
跨境电子商务工具分析
国际信用卡
国际信用卡的主要种类
国际信用卡支付费率
国际信用卡的优劣势
第三方支付工具
贝宝
万里汇
国际支付宝
Skrill
派安盈
呼嘭支付
连连国际
WebMoney
QIWI Wallet
Boleto
iDEAL
CashU
Sofort Banking
YooMoney
跨境电子商务不同区域支付工具选择
北美地区
欧洲地区
东北亚地区
拉美地区
海外本地化支付工具（以欧洲为例）
跨境电子商务支付的风险与应对措施
跨境电子商务支付风险的概念
跨境电子商务支付的主要风险
跨境电子商务支付主要风险的应对措施

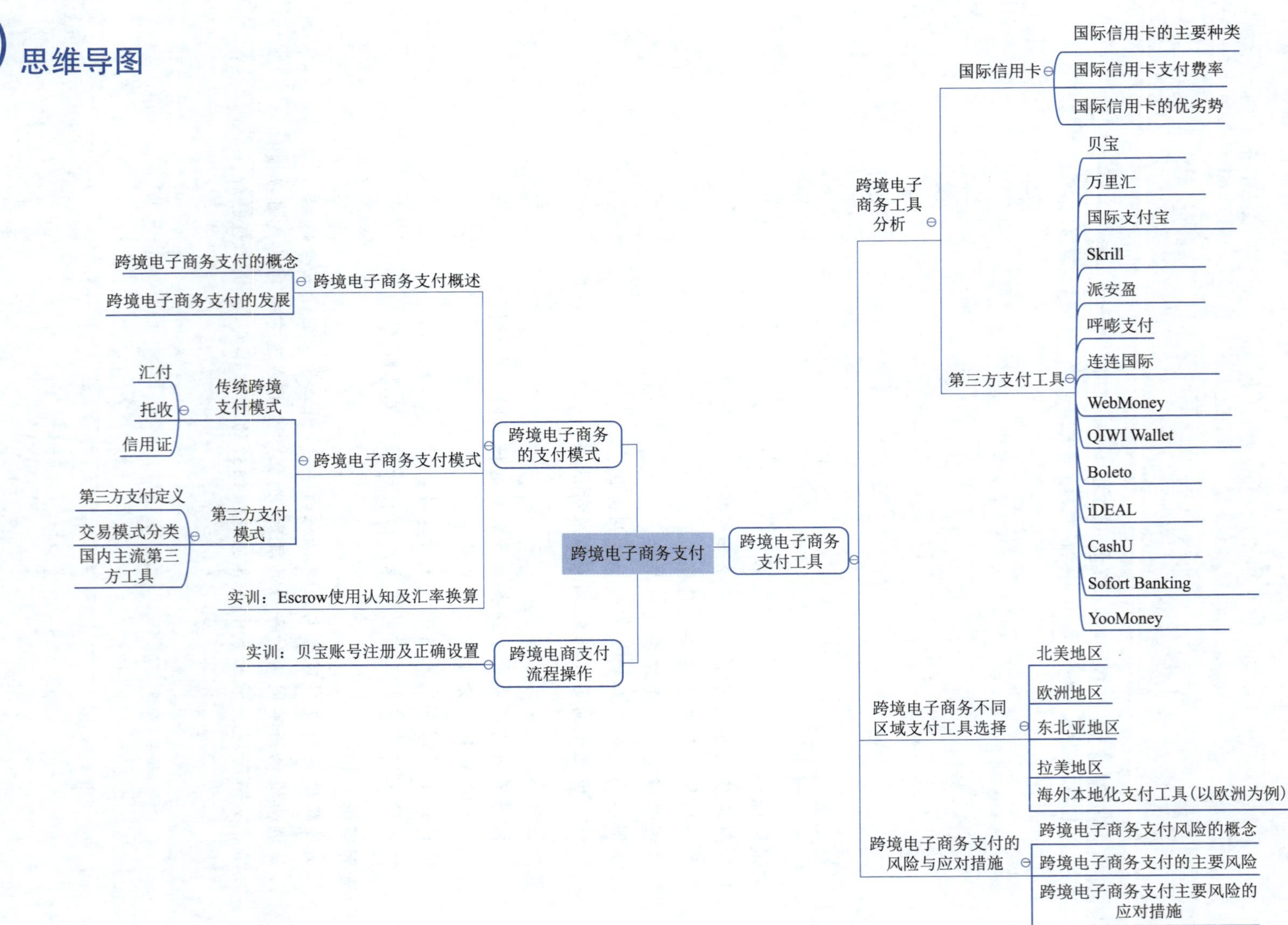

场景引入

支付方式影响跨境电子商务企业的支付成功率

近年来，我国跨境电商规模快速扩大，越来越多的企业投身于跨境电商贸易。2020年以来受疫情影响，全球跨境电商市场受到一定程度冲击，为了缓解疫情带来的负面影响，中国政府不断推出利好政策，完善跨境电商整体配套设施，升级国际市场业务、刺激国内需求、优化市场发展环境，使得中国跨境电商在疫情背景下呈现逆势上涨的发展态势，根据人民银行发布的《2020年人民币国际化报告》显示，2019年，人民币跨境收付金额合计19.67万亿元，同比增长24.1%，在2018年高速增长的基础上继续保持快速增长，收付金额创历史新高。在跨境企业急速发展的时代，随着人们跨境消费需求的不断提升，使用跨境电商平台时丰富的支付方式已然成为影响全球商家利润的重要因素，支付方式应伴随着应用场景的扩容而变得多样化。

某跨境商品经营企业，专注于东欧地区小商品跨境经营，但经过一段时间的运营后发现，店铺订单转化率非常低，且支付成功率仅在55%左右，"购物车弃单"现象非常明显。经一站式跨境支付与资金结算平台分析发现，"购物车弃单"现象有相当一部分原因是因为原支付页面对客户付款的引导展示不足，且未提供受东欧消费者普遍接受的本地化支付方式，所以导致该店铺成交率偏低。商家对支付界面进行系统修改，增加了东欧地区常用的如WebMoney、Qiwi Wallet等本地化支付方式，客户接受度与支付效率均有显著提升，从而使订单转化率提升到85%以上。

直通职场

- **职位描述**：×××跨境电子商务平台——跨境电子商务运营店长。
- **技能要求**：SWIFT国际结算系统、CIPS人民币跨境支付系统，主流支付方式运用。
- **岗位职责**：

(1)制定并组织实施完整的销售计划，领导团队将计划转变为销售结果。

(2)负责平台的日常管理与运营工作。

(3)熟悉CIPS、SWIFT系统，能及时、准确地完成跨境收付及相关业务。

(4)负责处理平台交易收付过程中的相关问题。

(5)负责平台订单收付的跟进、追踪。

(6)协调与配合各部门涉及销售及收付款工作的推进。

- **岗位要求**：

(1)有国际贸易、进出口业务、电子商务运营等基础经验的优先，如无相关的经验，能力优秀者、进取心强烈的亦可作为储备。

(2)熟悉贝宝(PayPal)、Payoneer、MONEYGRAM、Pingpong、YooMoney、Skrill、国际信用卡、信用证等跨境支付方式优先。

(3)一年以上跨境电商店铺运营工作经验，熟练掌握跨境电商平台规则、运营技巧、交易流程者优先考虑。

(4)精通电商平台，熟悉电商网站操作模式、管理规划和流程，具备高度的市场敏感度者优先。

(5)有较强的沟通协调能力，文字能力强、踏实，责任感强，抗压能力强。

❖ **职位描述：**×××跨境贸易公司——跨境电子商务运营专员。

❖ **技能要求：**较强的服务平台运营专业能力、熟悉主流支付方式的运用。

❖ **岗位职责：**

(1)协助实施公司销售计划，协助完成平台的日常运营工作。

(2)协助处理平台跨境交易过程中的相关问题。

(3)做好平台订单收付的跟进、记录和统计工作。

(4)负责维护公司客户关系，了解不同规模用户的现状与可能需求。

❖ **岗位要求：**

(1)电子商务、跨境电子商务、国际贸易等相关专业。

(2)熟练使用Excel、Word、OA、钉钉等办公软件。

(3)具有跨境平台运营的专业知识与技巧，沟通能力强，英语CET-4以上者优先。

(4)敏锐的市场分析能力，对数据敏感，较强的逻辑思维能力，抗压能力强、具有团队合作精神。

(5)拓展要求举例：因公司业务分布于全球各地，与国内存在时差，需接受不定时加班，国内白天上班时间可推迟。

项目9 跨境电子商务的支付模式

任务9.1 了解跨境电子商务支付

9.1.1 跨境电子商务支付概念

跨境电子商务支付一般是指两个或两个以上国家或地区之间，因国际贸易、国际投资及其他方面发生国际债权债务时，借助一定的结算工具和支付系统实现资金跨国或跨地区转移的行为。与境内支付不同的是，跨境支付付款方所支付的币种与收款方要求的币种可能不一致，或涉及外币兑换和外汇管制等政策问题。如中国消费者在国外某网站购买商品或外国消费者在我国某网站购买商品时，由于支付币种不同，就需要通过结算工具和支付系统来实现两个国家或地区之间的资金转换，最终完成交易。我国国家外汇管理局在《支付机构跨境外汇支付业务试点指导意见》中给出的跨境电子商务支付的定义是："支付机构通过银行为电子商务（货物贸易或服务贸易）交易双方提供跨境互联网支付所涉的外汇资金集中收付及相关结售汇服务。"图9-1所示为跨境电子商务支付环节。

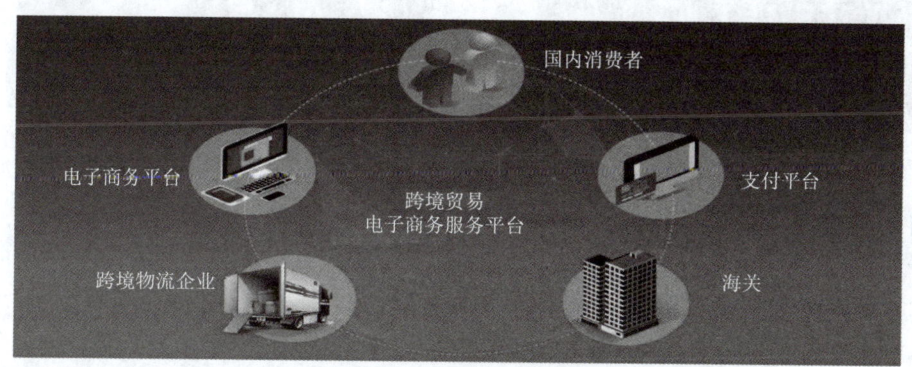

图9-1 跨境电子商务支付环节

跨境电子商务支付大体可以分为传统的商业银行汇款模式和第三方支付机构支持下的互联网支付模式两种。

跨境支付是跨境电子商务中非常重要的一环，也是跨境电子商务得以实施的基本前提和保障。目前，跨境电子商务B2B交易以传统线下模式为主，支付方式主要是信用证、银行汇款等；跨境电子商务B2C交易主要使用线上支付方式完成，第三方支付工具得到广泛应用。

9.1.2 跨境电子商务支付的发展

1. 全球跨境电子商务支付的发展历程

全球跨境支付市场中的四大主导力量，分别是银行电汇、汇款公司、国际信用卡组织和第三方支付。2017 年全球支付营收总规模为 1.9 万亿美元，其中跨境营收规模为 2 063 亿美元，占总支付市场的 10.6%。同时，跨境支付在不同区域的发展还不均衡。跨境支付营收按照地区统计，以中国为主的亚太地区 850 亿美元排名全球第一，欧洲、中东、非洲地区 640 亿美元排名全球第二，接着是以美国为主的北美地区 470 亿美元，拉美地区规模则为 102 亿美元。为了更好地理解全球跨境支付的发展脉络，梳理全球跨境支付发展中的里程碑事件如下：

1)环球同业银行金融电讯协会(SWIFT)

1973 年，环球同业银行金融电讯协会成立，又称 SWIFT(Society for Worldwide Interbank Financial Telecommunication)，是国际银行同业间的国际合作组织(见图 9-2)。SWIFT 为银行的结算提供了安全、可靠、快捷、标准化、自动化的通信业务，从而大大提高了银行的结算速度，目前信用证的格式主要都是用 SWIFT 电文。

2)维萨

1976 年，维萨(Visa)成立(见图 9-3)，由 Visa 国际组织负责经营和管理，是一个全球的支付和金融服务的网络，主要种类有信用卡、借记卡和预付费卡。维萨不是银行，而是一个银行组织，就像中国的“银联”，是一个由全世界银行参与的非盈利的国际性组织，会员由银行等金融机构组成，如果卡上带有 VISA 标志的就证明这个信用卡加入了 VISA 组织，可以在它网络下的全球任意银行系统中使用，并可以使个人通过 Visa 的支付网络进行安全、快捷的全球电子汇款服务。

图 9-2 环球同业银行金融电讯协会

图 9-3 维萨

3)西联汇款

1992 年，西联汇款(Western Union)运行(见图 9-4)。西联汇款的 Money OrderSM 服务，能够让客户快捷方便地获得资金。以先进、完备的电子汇兑金融网络为支持，西联汇款业务涵盖全球 200 多个国家和地区，拥有超过 50 万个合作网点。

4)贝宝

1999 年贝宝(PayPal)成立。贝宝是目前全球使用最为广泛的第三方支付工具之一(见图 9-5)。针对具有国际收付款需求用户设计的账户类型，提供快捷支付并接收包括美元、加元、欧元、英镑、澳元和日元等 25 种国际主要流通货币。

图 9-4 西联汇款(Western Union)

图 9-5 贝宝(PayPal)

5)人民币跨境支付系统 CIPS

2015 年，人民币跨境支付系统 CIPS (Cross-border Interbank Payment System)运营(见图 9-6)。中国人民银行推出的人民币跨境支付系统(CIPS)，从业务流程、服务协议、技术规范等多方面构建起了人民币跨境支付业务的基础。此系统相对于传统的大额支付系统，具有明显优势，并为第三方支付企业开展跨境支付创造了有利条件。

CIPS
人民币跨境支付系统
Cross-border Interbank Payment System

图 9-6　人民币跨境支付系统

2. 我国跨境电子商务支付的现状与机遇

1)我国跨境电子商务支付的现状

我国跨境电子商务主要有 B2B 和 B2C 两大类，主流的跨境电子商务支付方式是依托于支付宝、财付通为代表的非独立第三方支付平台。根据阿里研究院公布的数据，用户采用第三方支付平台的比重占整体跨境支付比重的 82.2%，相较于商业银行较高的费率和专业汇款公司有限的覆盖网点，第三方支付平台能同时满足用户对跨境汇款便捷性和低费率的要求，因此，受到越来越多企业的青睐。以下从三个方面分析中国跨境电子商务支付行业的发展现状。

(1)人民币国际化：根据 SWIFT 在电邮公告中发布的 2018 年 9 月数据，人民币全球使用量再上新台阶，排名全球第五位，占全球规模的 2.12%，排名第四位的日元占全球规模 3.43%，排名第三位的英镑占全球规模的 6.88%。毫无疑问，人民币国际化为中国跨境支付行业带来了机遇。

(2)多因素促进跨境支付业务中第三方支付方式的发展加速化。首先，在政策方面，2015 年，出台了《国家外汇管理局关于开展支付机构跨境外汇支付业务试点的通知》，开始向资质合格的机构发放外汇支付牌照，目前国内已有 30 家机构持牌进行跨境支付服务。在外贸环境和政策鼓励下，跨境电商开始出现爆发增长的趋势，伴随着众多卖家涌入，相关配套服务需求增加，专业服务能力是未来服务提供商的核心竞争能力。而第三方支付是为跨境电子商务提供跨境支付服务的最佳方式。

其次，在经济方面，统计数据显示，我国进出口贸易在经历了 2014—2016 年的跌幅后，开始呈现回暖态势，随着国家相关管理制度和支持政策的完善，跨境电商等新业态新模式得到了快速发展。据海关初步统计，2020 年中国跨境电商进出口 1.69 万亿元，增长 31.1%。其中，出口 1.12 万亿元，增长 40.1%；进口 0.57 万亿元，增长 16.5%。通过海关跨境电子商务管理平台验放进出口清单达 24.5 亿票，同比增加 63.3%。同时跨境电子商务渗透率即跨境电商占进出口总规模比重已进入上升通道，对进出口规模作出了较大的贡献，预计未来该占比将继续提升。进口电商和出口电商的交易规模也呈现逐年提升的趋势，保持在相对较高的增长率。中国跨境电商市场的强势增长，为底层基础设施的跨境支付业务创造了广阔的发展空间，但日渐壮大的跨境交易也对支付服务的便捷性、高效性、安全性等提出了更高要求。

最后，在社会方面，根据“麦肯锡”提供的数据，在 2017 年各区域支付统计中，以中国为主的亚太地区信用卡支付金额仅占支付总额的 8%，以美国为主的北美地区信用卡支付金额占支付总额的 46%，以欧洲为主的欧洲、中东、非洲地区信用卡支付金额占支付总额的 12%，拉美地区的信用卡支付金额占支付总额的35%。亚太地区信用卡支付占比最低原因在于以中国为主的国家直接从银行借记卡时代跨越至第三方支付时代，省去了中间的信用卡支付时代。与此同时，以中国为主的亚太地区的跨境支付份额占全球的46%。综合亚太地区的跨境支付体量以及支付使用习惯，独特的行业背景非常有利于中国第三方支付发展跨境支付业务。

(3)新兴跨境贸易支付需求的多元化：随着经济不断发展，跨境支付的需求已经产生了变化，传统B2B贸易增长停滞，新兴跨境支付场景正在崛起。

一方面，作为跨境支付主要交易内容之一的传统进出口贸易业务遭遇发展瓶颈。2015年，传统进口贸易占资金出境总额的83.99%，传统出口贸易占资金入境总额的68.87%，传统进出口贸易的特点是大额低频，其跨境支付结算市场主要由商业银行占领，随着全球经济增长趋缓、需求不足、国内人口红利消退等因素的不断出现，将使传统贸易逐步萎缩，这一市场面临规模停滞。

另一方面，新兴跨境场景崛起，第三方跨境支付服务迎来发展机遇期。新兴跨境场景以跨境电商、跨境旅游、留学等为代表。新兴跨境交易内容多呈现小额高频特征，适应第三方跨境支付渠道。跨境支付需求的变化也带动了跨境贸易模式的变化，在四大贸易模式中，第三方支付在传统B2B贸易模式以外的平台型B2C、小额B2B、自营B2C三种模式中，为其提供多种高度定制化的行业解决方案。

2)我国跨境电子商务支付的机遇

综上所述，我国跨境支付行业正向跨国融合、新兴力量崛起和技术升级三大趋势发展，由此带来了以下四大发展机遇：

第一个机遇是人民币将成为跨境支付中的重要货币，利于中国跨境支付企业发展。中国正在逐步提升在国际经济活动中的参与度，加深与其他经济体的合作交流，在细分行业和领域提升中国的话语权。“一带一路”倡议实施，为跨境支付带来新的发展机遇，一带一路涉及基础设施建设、国际贸易和旅游服务等多个合作领域，随着沿线经济体联系更加紧密，跨境支付的频率会越来越频繁，支付服务内容会越来越丰富。

第二个机遇是跨境电商替代传统的国际货物贸易，带动第三方支付跨境支付业务发展。跨境电商相比传统的国际贸易能有效减少流通环节，提升交易效率，使买卖双方获益。考虑到第三方支付是最适合跨境电子商务的跨境支付方式，同时以中国为主的亚太地区跨境支付规模全球占比接近50%，而信用卡的支付占比只有8%左右。从市场的需求和供应综合来看，中国第三方支付跨境支付业务的快速发展是必然的。

第三个机遇是新兴跨境支付场景不断出现，围绕B端需求提供多元化的跨境支付服务将成为核心竞争力。随着市场参与者的数量增加，行业竞争加剧，费率水平处于下降通道中。同时随着国内消费需求的变化，跨境电商、国际机票、酒店预订、留学缴费、国际物流等新兴跨境支付场景也在不断出现。未来，占据市场领先的支付公司必将向支付链条上下游拓展，提升综合服务能力，从而进一步积累数据，提供增值服务，拓宽收入来源。

第四个机遇是技术进步会推进跨境支付向更快更高效的方向发展，未来的跨境支付会更加便捷、快速和低成本，其核心在于技术升级和支付标准的统一。支付系统建立在银行的账户体系之上，与本地的支付习惯、法律法规、金融监管、征信体系紧密相关；跨境支付业务的拓展会受到市场差异的影响，区块链等新技术有望改变传统的支付方式，目前传统金融机构和科技创业公司都在积极探索。

任务9.2　认识跨境电子商务支付模式

跨境电子支付，也称跨境互联网支付，是指为不同国别的交易双方提供基于互联网的在线支付服务。跨境电子支付业务按照资金流向可分成进口业务和出口业务。进口业务涉及跨境支付购汇，出口业务涉及跨境收入结汇。根据跨境电子商务业务模式不同，采用的支付结算方式也存在着差异。

根据双方是否需要去柜台办理业务，跨境电子商务支付分为线下支付和线上支付。线下支付主要是通过商业银行或专业汇款公司来实现，线上支付主要是通过境内或境外第三方支付平台来完成。其中，商业银行和第三方支付平台用得比较多，特别是第三方支付平台，支付成本低、支付操作方便快捷，逐渐成为首选支付方式。

9.2.1　传统跨境支付模式

大宗跨境贸易常采用传统跨境支付（线下支付）模式，主要有以下几种：

1. 汇付

汇付（remittance），也称汇款，是指汇款人主动将货款交给银行，由银行根据汇款指示汇交给收款人的一种付款方式，是最简单的支付方式。

1）汇付的种类

汇付的种类有信汇、电汇和票汇。

（1）信汇（M/T）：汇款人向银行提出申请，同时交存一定金额及手续费，汇出行将信汇委托书以邮寄方式寄给汇入行，授权汇入行向收款人解付一定金额给收款人的一种汇款方式。信汇方式费用低，但速度慢。

（2）电汇（T/T）：付款人将一定款项交存汇款银行，汇款银行通过电报或电话传给目的地的分行或代理行（汇入行），指示汇入行向收款人支付一定金额的一种交款方式。电汇方式收款较快，费用低，差错率低，但手续费较高，一般在金额较大的时候或者比较紧急的情况才使用电汇。

（3）票汇（D/D）：汇出银行应汇款人的申请，代汇款人开立以其在国外的分行或代理行为付款行的即期汇票，支付一定金额给收款人的一种汇款方式。

2）汇付的特点

（1）汇付使用的结算工具的传递方向是从买方流向卖方，与资金的流向是一致的，属于顺汇。

（2）汇付属于商业信用，因为采用汇付方式，是否按照合同规定履行付款义务和何时履行付款义务，完全依靠买方信用，银行在双方之间完全是付款人的代理，只提供服务，不承担付款的责任。

汇付方式通常用于预付货款、货到付款，以及订金、货款尾数、佣金等小金额的支付。

2. 托收

托收是指债权人委托银行凭票据向债务人收取贷款的一种支付方式。托收一般的做法是由债权人（卖方）根据发票金额，开立以买方为付款人的汇票，向债权地银行提出申请，委托银行通过其在债务地分行或其他往来银行，代为向买方收取货款。

1）托收的类型

常见的托收类型是光票托收和跟单托收。

（1）光票托收：指仅凭汇票或单纯的资金单据而不附有任何商业单据所进行的托收。主要用于小额交易货款、部分预付货款、分期支付货款、佣金以及贸易从属费用的收取。

(2)跟单托收:跟单托收是出口商根据合同备货出运后,将跟单汇票或将不带汇票的货运单据签送托收银行,委托代收货款的一种托收结算方式。跟单托收,虽以买卖合同为基础,但托收银行和代收银行只按委托人递交的"无证出口托收申请书"所列内容代收货款,而不问合同内容如何及其履行情况,也无义务根据合同审核单据。进口商根据凭单付款合同,在托收单据寄达代收银行时,有权先检验单据,在单据符合合同的条件下,才履行付款责任。

2)托收的特点

(1)在托收中,作为结算工具的单据和单据的传送与资金的流动方向是相反的,属于逆汇。

(2)托收属于商业信用,银行完全根据卖方的指示来处理,到底银行是否能收到货款,依靠买方的信用。

托收方式对买方比较有利,费用低,风险小,资金负担小,甚至可以取得卖方的资金融通。

3.信用证

信用证(letter of credit,L/C),是指银行根据进口人(买方)的请求,开给出口人(卖方)的一种保证承担支付货款责任的书面凭证。以信用证支付方式付款,是由开证银行自身的信誉为卖方提供付款保证的一种书面凭证;通常只要出口商按信用证的书面规定条件提交单据,银行就必须无条件付款,所以卖方的货款就会得到可靠的保障,而进口商则可以在付款后保证获得符合信用证条件的所有货运单据。

信用证是当今国际贸易中的一种主要结算方式,被广泛应用于国际贸易中,这是因为信用证不但在一定程度上解决了买卖双方之间互不信任的矛盾,而且还使买卖双方在信用证结算货款的过程中获得银行资金融通的便利,从而促进了国际贸易的发展。

1)信用证当事人

信用证方式通常涉及四位基本当事人,即开证申请人、受益人、开证行、通知行。

(1)开证申请人(applicant):开证申请人指向银行书面申请开立信用证的一方,一般为进口商。开证申请人需要在合同规定的期限内开立信用证,并交付开证押金或者提供其他形式的担保、缴纳开证所需费用。

(2)受益人(beneficiary):受益人指信用证上所指定的有权使用信用证的一方,一般为出口商,是信用金额的合法享受人。

(3)开证行(issuing bank):开证行是开立信用证的银行,一般是进口地银行。开证行有权收取开证手续费,正确及时开证。

(4)通知行(advising bank):通知行是受开证行委托,将信用证通知给受益人的银行,一般是出口地银行,通常是开证行在出口地的代理行或分行。卖方可以指定自己的开户行作为通知行,负责鉴别来证的表面真实性,如果无法鉴别,应告知受益人。

信用证在使用过程中还涉及其他几位当事人,如保兑行、付款行、议付行、偿付行、承兑行、转让行等。

(5)保兑行(confirming bank):保兑行是应开证行请求在信用证上加具保兑的银行,与开证行有相同的责任和地位。它对受益人独立负责,在付款或议付后不能向受益人追索。

(6)付款行(paying bank):付款行是开证行的付款代理,可代替开证行验收单据,付款后无权向受益人追索。

(7)议付行(negotiating bank):议付行是根据开证行的授权买入或贴现受益人提交的符合信用证规定的票据的银行。如遭拒付,它有权向受益人追索垫款。

(8)偿付行(reimbursement bank):偿付行也是开证行的付款代理,但不负责审单,只是代替开证行偿还议付行垫款的第三方。当开证行收到单据发现不符而拒绝付款时,可向索偿行(一般是议付行)追索。

(9)承兑行(accepting bank):承兑行是开证行在承兑信用证中指定并授权向受益人承担(无追索权)付款责任的银行。承兑行可以是开证行本身,也可以是信用证所指定的其他银行。

(10)转让行(transferring bank):转让行是应受益人的委托,将信用证转让给信用证的受让人即第二受益人的银行。它一般为通知行、议付行、付款行和保兑行。

2)信用证的特点

信用证是一项独立的文件,虽然信用证以买卖合同为基础,但一经开出,就成为独立于买卖合同之外的另一种契约,各当事人的责任与权利均以信用证为准。买卖合同只能约束进出口双方,而与信用证业务的其他当事人无关;因此,开证行只对信用证负责,只凭完全符合信用证条款的单据付款。信用证业务是一种纯粹的单据业务,在信用证方式下,银行付款的依据是单证一致、单单一致,而不管货物是否与单证一致。

9.2.2 跨境电子商务第三方支付模式

跨境支付业务范围包括货物贸易、留学教育、航空机票、酒店住宿、国际运输、旅游服务、国际会议、国际展览、软件服务等。我国从2013年起在全国范围内开展部分支付机构跨境外汇支付业务,允许支付机构为跨境电商交易双方提供外汇资金收付及结售汇服务,现已有约30家支付企业获得跨境支付牌照。

1. 第三方支付的定义

第三方支付是指具备一定实力和信誉保障的独立机构,通过与银联或网联对接而促成交易双方进行交易的网络支付模式。第三方支付平台是指境内消费者通过电商平台提供的海外特约商户,选择自己希望购买的商品,以电子订单的形式发出购物请求,然后通过与第三方支付机构账号绑定的银行卡,支付相应的人民币给第三方支付机构即可完成付款,由第三方支付机构与备付金存管银行或合作银行来完成外汇兑换,最后由第三方支付机构将货款划转给境外商户的开户银行。

2. 跨境电子商务交易模式分类

除了人们所熟知的消费者(付款人)在境内、商家(收款人)在境外这两种跨境电商交易模式以外,通过第三方支付平台进行的交易还有购买者(付款人)在境外、商家(收款人)在境内模式,具体可参考表9-1。

表9-1 跨境电商交易模式分类

类型	买家所属地	支付币种	卖家所属地	结算币种	举例
国内电商	境内	人民币	境内	人民币	淘宝、京东
跨境电商(出口)	境外	外币	境内	人民币	Shopee
跨境电商(进口)	境内	人民币	境外	外币	网易考拉
国外电商	境外	外币	境外	外币	易贝(eBay),亚马逊(Amazon)

3. 国内主流第三方支付工具[①]

1)财付通

财付通(Tenpay)是腾讯公司于2005年9月正式推出的专业在线支付平台,其核心业务是帮助在互联网上进行交易的双方完成支付和收款。财付通公司是中国领先的支付平台,是首批获得中国人民银行"支付业务许可证"的专业第三方支付大型企业。财付通跨境支付及国际业务的主要应用场景为跨境电子商务外汇支付业务。通过和美国运通合作,业务覆盖20多个国家和地区,借助手机用户优势,构建基于微信支付的跨境支付生态圈,财付通现拥有C端用户近6亿。

2)支付宝国际

支付宝国际(Escrow)是支付宝(中国)网络技术有限公司拥有的国际支付产品,国际版支付宝是阿里巴巴国际站与支付宝联合为跨境贸易买卖双方打造的在线安全支付解决方案,主要是为从事跨境交易的国内用户建立的一个资金账户管理系统。买家可以通过支付宝国际版使用信用卡、西联汇款、银行汇款(T/T)等多种方式进行支付,包括对交易的收款、退款、提现等主要功能。目前只有速卖通与阿里巴巴国际站会员才能使用。

3)连连国际支付

连连国际支付(LianLian Global)隶属于连连银通电子支付有限公司,成立于2003年,注册资本3.25亿元,是国内领先的独立第三方支付公司。连连在欧洲、美洲、亚洲等多个国家和地区设立海外持牌金融公司,与全球众多知名金融机构及电商平台达成合作,成功对接国内11个电子口岸,支持全球16个主流结算币种,是贝宝(PayPal)中国人民币提现业务在中国内地的官方唯一合作伙伴,为Shopee、Wish、易贝(eBay)、速卖通等多个电商平台提供收付款服务。

4)呼嘭支付

杭州呼嘭智能技术股份有限公司(PingPong)是中国首家获得欧洲支付牌照的新一代金融科技公司,是中国本土的跨多区域收款品牌,致力于为中国跨境电商卖家提供低成本海外收款服务,帮助中国企业获得公平的海外贸易保护,是全球首家专门为中国跨境电商卖家提供全球收款的企业。支持美元、英镑、欧元、日元、加元、新加坡币等多币种收款,支持亚马逊、Wish、易贝(eBay)、Shopee等多平台统一收款。

5)环迅支付

上海环迅电子商务有限公司(简称"环迅支付")成立于2000年,是国内最早的支付公司之一。2011年获批中国人民银行首批"支付业务许可证",环迅支付与国内主流银行以及VISA、MasterCard、JCB、新加坡NETS等多个国际信用卡组织建立并保持着良好的合作伙伴关系,是中国银行卡受理能力较强的在线支付平台,每天受理数万笔来自中国、新加坡等地的各类银行卡的在线交易。环迅支付集成了银行卡支付、IPS账户支付及电话支付等几大主流功能。

6)易宝支付

易宝(yeepay.com)于2003年8月成立,总部位于北京,全国设有30家分公司。易宝作为互联网金融专家,2005年便首创了行业支付模式,陆续推出了网上在线支付、非银行卡支付、信用卡无卡支付、POS支付、基金易购通、一键支付等创新产品,服务的商家超过100万,其中

① 这里仅做简要介绍,具体内容参见项目10。

包括百度、京东、新浪、中国移动、中国电信、联想、搜狐、中国国际航空公司、中国南方航空公司、中国东方航空公司、中国人民保险公司、嘉实基金等知名企业和机构,并长期与中国工商银行、中国农业银行、中国银行、中国建设银行、中国银联、Visa、MasterCard 等近百家金融机构达成战略合作关系。2013 年 10 月,易宝支付获得国家外汇管理局批准的跨境支付业务许可证。

7)拉卡拉支付

拉卡拉成立于 2005 年,是中国领先的综合性金融科技集团,是国内知名的第三方支付公司。作为国内首批获得央行颁发牌照的第三方支付企业,拉卡拉旗下拥有支付服务、金融科技、产业基金等业务板块。拉卡拉支持境外交易电子商务平台的外币、人民币跨境支付结算。2014 年至 2015 年,拉卡拉分别获得国家外汇管理局批复的跨境电子商务外汇支付业务试点资格,以及人民银行广州分行批复的跨境人民币支付业务备案申请许可,可以向境内外商户提供跨境外汇及人民币的支付结算服务,业务范围包括货物贸易和服务贸易。

8)汇付天下

汇付天下成立于 2006 年,总部位于上海,是独立的第三方支付服务提供商,于 2018 年在我国香港联合交易所上市。汇付天下是中国的独立第三方支付服务提供商,公司主要服务于实体店、线上或移动设备,包括互联网支付、移动 POS、移动支付及跨境支付服务,主要通过中国银联清算网络接受来自银行卡的付款。

9)盛付通

盛付通作为领先的独立第三方支付平台,拥有全国性的线上线下支付、预付费卡支付、跨境外汇、人民币支付等支付业务牌照,是全国仅有的四家全牌照支付公司之一。盛付通跨境业务主要包括:基础汇率服务、跨境收单服务、保税清关服务及跨境结算服务,首创了用户无须开通网银,只需要有一张银行卡、一部手机便可以简单快捷地完成支付。盛付通网站用户可免费使用"账户管理、充值、提现、收付款、信用卡还款"等支付产品。

9.2.3　传统跨境支付模式与跨境电子商务支付模式的联系

传统的跨境支付模式由来已久,比如信用证等方式到目前仍然被广泛采用,事实证明,在大宗国际贸易活动中,传统跨境支付模式仍然是主流,虽然其流程相对繁琐,但在可靠性上值得肯定。

近年来,随着各国互联网的普及及人们对于跨境网络购物的不断认同和追求,跨境电子商务日渐兴起,跨境电子商务支付应运而生。跨境电子商务相对于传统国际贸易来说体量对较小,但交易频次却比传统国际贸易多出几何级别,交易信息也都是以无纸化形式为主。为了服务蓬勃发展的跨境电子商务业务,跨境电子商务支付相对于传统的跨境支付,在技术上需要不断摸索和创新,两者也将互补共存。

项目小结

随着全球经济一体化进一步强化、自由贸易试验区的设立、企业和个人走出国门欲望的日益强烈,以及互联网跨境电商业务的蓬勃发展,人们对跨境贸易的关注和需求越来越大;同时,在经济全球化的驱动下,世界各国经济日益互相依赖,商品、服务、资本和技术跨境流动日益增多，中国的电商企业迅速崛起，也使得越来越多的企业开始关注电子商务行业潜在的巨大市场份额，纷纷开展“互联网+”行动。本项目主要就跨境电子商务的概念、全球跨境支付的发展以及我国跨境支付的现状进行了阐述，也就跨境商业支付的传统商业银行支付方式进行了讲解，并对第三方支付模式和国内第三方支付平台进行了介绍。

传统跨境交易支付模式更适用于大宗进出口贸易，在传统贸易出口增速下滑及出口企业面临利润率微薄、人工成本上升等困境的情况下，传统外贸“集装箱”式的大额交易不断被小批量、多批次的“碎片化”新型跨境电商贸易所冲击；传统支付手段给跨境贸易带来的种种壁垒也可以通过第三方支付平台安全、快捷的支付方式来解决，使交易更加便利可靠，国内跨境电商支付企业也应运而生。自2000年国家正式提出“走出去”战略开始，不少中国企业已成功走出国门，成为具有世界影响力的跨国企业，以及最近几年跨境电商的成功兴起，跨境支付功不可没。

因此，国内跨境电商服务企业更应及时进行战略调整，扩大提供跨境电商服务范围，创新跨境电商服务产品，努力培养相关专业人员，跟上企业“走出去”的步伐，满足越来越广泛的跨境电商业务需求。

同步测试

一、填空题

1. 跨境电子商务支付一般是指两个或两个以上国家或地区之间，因国际贸易、国际投资及其他方面发生国际债权债务时，借助一定的(　　)和(　　)实现资金跨国或跨地区转移的行为。

2. 跨境电子商务支付大体可以分为传统的(　　)模式和(　　)模式两种。

3. 跨境电子商务B2C交易主要使用(　　)方式完成。

4. 全球跨境支付市场中的四大主导力量，分别是银行电汇、汇款公司、(　　)和(　　)。

5. 2015年中国人民币推出人民币跨境支付系统 Cross-border Interbank Payment System，简称(　　)，构建起了人民币跨境支付业务的基础。

二、判断题

1. 维萨(Visa)是一个国际银行，支持全球转账业务。(　　)

2. 第三方支付平台能同时满足用户对跨境汇款便捷性和低费率的要求。(　　)

3. 跨境电子支付业务涉及资金结售汇和收付汇。(　　)

4. 根据双方是否需要去柜台办理业务，跨境电子商务支付分为线下支付和线上支付。(　　)

5. 汇付不属于商业信用。(　　)

三、问答题

1. 请解释什么是第三方支付。

2. 请说明通过第三方平台进行交易的四种跨境电商交易模式。

项目 10　跨境电子商务支付工具

任务 10.1　分析跨境电子商务支付工具

在国际市场上，从事跨境电商支付业务的支付机构，其业务内容主要有国际信用卡和第三方支付平台等。

10.1.1　国际信用卡

国际信用卡是一种银行联合国际信用卡组织签发给那些资信良好的人士并可以在全球范围内进行透支消费的卡片，同时该卡也被用于在国际网络上确认用户的身份。

许多银行都有各自特色的国际信用卡，但用户要注意申请信用卡前要先了解银行的信用卡风险条款。须知，在国际信用卡内的存款没有利息。

1. 国际信用卡的主要种类

通常国际信用卡以美元作为结算货币，可以进行透支消费(先消费后还款)。国际上有六大信用卡品牌，分别是维萨国际组织(VISA International)及万事达国际组织(MasterCard International)两大组织，还有中国银联股份有限公司(China UnionPay)、美国运通国际股份有限公司(America Express)、大来信用卡有限公司(Diners Club)和日本国际信用卡公司(JCB)。我国的各大商业银行也均开办了国际信用卡业务，客户可以很方便地在银行柜台办理申请信用卡手续。图 10-1 所示为中国工商银行维萨(Visa)卡。

图 10-1　中国工商银行维萨(Visa)卡

1)维萨国际组织

维萨国际组织 (VISA International)是全球支付技术公司，连接着全世界 200 多个国家和地区的消费者、企业、金融机构和政府，促进人们更方便地使用数字货币，代替现金或支票。Visa 拥有并管理 Visa 品牌及基于 Visa 品牌的一切支付产品。同时，作为全球市场占有率最高的信用卡，Visa 卡可在全世界 2 900 多万个商户交易点受理，并且能够在超过 180 万台自动提款机提取现金。无论日常购物、预订酒店，或网上书店购物，Visa 卡均最为商户认可和接纳，在网络与现实世界中受同样的欢迎。

2)万事达国际组织

万事达国际组织(MasterCard International)是全球第二大信用卡国际组织，该组织本身并不直接发卡，MasterCard 品牌的信用卡是由参加万事达国际组织的金融机构会员发行的，其会员约 2 万个，为超过 210 个国家及地区的消费者、政府和商户提供服务。

3)中国银联股份有限公司

中国银联(China UnionPay)成立于2002年3月,是经国务院同意,中国人民银行批准设立的中国银行卡联合组织,总部设于上海。截至2019年9月,中国银联已成为全球发卡量最大的卡组织,发行近80亿张银行卡,银联网络遍布中国城乡,并已延伸至亚洲、欧洲、美洲、大洋洲、非洲等境外174个国家和地区。

4)运通卡

自1958年发行第一张运通卡以来,迄今为止运通公司已在68个国家和地区以49种货币发行了运通卡,构建了全球最大的自成体系的特约商户网络,并拥有超过6 000万名的优质持卡人群体。成立于1850年的运通公司,最初的业务是提供快递服务,随着业务的不断发展,运通于1891年率先推出旅行支票,主要面向经常旅行的高端客户。可以说,运通服务于高端客户的历史长达百年,积累了丰富的服务经验和庞大的优质客户群体。

2. 国际信用卡支付费率

持卡人境外刷卡消费支付的账单中,刷卡费用一般为消费金额的3%～4%,另外,维萨(Visa)和万事达(MasterCard)等国际卡组织向发卡行收取的国际交易费为每笔交易的1%～1.5%,虽然这是向银行收取的,但实际上这笔费用是由刷卡人承担。全球各银行收取手续费或兑换费的费率在1%～2%,信用卡分期手续费以发卡行支付页面提示的费率为准,在一些特殊的地区,也有特殊的手续费,具体以信用卡发卡当地银行收费标准为准。

3. 国际信用卡的优劣势

1)国际信用卡支付的优势

(1)使用便利:在目前外汇还未完全放开的情况下,国际信用卡给人们各类消费结算带来了便利,通过信用卡支付网关,信用卡可以安全、方便、快捷地将钱支付到商家账户,让商家方便、及时地收到货款。信用卡在一定金额内可实现人民币与外币自由兑换。

(2)覆盖面广:国际信用卡是欧美最流行的支付方式,用户人群非常庞大,维萨和万事达卡在全球的用户量超过20亿次,使用率非常高。目前,在大部分国家和地区,当地商户都接受维萨、万事达卡和银联等消费购物。易贝(eBay)、亚马逊(Amazon)等购物平台普遍接受主流国际信用卡消费。

2)国际信用卡支付的劣势

(1)汇率损失:如果在国外消费,尤其是非该信用卡结算货币的外币,则汇率损失相对较大。所以在去该国(该地区)之前,最好先兑换好该国(该地区)的货币。

(2)接入方式复杂:国际信用卡需要支付开户费和年服务费、预存保证金等,收费高昂,付款额度偏小。虽然国际信用卡有一段时间的拒付期,但仍存在拒付风险,所谓拒付,是指信用卡持卡人本人主动要求把钱退回的行为,拒付的原因有客人没有收到货、货物质量问题、盗卡、诈骗等。

(3)网络风险:如果使用国际信用卡,在易贝(eBay)、亚马逊(Amazon)等购物平台上购物,可能会留下Cookie(储存在用户本地终端上的数据),从而为网络犯罪留下机会。所以在陌生计算机上绑定国际信用卡支付后,需要及时清空相关数据。

10.1.2 跨境电子商务第三方支付工具

1. 支付工具贝宝

贝宝(PayPal)是美国易贝(eBay)公司的全资子公司,成立于1999年。贝宝是国际贸易支付工具，可实现即时支付和即时到账，解决跨境贸易买卖双方的收付款问题。贝宝支付平台遍及全球200多个国家和地区，支持用户接受100多种货币付款，56种货币提现，并在贝宝账户中拥有25种不同货币的余额。

贝宝可供使用电子邮件来标识身份的用户之间转移资金，避免了传统的邮寄支票或者汇款的方法。它拥有全中文操作界面，能通过中国的本地银行轻松提现，用户注册贝宝后就可以立即开始使用信用卡收付款。在跨境交易中，超过90%的卖家和超过85%的买家认可并正在使用贝宝电子支付业务。2010年4月27日，阿里巴巴公司与贝宝联合宣布，双方达成战略合作伙伴。图10-2所示为贝宝主页。

图10-2 贝宝主页

1)贝宝费率

(1)贝宝现有的收费体系是为了鼓励卖家使用贝宝，随着卖家交易额的增大，会给卖家一定的返利。

(2)贝宝的标准收费是1.5%+0.3美元(境内的交易)，4.4%+0.3美元(跨境交易)。中国用户如果使用集中付款方式，则收费最多为1美元，只有高级用户才可以使用集中付款方式。

(3)针对不同商家账户，贝宝将设置不同的收费标准(根据交易额)，月销售额达到3 000美元及以上并保持良好账户记录的贝宝用户，都可以申请成为贝宝的商家用户，并获得优惠商家费率。

(4)享受何种优惠收费标准将根据每月的交易额而定，随着卖家交易额的增大，会给卖家一定的返利。

(5)在获得认证后，单笔付款的最高限额为10 000美元。另外，单笔付款的最低限额为0.01美元。

2)贝宝跨境支付的优势

(1)全球用户：贝宝在全球202个国家和地区拥有3亿多用户，已实现24种货币间进行交易。

(2)品牌效应强：贝宝在欧美的普及率极高，是全球在线支付的代名词，强大的品牌优势能让网站轻松吸引众多的跨境客户。

(3)资金周转快:贝宝独有的即时支付、即时到账的特点,让用户能够实时收到境外客户发送的款项,同时最短仅需 3 天即可将账户内的款项转账至境内的银行账户,及时、高效地帮助商家开拓境外市场。

(4)安全保障高:完善的安全保障体系,收付双方必须都是贝宝用户,以此形成闭环交易。丰富的防欺诈经验,业界最低的风险损失率(仅 0.27%,不到使用传统交易方式的 1/6),确保了用户的交易顺利进行。

(5)小额业务成本低:在小额收付款业务上的成本优势明显,无注册费用、无年费。

3)贝宝跨境支付的劣势

(1)大额业务成本高:当进行大数据业务时,如 1 万美元以上等,则通过贝宝付款的手续费较高。

(2)欺诈风险:若客户收到的商品不理想可以要求退款,少部分人会利用这个规则进行欺诈,卖家面临的风险损失较大。

(3)资金冻结:贝宝支付容易产生资金冻结的问题,若一笔交易存在争议,而买卖双方不能达成一致意见,贝宝会冻结商家账户,给商家带来不便,这和贝宝相对偏袒卖家利益是分不开的。

2. 支付工具万里汇

跨境电子商务资金服务商 WorldFirst(简称 WF)于 2004 年成立,一直致力于为全球中小企业提供更优质的支付服务,迄今为止已为全球 50 万客户处理逾 700 亿英镑的资金交易(数据统计于 2020 年 9 月 30 日)。2014 年万里汇正式进入中国,并于 2019 年被中国金融企业收购,携手中国境内持牌机构,为广大跨境电商卖家和中小企业提供快捷、方便、安全和实惠的跨境收款服务。2020 年 7 月,万里汇中国商户服务升级至 997 模式,客服接待时间延长到从周一到周日的 9:00 到 21:00,并且全面实现本地化客服接听模式,为用户解决支付平台使用中的相关问题。图 10-3 所示为 WorldFirst 主页。

图 10-3　WorldFirst 主页

1）万里汇费率

2019 年 7 月开始，蚂蚁集团收购英国跨境支付公司 WorldFirst，之后平台费率全面下调至 0.3%封顶，且不会因为交易金额而改变；无年费、无汇损。

2）万里汇跨境支付的优势

（1）费率低：每笔交易费率仅为 0.3%，远低于 1%行业平均费率，每提款 10 万美元可省约 5 000 元人民币，汇率对标市场，可实现零汇损。

（2）到账快：提款至支付宝或至银行卡都能闪电到账。

（3）多平台、多币种：蚂蚁集团生态圈成员，与全球顶级银行合作。支持全球 70 多个电商平台和支付网关，支持全球十大主流货币：离岸人民币、英镑、美元、加元、日元、欧元、新西兰元、新加坡元、澳元、港元都能轻松收，为用户提供安全便捷的跨境交易服务。

3）万里汇跨境支付的劣势

万里汇更多用于 B2C 电商平台的提现。如果是做 B2B 大宗进出口贸易，涉及的相关单据手续及流程资料等相对复杂，正常收款结汇只能提现 30%，要提交物流单据之后才能提剩余的 70%款项。

3. 支付工具国际支付宝

国际支付宝（Escrow），英文全称 Alibaba.com's Escrow Service，是阿里巴巴专门针对国际贸易推出的一种第三方支付担保交易服务。该服务现已全面支持航空快递、海运、空运等常见物流方式的订单，航空快递订单和海运订单已经实现了平台化，买卖双方均可在线下单。通过使用 Escrow 的交易，能有效避免传统贸易中买家付款后收不到货、卖家发货后收不到钱的风险。Escrow 支持部分产品的小额批发、样品等交易，每笔订单金额须小于 10 000 美元。Escrow 支付方式目前主要有三种形式，分别是境内消费者在境外消费时通过 Escrow 付款给境外商家、境内消费者在跨境电商平台上购买境外商品时通过 Escrow 付款给境外商家、境内用户跨境付款给境外商家或境外用户跨境支付给境内商家。图 10-4 所示为 Escrow 主页。

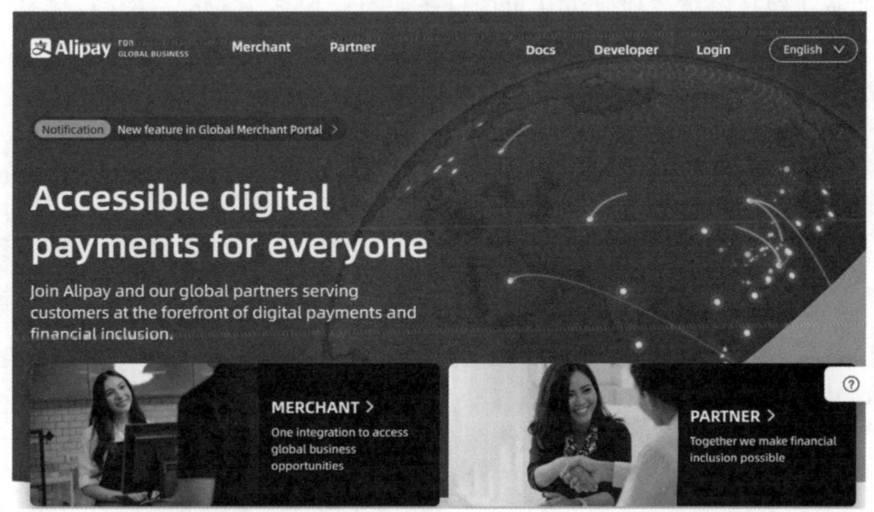

图 10-4　Escrow 主页

1）国际支付宝费率

一般来说，境内客户在境外支持 Escrow 的商户消费以及境内用户在境外跨境电商平台购物时，无手续费，汇率按照实时汇率计算。通过 Escrow 付款给境外商家时，全部手续费为境内银行手续费加境外银行手续费，其中，境内银行手续费 50 元/笔，境外银行手续费由境外银行计算并收取。

2）国际支付宝跨境支付的优势

（1）免费买家服务：海外买家更倾向于和开通 Escrow 的卖家交易；丰富真实的交易记录可以提升买家的信任，减少与买家的沟通成本，快速达成交易。Escrow 服务向买家免费开放，只在交易完成后对卖家收取手续费，买家无须支付任何费用。Escrow 对卖家的每笔订单收取 3%（中国供应商会员）或 5%（普通会员）的手续费。

（2）安全保障：Escrow 在收到买家全部货款后才会通知卖家发货，从而帮助卖家规避收款不全或钱货两空的风险。买家的货款将在 Escrow 账户上被暂时冻结，等待买家确认收货之后才会将货款支付给卖家，此方式很受海外买家的欢迎。Escrow 是一种第三方支付担保服务，而不是一种支付工具。

（3）方便快捷：Escrow 实现线上支付，直接到账，足不出户即可完成交易。只要海外买家有信用卡账户并开通网银功能，就可以方便地在网上进行付款操作。即使没有信用卡账户，买家也可以通过传统的 T/T、西联等方式进行付款，且不会增加海外买家任何额外的操作成本。

3）国际支付宝跨境支付的劣势

（1）法律风险：Escrow 是近年来新兴的支付方式，在这一领域的国内法律法规及国际公约还不够完善，其中一项重要的问题就是账户资金安全的法律风险由谁承担，而针对不同的安全问题，其相应的安全保障责任分配也不尽相同，适用的法律管辖权也将有所差异。

（2）黑客风险：Escrow 支付是依托移动网络和智能手机共同完成，而一切网络系统均可能遭受黑客攻击，因此该风险不仅仅限于 Escrow 支付这一个支付平台。

4. 支付工具 Skrill

Skrill 是一家极具有竞争力的网络电子银行，它于 2002 年 4 月在英国伦敦成立，2003 年 Skrill 成为世界上第一家被政府官方认可的电子银行。原名为 Moneybookers，于 2010 年更名为 Skrill。用户注册只需使用邮箱（E-mail）地址，无须信用卡，没有交易付款手续费和低廉的收款手续费是 Skrill 强大的优势之一。图 10-5 所示为 Skrill 中文主页。

图 10-5　Skrill 中文主页

1）Skrill 费率

（1）账户间转账手续费用：转账方 1.99%手续费，接收方免费。

（2）通过 Skrill 向商家支付或从商家提款：双向免费。

（3）从 Skrill 提款到国内银联手续费为 3 美元左右，到账时间 1～5 天。

2）Skrill 跨境支付的优势

（1）隐私保护：Skrill 以电子邮件为支付标识，付款人不需要暴露信用卡等个人信息，直接凭借电子邮件地址及带照片的身份标识，如身份证、护照、驾照传真便可完成认证。

（2）时效性强：发送和接收款项时，通过 Skrill 可完成实时转账至银行账户或从 ATM 设备取款。

3）Skrill 跨境支付的劣势

不允许 Skrill 用户有多个账户，每一位客户只能注册一个账户；目前不支持未成年人注册，须年满 18 岁才可以使用。

5. 支付工具派安盈

派安盈（Payoneer，简称“P 卡”）成立于 2005 年，总部设在美国纽约，持有美国金融犯罪执法局（FinCEN）签发的货币服务企业（Money Service Business，MSB）执照和欧洲电子货币职业牌照（E-money license），是万事达卡组织授权的具有发卡资格的机构。为支付人群分布广而多的联盟提供简单、安全、快捷的转款服务。派安盈的合作伙伴涉及的领域众多并已将服务遍布到全球 210 多个国家，150 多个币种支持。派安盈预付万事达卡可在全球任何接受万事达卡的刷卡机（POS）刷卡、在线购物或者 ATM 取出当地货币。派安盈电汇转账服务已在全球 210 个国家开通（包括中国），1～5 个工作日便可进入到用户当地银行账户内。派安盈主页如图 10-6 所示。

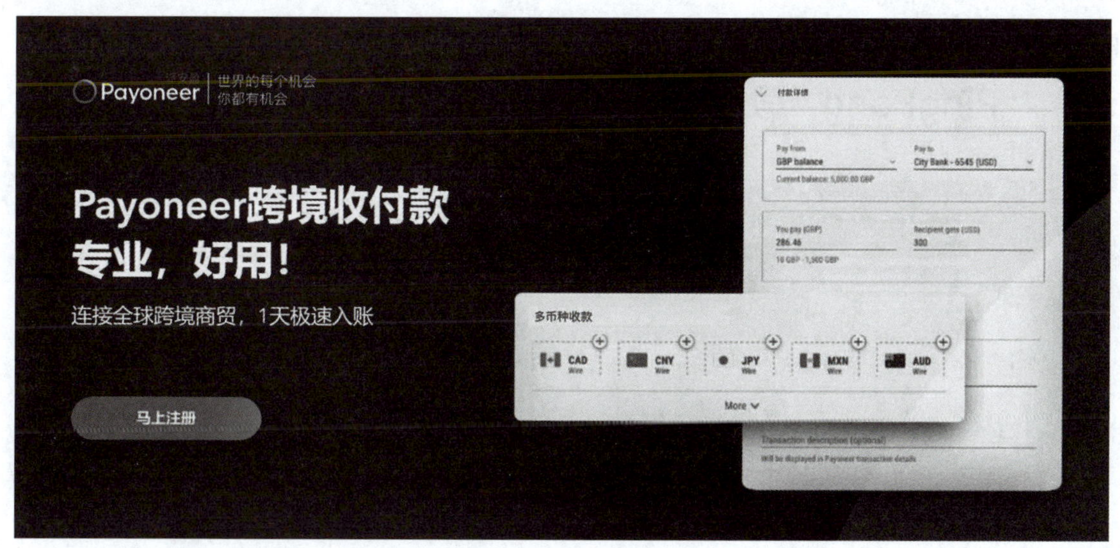

图 10-6　派安盈主页

1）派安盈费率

（1）转账到全球 210 个国家和地区的当地银行账户，收取 2%的手续费。

（2）ATM 取款机直接取人民币（每天最多 2 500 美元，每笔 Payoneer 取款收取 3.15 美元的固定费用)。

(3)超市商场消费(每天最多 2 500 美元,Payoneer 不收手续费)。

(4)根据合作平台的不同,收取费率会有所不同。

2)派安盈跨境支付的优势

(1)便捷:中国身份证即可完成 Payoneer 账户在线注册,可在国内支持 MasterCard 标识的平台使用或提取人民币,可绑定和激活贝宝账户。

(2)合规:可以通过 Payoneer 和中国支付公司的合作完成线上的外汇申报和结汇。为跨境电商提供灵活、快捷、低费率的跨境收款方式。

3) 派安盈跨境支付的劣势

手续费较高,转账到全球 210 个国家和地区的当地银行账户,将收取 2% 的手续费。ATM 直接提现人民币受限额影响,每天最多提取 2 500 美元并收取 3.15 美元的固定费用。

6. 支付工具呼嘭支付

杭州呼嘭智能技术有限公司(简称 PingPong)是一家中国人创立的全球收款公司,于 2014 年 8 月组建,是全球首家也是目前唯一一家专门为中国跨境电商卖家提供全球收款的企业。PingPong 与中国银联、中国银行、中国跨境电商综合试验区(杭州)、上海跨境电商公共服务平台等机构联手,为中国卖家提供更合规、更安全的跨境收款服务以及多种重量级产品,业务覆盖 13 个主流平台超 100 个国家和地区。PingPong 金融拥有注册于国际金融中心纽约的金融服务子公司(PingPong Global Solutions),并取得美国 FinCEN (美国金融犯罪执法局) 签发的货币服务企业执照。PingPong 主页如图 10-7 所示。

图 10-7 PingPong 主页

1)PingPong 费率

PingPong 金融无年费,转款时手续费收取 1% 封顶,无其他附加费用,无汇损。

2) Pingpong 跨境支付的优势

跨境收款最快 5 分钟即可提现到账，收款费率低至 1%，支持多平台统一管理。

3)Pingpong 跨境支付的劣势

PingPong 暂时只提供美元、英镑、欧元、日元、澳元、加元和新加坡币种收款。

7. 支付工具连连国际

连连银通电子支付有限公司(简称"连连支付")，是浙江省级高新企业，成立于 2003 年，是专业的第三方支付机构，是中国行业支付解决方案提供商。连连支付拥有中国人民银行颁发的"支付业务许可证"、中国人民银行核准的跨境人民币结算业务资质。业务覆盖跨境贸易、电商、航旅、出行、物流、教育、房产、汽车、保险、基金、文化等 20 多个垂直行业。连连移动支付交易量年复合增长率达 139%，累计交易量突破 3.6 万亿元人民币，服务用户数量近 3 亿人次。支付汇兑是连连支付为商户提供跨境互联网支付所涉的外汇资金集中收付及相关结售汇服务。通过连连支付开发的支付汇兑平台，国内消费者可直接使用人民币购买国外商户的产品。在跨境支付业务上，连连支付累计服务了 70 万跨境出口电商卖家。图 10-8 所示为 LianLian Global 主页。

图 10-8　LianLian Global 主页

1)连连支付的支付费率

连连支付的亚马逊平台提现费率是 0.7%，在跟亚马逊官方合作的企业里费用是最低的。通过连连支付，用户将贝宝的外币提现为人民币，手续费仅为 1.2%，无其他费用。

2) 连连支付的跨境支付的优势

连连支付支持美元、日元、英镑、欧元、加元、澳元、港元、印尼盾、新加坡币、迪拉姆、兹罗提 11 种货币收款；汇率无损，锁定中国银行实时汇率；资金变动均会收到短信及邮件通知；随时提现，快速到账，2018 年启用的实时到账功能，最快 2 秒到账；统一管理多平台多店铺，平台客服 7×24 小时在线响应。

3)连连支付的跨境支付的劣势

连连支付本身的安全性还是不错的，但并不负责商户和用户之间纠纷的协调或处理。

8. 支付工具 WebMoney

WebMoney(简称 WM),是由成立于1998年的 WebMoney Transfer Techology 公司开发的一种在线电子商务支付系统 ,截至2021年,注册用户已超过4千万,其支付系统可以在包括中国在内的全球70多个国家和地区使用,在俄语系国家、日本、欧美都有相当的适用人群,尤其在俄语系国家,其是三大在线支付工具之一(另外两个是 YooMoney 和 QIWI Wallet)。图10-9所示为 WebMoney 主页。

图10-9　WebMoney 主页

1) WebMoney 费率

WebMoney ID 下不同钱包之间转账收取0.8%的手续费,有付款方支付,具体如下:

(1)WMZ(美元),收取0.8%转账手续费,最低0.01美元,最多50美元。

(2)WME(欧元),收取0.8%转账手续费,最低0.01美元,最多50美元。

(3)WMR(卢布),收取0.8%转账手续费,最低0.01美元,最多1 500美元。

(4)WMG(黄金),收取0.8%转账手续费,最低0.01克,最多2克。

2)WebMoney 跨境支付的优势

(1)安全性:转账需要手机短信验证、异地登录 IP 等多重保护功能。

(2)迅速性:即时到账。

(3)稳定性:俄罗斯最主流的电子支付方式之一,在俄罗斯各大银行均可自助充值取款。

(4)国际性:用户可在网上匿名免费开户,可以零资金运行。

(5)方便性:只需要知道对方的账号即可转账汇款。

(6)通用性:全球多个外汇、投资类站点及购物网站都接受 WebMoney 收付款。

3)WebMoney 跨境支付的劣势

商户申请 WebMoney 账户的周期较长,通常需要一个月左右的时间才可以申请成功。

9. 支付工具 QIWI Wallet

QIWI Wallet 是俄罗斯最大的支付服务提供商之一，俄罗斯互联网巨头 Mail. ru 于 2007 年共同创立 QIWI，它运营着俄罗斯最大规模的自助购物终端设备，提供在线支付和手机支付服务。QIWI Wallet 在俄罗斯的地位类似于国内支付宝，在支付行业无可取代，是电商用户在俄罗斯必备的一个收付款工具。QIWI 在欧洲、亚洲、非洲和美洲的 22 个国家和地区开展业务，包括中国跨境电商平台速卖通。图 10-10 所示为 QIWI Wallet 主页。

图 10-10 QIWI Wallet 主页

1)QIWI Wallet 费率

QIWI Wallet 支持线上线下付款，无开户费、月费、单笔交易手续费，拥有便利的自主支付终端，其代理功能包括使用该系统的用户能够快速、方便地在线支付水电费、手机话费、购物以及贷款等。

2)QIWI Wallet 跨境支付的优势

QIWI Wallet 支持实时付款和实时收款，拥有较完善的风险保障机制，不会产生买家撤款和拒付风险，买家使用 QIWI Wailet 付款的订单，不存在 24 小时订单审核限制，消费者支付成功后卖家可立刻安排发货，提升交易完成速度。

3)QIWI Wallet 跨境支付的劣势

QIWI Wallet 收款金额有限制，作为商家用户每笔交易额不得超过 50 万卢布，从账户内提现每天最高 10 万卢布封顶，付款及转账每月 400 万卢布封顶。

10. 支付工具 Boleto

Boleto 全称是 Boleto Bancorio，是受巴西中央银行(Brazilian Federation of Banks)监管的巴西官方的一种支付方式。Boleto 是巴西本地最常用的支付方式，由于巴西申请可用于跨境交易的信用卡很困难，加上 Boleto 是公司及政府部门唯一支持的支付方式，所以可以说

Boleto是跨境电子商务打通巴西支付的不二之选。国内对巴西跨境电子商务交易几乎都支持Boleto支付。比如速卖通就已经在2013年的时候开始支持了Boleto,敦煌网之后也支持了Boleto。图10-11所示为Boleto主页。

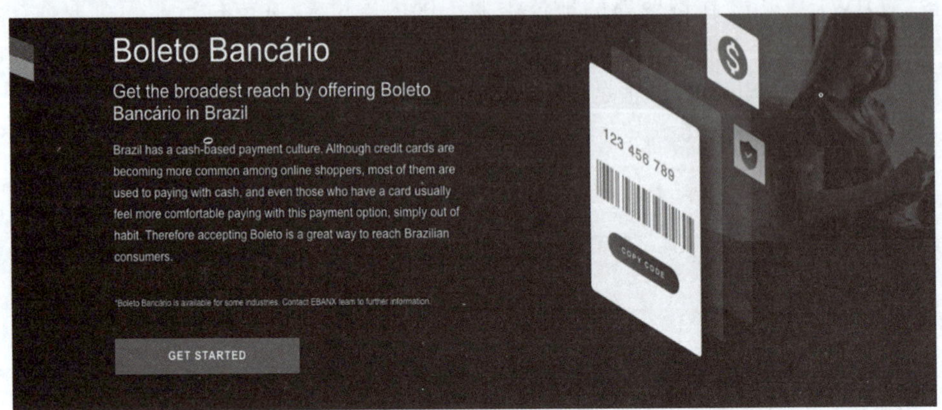

图10-11 Boleto主页

1)Boleto费率

Boleto交易费用便宜,贝宝对中国商家的费率是4.3%+0.3美元,另外还有每笔30美元的提现费用,而Boleto一般低于4%。

2)Boleto跨境支付的特点

(1)一旦付款,不会产生拒付订单和伪冒订单,保证商家的交易安全。

(2)支持线上线下付款,消费者需在网上打印付款单并通过网上银行、线下银行或其他指定网点进行付款。

(3)单笔支付限额在1～3 000美元;月累计支付不超过3 000美元。

(4)不是网上实时付款,消费者可以在1～3天内付款,各个银行需要1～3个工作日的时间完成数据交换,所以每笔交易一般需2天到一周左右的时间才能支付完成。

11.支付工具iDEAL

iDEAL是荷兰最受欢迎的一种支付方式,超过一半的电商交易是通过这一支付方式完成的。2005年,荷兰的几大标志性银行一同提出并开发了这个支付系统,在2010年其用户已超过7 000万。在荷兰,超过1 300万有银行账户的客户使用iDEAL,无须注册,使用iDEAL,用户只要拥有银行账户便可以直接在网上操作。图10-12所示为iDEAL主页。

除了网店,iDEAL也为其他机构和个人供服务,例如向慈善机构捐款、手机充值、缴纳地方税、交通罚款等,目前超过100 000个网店和其他机构使用iDEAL在线支付服务。具有交易无限制,无须保证金、无拒付、实时交易、操作流程简便、目标群使用率高等优势。

1)实时交易

iDEAL支持实时交易,这一特点与贝宝和信用卡是一样的。

2)不能拒付

商家可以选择是否开通买家保护,如果没有开通则不会发生拒付,而贝宝或者信用卡保护买家可以拒付,买家在180天内都可以拒付。

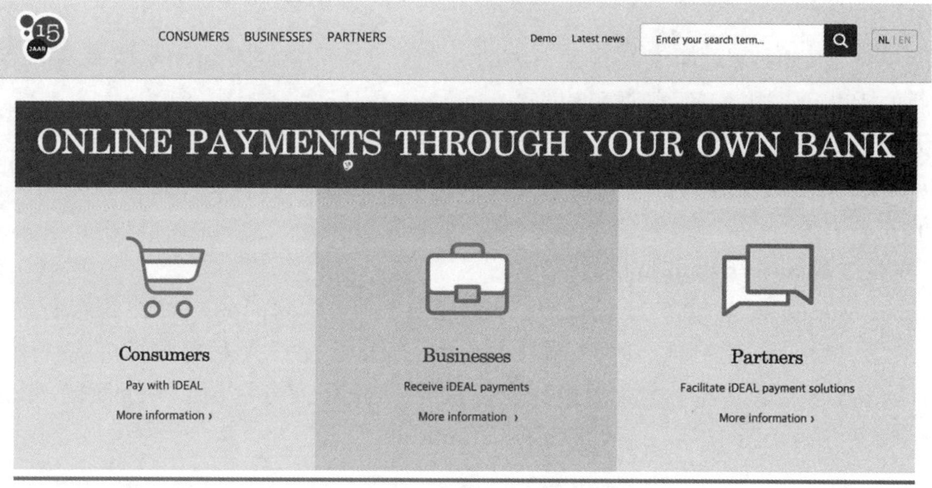

图 10-12　iDEAL 主页

3）交易费用便宜

使用 iDEAL 无须保证金或者循环使用保证金。

12. 支付工具 CashU

CashU 是中东和北非最流的支付方式（不含用卡），主要用于在线购物、游戏支付、电信、IT 服务和外汇交易等方面。CashU 可以接收来自超过 28 个国家和地区的付款，但账户将始终以美元显示金额；CashU 是一个拥有最新的防欺诈和反洗钱系统的支付平台，不仅为买家和卖家避免了相关的风险，还让在线支付变得更便捷、安全。CashU 在埃及、沙特阿拉伯、科威特、利比亚以及阿拉伯联合酋长国都比较受欢迎，建议有中东客户的电商以及游戏公司接入 CashU 支付方式，目前 Offgamers、网龙游戏已经支持 CashU 支付方式。图 10-13 所示为 CashU 主页。

图 10-13　CashU 主页

1）实时交易

CashU 支持实时交易，这一交易方式与贝宝（PayPal）和信用卡是一样的。

2)不能拒付

不能拒付是 CashU 对商家具有吸引力的一大特点，贝宝或者信用卡支持买家保护，在交易进行后的 180 天内买家都可以拒绝付款。

3)无保证金或者循环保证金

CashU 的交易费用和其他支付平台相比相对贵一些，对于商家的费用为每笔交易收取交易金额的 6%～7%。

13. 支付工具 Sofort Banking

Sofort Banking 成立 2005 年，总部位于德国慕尼黑，是欧洲的一种在线银行转账支付方式，支持德国、奥地利、比利时、荷兰、瑞士、波兰、英国以及意大利等国家的银行转账支付。SofortBanking 通过集成各个国家的银行支付系统，为电子商务提供了一个便捷、安全、创新的在线支付解决方案。图 10-14 所示为 Sofort Banking 主页。

图 10-14　Sofort Banking 主页

目前已经有超过 3 万户商家集成了 Sofort Banking 支付，覆盖电商、航空以及各种在线服务类行业，比如 DELL、Skype、KLM Royal Dutch Airlines、Emirates 等都支持 Sofort Banking 支付，另外，中国航空在 2012 年也支持了 Sofort Banking 支付。在欧洲，使用 Sofort Banking 在线支付最多的国家是德国，其次是奥地利、比利时、瑞士、荷兰、英国、波兰、意大利、法国、西班牙、匈牙利等国家。

1)实时交易

Sofort Banking 支持实时交易，这一特点与贝宝、信用卡相同。

2)不能拒付

商家可以选择是否需要开通买家保护，如果没有开通买家则不能拒付。

3)无保证金或者循环保证金

Sofort Banking 虽然没有保证金,但有支付限额,单笔交易支付最高金额为 5 000 欧元。

14. 支付工具 YooMoney

YooMoney 成立于 2002 年,是俄罗斯 Yandex 旗下的第三方电子支付工具,是俄罗斯领先的网络平台及搜索引擎 Yandex 的全资子公司。YooMoney 是俄罗斯第一个电子支付系统,2020 年 6 月 Sberbank 银行收购了 Yandex. Money 的 100% 股份,并创建了新的品牌 YooMoney。买家注册后,即可通过俄罗斯所有地区的支付终端、电子货币、预付卡和银行转账(银行卡)等方式向钱包内充值。YooMoney 可以让用户轻松安全地完成互联网商品支付、给他人转账或收款。为加强交易保护,YooMoney 允许使用一次性密码、保护码、PIN 等多种安全措施,并将有关的操作信息通过电子邮件或手机短信发送给用户。图 10-15 所示为 YooMoney 主页。

图 10-15　YooMoney 主页

1)充值方便、实时到账

YooMoney 可通过支付终端、电子货币、预付卡和银行转账(银行卡)等方式充值,实时到账。

2)支持多币种交易

目前支持欧元、美元、卢布三种货币进行支付,有交易限额,每笔交易不能超过 10 000 美元。

3)使用范围广

YooMoney 支持独立国家或联合体国家商家和用户使用。

任务 10.2　选择跨境电子商务不同区域支付工具

10.2.1　北美地区

在信息技术、网络技术等成熟发展背景下,北美地区的消费者习惯并熟悉各种先进的电子支付方式,对于网上支付、电话支付、邮件支付、手机支付等各种新兴支付方式并不陌生,信用卡也是常用的跨境支付方式之一。美国的第三方支付公司拥有能够支持 158 种货币的 Visa

与 MasterCard 信用卡、支持 79 种货币的美国运通卡（American Express）、支持 16 种货币的大来卡（Diners）。同时，贝宝也是美国人非常熟悉的电子支付方式。此外，还有亚马逊(Amazon)钱包等电商企业自有的支付工具。

10.2.2 欧洲地区

欧洲地区跨境网购消费者最习惯的电子支付方式除了维萨与万事达等国际信用卡外，当地信用卡的使用率也非常高。在英国等跨境电子商务市场比较发达的国家，包括贝宝在内的第三方支付方式深受消费者喜爱。

10.2.3 东北亚地区

日本消费者以信用卡支付与手机支付为主。日本的本土信用卡组织为 JCB，支持 20 种货币，是常用的跨境支付方式。日本人普遍都还会有一张维萨或万事达信用卡，可以用于跨境电子商务支付。所以，日本消费者习惯使用手机进行网购与支付。日本移动端网购消费群体的规模已超过个人 PC 端购物的消费群体规模。在韩国，跨境电子商务市场非常发达，主流购物平台多是 C2C 平台，如 Auction、Gmarket、11ST 等。另外，还有众多的 B2C 平台。但是韩国在线支付方式比较封闭，一般只提供韩国国内银行的银行卡进行跨境支付，维萨与万事达信用卡的使用率较低，虽然也有不少韩国消费者在使用贝宝，但仍不是主流的支付方式。

10.2.4 拉美地区

在以巴西、墨西哥、阿根廷为代表的拉美地区，跨境电子商务市场的支付方式与使用率差异非常显著。巴西的信用卡普及率较高，全国拥有约 8 260 万张活跃的信用卡，其中维萨与万事达主导着信用卡市场。巴西网民常用的支付方式比较多，包括 Boleto Bancário、Dinero Mail、Mercado Pago、Pagseguro、贝宝、SafetyPay、Skrill 等。其中，Boleto Bancário 是除信用卡支付以外第二受欢迎的支付方式，也是那些不拥有信用卡的消费者经常使用的支付方式。此外，像贝宝、Mercado Pago 等电子钱包，以及充值卡、礼品卡、预付卡、虚拟卡等的使用率也较高。墨西哥跨境电子商务消费者偏好使用现金支付。在阿根廷，货到付款的支付方式也较为普遍。

10.2.5 海外本地化支付工具(以欧洲为例)

据统计，2020 年，全球电子商务用户数量同比增长 9.5%，仅欧洲地区电商交易规模已达 7 071 亿欧元，同比 2019 年增长 12.7%，在欧洲的主流国家中，相当一部分的网购消费者偏爱使用卡支付，但贝宝、本地钱包与本地支付平台也能占据相当大的市场份额，所以了解交易目的国支付方式的市场情况和分布是十分必要的。

1. 本地化支付工具在英国

英国是电商市场最为发达的国家之一，在世界范围内，其电子商务市场规模仅次于中国和美国，在 15～79 岁的人口中，约有 95%的人会使用线上购物，其人均线上消费金额也为欧洲最高，在英国，人们最喜欢使用卡支付，占线上支付的 90%，但除此之外英国人还喜欢使用贝宝、Skrill 等电子钱包与本地支付。表 10-1 所示为英国电商市场情况(截至 2020 年)。

表 10-1 英国电商市场情况(截至 2020 年)

电商市场规模	网购人数	人均线上消费
524 亿欧元	4 860 万人	1 020 欧元

2. 本地化支付工具在德国

德国的电商市场份额仅次于英国，其消费者更愿意在国际网站上购买商品，约 51%的在线零售额来源于大品牌网站，但与英国不同的是，德国的卡支付仅占支付市场的 13%，在德国最流行的支付方式是银行转账，其中较为突出的有 giropay 和 Sofort。德国非常流行的电子支付方式是 Elektronisches Lastschrift Verfahren (ELV)。表 10-2 所示为德国电商市场情况(截至 2020 年)。

表 10-2 德国电商市场情况(截至 2020 年)

电商市场规模	网购人数	人均线上消费
628 亿欧元	6 020 万人	947 欧元

3. 本地化支付工具在法国

法国是欧洲第三大电子商务市场，但在互联网普及率和线上人均支出上却略低于欧洲平均值，在支付选择上，法国人比英国人更喜欢使用卡支付，卡支付占线上支付的 57%，有趣的是在法国最受欢迎的卡组织为 Cartes Banceires，其市场份额更是超过了 77%。表 10-3 所示为法国电商市场情况(截至 2020 年)。

表 10-3 法国电商市场情况(截至 2020 年)

电商市场规模	网购人数	人均线上消费
383 亿欧元	4 540 万人	752 欧元

4. 本地化支付工具在西班牙

西班牙是欧洲增长最快的电子商务市场之一，值得注意的是西班牙人在线上购物时十分偏爱来自中国的商家，据调查，西班牙在 2019 年也有 40%的线上交易与中国有关，这比欧洲平均水平超出 11%，在支付方面，西班牙人十分喜爱使用卡支付，占线上支付的 51%，本地支付也呈现出群雄割据的局势，其中较为突出的是 paysafecard。表 10-4 所示为西班牙电商市场情况(截至 2020 年)。

表 10-4 西班牙电商市场情况(截至 2020 年)

电商市场规模	网购人数	人均线上消费
341 亿欧元	3 340 万人	921 欧元

5. 本地化支付工具在意大利

尽管意大利拥有欧洲增长最快的电子商务市场，但网购人口的比例依然很低，低于欧洲网购人数比例平均值，有相当一部分意大利人较少接触互联网，但这并不妨碍各大电商平台入驻意大利，在意大利，卡支付的比例约为 37%，而本地钱包则占了 54%，其中较为突出的有 MyBank。表 10-5 所示为意大利电商市场情况(截至 2020 年)。

表 10-5 意大利电商市场情况(截至 2020 年)

电商市场规模	网购人数	人均线上消费
324 亿欧元	3 930 万人	674 欧元

6. 本地化支付工具在荷兰

荷兰的电子商务市场非常成熟，在2019年就有95%的荷兰人参与在线购物，荷兰电子商务成熟的原因包括国土面积小、物流效率高、消费者线上消费意愿高、本地电商活跃四个方面；在支付方面，荷兰支付喜好非常分散，卡支付占比仅有23%，本地支付与移动支付则分别占22%和21%，而荷兰本地支付平台iDEAL则在支付市场中独占鳌头。表10-6所示为荷兰电商市场情况（截至2020年）。

表10-6　荷兰电商市场情况（截至2020年）

电商市场规模	网购人数	人均线上消费
128亿欧元	1 310万人	929欧元

7. 本地化支付工具在比利时

比利时的互联网普及率为88%，参与网购的人数占到总人口的84%，而其中有高达69%的人喜欢购物，而在购物喜好上，比利时的消费者更关注于购物体验和商品价格，在支付方面，比利时人相当喜欢卡支付，占了在线支付的54%，其本地支付借记卡品牌Bancontact更是深受比利时人的信任和喜爱。表10-7所示为比利时电商市场情况（截至2020年）。

表10-7　比利时电商市场情况（截至2020年）

电商市场规模	网购人数	人均线上消费
82亿欧元	750万人	571欧元

任务10.3　认知跨境电子商务支付的风险与应对措施

10.3.1　跨境电子商务支付风险的概念

在跨境电子商务的交易过程中，支付机构应该通过合作银行为跨境电商交易双方办理结售汇及相关资金收付服务，在收到资金之日（T）后的第一个工作日（$T+1$）内完成结售汇业务办理。跨境电子商务支付的金融风险是指在跨境电子商务支付的各个环节，存在的汇率变动、外汇管制、支付许可、结汇成本、拒付欺诈、流动性等风险，这些风险不光对个体企业产生损失，也对我国跨境电子商务行业乃至国家进出口贸易都产生较大的影响。

10.3.2　跨境电子商务支付的主要风险

1. 汇率变动

汇率变动对跨境电子商务进出口的影响有两面性。比如人民币对美元贬值，一方面，跨境进口商品的性价比有所下降，跨境进口相关平台如天猫国际、网易考拉海购、京东全球购等平台的销售额会有所下跌；另一方面，对于出口跨境电子商务而言，人民币贬值反而是好事，主要提供欧美出口的跨境电子商务，一般业务采用美元核算、人民币结算的方式，人民币汇率走低后钱反而更值钱了，跨境电子商务更加有利可图，行业更加具有吸引力。整体而言，汇率波动对跨境电子商务的影响不容小觑，特别是中小企业，将会面临价格竞争与汇率波动的双重压力，稍不注意就有可能在市场整合中被淘汰出局。如果一家跨境电子商务企业的净利率在5%～10%，汇率的波动则可能导致企业亏掉一年的盈利，甚至可能会导致企业亏损，所以跨境电子商务企业必须进行汇率风险管控。

2. 支付许可

虽然国内外有很多跨境电子商务支付与结算企业获得了本国、外国的支付牌照，但是随着行业的发展，以及各国(或地区)政治经济环境的变化，这些跨境电子商务支付与结算企业的支付许可也有可能重新洗牌。届时，跨境电子商务企业跨境电子商务支付与结算环节必然发生相应的改变。

3. 结汇成本

结汇成本在排除汇率波动的成本后，还包括结算平台手续费和结算的时间成本。纵观目前专做支付或结汇的主要平台，虽然已经有如连连支付、PingPong 这样的企业提供高效、廉价的结算服务，但是整个行业的平均结汇手续费还是会超过 1%。这使跨境电子商务企业的利润率也大大降低。

4. 拒付欺诈

与传统外贸相比，跨境电子商务给广大中小企业提供了很多商机和便利，商家可以足不出户便把产品销往世界各地。然而，随着电子商务的发展和成熟，网上交易欺诈也偶有出现，给一些电商卖家带来了困扰。根据国际惯例以及 Visa、MasterCard 等卡组织的规定，在使用国际信用卡进行网上支付时，如果在交易过程中出现问题，180 天之内持卡人都可以提起拒付(Chargeback，CB)。某种情况下，买家提起的恶意拒付会给卖家造成经济损失，即使电子商务平台可以帮助卖家向卡组织进行申诉，但也会由于交易时间较久远或物流方已没有订单跟踪信息等原因而导致卖家败诉。

5. 流动性

跨境电子商务支付结算会伴有资金到账的时间问题，一般资金不能立即到账，需要经过结算银行购汇或结汇支付，一般支付平台完成交易资金清算常需要 7～10 天，这可能会导致企业的资金周转出现问题。比如，企业需要交易所得的货款用来支付员工工资、生产产品、购买原材料等，但由于资金在支付过程中停滞了一段时间，容易造成企业资金流动性风险，从而经营周转也将会出现问题。

10.3.3　跨境电子商务支付主要风险的应对措施

针对跨境电子商务支付与结算的一系列风险，企业以及第三方支付平台可以采取以下措施来防范风险：

1. 汇率风险的应对措施

对于汇率风险，跨境电子商务企业可以通过密切关注汇率变动、适当提高产品售价、适当储备美元等方式来应对，主要还是靠跨境电子商务企业树立品牌、保障产品质量来抵御，因为汇率波动不受个体企业的控制，跨境电子商务企业主要还是靠自身挖掘潜力，提升抗风险能力。

2. 支付许可风险的应对措施

对于支付许可风险，虽然部分跨境电子商务支付企业获得了国家的认可和支持，但是因为其中隐藏的风险因素，相关部门仍然有可能对相关跨境电子商务支付行业进行整理整顿；尤其是对于业务增长比较迅速的跨境电子商务企业来说，开立境外账户仍然是一种性价比虽然不高但合法合规的做法。

3. 结汇成本风险的应对措施

对于结汇成本风险，除了汇率损失以外，结汇成本还包括结汇手续费等，因为各个跨境电子商务企业和跨境电子商务支付与结算企业之间复杂的竞争合作关系，跨境电子商务企业和跨境电子商务支付企业之间往往关系微妙，收款和结汇等成本也随之波动。对于结汇成本，建议用户在绑定收款和结汇工具时，考虑其与所在平台之间的关系，以及该跨境电子商务支付公司本身的规模大小，如果该跨境电子商务支付公司与所在跨境电子商务平台之间是从属或者密切合作关系，且本身规模和影响力较大，则可以考虑用此方式收款、结汇。

4. 拒付欺诈风险的应对措施

对于拒付欺诈风险，目前有效的做法是购买拒付欺诈险等保险。例如敦煌网“拒付欺诈货物损失保障”服务就降低了卖家因买家拒付欺诈带来的风险，购买拒付欺诈保障服务的卖家，在出现买家恶意拒付欺诈情况时，将得到一定比例的保险补偿，其过程是发卡行或卡组织将付款撤单消息反馈给敦煌网平台，然后敦煌网平台在一周内对卖家进行补偿，并建立不良买家黑名单。

5. 流动性风险的应对措施

对于流动性风险，可以用加入提前收款计划、获得跨境电子商务平台或银行贷款等方式加以规避。比如，速卖通卖家在满足一定的运营条件后，可以申请加入提前收款计划，提前获得货款。另外，不少跨境电子商务平台都为卖家提供信用贷款，基于卖家最近一年的销售数据，给予年销售额 10%左右的信用贷款，卖家个人或企业也能从部分银行获得信用贷款额度，这对于流动资金也是很好的补充。

素养园地

央行推进跨境人民币支付标准化 已有相关产品上线支持企业跨境支付

中证网讯，中国证券报记者从业内获悉，日前央行办公厅已发布《关于开展跨境人民币支付领域金融数据交换标准应用试点的通知》。据悉，这一试点工作旨在便利银行类机构和进出口企业实施跨境收付，快捷服务企业融入全球资金通汇主渠道，北京、上海、山东、江苏、浙江、广东、海南七省市的金融业机构和进出口企业将首先直接受惠。

记者注意到，通知发布前已有相关产品上线，可为企业提供跨境支付服务。5 月 17 日，由跨境清算公司推出的 CIPS 标准收发器企业版正式上线。

CIPS 标准收发器企业版，是银行、企业之间的业务处理组件，提供跨境支付标准化、一体化处理服务。据了解，通过 CIPS 标准收发器，企业可在客户端一键发送跨境收付款业务，打通上下游链路，实现跨境人民币业务一体化处理，大大提升跨境支付效率，便利跨境贸易和投融资结算。此外，该产品还能满足使用者同时向两家以上企业实施支付，加快用户企业国际业务的落地实施。据悉，该产品计划还将加入合规审核功能，利于事先防范和避免风险，保护企业、银行的业务在全球合规通行。

首批上线标准收发器企业版的某国内知名电器财务公司的相关负责人介绍称，上线标准收发器克服了流程长、时效低、资金节点状态不透明的缺点，支付效率提升了 50%，手续费降低约 70%，实现了降本增效。

某国内知名制造企业财务公司相关负责人表示："CIPS 标准收发器具有一点接入、集中对账、支付追踪等多项功能。通过对跨境支付指令的标准化，可以避免财务公司与合作银行的多头对接，对账务信息实行全面、实时的透视化管理。通过加载可选的支付追踪功能，财务公司不仅能够实时掌握支付进度，了解各个环节出现的费用，还能进一步实现头寸的预管理，全面提升跨境人民币收付的业务处理效率。"

（资料来源：中证网，2021-06-09）

思考讨论：与同学一起讨论该案例，查找资料，研究 CIPS 是如何提升跨境支付效率，利于事先防范和避免风险，保护企业、银行的业务在全球合规通行的？根据各类支付工具和支付系统的特点，结合自己所学内容，谈一谈在未来的岗位实践中该如何去进行正确的支付方式的选择。

项目小结

跨境电子商务在外贸环境和政策的鼓励下，面向消费者或者面向小型零售商的中小商户存在爆发增长的趋势，跨境出口电商行业仍属于中小型卖家主导的市场，根据《2019 年中国跨境出口电商发展分析报告》显示，第三方支付工具品牌影响力覆盖率整体相对更高，连连支付、派安盈（Payoneer）、贝宝（PayPal）凭借良好的用户体验和渠道优势获得超过 50%的卖家青睐，费率低、资金安全性高、品牌信誉好是选择第三方支付工具的重要原因，这反映出低价、高效、稳健是绝大多数卖家在选择第三方支付工具时的重点选择依据。

就全球范围而言，虽然信用卡支付在大部分国家和地区都比较流行，但具体到各个国家就未必如此，比如 PayPal 在美国使用比较普遍，而在中东、拉美、亚太等地区使用的人就很少，信用卡拒付和 PayPal 封账号等问题，也让不少跨境电商商家苦恼。随着跨境电子商务的发展，电商市场逐渐走向成熟，很多国家都有了自己主流的支付方式，但由于不同的国家有不同的消费习惯，且支付选择都非常分散，所以除了信用卡外，当地主流支付平台在各支付方式中拥有很高的市场占有率，跨境电商商家针对不同国家和地区接入常用的本地支付方式付款，可以给客户带去好的支付体验和简单易操作的付款方式。

近几年来，我国跨境电子商务进出口业务蓬勃发展，交易量连年大幅增长，跨境电子商务支付损失案例并不少见，其中暴露出的金融风险也越来越多。虽然政府已经出台了不少制度政策来规避跨境电子商务支付的风险，但是因为牵涉不同国家（或地区）、不同平台，而且各国（或地区）、各个平台政策也经常改变，所以跨境电子商务的支付风险始终是跨境电子商务企业要认真对待的课题。

本项目就国际信用卡，国际上主流第三方支付工具及它们的优势、劣势和特点，各不同国家和地区主流的本地化支付平台、支付工具的选择及支付风险和应对措施进行了分析，跨境支付环节是交易过程中要考虑的重要因素之一，选择正确的支付工具是减少商家成本投入、减少支付风险，覆盖更多的潜在用户、避免订单流失、提升交易成功率的关键所在。想要做成跨境电商交易，和商家对支付工具的了解和正确选择是分不开的。

同步测试

一、填空题

1. 从事跨境电商支付业务的支付机构其业务内容主要有(　　)、(　　)和(　　)三种类型。

2. 国际信用卡两大组织分别为(　　)和(　　)。

3. PayPal 是国际贸易支付工具,可实现(　　),(　　),解决跨境贸易买卖双方的收付款问题。

4. P 卡与 WF 分别是指(　　)和(　　)两家第三方支付平台。

5. 在跨境电子商务的交易过程中,支付机构应该通过合作银行为跨境电商交易双方办理结售汇及相关资金收付服务,在收到资金之日(*T*)后的(　　)内完成结售汇业务办理。

二、判断题

1. 国际信用卡以美元作为结算货币,可以存款并有利息。(　　)

2. 支付宝国际(Escrow)服务向卖家免费开放,只在交易完成后对买家收取手续费,卖家无须支付任何费用。(　　)

3. 万事达卡国际组织(MasterCard International)本身并不直接发卡。(　　)

4. 欧洲地区消费者使用率最高的跨境电商支付工具是 PayPal。(　　)

5. 所谓信用卡拒付,是指信用卡持卡人本人主动要求把钱退回的行为,拒付的原因有客人没有收到货、货物质量问题、盗卡、诈骗等。(　　)

三、问答题

1. 请简述跨境电子商务支付的主要风险。

2. 请简述 Escrow 支付方式的三种主要形式。

同步实训

实训一　Escrow 使用认知及汇率换算

1. 实训背景

某卖家于 2021 年 12 月入驻全球速卖通,打算通过 Escrow 进行外汇实时查询及作为跨境交易时的主要收付款的工具。

2. 实训目的

掌握 Escrow 跨境汇款相关内容。

3. 实训内容与步骤

Escrow 跨境汇款相关内容:

步骤一:打开手机端 Escrow(支付宝),并在搜索栏中输入"跨境汇款"。

步骤二:查看跨境汇款内容,并点击查看"汇款课堂",进行"去收款""去缴费"的内容学习,如图 1 和图 2 所示。

图 1 选择“汇款课堂”

图 2 查看“去收款”和“去缴费”

步骤三：返回跨境汇款主页面，下拉至“猜你关心”查看“带你了解支付宝跨境汇款”内容，看视频进行操作学习，如图 3 所示。

步骤四：在手机支付宝首页搜索栏输入“外汇兑换”，如图 4 所示。

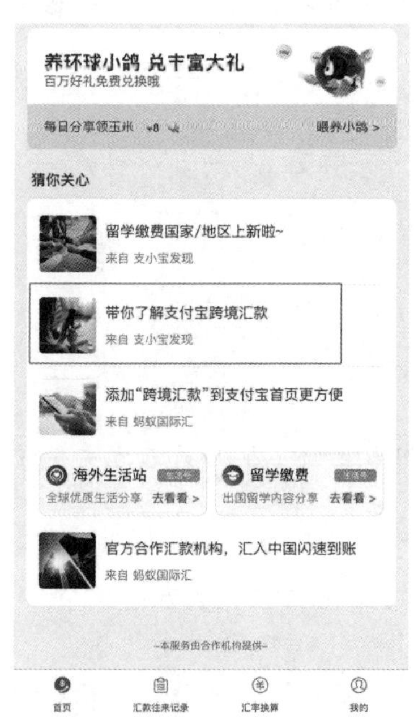

图 3 查看“带你了解支付宝跨境汇款”

图 4 搜索“外汇兑换”

步骤五：页面内输入任意金额，查看实时汇率，如图 5 所示。

步骤六：点击货币后方箭头位置进入货币选择页面，如图 6 所示，请尝试多种货币汇率查看练习。

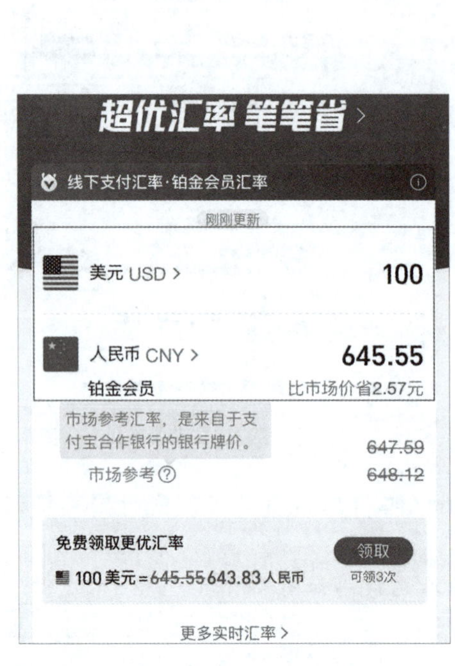

图 5　查看实时汇率

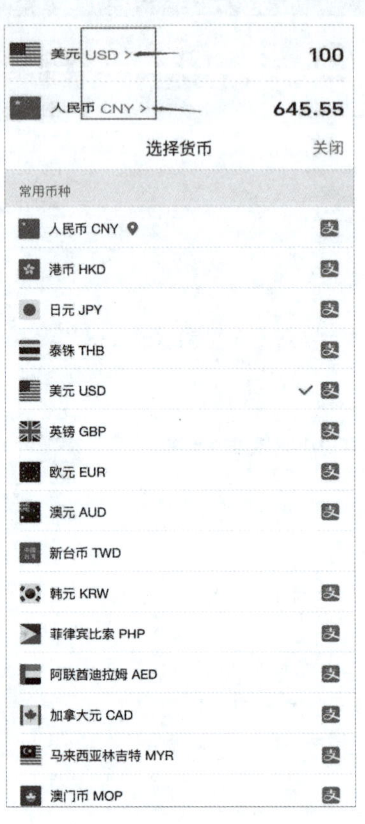

图 6　货币选择页面

4. 实训提醒

在实训过程中，切记不要将自己支付宝的支付密码透露给任何人，也不要在任何非官方页面输入支付密码。

实训二　贝宝账号注册及正确设置

1. 实训背景

某卖家将于 2021 年 8 月入住全球速卖通，打算使用贝宝(PayPal)第三方支付作为交易时的主要收付款的工具。

2. 实训目的

了解贝宝第三方支付的基本功能，掌握注册贝宝的方法并正确设置注册选项。

3. 实训内容与步骤

步骤一：进入 www.PayPal.com，单击页面右上角的“注册”，进入注册页面，如图 7 所示。

步骤二：进入“创建您的 PayPal 账户”，选择所要创建的用户类型，选择对应的类型(个人账户或者企业账户)，最后单击“下一步”按钮(若暂无企业，请选择个人)，如图 8 所示。

图7 注册账户

步骤三：选择“您的国家或地区”，如图9所示。

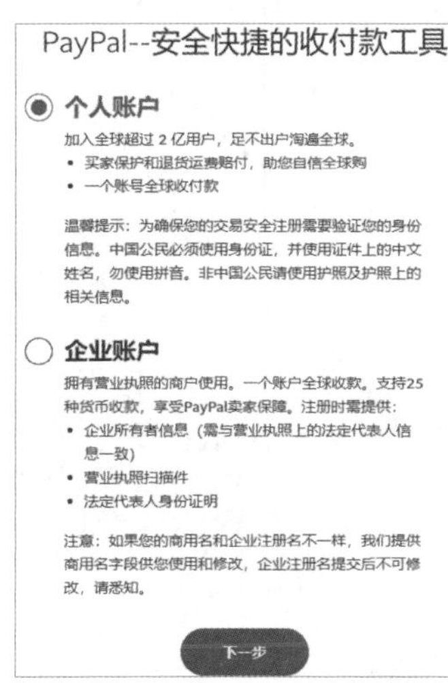

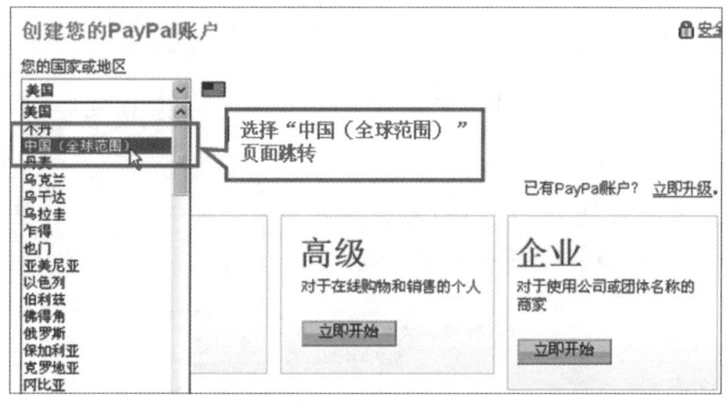

图8 选择账户类型

图9 选择国家或地区

步骤四：若页面跳转为英文显示，单击“Your language”下拉按钮，选择“中文（简体）”即可恢复到中文显示，如图10所示。

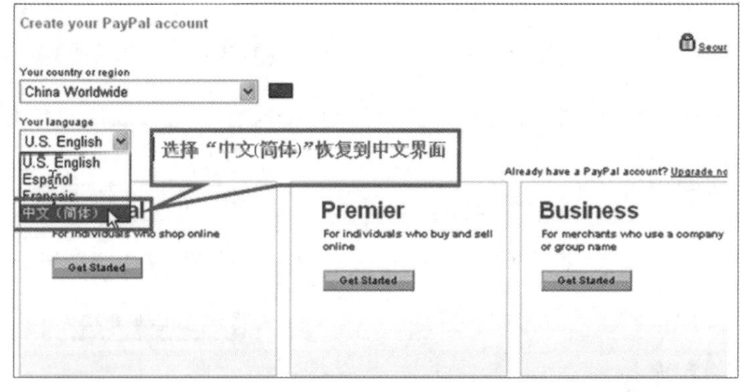

图10 选择“中文（简体）”

步骤五：填写“PayPal账户持有人联系信息”（中英文填写都可；输入的姓名和地址必须和借记卡、信用卡或银行账户的姓名和地址一致），如图11所示。

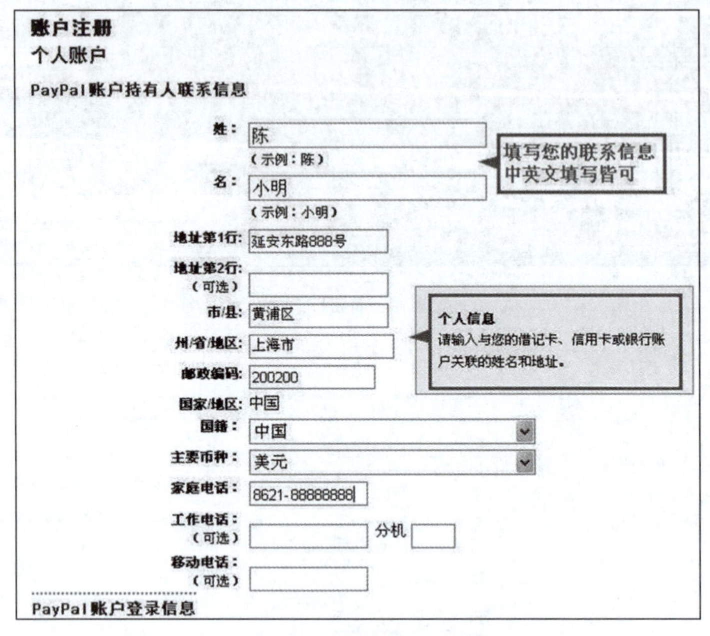

图11　填写“PayPal账户持有人联系信息”

步骤六：填写“PayPal账户登录信息”（电子邮件地址必须完整、密码长度不得少于8个字符、区分大小写），如图12所示。

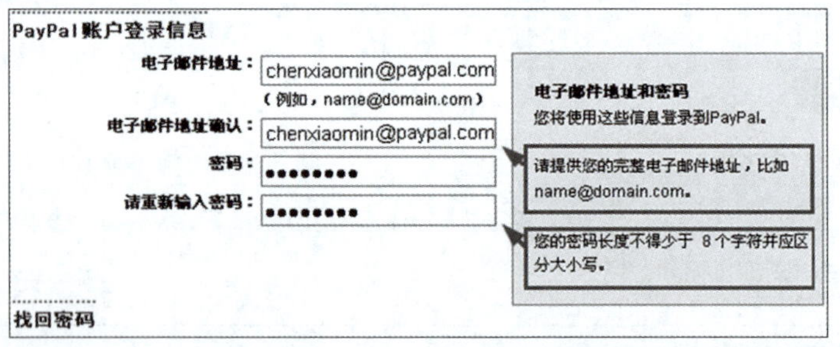

图12　填写“PayPal账户登录信息”

步骤七：填写“找回密码”（请选择两个不同的问题、输入自己能够记住的答案），如图13所示。

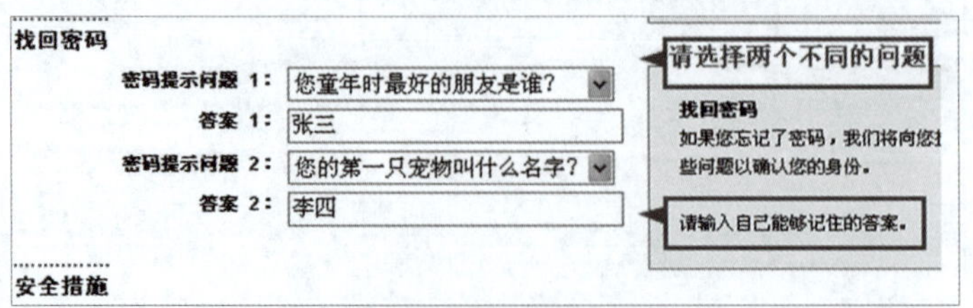

图13　填写“找回密码”

步骤八：填写“安全措施”，在“隐私保护规则”下方的单选按钮中选择“是”，如图14所示。

图14　填写“安全措施”

步骤九：在文本框中输入下方黄色框中显示的字符(具体依据PayPal官方网页为准)，如图15所示，完成后单击右下角“注册按钮”(输入的字符中不加空格、区分大小写)。

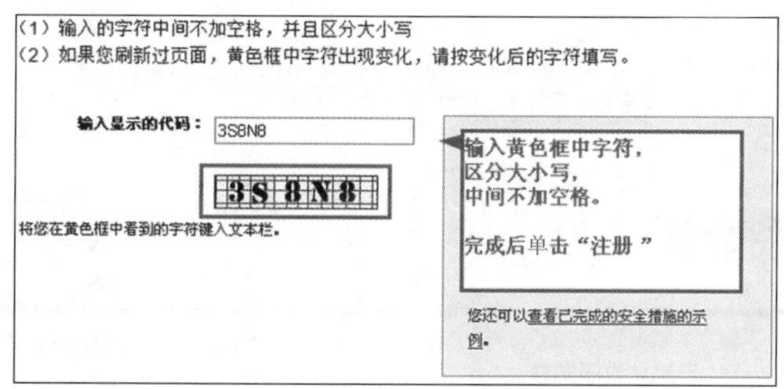

图15　输入显示的代码

步骤十：激活账户，登录注册时所填写的电子邮箱地址查收邮件，单击邮件内的“点击这里激活账户”，如图16所示。

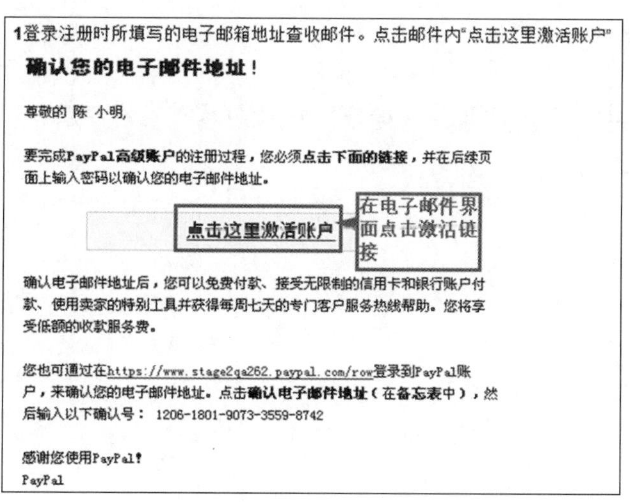

图16　激活账户

步骤十一：输入 PayPal 账户密码，单击“确认”按钮，如图 17 所示。

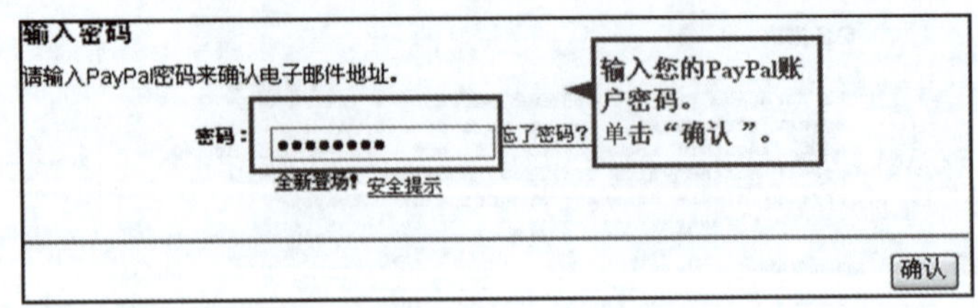

图 17　输入密码并确认

步骤十二：如果页面显示异常，则登录 PayPal 账户，单击备忘列表里的“确认电子邮件地址”。进入确认页面，输入电子邮件中显示的确认号，完成确认，如图 18 所示。

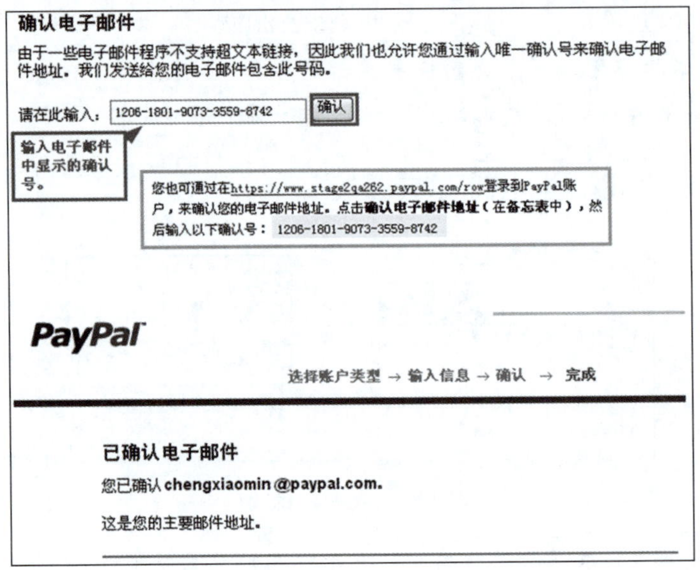

图 18　确认电子邮件

步骤十三：确认邮件后，您的注册就完成了。

4. 实训提醒

进行贝宝(PayPal)第三方支付注册操作时请仔细核对本人信息，以免误操作造成不必要的麻烦。

模块4 跨境电子商务营销

学习目标

知识目标

1. 熟知店铺自主营销的方式，包括店铺自主营销、平台营销、社交媒体营销和搜索引擎营销等营销活动。

2. 了解跨境电商搜索引擎营销(SEM)及其营销方式。

3. 了解跨境电商电子邮件营销(EDM)的特点及业务流程。

4. 了解跨境电商大数据精准营销的主流分析工具及数据化运营策略创新模式。

能力目标

1. 以卖家身份深入了解、熟悉并运用多种平台的营销方式和营销推广的操作方法，最终能够独立完成网点营销推广工作。

2. 能够初步利用社交平台进行营销推广。

3. 能够初步策划并撰写跨境电商大数据精准化营销方案。

素养目标

1. 培养跨境电商营销工作的风险防范意识。

2. 树立跨境电商营销工作中不同领域的法律意识。

3. 培养从事跨境电商营销领域工作中爱岗敬业、诚信经营的职业素养，打造精益求精、追求卓越的工匠精神。

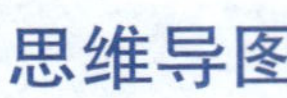

思维导图

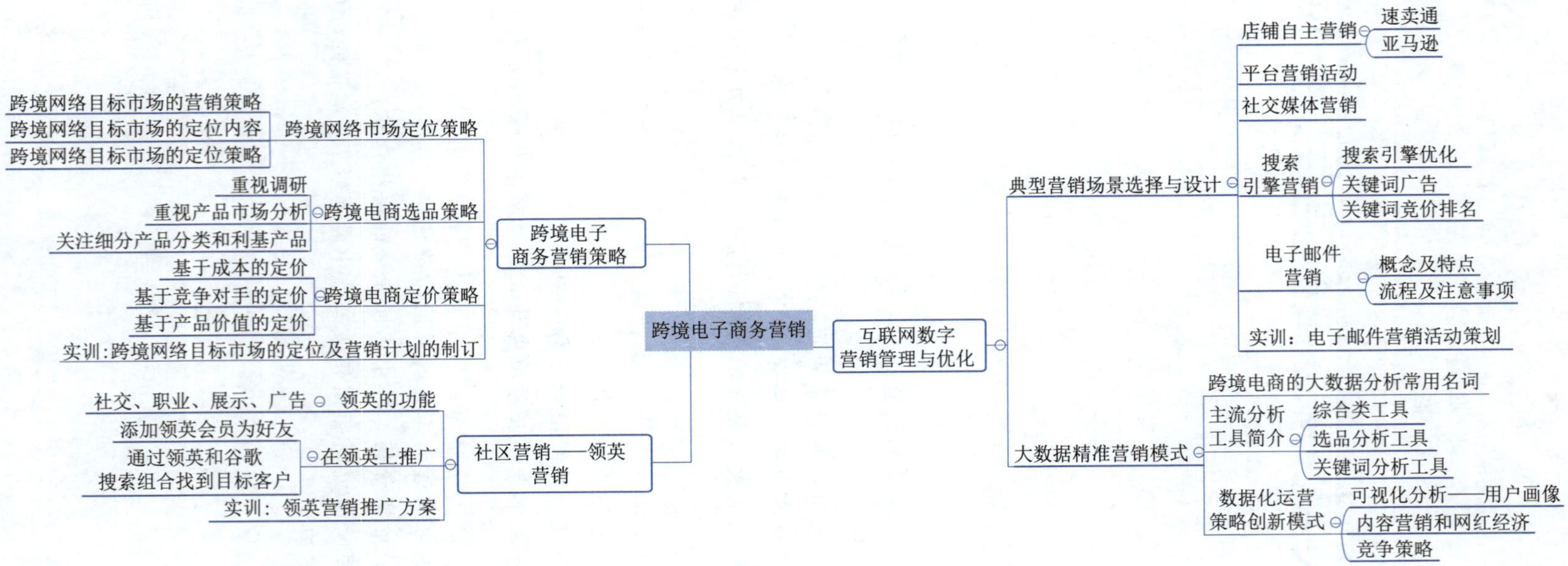

- 跨境电子商务营销
  - 跨境电子商务营销策略
    - 跨境网络市场定位策略
      - 跨境网络目标市场的营销策略
      - 跨境网络目标市场的定位内容
      - 跨境网络目标市场的定位策略
    - 跨境电商选品策略
      - 重视调研
      - 重视产品市场分析
      - 关注细分产品分类和利基产品
    - 跨境电商定价策略
      - 基于成本的定价
      - 基于竞争对手的定价
      - 基于产品价值的定价
    - 实训：跨境网络目标市场的定位及营销计划的制订
  - 社区营销——领英营销
    - 领英的功能
      - 社交、职业、展示、广告
    - 在领英上推广
      - 添加领英会员为好友
      - 通过领英和谷歌搜索组合找到目标客户
    - 实训：领英营销推广方案
  - 互联网数字营销管理与优化
    - 典型营销场景选择与设计
      - 店铺自主营销
        - 速卖通
        - 亚马逊
      - 平台营销活动
      - 社交媒体营销
      - 搜索引擎营销
        - 搜索引擎优化
        - 关键词广告
        - 关键词竞价排名
      - 电子邮件营销
        - 概念及特点
        - 流程及注意事项
      - 实训：电子邮件营销活动策划
    - 大数据精准营销模式
      - 跨境电商的大数据分析常用名词
      - 主流分析工具简介
        - 综合类工具
        - 选品分析工具
        - 关键词分析工具
      - 数据化运营策略创新模式
        - 可视化分析——用户画像
        - 内容营销和网红经济
        - 竞争策略

场景引入

从 2 万澳元到 4 000 万澳元，他们凭借社交媒体营销大获成功

Alen 和 Nick 是一对好朋友，他们还不到 21 岁就发明了一款牙齿美容产品 HiSun，并且通过社交媒体进行营销，最终大获成功。他们凭此成了澳大利亚最年轻的白手起家的千万富翁，不少网红明星都是他们的产品代言人。

1. 社交媒体策略

当时，他们仔细观察零售业，发现有影响力的博主对品牌来说越来越重要，于是便产生了通过知名博主推广产品的想法。他们想要创造一款可以利用社交媒体营销的产品，最后决定进军口腔护理领域。

Alen 说："我们在吃饭时讨论好几个小时，考虑了很多领域，最后就有了 HiSun 的雏形，我们打算打入口腔美容领域。我们觉得这个领域还没被开发过，所以我们可以抢占第一市场，创建我们的品牌。"

他们于是发明了 HiSun 这款旗舰商品——人们可以使用这款产品自己动手来美白牙齿，产品的受众定在 15 岁到 25 岁之间的社交媒体用户。

HiSun 售价在 59 澳元，产品包括口腔托盘、一个 LED 灯和三根胶管。

Nick 说："我们把它做得很漂亮，把它们寄给社交媒体上的小型知名博主，然后收集反馈意见。刚刚开始，我们从来没想要把钱挥霍在更有影响力的博主上，所以我们就把产品寄给小型知名博主，他们大概有数千个粉丝，一般品牌不会看上他们的影响力。"

"他们会把使用体验分享给粉丝，我们就能看到产品的不足之处并且加以改进，我们发现大家都很喜欢这个产品。"

短短 18 个月内，这对兄弟就赚了 1 000 万澳元，他们决定在营销上投入更多的钱。他们把目标放在了更有影响力的名人上。

2. 网红明星的影响力

2016 年，这对兄弟签约某社交平台的知名网红后，生意取得了重大突破。

该知名网红那时候拥有约 750 万的粉丝，粉丝大部分是 HiSun 的受众，所以她很适合为品牌做推广。但是为了保证她会认真地推广 HiSun，他们花了好几个月来沟通具体的交易细节。

"很明显她很喜欢我们的品牌和产品，也相信我们的品牌和产品将会得到市场的认同。"

从那以后，HiSun 生意暴涨，他们在社交平台上吸引了 200 多万的粉丝关注。

✣ 案例思考：跨境电商的营销方式有哪些？

✣ 案例启示：对跨境电商从业者来说，在做好了前期的准备工作后，怎样才能让用户看到自己的商品并购买，是一个非常重要的课题，这就涉及跨境电商如何进行推广和营销的问题，也就是怎样才能获得更多的用户。对跨境电商卖家来说，除了做好店铺优化、获取平台的站内流量外，如何采用精准的营销方法获取站外流量也十分关键。

直通职场

❖ **职位描述**：跨境电商营销专员。

❖ **技能要求**：熟练操作各大跨境电商品平台、搜索引擎、社交平台进行市场营销。

❖ **岗位职责**：

(1)负责公司产品销售渠道的规划和建设，制定有效的代理开拓方案。

(2)维护代理，搭建销售网络，制定产品推广的解决方案、培训。

(3)根据公司市场营销战略，积极完成销售量指标，提高产品市场占有率。

(4)动态把握市场价格，定期向公司提供市场分析报告。

(5)收集一线营销信息和用户意见，对公司营销策略、售后服务等提出参考意见。

❖ **岗位要求**：

(1)能够掌握各国节假日情况，敏锐把握目标市场国家事件，善于运用企业自身事件时机来确立营销活动策划目标，为营销活动策划方案设定方向。

(2)能够全面掌握各大跨境电商平台、搜索引擎、社交平台等的营销方法，结合企业营销需求选择活动的开展时间、方式方法和覆盖人群，形成策划内容。

(3)能够借助跨境电商数据分析工具，对转化率进行实时分析，针对市场表现情况，及时优化选品策略。

(4)能够根据推广方案要求，通过SNS/SEM等渠道开展宣传公司品牌、收集数据、挖掘并分析目标客户需求等活动，提高点击率和转化率。

(5)在推广过程中，能根据推广方案执行情况反馈，实时调整货品结构、价格策略、图文设计等。

项目11　互联网数字营销管理与优化

任务11.1　认知跨境电子商务典型营销场景选择与设计

跨境电商各平台上的卖家目前采用的营销方式主要有五种：店铺自主营销、平台营销活动、社交媒体营销(SNS)、搜索引擎营销(SEM)和电子邮件营销(EDM)。对于大部分卖家来说，当前还是以店铺和平台的营销活动为主要方式，对B2C独立网站来说，SEM是必不可少的，而第三方平台还可以将线上与线下相结合。

11.1.1　店铺自主营销

店铺自主营销是店铺流量主要来源之一，主要是指店铺借助平台提供的营销工具，卖家自行灵活搭配使用打折、满立减、优惠券等促销手段。针对店铺具体情况创建促销活动，是吸引流量、提高客单价、促进转化的重要方法。接下来就常见的跨境电子商务平台的店铺自主营销活动做详细讲解。

1. 速卖通

速卖通是阿里巴巴旗下的在线批发B2C平台。对于中小商家来说，速卖通是踏入跨境电子商务领域的首选。营销是给店铺带来流量及订单的重要因素之一，为了促进店铺运营，速卖通平台提供了多种自主营销方式。

1)全店铺打折

速卖通全店铺打折是一款可以快捷设置整个店铺产品折扣的工具，可以快速累积销量和信用，尤其对于新店铺来说，作用尤为明显，可增加店铺的综合曝光率。另外，还可以根据商品分组设置不同的折扣，是一款非常实用的营销工具。

在进行全店铺打折活动前，需注意以下几个问题：

(1)在进行全店铺打折活动前，卖家必须对所有商品的成本价、折扣价、利润等进行整体把控，这样才能更好地设置全店铺打折活动的力度和时间。通常按照流量周期来设置速卖通全店铺打折，并且流量高峰值结束之后的几个小时结束活动，达到饥饿营销的效果，刺激买家下单，速卖通全店铺打折前一定要做个计划，合理地利用和安排活动个数、时间和各种资源，活动时长在2～7天范围之内，便于调整修改以及添加新产品。

(2)根据店铺情况提前计划好打折时间，注意设置时间。因为当活动处于等待展示阶段时，将无法再进行修改，所以需提前做好计划，再操作全店铺打折活动。创建活动完成之后，速卖通全店铺打折工具呈现为“未开始”，这个阶段可以对活动进行编辑、删除、添加商品等操作，如果12小时之后，商品会进入审核状态，状态将会显示为“等待展示”，活动开始后显示为“展示中”，一旦状态进入“等待展示”或者“展示中”，活动结束前就不可以停止活动，如果有任何问题，可以进行产品下架操作。

(3)注意全店铺打折均为美国太平洋时间(美国太平洋时间比北京时间慢15个小时),且创建24小时后活动才能开始。如与限时限量折扣活动时间重叠,设置好限时限量折扣后,再设置速卖通全店铺打折,一般速卖通全店铺打折活动为每周一次,限时限量折扣开始时间是12小时之后,速卖通全店铺打折开始时间是24小时之后,借用这个时间差,如果新品还未到展示时间,借助限时限量活动,限时限量折扣推广产品。

(4)速卖通全店铺设置完毕之后并不是所有设置折扣的产品都会进入到分组当中的,可能因为等待展示时产品下架而无法打折成功,具体可以查看每个活动的打折不成功列表。

2)限时限量折扣

限时限量折扣包括三个模块,分别为活动名称、开始时间和介绍时间。三个模块需要卖家自行填写。活动名称需简单明了,比如营销工具推新款商品,活动名称可以直接写"推新款";如打造的是活动款,活动名称可以直接写"打造活动款"等。活动开始时间和结束时间可以根据目的来设置,在正常情况下,设置一个星期左右为宜,既给客户增加紧迫感,也便于下一阶段的编辑和营销。如果是库存商品的清理活动,活动时间可以设置得长一些。

为了保证活动中的商品给客户真实的优惠,得到新老客户的信任,在设置限时限量折扣时,需要注意以下五点:

(1)促销价必须低于90天均价。90天均价是指根据商品当天往前推的90天内,按照现售价规则(现售价是指目前展示在网站上买家可直接下单购买的价格)计算的平均值。因此,平时的促销价格不要过低,否则该商品的90天均价会越来越低,不利于日后的促销活动和利润控制。

(2)如果参加活动商品存在多个SKU,则此商品下所有SKU的商品普通库存量非零且商品为"正在销售"状态下的,均会参与到该活动之中。

(3)活动开始时间为美国太平洋时间。打折商品12小时后展示给买家,请提前12小时创建好活动。单击"确定"按钮后即完成设置,活动将处于"未开始"状态,此时可以进行修改活动时间、增加和减少活动商品等操作。活动开始前6小时将进入审核状态,活动状态将变成"等待展示",活动开始后将处于"展示中"状态。"等待展示"和"展示中"的活动产品处于半锁定状态,活动也不可停止,请卖家谨慎设置。设置完打折后,由于系统审核及服务器同步问题,买家最晚会在12小时之后看到折后的物品,即活动要在"展示中"的状态下买家才可看到活动信息。因此,如果有重大活动,请提前至少12小时完成工具设置,以免影响正常销售。

(4)限时限量折扣活动和平台活动的优先级高于速卖通全店铺打折活动,如果有商品同时参加了限时限量折扣和速卖通全店铺打折活动,则该商品在买家页面展示中以限时限量折扣活动的设置为准,两者的折扣不会叠加。

(5)创建好店铺活动后,选择参与活动的商品,每个活动最多只能选择40个商品。

3)店铺满立减

速卖通满立减是卖家根据自己商品的客单价设置的促销规则,系统会根据卖家设置自动生成满减。这项活动在一定程度上能够刺激买家的消费欲望,提升店铺的销售额。在买家购物的同时,卖家为其推荐相关联的商品,这样就能实现利润最大化。

在推出满立减活动之前,首先要明确店铺的客单价,这样才能充分利用好营销工具。卖家在进行客单价设置时,可以用店铺后台给予的客单价作为参考值。也可以用一个比较直接的判断客单价的方法,即找出近一个月时间内经常出单的商品中销售额最大的商品价格进行计算。当然，这个方法只适用于店铺的整体客单价相差不大的情况。

满立减活动的注意事项如下：

(1)满立减活动的开始和结束时间的选择范围只能在同一个月内，因此满立减活动时长尽量设置为一个月的时间，每月活动可以参与10次，总持续时间为720小时。所以卖家在当月月初就要规划好整个月的满立减活动。

(2)由于系统同步需要一定时间，所以至少应提前24小时创建活动。

(3)借助满立减营销工具服务好客户。例如：买家下了一个29美元的订单，而供应商的满立减活动是满30美元减去3美元，这时若给买家进行满减温馨提醒，会激发买家的购买欲望，买家会感受到店铺活动的人性化。

4)店铺优惠券

店铺优惠券是一种新型的优惠形式，在买家端以券的形式显示，但实际代表的是一种买家在购物时直接抵减一定面额现金的消费权益，卖家并不能因此获得与买家所用优惠券相等值的现金收入。优惠券的活动规则是由平台发起，卖家会根据平台给出的基础规则设置相应的门槛和张数，买家在参与该活动的店铺下单时如果满足单店门槛且有张数剩余时，即可使用下单。优惠券是由平台发放给买家，卖家自己无法发放，面额为定值。

参与优惠券活动对卖家有以下利益：第一，高曝光，参与设置优惠券后，店铺的所有商品在买家购物链接均有标识，同时还有额外的搜索筛选和流量倾斜，店铺coupon(优惠券)只能卖家发放，可接触的买家数量有限，但优惠券是平台发放，可接触的是全网的买家，卖家一旦参与就有了全网买家的到店机会；第二，低成本，有买家成功支付才需要出资，无任何资金的提前占用；第三，高转化，优惠券门槛卖家可以自己选择，根据自己的实际情况有效地提升客单价。

设置优惠券和满立减活动一样，也是为了提高店铺的客单价。但是它又和满立减有一点差异。满立减活动需要在一定的订单金额范围内设置满立减金额，比如50美元以上的商品满立减，最少要购买50美元商品才能享受优惠。而优惠券不一样，它对于卖家来说是比较灵活的，有小金额的优惠券可以选择，比如2美元、3美元、4美元等。优惠券可以增加二次营销的机会，买家在进行购买时会优先选择可以使用优惠券的商品，这就达到了二次营销的目的。

店铺优惠券分为五种：领取型优惠券、定向发放型优惠券、金币兑换优惠券、秒抢优惠券和聚人气优惠券。其中最常使用的是前两种。设置领取型优惠券时应注意：

(1)可以根据不同会员等级设置优惠券[只有对应等级及以上的买家才可以看到，如设置了platinum(白金)等级的，那么platinum和diamond(钻石)的买家可见，gold(金)和silver(银)的买家不可见]。

(2)优惠券使用范围可以选择全店商品，可以圈选部分商品。

(3)优惠券活动时间为美国太平洋时间。

定向发放型优惠券针对指定用户发放优惠券，凡是与店铺有过交易、加过商品到购物车或者Wish List的买家都可作为定向发放对象，用于人群定向营销。每次操作最多可添加50个用户进行发放，每个活动可以分多次发放，一旦确认发放则用户就会收到相应的优惠券。

2.亚马逊

1)亚马逊Vouchers(亚马逊优惠券)

在亚马逊平台中，卖家可以提供固定价值的折扣或百分比折扣的优惠券，也可以针对特定的顾客群体提供优惠券。优惠券设置完成之后，会在网站的多个地方进行展示，主要展示在商品详细信息页面和搜索结果中，还有交易页面和特定的亚马逊 Vouchers 登录页面上。

优惠券活动开始后，供应商的商品将在亚马逊搜索结果页面中标记为正在促销，该标签会链接到供应商的商品详细信息页面，可以帮助商品在搜索结果中脱颖而出。买家选中 Vouchers，可以将优惠券应用到他们的账户上。买家一旦使用 Vouchers，亚马逊就会显示消息，告知消费者离 Vouchers 到期还有多久。

2)镇店之宝

亚马逊“镇店之宝”是一个或一些相关度较高的商品仅在作为“镇店之宝”这一天享受一定折扣力度的促销活动。在促销活动期限(每日 8 时 0 分至 23 时 59 分)届满前或促销商品被售完前，每位客户均可进行购买且存在数量限制。

镇店之宝的非划线价格是“镇店之宝价”，为该商品在参加镇店之宝活动期间的促销价格；如有划线价格，划线价格为“厂商建议零售价”，有可能是该商品的品牌专柜价、商品吊牌价、商品生产商或品牌供应商建议的零售价格，该价格仅供参考。

买家必须在镇店之宝促销活动结束前且促销商品尚可购买时，从镇店之宝促销活动区域或促销商品详情页，以镇店之宝促销价将商品加入购物车，方可享受镇店之宝促销优惠。

镇店之宝促销商品数量有限。如果镇店之宝促销区域为空或从“Z 秒杀”页面消失，表明该镇店之宝商品促销期限届满或已售罄。如果“Z 秒杀”页面仍存在镇店之宝促销区域，但买家无法再下单购买镇店之宝的促销商品，表明参加镇店之宝促销的商品已售罄，只能等待下一个镇店之宝出现才可以购买。如果促销活动结束时促销商品仍未销售完毕，则该商品在促销活动结束后将恢复亚马逊正常售价。

3)“Z 秒杀”促销活动

“Z 秒杀”促销活动是亚马逊网站在促销专区推出的限时限量的超低价抢购活动。所有秒杀促销商品均出现在 Z 秒杀页面。在秒杀促销活动期间，即在秒杀促销活动期限届满或秒杀促销商品被售完前，在亚马逊网站上登录账户，查看秒杀促销内容。同种秒杀促销商品，每位客户限购一次。

秒杀促销活动正在进行时，可以看到秒杀促销商品的售价、当前客户已加入购物车或已购买秒杀促销商品的比例、秒杀促销商品享受秒杀促销折扣的剩余时间等信息。如果秒杀促销商品可以预订，会在商品下方显示“加入购物车”按钮。

4)“Z 实惠”促销活动

“Z 实惠”是亚马逊推出的在线销售包装/外观可能污损或临近效期商品，为消费者提供更多的购物选择的一项全新服务。此类商品的包装或外观可能有污损，但无质量问题，不影响正常使用。

“Z 实惠”的所有商品都由亚马逊专业团队进行严格的测试并分级，该类商品在商品的详细页面中会以卖家“亚马逊 Z 实惠”的形式出现，并附有具体商品的详细说明信息。

客户可以在商品详细页面中看到“Z 实惠”商品的位置，根据商品价格、状况、卖家信息，了解关于“Z 实惠”的商品，单击图标即可进入查看关于该类商品的隐私声明、配送信息、退换货政策。

“Z 实惠”商品的分类有以下五种：

(1)全新品。此类商品标注为“全新品”，意味着商品的原始包装未开封，但商品可能有轻微的外包装磨损，该类商品一般是快临近保质期的商品。

(2)近似新品。此类商品一般来源于拍照失真而与实物有差异、客户误购退货，或在库房配送过程中造成外包装破损的商品。此类商品通常都未曾使用过，可能有个别已经打开原厂铅封，但其功能和外观成色与新品品质基本相同。

(3)成色很好。此类商品有可能被使用过，但使用次数很少，商品外观可能有轻微瑕疵(如轻微划痕、磨损等)，有些可能缺失一些非重要的配件或重新包装过，但功能完好，不影响使用。

(4)成色好。此类商品通常已被使用过，外观上可能有多处瑕疵(如划痕、磨损等)或部分配件被替换，但不影响基本功能的使用。

(5)尚可接受。此类商品有些被使用过一段时间，有些曾经有质量问题但经过授权维修商维修过，商品外观可能有一些瑕疵(如中度划痕、磨损等)，有些可能缺失一些非重要的配件或被重新包装过，但商品功能完好。

11.1.2 平台营销活动

平台营销活动是跨境电商平台的流量集中地，以速卖通为例，其平台活动非常多，包括常规活动，如 Super Deal、巴西团购等，也包括行业主题活动，如童装、母婴产品的活动；以及3、8、12 月举办的大规模平台大促活动和品牌馆 Brand Showcase 活动。

1. 速卖通

速卖通每期的平台活动都会在 My AliExpress 的“营销中心”板块进行展示和招商。商家可以选取自己店铺内符合活动招商条件的商品自主申请报名参加，一旦入选，该申报商品就会出现在活动的推广页面，帮助供应商获得大量流量。

目前速卖通大促的类型主要有三种：第一种，年初的“328”购物节；第二种，年中的“828”金秋盛宴；第三种，年底的“双 11”大促。从大促的力度来看，“双 11”是促销力度最大，也是流量最大的大促活动。

每次大促都是速卖通平台花费大量资源引进巨额流量，所以活动效果超出其他所有的营销手段，大促的海量流量能带来大促后店铺及单品排名的快速攀升。与淘宝、天猫不同，速卖通大促中产生的所有销量都会计入物品销量，并参与物品搜索排名计分，大促后全店铺物品自然搜索排名和类目排名可实现飞跃式前进，所以历年的平台大促竞争都异常激烈。

平台大促主要包含秒杀活动、主会场五折活动、分会场活动、主题馆活动、优质店铺推广活动、全店铺折扣活动和“海景房”几种类型的活动。

“海景房”是“双 11”大促推出的新型大促活动类型，位于主会场的顶端，占据“双 11”大部分流量。但是“海景房”的审核标准非常高，每个展位每小时自动计算更新一次，根据商品的销量来确定“海景房”位置的哪个商品该在这个时段被展示。所以对于“海景房”的位置来讲，把商品的转化做到最优是最大的权重指标。这个位置适合大卖家去竞争，中小卖家难以符合条件。

其他类型的活动报名要求相对简单，其中以主会场五折活动流量最大，也是中小卖家重点竞争的展示位置。活动选取标准主要根据商品的综合排名，通过活动前的优化，是可以达到平台五折活动商品的选择标准的。如果报名参加平台五折活动失败，供应商自己设置的店铺五折活动也有机会出现在这个黄金位置。

2. 亚马逊

亚马逊每年都会举办多场促销活动，为平台卖家吸引消费者、增加商品曝光度，从而提高销量。卖家可以根据活动性质推出相应的商品、折扣来吸引消费者。例如万圣节前夕，节日特色家居装饰品和特色服饰商品更受欢迎，卖家可以提前采购这类商品，以增加节日销量。其中，“亚马逊 Prime Day”、“黑色星期五”和“圣诞节”这三个活动最为盛大，不仅参加的国家数量多，且商品均涵盖所有品类，卖家需要特别关注。

1)亚马逊 Prime Day

Amazon Prime 是亚马逊 2005 年推出的服务，不同国家费用不同。Prime 会员不限订单金额，提供免境内运费、两个工作日限时送达服务。另外还有许多增值服务，如提前 30 分钟开抢 Amazon Lightning Deals 闪购或 MyHabit. com 新活动、无限量免费视频音乐流媒体、无限量照片云空间、Kindle 电子书免费借阅等。

亚马逊 Prime Day 是回馈会员的大日子，会动员全球精品资源一起参与优惠。亚马逊官方表示，2020 年亚马逊全球 Prime 会员日期间，以中小企业为主的第三方卖家销售业绩再创新高，在 19 个国家和地区的销售额超过 35 亿美元，同比 2019 年增长近 60%。

亚马逊 Prime Day 会员日在全球不同时区举行，一般为 7 月。以 2020 年为例，美国、加拿大、墨西哥、欧洲、日本、印度、阿联酋、澳大利亚、新加坡均参加了 Prime Day 会员日活动。在 Prime Day 这天，亚马逊将提供上百款秒杀商品和极速、免费的快递服务，网站每 10 分钟更新促销活动商品，商品涵盖电子数码、玩具、游戏、电影、服饰、运动户外等。

2)黑色星期五(Black Friday)

黑色星期五(Black Friday)在中国简称“黑五”。西方节日感恩节是每年 11 月的最后一个星期四，感恩节的第二天就是“黑色星期五”，这一天整个美国几乎所有的商场都疯狂大减价。Amazon Black Friday 与 Black Friday 不同，作为全球最大的电商零售领导者，Amazon Black Friday 有自己的特色。

(1)Deal of Day(每日折扣专区)。亚马逊活动专区的第一个大区域就是 Deal of Day，该区域的折扣仅限当日。页面上有活动倒计时，每天有 10 个折扣活动，点击详情可进入具体的享受折扣商品页面，每日折扣作为亚马逊首推的第一个板块，力度相对较大。

(2)Today's Hottest Deal(当日最火折扣)。该板块包含的折扣比较多，可以选择当天能买的折扣活动，或者即将开始的最火折扣。亚马逊也贴心地根据买家的浏览记录等数据，为供应商推荐买家关注过的商品中哪些有折扣，在 Today's Hottest Deal 下面的 watching 板块也能看到。

(3)亚马逊 Device Deals(亚马逊设备商品折扣)。该板块展示亚马逊自己出品设备的折扣，比如家喻户晓的 Kindle 等。

(4)Shop All Deal(所有折扣)。亚马逊所有折扣就在该板块，由于折扣活动多，可以通过左侧的筛选框进行筛选，或者右边的下拉框，按照商品相关度、商品价格、折扣力度来进行排序查找。

3)圣诞节

圣诞节一直是西方国家最盛大的节日，日期为每年 12 月 24～26 日，亚马逊市场涵盖全站点(重点欧洲站、日本站)，秒杀参与日期为 12 月 10～20 日、12 月 26 日。按照欧洲传统，圣诞节礼物会提前买好放在圣诞树下，所以圣诞购物高峰一般是从 10 号开始，持续到平安夜。由于亚马逊有配送时间，所以在线购物一般是在 20 日之前到高峰。以前在 12 月 26 日(Boxing Day，拆礼物日)，很多人会早早在商场外排长龙准备购物。现在越来越多的人选择在线购物。因此，圣诞节也是亚马逊一年当中最火爆的购物日之一。

11.1.3 社交媒体营销(SNS)

1. 社交媒体营销的概念

SNS 全称为 Social Networking Services(社会服务型网络)，旨在帮助人们建立社会性网络的互联网应用服务，也指社会现有已成熟普及的信息载体深入 SNS 服务。

进入社交媒体时代后，沟通渠道开始变得多样化，沟通过程也融入了更多的个人情感。在信息时代，企业不只是信息的发布者，更变成了活动的聆听者和参与者。

社交媒体平台营销分为主页发帖吸引粉丝互动（免费）和广告投放（付费）两种。发帖包括更新主页状态、发布照片视频、发布活动信息、发布大事记、建立和参与小组讨论等，吸引粉丝并与之互动，多以内容创意和活动吸引力及与客户的互动为取胜点。

用 CPC、CPM 等方式付费营销，是社交媒体营销中逐渐形成和强化的另一种快速见效的营销方式。其多以网站中的广告横幅、文本链接、多媒体等形式展示给互联网用户。伴随着受众的注意力从电视转移到其他网络媒体，互联网广告已经逐渐成为广告营销的重要发展方向。

社交媒体平台最大的核心价值在于其实时信息传播的特性，广受品牌和用户的青睐。企业想要在社交媒体平台上建立口碑，首先就要了解这一平台和他们的受众特性。

2. 社交媒体营销策略

无论选择哪个品类的产品，要实现跨境电商业务更好、更精细的运作，不可避免需要考虑选择在哪些社交平台上进行营销推广，以及不同营销推广方式需要采用怎样的方法与技巧。那么，在选择了合适的社交媒体平台后，需要注意哪些营销策略呢？

1）挖掘愿意互动的客户

在每个愿意和你互动的客户背后，都隐藏着一个社会群体。只要他愿意和你互动，你发布的内容就有可能在他的社交页面出现。社会群体的一个重要特点体现为“人以群分”。因此，他的社会群体里很可能也会出现具有相同购买需求的人，这些人都可能成为潜在客户。如某社媒平台中的每个用户平均好友数为 150 人，这样的用户基数为我们提供了较好的客户挖掘机会。

2）做软文口碑性营销

针对那些兴趣类或专业类的内容性社交媒体平台，最好采用软文口碑性营销的方式。例如，在南美的假发市场上，有的跨境电子商务企业联系了某社交媒体平台去做黑人女性的测评，最终取得了较佳的口碑营销效果。因此，商家在做社交媒体营销时，可以在社交平台上做一些测试，建议找一些意见领袖加入，这样更有利于精准的吸引流量。

3）定期进行客户梳理

在开展社交媒体营销时，最好每隔一段时间完成一次系统性的客户梳理，对比不同国家和地区的客户比重。例如，俄罗斯的客户占多少比重、中东的客户占多少比重等。后续，还可以做一些简单的抽样调查，查看这些客户一般都在哪些社交媒体平台上活跃等。最后，根据这些数据和分析结果来确定需要在哪些社交媒体平台上投入多少人力、财力等资源。

11.1.4　搜索引擎营销

搜索引擎营销（Search Engine Marketing ，SEM）作为新媒体营销中主要的营销手段之一，是利用人们对搜索引擎的依赖和使用习惯，在人们检索信息时将信息传递给目标用户。因为搜索引擎拥有巨大的用户访问量，SEM 不仅便利了消费者在使用搜索引擎的过程中获取有价信息，同时当企业利用了这种被用户检索的机会后，也可以使企业能够及时、准确地向目标客户群体传递各种产品与服务信息，挖掘更多的潜在客户，帮助企业实现更高的转化率。SEM 的主要营销模式大致可以分为三种：搜索引擎优化、关键词广告和关键词竞价排名。

1. 搜索引擎优化

搜索引擎优化（search engine optimization，SEO）是指针对搜寻引擎算法而进行优化的手段，如果操作成功，意味着你的公司信息或者产品信息可以排在搜索引擎结果页面的最前面，免费得到更高的曝光率，提升销售机会。实现 SEO 的途径包括网站内容优化、关键词优化、外部链接优化、内部链接优化、代码优化、图片优化和搜索引擎登录等。

与 SEM 追求高曝光率、针对交易性搜索查询相比，SEO 是免费的，点击没有成本，故而更偏向于信息性搜索查询的内容营销，即通过提供有用的咨询与用户建立长期的关系，目的是为用户的某个问题提供答案和信息。旨在通过提供资讯慢慢深化关系，建立品牌形象，从而带来长远的销售增长。

对搜索引擎来说，某公司名称或产品被搜索查询的次数越多，代表该公司或产品的品牌信号越强，SEO 优化越成功。

2. 关键词广告

关键词广告（Adwords）也称为“关键词检索”，简单来说就是当用户利用某一关键词进行检索，在检索结果页面会出现与该关键词相关的广告内容。由于关键词广告是在特定关键词的检索时，关键词广告才出现在搜索结果页面的显著位置，所以其针对性非常高，被称为性价比较高的网络推广方式。

目前海外推广的主流搜索引擎关键字广告有 Google Adwords 广告、Yahoo 英文广告、MSN 英文广告和 210 广告等。以 Google Adwords 为例，它是一种通过使用 Google 关键词广告或者 Google 遍布全球的内容联盟网络来推广网站的付费网络推广方式。可以选择包括文字、图片及视频广告在内的多种广告形式。

Google Adwords 的优势体现在以下三个方面：

第一，精确地覆盖目标。可面向在 Google 上搜索过的用户投放广告。即使你提供的服务或产品已出现在 Google 搜索结果中，AdWords 仍可以在 Google 及 Google 广告联网中吸引新的受众群体。

第二，更全面的控制权。可以修改广告和调整广告预算，直到广告的效果满意为止。另外，可以采用多种广告格式展示广告，甚至还可以将广告定位到使用特定语言及位于特定地理位置的用户。

第三，可衡量的价值回报。既没有最低花费限制，也没有投放时间要求。如果你选择的是每次点击费用选项，那么仅当有人点击你的广告时，你才需要支付费用。换言之，你投入的每一元预算都可能带来新的潜在客户，不会浪费。

3. 关键词竞价排名

关键词竞价排名，就是通过购买关键词使自己的广告能够出现在搜索页面的更显眼、更重要的位置。需要注意的是，对于关键词竞价来说，并非出价越高排名就一定越靠前。以 Google 为例，其广告排名值＝竞价×质量评分，这意味着，如果其质量评分不高的话，即使出价高，也同样无法获得最好的排名。

因此，跨境电商在做关键词竞价之前首先需要对目标市场进行全面分析，包括对产品属性、目标消费人群和竞争对手的分析。具体而言要做好以下三个方面：第一，要找出与自身品牌和产品相关的“主题词”，例如产品名称、品牌、产品特性以及一系列相关的运营与促销活动等；二是在排列组合好“主题词”之后，再根据客户的搜索行为习惯和搜索请求进行比较，在这些词的基础上扩展出长尾关键词；最后，还要根据同行竞争对手的关键词来确定自己的关键词。

为了实现更精准的广告效果，跨境电商需要全面了解每一个关键词的推广效果后，对关键词进行优化和调整。同时，因为搜索引擎的营销效果并不是瞬时转化的，故最关键的还有坚持，坚持关键词的优化推广，搜索引擎营销才能显现出来，继而为电商品牌带来实际的订单转化效益。

11.1.5　电子邮件营销

1. 电子邮件营销的概念及特点

电子邮件营销(E-mail direct marketing ,EDM)是指企业通过给潜在客户或者客户发送电子邮件广告来传递价有值信息的一种网络营销手段。关于EDM营销，必须有EDM软件对EDM内容进行发送，企业可以通过使用EDM软件向目标客户发送邮件，建立同目标顾客的沟通渠道，向其直接传达相关信息，用来促进销售。EDM软件可以发送电子广告、商品信息、销售信息、市场调查、市场推广活动等信息。

电子邮件营销的特点体现在：

(1)精准高效。可以精准筛选发送对象，将特定的推广信息投递到特定的目标社群。

(2)个性化定制。根据客户人群的差异，制订个性化的内容，让客户根据用户的需求提供最有价值的信息。

(3)信息全面丰富。不论是文本、图片还是动画、音频、视频、超链接，都可以在电子邮件营销中得到很好的体现。

(4)具备追踪分析能力。可根据客户的行为，统计打开邮件和点击数，综合分析后获取销售线索。

2. 电子邮件营销的流程及注意事项

1)电子邮件营销的业务流程

(1)设计电子邮件营销活动方案。卖家通过营销方案的设计，确定本次电子邮件营销活动的目标、计划、目标人群和管理控制方法等，同时注意区分长短期目标，分阶段实现。在每一分期目标中设置完成截止时间和负责人，以保证按计划实施。

(2)获取目标受众邮件地址。卖家获取本次电子邮件营销所使用的电子邮件地址可以通过以下四种途径。第一，从线上渠道获得。如调查问卷、企业黄页、国际展会等其他网络公开渠道。第二，从客户的注册信息中获取。目前大部分的跨境电子商务平台都会要求使用电子邮件注册ID，同时还会通过向注册者电子邮箱发送邮件的方式来激活账号，因此，向客户的注册邮箱发送邮箱邮件无疑是比较具有针对性的。第三，从目标论坛获取邮件地址。在本行业各种论坛上活跃的用户是具有较高价值的潜在客户，卖家可以通过许诺发送目录、图片或者优惠券的方式鼓励这些潜在客户留下电子邮件地址。以这种方式获得的电子邮件地址是受众主动接受的，营销反馈率相对较高。第四，通过购买或者其他技术手段获得。向电子邮件服务商购买邮件地址时要格外谨慎其涉及的隐私权等法律问题，同时还可以通过搜索引擎关键词抓取等技术手段来获取电子邮件地址，该方法的费用低，但针对性差，效率较低。

(3)选择适当的活动软件。目前境内可以发送跨境邮件的邮件服务商很多，但每一家提供的服务质量和内容参差不齐，因此卖家在进行营销活动时一定要慎重选择邮件服务商，特别是在当今移动电商迅速发展的时代，有的邮件服务商的客户端服务会更加个性化，功能也更强大。在预算允许的情况下，尽量选择商务用途邮件服务商或者境外的邮件服务商，这样能够给予目标受众更加专业化和商业化的印象。

(4)做好内容模板。卖家在选择好平台后需要根据目标受众进行邮件模板的设计。鉴于邮件病毒泛滥，不建议采用图文附件式邮件，纯文本的邮件反而更容易被目标受众接受并打开看到。同时，在收件人设置方面，为提高邮件的效率，减少客户对群发邮件的反感，收件人不宜一次罗列过多，建议采用暗送功能。

(5)电子邮件营销过程管理。电子邮件应有计划的发送，可以按某一个时间间隔发送，也可以在特殊时间节点发送，在营销活动过程中，卖家应注意统计客户接收邮件并打开邮件的概率，不断总结不同营销方式的开件率。

(6)反馈监控。当某一项营销活动结束时，卖家应该进行反馈监控。注意收集客户对于此次营销活动的反馈意见，并及时整理后供后期改进和优化。

2)电子邮件营销的注意事项

(1)标题。务必吸引人，但前提是表述清楚内容，同时不能过长。

(2)页面内容。如果使用图片无可避免，但重要的内容请务必使用文字，即使使用了图片也务必给出文字标识。

(3)图片的使用。建议给每张图片设置一个固定的宽度和高度，以及文字提示标识，同时，注意不要使用背景图片。

(4)一致性原则。如果需要定期发送电子邮件营销信息，请注意保持风格的统一，尤其是页头和页尾的风格要一致。假如有期刊号，请将期刊号和时间也一并加入。

任务 11.2　认知大数据精准营销模式

精准化营销的出现，前提是必须充分认识客户，只有了解了客户的期望，才能采取正确的营销策略。谷歌为了推荐更符合客户心意的内容，对搜索页面进行了动态调整；亚马逊通过为客户提供个性化的推荐，实现了销售量的大幅度增加；社交媒体通过精准投放广告服务，有效地变现了流量和“粉丝”……上述涉及的案例都有一个共同的特征——利用互联网和大数据更有效地为客户提供符合其需求的产品或服务。不可否认，移动互联网时代，由于消费模式的时空限制被减弱，使得客户的行为特征和兴趣爱好更加凸显个性化。运用大数据进行营销不仅可以使企业与客户之间的沟通更加高效，还能更好地实现流量变现，实现营销精准化。

对于跨境电商平台而言，每天都会产生数量巨大的数据信息，且这些信息具有很强的真实性、准确性及针对性，有利于跨境电商企业充分运用这些自然数据进行精准化营销。因此在大数据时代，跨境电商平台通过对用户数据进行分析，能够更好地掌握用户的消费习惯、个人兴趣和购买方向，从而对用户进行细化，实时对网站的商品和营销模式进行调整，并结合相应的信息和广告推送提升用户的购物体验。

11.2.1　跨境电商的大数据分析常用名词

1. 浏览量

浏览量(page view ,PV)指页面被访问的总次数。一个页面被单击一次，即被记为一次浏览。一个用户多次单击或多次刷新同一个页面，会被记为多次浏览，累加不去重。

2. 访客数

访客数(unique visitor，UV)即网站独立访客总数。一个用户一天内多次访问网站被记为一个访客。

3. 转化率

常用的转化率有详情页成交转化率和全店铺转化率。相关公式如下：

详情页成交转化率＝详情页成交人数/详情页访客数

全店铺转化率＝全店铺成交人数/全店铺访客总数

4. 点击率

点击率指页面上某一内容被单击的次数与被显示的次数之比，反映了内容的受关注程度，常用来衡量推广图片或产品主图的效果。

5. 支付率

支付率指支付成交笔数占拍下笔数的百分比。

支付率＝支付成交笔数/拍下笔数

6. 跳失率

跳失率指用户登录店铺后只访问了一个页面就离开的访问人次占登录页面访问总人次的比率。

跳失率＝跳失人次/登录页面访问总人次

7. 访问深度

访问深度指用户一次连续访问店铺的页面数。平均访问深度即用户平均每次连续访问店铺的页面数。

8. 人均店内停留时间

人均店内停留时间指平均每个用户连续访问店铺的时间。

9. 成交转化率

成交转化率指店铺成交人数占总访客数的比率。

成交转化率＝成交人数/总访客数

10. 客单价

客单价指每一个买家购买店铺商品的平均金额，即平均交易金额。

客单价＝某段时间内的销售额/客户数(客户去重)

11.2.2　主流分析工具简介

跨境电商的分析工具有很多，这里只推荐几个主流的分析工具，包括综合类工具、选品分析工具和关键词分析工具。

1. 综合类工具

1)Jungle Scout

Jungle Scout 有网页版和插件版。Jungle Scout 插件版集成在谷歌浏览器，可以快速分析产品，查看产品估算销量。Jungle Scout 网页版可以追踪产品的销售数据和现成的产品库、关键词，并进行长尾产品开发，是产品开发必不可少的辅助工具之一。其网页版产品的功能主要有四个方面：

(1)产品数据库(product database)。掌握亚马逊的产品目录，从需求、价格、预测销售量、评级、季节性、尺寸和重量等多个方面过滤产品，准确出击，制订最佳的选品策略。

(2)关键词搜索器(keyword scout)。输入一个关键词，我们便可以找到相关关键词并查看这些关键词在亚马逊的月搜索量，以及想要短期快速提高排名需要在每天促销推广的产品数量和 PPC (点击付费)推广的建议出价，还可以输入 ASIN 反侦察产品的相关关键词信息和数据。

(3)产品跟踪器(product tracker)。一键单击，即可监控竞争对手的产品销量、定价和库存变化，告别手动操作 Excel 表格的时代，省去每天搜索和复制粘贴数据的时间，可以提高工作效率，降低运营成本。

(4)供应商数据库(supplier database)。供应商数据库的功能是深度挖掘近三年的美国海关数据,每月更新数据库,助力卖家寻找产品供货商,挖掘竞品的供货工厂;助力工厂轻松挖掘更多的 VIP 用户,了解潜在用户对产品的需求,并反向挖掘其他工厂的 VIP 用户,开拓境外市场,获得更大的商机。

2)卖家精灵

卖家精灵也是比较好用的跨境电商分析工具,卖家精灵核心功能包括以下三个方面:

(1)选市场。具体来说,选品成功率提高 50%,涵盖七个国家的超过 15 万份的深度行业分析报告,帮助用户探索亚马逊的细分市场,超过 24 维度的市场分析排序、过滤指标,让用户快速定位潜力市场、蓝海市场。

(2)选产品。包括提供亚马逊最准确的产品销量数据,回溯近三年的各月份历史销量趋势,支持 ASIN(亚马逊标准识别号)上架以来 BSR(best sellers rank,销量榜单)、价格、评论等历史走势,支持美国、日本及欧洲五国(英国、德国、法国、意大利和西班牙)。

(3)关键词挖掘/ASIN 反查。不仅提供亚马逊最准确的关键词搜索量、购买率,还支持超过三年的月度搜索量趋势数据,关键词反查准确度高,支持美国、日本及欧洲五国、印度和加拿大。

2. 选品分析工具

1)谷歌趋势

谷歌趋势(Google trends)是谷歌推出的一款基于搜索日志分析的应用产品,它通过分析谷歌全球数以十亿计的搜索结果,告诉用户某一搜索关键词在谷歌中被搜索的频率和相关统计数据。

2)Keepa

Keepa 是一款免费的亚马逊价格追踪工具,保存了亚马逊上所有产品的历史价格数据。其核心功能是搜索功能,通过搜索可以找到指定产品的所有历史价格数据,并根据搜索返回一个信息量非常丰富的图表,卖家可以根据图表信息获得选品参考。

(1)横、纵坐标。如图 11-1 所示,该坐标轴中,最左边的纵轴表示的是产品的价格(15~50 美元),底部的横坐标表示的是日期,右边的纵轴表示的是销售排名。

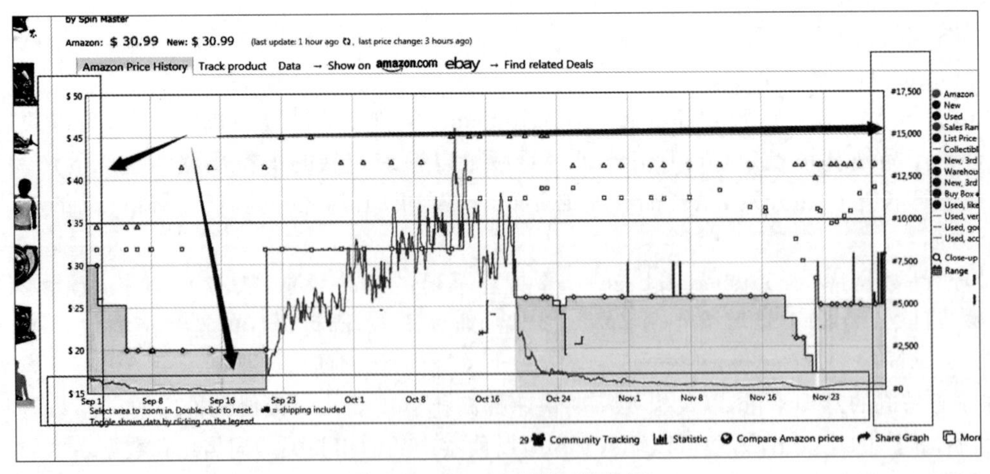

图 11-1 Keepa 的横、纵坐标

(2)数据的展开与关闭。如图 11-2 所示,右边的一列圆点对应着不同的数据,可根据需要单击不同颜色的点来关闭或打开这些数据。

（3）以亚马逊为例。单击图 11-2 中的“Amazon”，关闭其他数据后，可以看到图 11-3 显示的是这款产品在最近三个月的价格。同时，我们可以从右下角的“Range”里根据日期、周、年及所有历史时间来筛选这个价格数据。

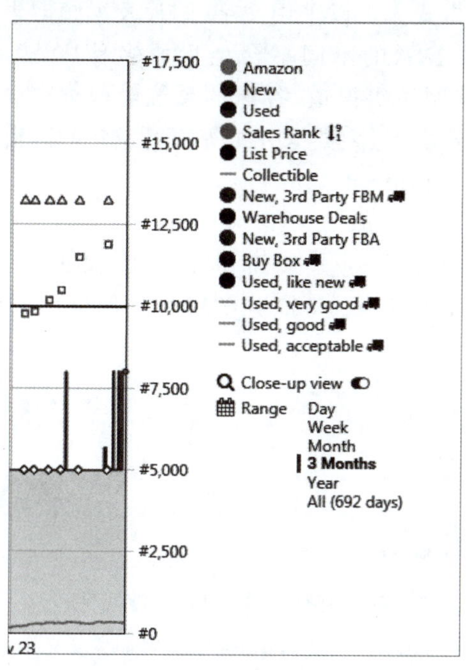

图 11-2　数据的展开与关闭

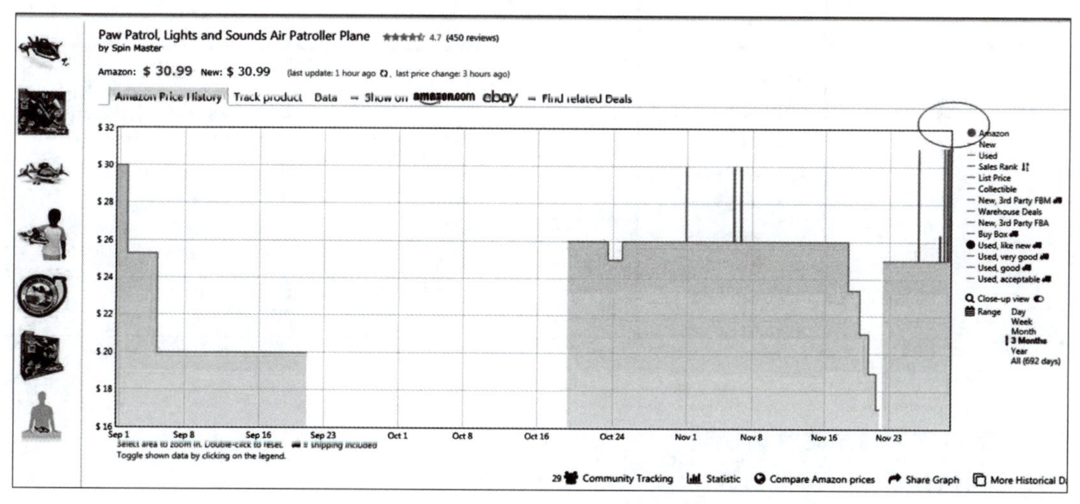

图 11-3　最近三个月的价格

移动鼠标，可以跟随指针看到产品在不同日期的历史价格。在 Keepa 的这张 Amazon 图中，可以看到阴影部分和空白的部分。阴影部分代表的是亚马逊这段时间有产品库存，这个产品处于销售状态，而空白的部分代表的是亚马逊这段时间没有产品库存，同时没有进行该产品的销售。这张图能够很好地帮助我们做出快速的选品决策。例如，我们可以挑选亚马逊没有产品库存的时间段进行产品销售，从而避免竞争。

3. 关键词分析工具

1)关键字规划师

关键字规划师(Google Ads)是一种使用谷歌关键字广告或谷歌遍布全球的内容联盟网络来推广网站的付费网络推广方式。可以采用文字、图片及视频广告在内的多种广告形式。

Google Ads 允许用户在谷歌的不同平台上投放多种广告,包括搜索页、Google Play、Android应用商店及合作伙伴网站等渠道,谷歌的系统会根据广告商想要实现的目标在不同的平台上分配广告。除了机器学习、大数据分析等不可逆转的潮流趋势外,谷歌的产品创新还注重三个核心概念:价值、透明和信任。

2)Keyword Tool

Keyword Tool 是一个让亚马逊卖家简单快速地找出产品最佳关键词的工具,如图 11-4 所示,当输入“dog”,能查找到的 339 条关键词。如果卖家想使用更多的高级功能,则需要升级为专业版。

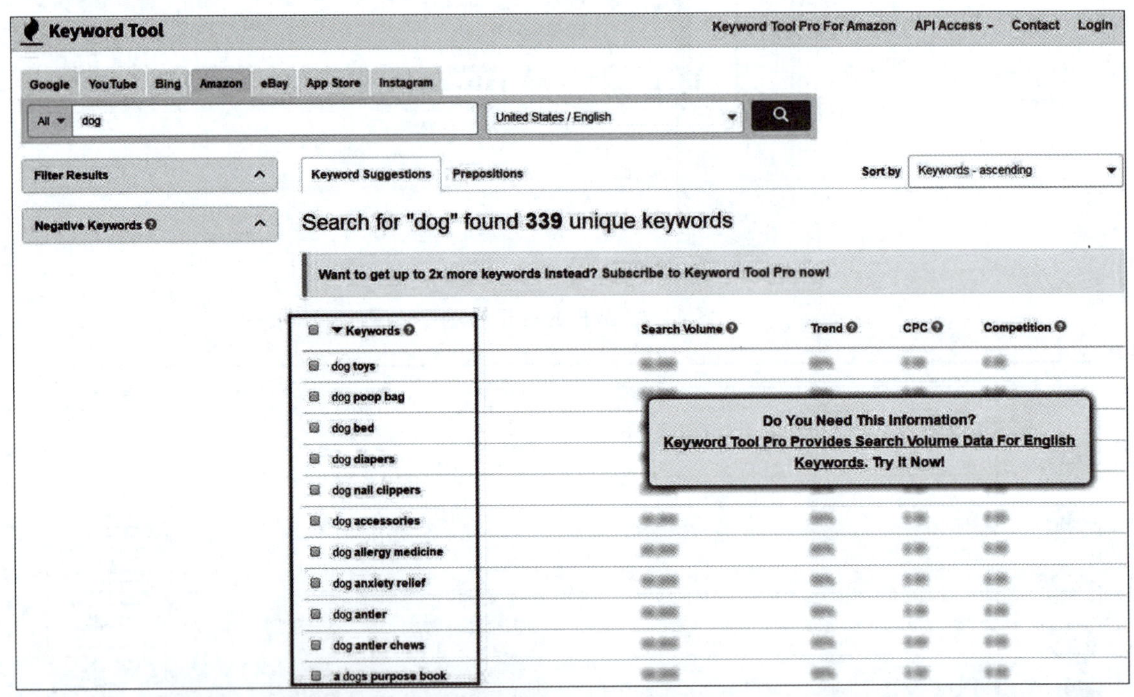

图 11-4　Keyword Tool 工具

11.2.3　数据化运营策略创新模式

1. 可视化分析——用户画像

用户画像指用户信息的标签化。随着大数据技术的深入研究和应用,为充分挖掘用户需求,“用户画像”应运而生。它能够快速定位用户群体,明确用户需求。系统根据用户的个性化的目标、行为和观点差异,将用户区分成不同类型,以高度凝练的特征标志为用户“贴标签”,描绘用户立体的商业全貌。

用户画像平台对于跨境电商有着重要的战略意见。它加深了企业对用户群体的认识和理解,通过对用户的需求进行分析和判断,在产品问世之前明确目标用户和与其对应的产品功能、设计，以及信息互动渠道和推广方式，有利于提高产品对用户的满足程度，完善精准营销并促成最后的购买行为。

以电商平台京东为例，它拥有超过三百个用户画像标签，为企业销售产品提供方向性的指引，被运用在精准营销、智能机器人、个性化推荐等领域。而根据不同用户群的分析，京东还划分了数码超人、家庭用户、有房一族、网购达人、时尚男女、单身贵族、奶爸奶妈、超级用户、闪购用户等群体标签。有了对用户的洞察和了解，以及实时的购买需求，就能更精准地推荐产品。这不仅提高了用户网购的满意度，更实现了消费引导。

通过用户画像，京东还能识别出不同区域用户的购买力指数和品牌偏好，从而更合理地部署产品。京东在全国有 200 多个仓库，5 300 多个配送站和自提点，依据大数据分析结果来进行产品入仓和部署，从而提高运输和配送效率。越精准的画像和标签，越能更好地为用户提供个性化产品的推荐，用户端潜在需求的判断，会联动到供应链、物流仓储系统。

2. 内容营销和网红经济

产品和内容的融合，创造出了更多的消费潜力，而网络红人、达人是这其中的助燃剂。他们结合自身和产品的特征，高频地创造内容传递给用户。衣服、化妆品、箱包等产品的属性本身决定了适合作为网络达人的推广对象，而网络达人本身的个性特征、社群定位、穿着品味为内容和产品都增色不少，为让他们持续吸引用户提供了基础保证。这些达人通过社交平台营造并树立所定位的形象，用情感和互动来建立立体的个人 IP，保持与用户的友好互动并增进情感联系，他们持续吸引某社群的过程就是在为用户做分类，并已经做了精准定向的理念传递。网络达人以恰当的频率和时间点，推出形式生动活泼的视频或直播内容，能快速从社交平台引入流量，从而帮助跨境电商平台转化为成交量。网络红人、达人依靠个体影响聚集社群，利用网络传播的优势极大地促进了产品推广的效率。

3. 竞争策略

竞争战略作为一个企业在竞争中所采取进攻或者防守的行为，大体分为三类：总成本领先战略、差异化战略和集中化战略。以价值链为分析维度，在跨境电商的竞争环境中，每个企业要达到成本领先，必须从企业内部的产品设计、生产、营销、销售、运输等多项活动中不断优化，同时，企业的价值链与上游的供应商、下游的买主的价值链相连，通过联结和协调形成企业创造和保持竞争优势的能力。

跨境电商企业涵盖了多个数据系统，系统之间的孤立会阻碍内部数据的整合和数据价值的体现。以阿里巴巴为例，其电商云工作平台“聚石塔”计划，使其各子公司平台数据资产得到了很好的协作和共享。其电商平台长期以来积累了大量的用户数据，并不断地完善数据管理系统，使其很容易挖掘内在的运营规律、发现用户行为特点。数据的互通、协同和共享，使得阿里巴巴旗下子公司的资源平台进行了优势的整合(淘宝、天猫、支付宝、阿里云等)。这不但帮助企业创造更大的商业价值，还可以在风险来临时，使企业进行有力的应对。

项目小结

本项目共分为两个学习任务来阐述和探讨互联网数字营销管理与优化。任务 11.1 是跨境电商典型营销场景选择与设计，包括店铺自主营销、平台营销活动、社交媒体营销(SNS)、搜索引擎营销(SEM)、电子邮件营销(EDM);任务11.2是大数据精准营销模式,包括跨境电商的大数据分析常用名词、主流分析工具简介和数据化运营策略创新模式。

同步测试

一、单选题

1. 速卖通重要的店铺营销活动有( )。
   A. 限时限量折扣　B. 镇店之宝　C. Z实惠　D. Z划算
2. 亚马逊中重要的平台营销活动有( )。
   A. Super Deals　B. Prime Day　C. 双十一　D. 俄罗斯团购
3. 页面被访问的总次数是( )。
   A. 点击率　B. 访客数UV　C. 浏览量PV　D. 访问深度
4. 用户一次连续访问店铺的页面数是( )。
   A. 点击率　B. 访客数UV　C. 浏览量PV　D. 访问深度
5. 亚马逊推出的通过在线销售包装/外观可能污损或临近效期商品,为消费者提供更多的购物选择的活动是( )。
   A. 优惠券　B. Z实惠　C. Z秒杀　D. Z划算

二、判断题

1. SEM是通过点击付费,而SEO是免费的。( )
2. 速卖通全店铺打折需提前12小时设置,限时限量折扣需提前24小时设置。( )
3. 跳失率指用户登录店铺后只访问了一个页面就离开的访问人次占登录页面访问总人次的比率。( )
4. 电子邮件在收件人设置方面,为提高邮件的效率,收件人可以一次性全部添加。( )
5. 亚马逊"Z实惠"商品分为全新品、近似新品、成色很好、成色好、尚可接受。( )

项目 12　社区营销——领英营销

任务 12.1　了解领英的功能

领英(Linked-In)是目前全球最大的职业社交平台之一，是一家面向商用型职场、严肃的网络社区平台，风格偏向职场化和商务化，正是因为领英的这种属性，所以领英更适用于 B2B。领英成立于 2002 年 12 月，于 2011 年 5 月 20 日在美国上市，总部位于美国加利福尼亚州山景城。2014 年 2 月 25 日，领英简体中文版网站正式上线，并宣布中文名为“领英”。领英的主要功能可以概括为四个方面：社交、职业、展示和广告。

1. 社交

社交是领英最主要的功能，也是领英创办的初衷。通过社交功能，领英的用户可以在平台上进行商务交流，构建属于自己的社交网络。

2. 职业

职业是领英在其社交功能中拓展出来的重要功能。领英的用户可以通过展示自己的教育以及职业背景，在社交网络中获得业内的肯定，并可以进行求职。

3. 展示

展示主要以设置和维护主页的方式进行静态的展示推广。领英可以设置个人用户和企业用户：个人用户可以在主页上展示照片和文字信息进行自我宣传；企业展示是针对企业用户推出的功能，企业用户可以在领英上创建企业账号，并可以进行企业形象展示和业务介绍的商务活动。

4. 广告

广告是领英的非核心功能，用户可以通过设置预算和出价控制推广活动成本，并且自助广告下单。具体来说，在进行广告推广之前，领英应先设置每日预算和总预算，然后选择手动或自动出价的方式进行竞价。领英推荐自动出价，认为自动出价有利于用户了解整个预算表现潜力，并可以更好地控制单位成本和推广活动开销。领英帮助中心会说明广告运行费用的最低要求，即运行广告推广活动需要满足最低每日预算、总预算和出价金额的要求，包括：每个推广活动 10 美元的每日预算；每个推广活动 10 美元的总预算(企业推广内容的可选功能)；文字广告推广活动最低 2 美元的 CPC 或 CPM 出价。

任务 12.2　在领英上推广

12.2.1　添加领英会员为好友

当注册完毕以后，领英平台即会根据注册信息进行好友推荐，如图 12-1 所示。

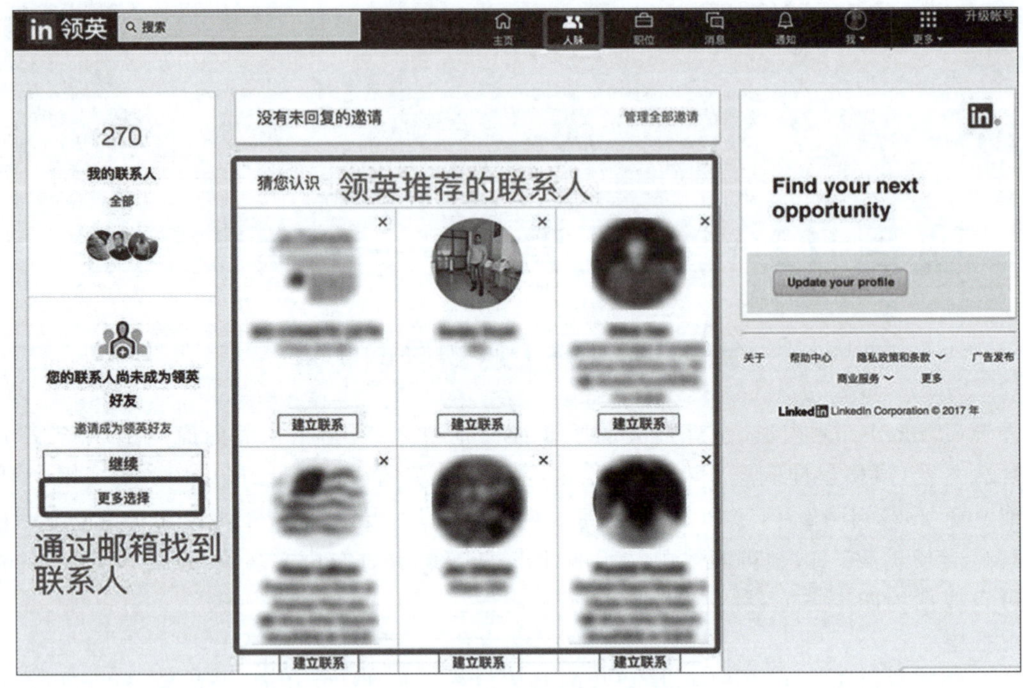

图 12-1　添加领英会员为好友

需要注意的是，卖家在填写注册信息时务必正确且具体，这样才能保证平台推荐好友的准确性和高效性。同时，在加好友的过程中，卖家不要因为想“涨粉”而大量增加不相关的联系人，因为领英是商务化的社交平台，如加入过多不相关的联系人，会导致该平台以后推荐的联系人的关联度下降，未来针对行业进行的营销活动的集中度和效率也会下降，得不偿失。

12.2.2　通过领英和谷歌找到目标客户

1. 使用领英内置搜索条进行寻找

具体步骤如下：先在搜索条中输入类似 companies 、people 等关键词，就会出现相关匹配项内容。people 关键词项下主要是领英的个人用户的内容结果条，卖家通过阅读其介绍来判断该用户是否能够成为潜在客户。当然也可以在搜索条内输入具体行业来缩小搜索范围。

例如，我们是经营假发的出口商，可以在搜索条内输入“Wig exporter”。领英的搜索结果页中就会出现大量匹配相关的词条，大部分词条为领英的注册个人用户，也有部分平台推荐的相关度比较高的企业。对于那些可能成为潜在客户的个人用户，可以在该主页中尽可能多地收集客户的个人信息，也可以用领英站内自带的“contact ”功能，向对方发送站内信息，从而与对方逐步建立联系。

2. 通过“领英＋谷歌”搜索寻找客户

如果通过阅读对方主页内容仍然不能确定对方是不是潜在客户，则可以考虑结合谷歌搜索的方式来确定对方身份。具体方式是用谷歌搜索该公司的名称，通过搜索结果页来进一步确定对方身份，确保营销的精准化。

当然这种“领英＋谷歌”相结合的方式也可以逆向使用，即对于在谷歌上搜索不准确的公司也可以将其名称放在领英平台上进行搜索。卖家还可以通过商品名称、邮箱及寻找网址等方法来搜索客户。

项目小结

本项目共分两个学习任务来阐述和探讨社区营销——领英营销模式。其中任务 12.1 介绍的是领英的功能,包括社交、职业、展示和广告四个模块;任务 12.2 介绍的是如何在领英上推广,包括添加领英会员为好友、通过“领英+谷歌”搜索寻找客户等完成精准营销。

同步测试

一、判断题

1. 领英可以设置个人用户和企业用户:个人用户可以在主页上展示照片和文字信息进行自我宣传;企业展示是针对企业用户推出的功能。　（　　）

2. 在进行广告推广之前,领英应先设置每日预算和总预算,然后只能选择自动出价的方式进行竞价。　（　　）

3. 在领英加好友的过程中,卖家可以一次性大量增加不相关的联系人来获取大量的“粉丝”。　（　　）

二、问答题

1. 领英的功能有哪些?

2. 领英的推广模式有哪些?

项目 13　跨境电子商务营销策略

任务 13.1　掌握跨境网络目标市场定位策略

随着互联网经济的快速发展,跨境电商企业之间的竞争压力越来越大,很多企业为了自己的产品能在市场竞争中占有一席之地,彼此之间竞争激烈。很多跨境电商企业在将产品推向不同市场的过程中,被市场"撞"得头破血流,原因就在于它们还没有为产品找到合适的目标市场,还没有研究清楚跨境网络目标市场的定位策略是什么。因此,选择合适的跨境网络目标市场的营销战略、定位内容和定位策略,是帮助跨境电商企业在激烈的市场竞争中获得成功的法宝。

13.1.1　跨境网络目标市场的营销策略

1. 无差异营销策略

无差异营销策略是指企业将产品的整个市场视为同一个目标市场,用单一的营销策略开拓市场。换句话说,即用一种产品和一套营销方案吸引尽可能多的购买者。因此,无差异营销策略往往只关心消费者或用户在需求上的共同点,而不考虑他们在需求上的差异性。

无差异营销策略的优点可概括为以下三个方面:一是生产单一产品,可以减少生产和储运成本;二是无差异的广告宣传和促销活动可以节省促销费用;三是不搞市场细分,可以减少企业在市场调研、产品开发、制订各种营销组合方案等方面的营销投入。该策略适用于在全球市场需求广泛、市场同质性高且能大量生产、大量销售的产品。

2. 差异性营销策略

差异性营销策略是将整个全球市场划分为若干细分市场,针对每一细分市场制订一套独立的营销方案。跨境电商企业可根据不同国家和地区的政治经济因素、社会因素、人口因素等将全球市场按照一定的属性划分为若干个不同的细分市场。

差异性营销策略的优点是:小批量、多品种,生产机动灵活、市场针对性强,能够更全面地满足不同地区消费者的差异化需求,促进产品销售。同时,如果跨境电商企业是在多个细分市场上经营,一定程度上可以减少经营风险,一旦企业在其中的几个细分市场获得成功,也有助于提高该企业的形象及市场占有率。差异性营销策略的不足在于:一方面会增加营销成本,包括管理和存货成本都将增加,由于跨境电商企业必须针对不同的细分市场发展独立的营销计划,会增加企业在市场调研、促销和渠道管理等方面的营销成本;另一方面,还可能造成企业的资源配置不能有效集中,容易顾此失彼,甚至在企业内部出现彼此争夺资源的现象。

3. 集中性营销策略

无论是实行差异性营销策略还是无差异营销策略,对于跨境电商企业来说,均是以全球整体市场作为营销目标，试图满足所有消费者在某一方面的需要。然而集中性营销策略则不同，指的是集中力量进入一个或少数几个细分市场，实行专业化的生产和销售，力求在一个或几个子市场占有较大份额，适合资源力量有限的中小型跨境电商企业。

中小型跨境电商企业由于人力、财力和技术等方面因素的制约，面对全球整体市场，可能无力与大企业抗衡，但如果集中资源优势在大企业尚未顾及或尚未建立绝对优势的某个或某几个细分市场进行竞争，成功的可能性更大。但集中性营销策略也有其局限性，体现在两个方面：一是市场区域相对较小，企业发展受到限制；二是潜伏着较大的经营风险，一旦目标市场突然发生变化，如消费者喜好发生转移、有强大竞争对手的进入或有新的更有吸引力的替代品出现，都可能使该跨境电商企业面临没有回旋余地的困境。

13.1.2 跨境网络目标市场的定位内容

当出现同类产品或服务项目较多、供应竞争比较激烈的情况时，跨境电商企业向目标市场推出产品或服务前，需要进行市场定位。市场定位指的是产品定位，即根据竞争者现有产品在细分市场上的地位和消费者对此产品的重视程度，将与众不同的具有鲜明个性的本企业产品推广给目标客户，使该产品在细分市场上占有强有力的竞争位置。对于跨境电商企业而言，在市场定位过程中一定要了解其他竞争者产品的市场定位是什么。市场定位的基本参数是价格、档次两大方面。不同的产品和服务可以采用更具体的参数或技术标准，如价格、使用成本、性价比、保值性、功能、质量、外观、使用方法和服务保障等。

在跨境网络市场中，定位的内容可以简单地分为网站类型定位、客户服务定位和服务半径定位三种。

1. 网站类型定位

目前，跨境电商可使用的网站类型主要有宣传型网站和交易型网站两种。宣传型网站主要介绍个人动态或企业的经营项目、产品信息、价格信息、广告宣传等，不具备交易功能，如领英等。而交易型网站不仅介绍企业的经营项目、产品信息、价格信息、广告宣传等，同时还提供交易功能，买卖双方可以在线相互传递信息，实现网上洽谈、网上订货、网上支付等，如亚马逊、速卖通等。

2. 客户服务定位

企业网站主要用于满足网上客户的服务，因此应根据消费者不同的需求来定位自己的网站模式和功能。比如开设信息查询、信息发布等渠道，又比如速卖通针对当前热门的“网红”经济在其 App 首页开设了“网红”专栏——“Fan Zone”，同时在首页中部也有“网红”相关的栏目——“Community”。

3. 服务半径定位

根据网站的服务内容不同，划定网站的服务区域，即服务半径，如国际型、欧美型、东南亚型或某一地区型。当然，在理论上，跨境网络营销是无时空限制的，但在实际操作中往往受不同客观条件的限制，因此，大多数网站的服务半径是有局限性的。

13.1.3 跨境网络目标市场的定位策略

跨境网络目标市场的定位策略是一种竞争策略，体现了同类产品生产企业之间的竞争关系。定位的方式不同，竞争态势也不同，主要分为以下几种定位方式：

1."针锋相对式"定位或"迎头"定位

这是一种与市场上占支配地位的竞争对手"对着干"的定位方式，是一种容易产生危险的定位方式。它把企业的产品或服务定位在与竞争者相似或相近的位置上，同竞争者争夺同一细分市场。实行这种定位策略的跨境电商企业需具备以下条件：

第一，自身能比竞争者提供更好的产品和服务，该市场容量足以吸纳两个以上竞争的产品和服务，比竞争者有更多的资源和更强的实力。

第二，在该定位下，产品和服务的市场进入壁垒高，需要一定的时间，因此在实施此定位前一定要进行周密的网络市场分析与预测。例如：在碳酸饮料市场，可口可乐与百事可乐之间持续不断的竞争；在摩托车市场，本田和雅马哈互相竞争等。

综上所述，实行这类市场定位的跨境电商企业需要充分了解竞争对手的情况，并准确估计自身的实力，才能取得成功。

2."填补空缺式"定位

"填补空缺式"定位指的是寻找新的尚未被占领的领域，并有很好的市场潜力，为许多消费群体所重视的位置进行定位。一般来说，通常在以下两种情况下适用这种策略：一是这部分潜在市场即营销机会还尚未被发现，在这种情况下，跨境电商企业容易取得成功；二是虽然许多跨境电商企业发现了这部分潜在市场，但没有能力去占领，这种情况下，需要有足够实力的跨境电商企业才能取得成功。

3."另辟蹊径式"定位或"避强"定位

这是一种避开强有力的竞争对手的市场定位方式。这种方式能使企业迅速在市场上立足，风险相对较小，成功率高，是大多数中小型跨境电商企业的首选。当卖家意识到自己无力与强大的竞争者相抗衡，从而获得绝对优势地位时，可以根据自己的条件取得相对优势，即突出宣传自己与众不同的特色，在某些有价值的产品和服务上取得领先地位。

4.心理定位

心理定位是指企业从消费者需求的心理出发，积极创造自己产品的特色，以自身最突出的优点来定位，从而达到在消费者心目中留下特殊印象和树立市场形象的目的。心理定位应贯穿于产品定位的始终，无论是初次定位还是重新定位，无论是对峙性定位还是回避性定位，都要考虑消费者的需求心理，赋予产品更新的特点和突出的优点。

任务 13.2　掌握跨境电商选品策略

13.2.1　重视调研

首先，认清产品标识符对于跨境电商来说是开始调研的第一步。商品条码遵循唯一性原则，以保证商品条码在全世界内不重复，即一种商品只能有一个商品条码，或者说一个商品条码只能编码一种商品，不同规格、不同包装、不同品种的商品只能使用不同的商品条码。卖家应了解标识符所代表的信息，有的是 UPC(12 位条形码)、EAN (13 位条形码)、ISBN(书籍专用 12 位条形码)，还有 ASIN(亚马逊 12 位条形码)。

不同国家和地区可能使用的商品条码不同，比如我国的产品使用的是 EAN 条码，如果想出口美国或加拿大地区，就需要购买相应的 UPC 条码，或者用条码软件制作，如果是出口的国家用的也是 EAN 条码，就不需要另外申请条码了。

其次，通过大数据分析工具研究产品状况。基本的分析包括：了解该产品有多少条评论或销售历史记录；它有多少卖家供应这款产品；了解不同时间内产品相关特定搜索词的热门程度，可借助 Google Ads 和 Keyword Tool 等关键词分析工具查找每月搜索量数据、访问深度和跳失率等数据。

最后，掌握产品在各相关平台的销售表现并进行比较。花时间查看该产品在不同平台的卖家数量、评论数量、评分等，选择能够稳定提供产品月销售量数据的服务商合作，避免出现缺货影响销售的情况。

13.2.2　重视产品市场分析

跨境电商要求卖家能够同时应对不同国家的市场。了解并熟悉不同市场的需求是跨境电商卖家的必修课。欧美市场、东南亚市场、中东市场对产品的需求不尽相同，以数据线、移动电源为例，虽然这些产品基本在每个国家的每个电商平台都属于热销产品，但是侧重点不同。在美国等国家，有相当一部分客户比拼的是品牌和品质，有的国家比拼的是性价比，还有的国家比拼的是价格。所以目标市场的人群分析（包括各国消费者的生活方式、消费偏好、消费特点等）、产品定价等都是选品阶段需要考虑的重要因素。

13.2.3　关注细分产品分类和利基产品

利基产品（Niche Product）指的是专注于某一种专门化市场的产品，换句话说，就是市场中有哪种特殊的产品满足了市场的特定需求。利基市场可以按照人口属性（年龄、地域、兴趣等）和购买力等因素进一步细分。例如，按照产品需求及目标消费者属性，运动鞋可以细分为运动型、健身型、时尚型三个利基市场。

虽然利基产品的受众群不会很大，但是由于利基市场可以满足传统市场难以满足的需求，故即使是小众产品也会有不错的利润点，有相对的竞争力，也是很多社交平台或论坛网站会讨论和专注的热点，跨境电商更应该抓住这样的利基市场，找到这样的目标客户，如左撇子专用产品、Cosplay 道具等。

任务 13.3　掌握跨境电子商务定价策略

给跨境电商的产品定价，对一些卖家来说是个挑战。既想给客户一个合理的价格，又想弥补各项开支并赚取利润。产品定价策略主要有三种：基于成本的定价、基于竞争对手的定价和基于产品价值的定价。

13.3.1　基于成本的定价

基于成本的定价可能是零售行业最受欢迎的一种定价模式，其最大的优点是简单易操作。一个卖家，无论是实体店还是网络销售，不需要进行大量的客户或市场调查就可以直接设定价格，并确保每个销售产品的最低回报。要想计算基于成本的定价，只需知道产品的成本，并提高标价以创造利润。该定价策略的计算方式：

成本＋期望的利润额＝价格

例如，从 1688 平台采购一件 T 恤，成本是 10 元每件，共 100 件，包装质量为 250 克（每件的包装重量为 25 克），国内快递费或运输成本为 7 元，银行美元买入价按“1 美元＝6.4 元人民币”计算，假设平台目前的毛利率是 15%，固定的成交平台的技术服务费率或佣金费率为 5%，部分订单产生的联盟费用为 3%～5%。那么，我们可以按以下步骤计算推导：

首先计算跨境物流费用，查询中国邮政小包价格表，按照第10区运费即最贵的运费报价包邮（价格为176元/千克，挂号费8元，折扣8.5折），则：

跨境物流费用＝运费×折扣×计费重量＋挂号费

＝176×0.85×25/1 000＋8＝11.74（元人民币）

下一步计算销售价格：

销售价格＝（采购价＋采购运费＋跨境物流单位运费）÷（1－平台佣金费率－联盟费用 ）÷（1－利润率）÷银行外汇买入价

＝（10＋7÷100＋11.74）÷（1－0.05－0.05 ）÷（1－0.15 ）÷6.4 ＝4.455（美元/件）

5%的联盟佣金或营销费用不是所有订单都会产生的，但以5%作为营销费用，较为合理。

13.3.2 基于竞争对手的定价

通过基于竞争对手的定价策略，只需要“监控”直接竞争对手对特定产品收取的价格，并设置与其相对应的价格。这种定价模式，只有当自身与竞争对手享受相同产品、两种产品没有太大区别时，才可以起到效果。实际上，如果使用了这种定价策略，就是在假设竞争对手已经做了一些相关研究或是至少有一些经验，或是至少拥有足够的市场地位，你假设它们的价格一定是匹配市场期望的。

具体做法是：在想要进驻的跨境电子商务买家平台搜索产品关键词，按照拟销售产品相关质量属性和销售条件，依照销售量进行大小排序，可以获得销量前十的卖家价格；如果想获得销量前十的卖家的平均价格，可以将销量前十的卖家价格做加权平均，再根据平均售价倒推上架价格。

例如，在全球通速卖通买家网站，搜索产品关键词——袜子（socks ），按照销售量高低进行降序排序，搜索同行竞争卖家的价格，如果搜索到的销量前十的卖家的价格差别很大，有益的参考价值有限，就需要依据销量前十的卖家的店铺、销量、价格等计算其价格加权平均数，得到平均售价做参考。这种通过计算权重的定价方法，理论上行得通，实际上应用得不多。

采用竞争导向定价法，更多的要依据产品的差异性和市场变化因素。如果企业产品进入一个新的电商平台，可以参照销售产品十分近似企业的售价试水，并不是比竞争对手低的价格才是最好的定价。在与同行的同类产品竞争中，最重要的是不断培育自己产品的新卖点，培育新的顾客群，卖家通过错位竞争和差别性的定价方法，才会找到产品最合理的价格定位。

13.3.3 基于产品价值的定价

如果你专注于可以给客户带去的价值，你的想法是：在一段特定时期内，你的客户会为一个特定的产品支付什么价格？然后根据这种感知来设定价格，这时使用的就是基于产品价值的定价。这种定价方法相对前两种定价方法而言更为复杂，原因如下：

一方面，运用这种方法进行市场研究和顾客分析，跨境电商卖家需要进行市场研究和客户分析，需要了解最佳受众群体的关键特征，考虑他们购买的原因，了解哪些产品功能对他们来说是最重要的，并且知道价格因素在他们的购买过程中占了多大的比重。

另一方面，如果你使用的是基于价值的定价策略，这意味着你不能只设定完一个价格后就觉得万事大吉了，相反，产品定价的过程可能会是一个相对较长的过程。随着你对市场和产品的了解不断加深，你需要不断对价格进行重复、细微的改动。

例如：一个销售文具的卖家，在开学季之外的日常时间，文具的需要不普遍，故此时的文具感知价值相对较低。这时，卖家可以通过促销价来实现薄利多销的目标。在开学季来临前，文具的价格可能会上涨，因此，卖家可以从每个销售的文具中获得更多利润。即当产品的价值更多是依靠顾客感知时，卖家可以采用基于产品价值的定价法。

跨境电商高速前进，还需规范先行

跨境电商是国际贸易未来发展的一大趋势，也是中国对外开放战略落地的重要支撑，随着新发展格局的推进，跨境电商行业前景广阔。但与此同时，我国跨境电商目前仍处于发展阶段，要实现高质量发展，还需坚持规范与发展并重，更好地激发跨境电商发展潜力。

跨境电商企业在快速发展的同时，出口渠道也更加多元，有的依托大型电商平台开展业务，有的自建独立站点开拓市场，还出现了像直播带货、大数据营销等新型商业模式。一批中国企业和中国品牌获得了国际市场的认可，“中国经验”“中国方案”已经成为世界跨境电商发展的新样本，也为各个国家发展电商提供了借鉴。

但是，跨境电商作为一种新业态、新模式，其发展难免会有一些坎坷。由于各国法律、文化、商业习惯不同，企业在出海时也会碰到各种风险与挑战，特别是近期有些商家的营销行为被认为违反了亚马逊平台的《卖家行为准则》等格式条款，经营受限，引起了市场的关注。

跨境电商作为我国外贸新业态，在国际形势不确定性增加的背景下，面临着合规趋严、纠纷频发、消费维权难度大等问题，值得高度重视。

跨境电商营销活动未来发展应如何加强规范？

对政府机构而言，应引导中国企业合规经营，针对出现的具体问题，给出行业指导或采取有效行动，帮助企业渡过难关，实现长远发展。

加快培育中国本土跨境电商龙头平台企业，形成国际范围内的规模效应和品牌效应，取得贸易规则的参与权和制定权。建立健全跨境电商国际合作机制，与相关国家推进规则、条约的研究和制定工作，为国内企业开展跨境电商创造必要条件。

对企业而言，要建立合法合规的运营模式，从自身做起，杜绝刷单刷好评、模仿抄袭等违规行为，加大研发和科技投入，注重打造企业品牌和形象。适度开展多平台经营，可以将目光投向俄罗斯、东南亚、非洲等广阔市场。重视和树立风险意识，依靠自身力量或借助专业服务，关注当地政治、经济形势发展和变化，增强管控海外风险的能力。

对行业组织而言，要加强跨境电商行业自律，组织建立由跨境电商企业界、非营利性组织、第三方平台、评价机构等构成的行业自律体系，积极发声，想方设法组织和动员专业资源，有理有力有度地维护中国商家合法权益。

项目小结

本项目共分三个学习任务来阐述和探讨跨境电商的营销策略。任务 13.1 是跨境网络目标市场定位策略，包括跨境网络目标市场的营销战略、定位内容和定位策略；任务 13.2 是跨境电商的选品策略，包括重视调研、产品市场分析和关注细分产品分类及利基产品；任务 13.3 是跨境电商的定价策略，包括基于成本的定价、基于竞争对手的定价和基于产品价值的定价。

同步测试

一、单选题

1. 将整个全球市场划分为若干细分市场，针对每一细分市场制订一套独立的营销方案，这属于跨境网络目标市场的(　　)营销策略。

   A. 无差异营销　　B. 差异化营销

   C. 集中性营销　　D. 重复性营销

2. 速卖通针对当前热门的“网红”经济在其 App 首页开设了“网红”专栏——“Fan Zone”，属于跨境网络目标市场的(　　)。

   A. 网站类型定位　B. 客户服务定位　C. 服务半径定位　D. 网红经济定位

3. 左撇子专用产品属于细分市场中的(　　)。

   A. 细分产品　B. 少数产品　C. 特殊产品　D. 利基产品

4. “监控”直接竞争对手对特定产品收取的价格，并设置与其相对应的价格，这种定价模式叫作(　　)。

   A. 基于成本的定价　　B. 基于竞争对手的定价

   C. 基于产品价值的定价　　D. 基于产品销量的定价

5. 把企业的产品或服务定位在与竞争者相似或相近的位置上，同竞争者争夺同一细分市场的定位方式属于跨境网络目标市场的(　　)。

   A. “填补空缺式”定位　　B. 避强定位

   C. 心理定位　　D. 迎头定位

二、计算题

卖家采购一批成本价为 30 元/件的女士连衣裙，现打算使用 E 邮宝物流渠道把产品从中国直发至美国，同时卖家想把每件连衣裙的利润控制在 30%，单件产品应以多少美元定价较为合理？(预计产品包装后重量为 0.3 kg，包装费用为 1.2 元，平台抽取的服饰类目佣金费率为 17%，E 邮宝物流报价为 76 元/千克+10 元处理费/票，假设汇率为 1 美元=6.4 元人民币，运算结果精确到小数点后 1 位。)

实训一　电子邮件营销活动策划

1. 实训背景

深圳市通拓科技有限公司(以下简称通拓)是国内一流的跨境电子商务企业,成立于2004年,在全球拥有十余家分公司,全球仓库超10万平方米,自主研发了24小时全球实时响应智能ERP系统。除了在第三方平台上销售增长迅猛外,通拓自建的综合销售平台tomtop更是取得了突飞猛进的增长。平台的主营产品是手机及配件、遥控模型、相机及摄影器材、户外运动、影音、家居园林、美容保健、仪器仪表、汽摩配件、安防照明等,吸引了来自全球各地的客户,其中主要的客户来自于美国、俄罗斯、巴西、法国、西班牙等国家。

2. 实训目的

组建6~8人的跨境电子邮件营销团队,每个团队根据通拓公司的各大主营品类(手机及配件、遥控模型、相机及摄影器材、户外运动、影音、家居园林、美容保健、仪器仪表、汽摩配件、安防照明),帮助其完成电子邮件营销过程中相关任务的实施,每个团队为通拓公司经营的不同品类各设计一份电子邮件营销活动的宣传材料。

3. 实训内容与步骤

步骤一:每个团队根据各自的产品类别,选择一种或几种产品,制作一份推广电子邮件,将邮件标题、“发件人”栏填入表1中。

表1　填写邮件标题、“发件人”栏

产品类别	产品名称	邮件标题	“发件人”栏

步骤二:根据产品特点,针对一类细分目标客户,利用Photoshop软件设计并制作一份HTML版本的电子邮件正文,注意图像与文本的比例,最后将电子邮件正文截图放入表2中。

表2　设计电子邮件正文

产品名称	电子邮件正文截图

步骤三:为电子邮件设计邮件签名,体现公司的联系方式、地址、隐私条款、添加至安全发件人和退订等信息,并将邮件签名截图放入表3中。

表 3　设计邮件签名

产品名称	邮件签名

实训二　领英营销推广方案

1. 实训背景

某公司为了进一步扩大公司和公司网站的知名度，打算利用领英平台来进行公司网站和产品的推广活动。

2. 实训目的

请帮助该公司完成领英平台营销过程中相关任务的实施，组建 7～8 人的跨境营销团队，每个团队为该公司所经营的不同品类（宠物类、箱包类、数码电子类、户外用品类、美妆类）产品各制作一份领英营销推广方案。

3. 实训内容与步骤

步骤一：每个团队成员注册一个领英账号，添加地区、职业信息、好友，并完善职业档案，完成后将主页截图放入表 4 中。

表 4　领英主页截图

领英主页	

步骤二：创建一个公司主页，填写公司名称、领英公开网址等信息。创建完毕之后，添加公司描述、网站链接、公司规模及所属行业等信息，完成后将以上内容填入表 5 中。

表 5　创建公司主页

公司名称	
领英公开网址	
公司描述	
网站链接	
公司规模	
所属行业信息	

步骤三：为了近一步推广公司及产品，请为公司创建一个领英文字广告。首先创建广告系列，填写广告系列名称和目标受众的语言；然后创建广告，填写广告目标页网址、广告标题、图片及说明。将以上信息和右侧预览的广告图放入表 6 中。

表 6　创建广告

广告系列名称	
目标受众语言	
目标页网址	
广告标题	
图片	
说明	
广告预览	

步骤四：设置广告目标受众的地理位置及一些特殊条件（如公司名称、行业、公司规模、职务等），来进一步细化目标受众，将以上信息和系统预测的目标受众人数填入表 7 中。

表 7　设置广告目标受众

<table>
<tr><td colspan="2">目标受众地理位置</td><td></td></tr>
<tr><td rowspan="4">细化条件（可增加）</td><td>公司名称</td><td></td></tr>
<tr><td>行业</td><td></td></tr>
<tr><td>公司规模</td><td></td></tr>
<tr><td>职务</td><td></td></tr>
<tr><td>预计目标受众人数</td><td></td><td></td></tr>
</table>

步骤五：设置广告的出价信息和投放时间，包括出价类型、每日预算、最高出价上限及广告的开始日期和结束日期，并将以上信息填入表 8 中。

表 8　设置广告出价信息和投放时间

<table>
<tr><td rowspan="3">出价信息</td><td>出价类型</td><td></td></tr>
<tr><td>每日预算</td><td></td></tr>
<tr><td>最高出价上限</td><td></td></tr>
<tr><td colspan="2">广告投放时间</td><td></td></tr>
</table>

实训三　跨境网络目标市场的定位及营销计划的制订

1. 实训背景

针对主流跨境电子商务平台上主营产品的一个品类，选择该品类中的一种产品。

2. 实训目的

组建7～8人的跨境网络市场分析团队，针对选择的产品大类和产品品种，进行跨境网络目标市场的定位。

3. 实训内容与步骤

步骤一：以速卖通平台为例，选择各个产品大类(女装服饰、手机配件、计算机办公、珠宝手表、家具园艺、婴幼儿玩具、户外运动、美容健康、汽车摩托等)中的一个产品种类。

步骤二：在市场细分的基础上，定位该产品的目标地区市场和特定细分市场。

步骤三：根据定位的目标市场制订相应的营销计划。

步骤四：将调研结果进行分析后，撰写总结，并完成表9。

表9　定位跨境网络目标市场

产品大类	产品种类	目标地区市场	特定细分市场	营销计划
总结				

模块5　跨境电子商务风险控制

学习目标

知识目标

1. 了解跨境电子商务的主要风险。
2. 了解跨境电子商务中的知识产权风险。
3. 掌握跨境电子商务诈骗与贸易投诉。
4. 掌握跨境电子商务中的争议解决机制。

能力目标

1. 能根据不同的跨境电子商务业务需求来判断风险类型。
2. 能根据不同的跨境电子商务知识产权风险进行防范。
3. 能避免跨境电子商务中的各种诈骗。
4. 能解决跨境电子商务中的各类争议。

素养目标

1. 树立跨境电子商务中的风险防范意识。
2. 树立跨境电子商务中的知识产权法治观。
3. 培养从事跨境电子商务业务中的爱岗敬业、诚信经营的良好品质。

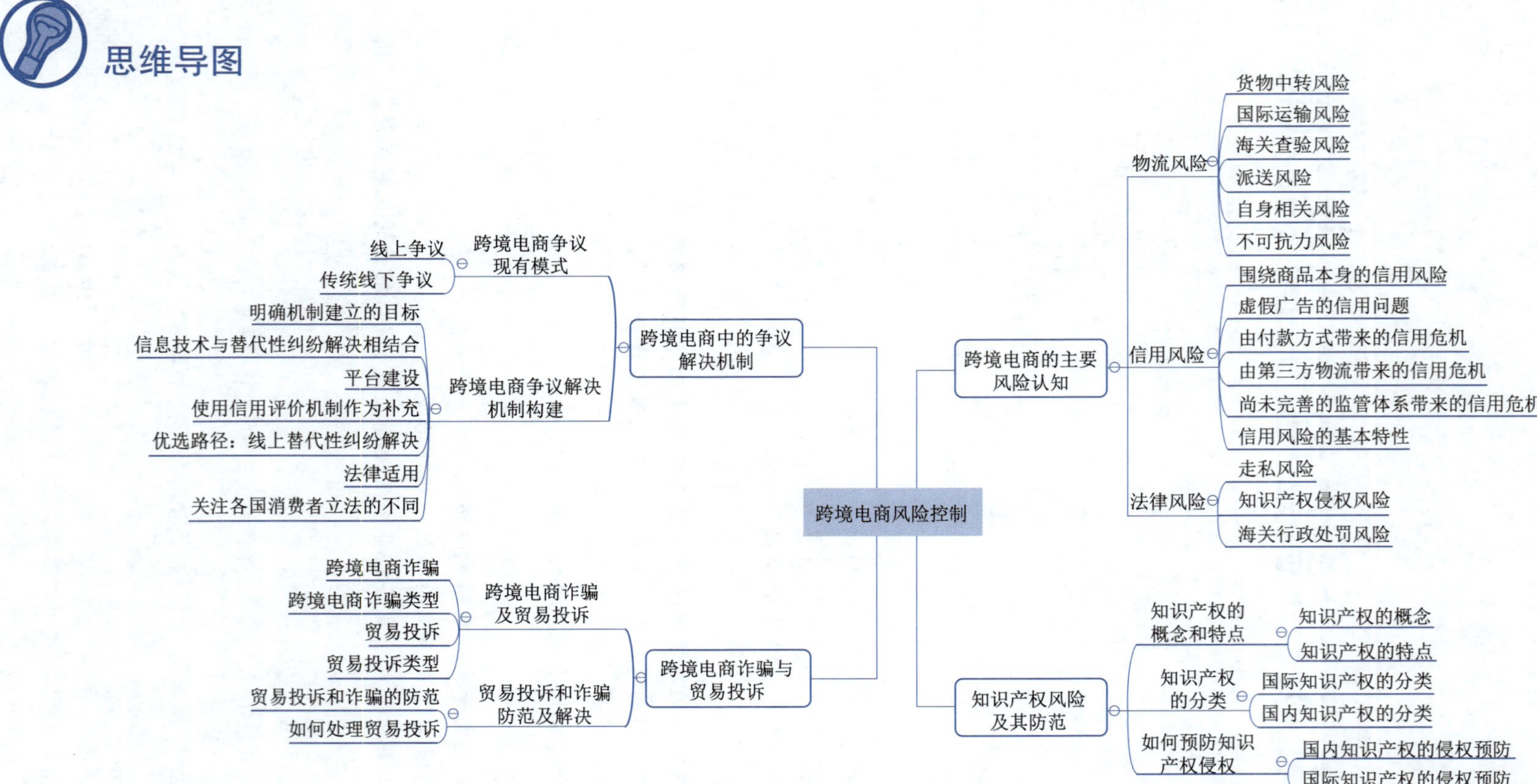
思维导图
跨境电商风险控制
跨境电商的主要风险认知
物流风险
货物中转风险
国际运输风险
海关查验风险
派送风险
自身相关风险
不可抗力风险
信用风险
围绕商品本身的信用风险
虚假广告的信用问题
由付款方式带来的信用危机
由第三方物流带来的信用危机
尚未完善的监管体系带来的信用危机
信用风险的基本特性
法律风险
走私风险
知识产权侵权风险
海关行政处罚风险
知识产权风险及其防范
知识产权的概念和特点
知识产权的概念
知识产权的特点
知识产权的分类
国际知识产权的分类
国内知识产权的分类
如何预防知识产权侵权
国内知识产权的侵权预防
国际知识产权的侵权预防
跨境电商中的争议解决机制
跨境电商争议现有模式
线上争议
传统线下争议
跨境电商争议解决机制构建
明确机制建立的目标
信息技术与替代性纠纷解决相结合
平台建设
使用信用评价机制作为补充
优选路径：线上替代性纠纷解决
法律适用
关注各国消费者立法的不同
跨境电商诈骗与贸易投诉
跨境电商诈骗及贸易投诉
跨境电商诈骗
跨境电商诈骗类型
贸易投诉
贸易投诉类型
贸易投诉和诈骗防范及解决
贸易投诉和诈骗的防范
如何处理贸易投诉

场景引入

知识产权侵权案例

据海关总署消息，日前公布了一批侵犯知识产权典型案例，涉及对国内外权利人商标权、著作权、专利权、奥林匹克标志专有权等知识产权的保护，涵盖汽车配件、儿童玩具、服装鞋帽、卫生用品等关乎人民生命健康安全领域，彰显了海关打击侵权假冒的坚决态度。

统计显示，全国海关深入开展"龙腾行动 2022""蓝网行动 2022"等专项执法行动，高压严打进出口侵权违法行为，2022 年 1 至 6 月共查扣侵权嫌疑货物 2.25 万批次，扣留侵权嫌疑货物 4 527 万件。

1. 南京、宁波海关开展区域执法协作查获侵犯自主知识产权发电机组案

2022 年初，江苏某企业向南京海关所属金陵海关反映，国外市场出现使用"navigator"商标的发电机组，影响公司品牌声誉。南京海关迅速启动区域联动执法协作机制，与宁波海关联合提炼企业、航线、地区等风险要素，追踪物流链信息。5 月，宁波海关所属北仑海关查验时发现 8 个集装箱涉嫌侵犯"navigator"商标权的发电机组 4 639 台，案值 395.3 万元。经权利人确认，上述货物均为侵权商品。

2. 北京海关在邮寄渠道查获侵权服装鞋包案

2022 年 3 至 4 月，北京海关所属北京邮局海关连续查获涉嫌侵权出境邮包 2 087 个。该关在对由河北、湖北等地邮寄出境邮政快件进行查验时，连续查获大量疑似侵犯知识产权物品。邮件包裹内有鞋、衣服、包等物品，上述物品包装简陋、做工粗糙，涉嫌侵犯在海关备案的商标权。

这几年是中国线上贸易的高速发展期，通过跨境电子商务的途径，中国产品做到了"高效出口"。产品出海平台选择众多，环节简便，成本大幅度下降，是目前较火的外贸形态。我们为强大的"中国制造"感到骄傲的同时，也不得不面临一个问题，亚马逊美国站超过 50% 的中国卖家，长期面临美国律所带来的"跨境平台侵权"起诉风险。

作为跨境电商从业人员，必须强化知识产权知识，认识跨境平台侵权种类，关注知名品牌商的注册商标，做到心中有数。

直通职场

❖**职位描述：**风险控制专员

(1)检索产品开发前产品涉外专利、涉外商标、版权侵权情况。

(2)负责各个跨境电商平台产品上架前的侵权检查。

(3)负责各产品组负责人提供的疑似侵权产品的查证。

(4)知识产权相关培训的开展，以及侵权事件的协助处理。

(5)协助领导进行部门知识产权体系及制度的建立。

❖技能要求：

(1)能借助各类信息软件完成信息检索。

(2)能够熟练操作 Excel 和 Office 办公软件。

(3)能处理国际英文函件。

❖岗位职责：

(1)负责协助拟定风险控制的业务发展规划和中长期发展规划并实施。

(2)对于企业的决策和谈判工作,提出减少或避免风险的措施和意见。

(3)协助公司各职能部门办理有关的法律事务并审查相关法律文件。

❖岗位要求：

(1)具有企业风险控制管理的实践经验。

(2)具备各类法律事务的逻辑判断、分析能力、解决问题的能力。

(3)具备非常强的分析、处理应变能力,富有风险管控意识。

(4)思维逻辑清晰,表达流畅,富有良好的团队合作精神。

项目 14　跨境电子商务的主要风险认知

任务 14.1　认知物流风险

在跨境电商活动中，物流起着巨大作用，没有完善的物流，跨境电商活动就很难开展。从进口角度来看，跨境电商企业及消费者主要是通过国外官网和海外代购两种方式进行交易，物流环节主要由境外采购和跨境运输两个环节组成。从出口角度来看，出口跨境物流主要有海外仓、国际物流、专项物流等。出口跨境物流配送包括境内集中配送和境外分散配送两种。随着全球经济一体化进程的加快，我国跨境电商发展也十分迅猛，跨境电商物流的作用也愈发凸显。就目前来看，虽然我国跨境电商发展加快，但是跨境电商物流却未能得到相应的发展，物流未能跟上跨境电商步伐，一定程度上阻碍了跨境电商的发展。

首先，跨境电商物流在转运途中的风险。主要体现在国际电商物流中转过程中的丢失、恶劣天气导致的电商物流包裹投递延迟、分拣人员对包裹进行暴力分拣以及中转拆包所导致的电商出口包裹的外包装破损等情况。通常电池货、打火机、指甲油等易燃的违禁类产品的跨境物流小包，是转运途中风险的主要影响因素。

其次，跨境电商物流在清关税务中的风险。美国、日本、德国等国家出台针对整个电商行业的税费调整新政，随后马来西亚、肯尼亚、印度等新兴市场也针对国外进口货物相应提升税费。在这样的局势下，在跨境物流的环节，出现部分买家不愿清关、买家国家限制进口产品、申报价值与实际不符、货物需要退回或当地弃件及销毁等情况，这些在跨境电商物流当中都是较为常见的关务风险。

再如，跨境电商物流在派送上的风险。风险隐患在某些程度上造成跨境电商小包的派送不成功，比如地址信息、联系方式错误等，这些情况在目前的跨境物流电商环节中屡见不鲜，尤其是地址数据不健全情况会增加派送不成功的风险概率。跨境电商物流派送上的风险对电商卖家带来了不良影响，如货物运送时间较长、到达目的国家的货物状态无法在网站上查询跟踪、货物是否存在丢件无从查起等情况。

14.1.1　货物中转风险

航空包裹在到达目的国时要经过很多中转，这个过程中就容易出现很多问题。跨境物流中转过程中的丢失、恶劣天气导致的包裹投递延迟、分检人员暴力分拣、中转拆包导致的外包装破损都是在转运途中较容易出现的问题。

解决方案：如果货物中有易碎物品，托运人要多贴易碎品标签，在发货前多垫泡沫等，以加固好自己的产品，保证产品安全，在货物货值较高的情况下，建议托运人购买保险，面对时效要求高的货物，托运人要注意选择物流方式，慎用邮政大小包。

14.1.2 国际运输风险

我们都知道,危害航班信号的产品、易燃易爆产品、涉嫌假冒伪劣的产品都无法通过航空安检。因此,托运人运输货物中有危险品,要做好危险品证明,并在航空公司备案,有电池类产品,要做好化学品安全技术说明书(material safety data sheet,MSDS),避免做涉嫌假冒伪劣的产品。

破损和丢失是货物运输中常见的问题,有可能是这几种原因造成的:一是某些货代为了追求更大的利润,选择更换偏远的渠道,导致货物上网的信息非常慢;二是由于物流线路较长,一些较远的城市容易出现车辆颠簸、转运碰撞,造成货物丢失或破损;三是个别货运代理对高价值产品扣货,这是极个别的现象,在平时的物流中不常见但却有发生;四是物流操作人员不规范操作或暴力分拣。面对这些问题,托运人们要选择正规的货运代理公司,产品要严格包装好。

解决方案:选择专业、可靠、收费透明的货运公司,从资历、服务、经验、物流等几个方面进行详细考察;严格按照国际标准进行产品包装,对于特殊品需要针对性特别包装,避免运输途中发生意外。

从"货机起火"体会职业责任感

某航空一架货机突然着火,飞机顶部已经被烧穿,幸好没有任何人员受伤,疑是货物中有电池着火。

风险分析:

危险品、化工品在很多空运和快递渠道是不收货的,能收此类物品的渠道价格也会比普通货物高。所以,就会有货主或货代为了利益萌生了瞒报品名的做法。当然,也不排除有无意隐瞒的可能,有些是对危险品和普通货物的界定不了解造成的,但无论是无意还是故意的,这都加大了运输过程中的风险,各种火灾爆炸事件屡有发生。

职业素养讨论:

同学们请思考:瞒报品名造成的损失不在理赔范围内,保险条款中有被保险人故意行为的免责条款。所以,如果此次火灾中存在瞒报情况,那么只有两种结果:一是货主没买保险,不予理赔;二是货主买了保险,也不予理赔。同时还将承担此次事件中对其他货物和飞机损毁的赔偿责任。在未来的工作实践中,同学们应如何履行岗位职责?

14.1.3 海关查验风险

海关是依据本国(或地区)的法律、行政法规行使进出口监督管理职权的国家行政机关。在跨境电商发展中,跨境商品都必须经过海关检查。然而在跨境电商发展过程中,经常出现冲关问题,主要指的是商业快递,有些产品是需要商检的,一些货代会建议托运人虚报货值、货量较大商品的品名和价格冲关,一旦被海关查出,货物将会被退回,严重的还将被罚款。另外,海关也规定了许多禁止出口的产品,如电池、粉末、液体、贵金属等,对假冒产品的打击力度也非常大,一旦出现这些产品,就无法通过海关检查,甚至还会被没收。

解决方案:托运人要遵纪守法,按海关规定出口,尽量避免出现以上问题,在出口前了解需要的出口清单材料,如商检证明、报关文书等。

14.1.4　派送风险

派送风险即在某些情况下造成派送不成功，如地址信息错误、联系方式错误等。这个数据也是非常可观的，尤其是地址数据不健全导致的派送风险，由于卖家无法查询国外的准确地址，联系方式更是一无所知，而根据卖家提供的地址信息就是唯一的送货要求，无从查证。

解决方案：派送风险控制系统被称为"地址校验"，也就是建立可实时更新的地址校验数据库，根据数据库中的地址数据对包裹的地址进行查验，发现问题即刻解决。只有明确跨境物流的风险来源，才能从源头去把控。

14.1.5　自身相关风险

由于一些国家的通信、交通等基础设施较差，可能导致跨境物流效率的下降，并且可能出现多种不可预测的风险，例如：采用邮政挂号服务的产品，在欧洲一些相对落后地区运输时，就可能出现物流效率下降的风险，这也会进一步导致顾客满意度下降，甚至导致公司需要赔偿。还会出现跟踪信息不能及时反馈的问题。例如，对于通过欧洲快线平邮的产品，无法对其进行实时跟踪，可能出现物流信息在传递过程中错误或丢失等等情况。

解决方案：针对跨境物流服务过程中可能出现的跟踪信息不能及时反馈的风险，我国中小物流服务公司需要进一步加强对于跨境物流信息系统安全性、稳定性的建设，同时也要加强与目标国家邮政、快递等合作企业在物流信息系统方面的对接，为用户提供可以全程点对点的实时查询。

14.1.6　不可抗力风险

跨境物流的不可抗力风险是指跨境物流过程中人力所不可抗拒的力量，它包括某些自然现象（如地震、台风、洪水、海啸等）和某些社会现象（如政治、法律风险等）。

解决方案：要想防范各类外部环境风险，中小物流公司就必须做好对外部环境的风险预控。具体来说：第一，加强对目标市场政治环境的评估，做好防范预案，例如，对于可能发生罢工的东道国，公司需要提前告知客户相关情况，让客户做好心理准备；第二，加强对目标市场法律和监管政策的学习，为了以后进一步拓展市场，在进入目标市场前，中小物流公司都需要加强对目标国家法律和和物流监管方面的相关政策和法规的调研和学习，充分了解目标市场的法律政策体系，做好相关的预案措施；第三，根据过往的经验，了解进入目标市场可能遇到的自然环境风险，做好相关的预防措施。

任务 14.2　认知信用风险

依据信用本质及风险的含义，将信用风险定义为行为主体不履行或不完全履行契约规定的义务而对其他行为主体造成利益损失的可能性，利益损失包括物质损失和精神损失等。

跨境电子商务企业通过各类网络平台，在线向个人消费者出售产品和服务的过程即为网上零售行为。该行为通常可分为三部分：一是为顾客提供在线选购商品消费的商场网站；二是搭建匹配顾客选购商品的配送系统；三是建立确认顾客真实身份的认证系统和办理货款结算的银行系统。

伴随着电子商务的产生和发展，电子商务信用风险随之而来。相较于技术风险，信用风险的主观因素更强烈。它多产生于一方未能履行签约合同的承诺，因此造成一方或多方经济损失的情况。由此可见，信用风险极大地影响着电子商务的有序进行和快速发展。

14.2.1　围绕商品本身的信用风险

不同于有形市场的商品，由于 B2C 电子商务交易所销售的产品的不可触摸性和不确定因素，因此围绕商品本身产生了诸多信用风险的问题。商品是交易活动的核心，不存在没有商品的商品交易。所以跨境电商过程中围绕商品产生的信用风险的最核心问题，就是跨境电商销售企业提供的商品可靠性问题，即商品本身的质量、性能、与销售平台所提供的产品描述的匹配度等问题。基于商品的不可触摸性，商品是否可靠真实、是否与电商销售企业描述的一致，是争端的焦点。

解决方案：无论是传统贸易还是电子商务，无论是国内贸易还是国际贸易，产品的好坏都是一个企业的脸面，产品质量过关的企业才是值得消费者信赖的。B2C 电商企业为了降低消费者对信用风险的担忧，应加强对自有产品的执法强度，需要引入第三方质量检测机构，通过权威的质量认证体系来对产品生产过程进行检测。

素养园地

从“未按期交货”体会契约精神

澳大利亚某进口公司向我国某外贸进出口公司购买铸铁马葫芦盖 1 800 公吨，合同规定分三批装运。我外贸进出口公司对最后装运的 600 公吨货物未能在合同期限内装运。我外贸进出口公司是在期限过后三天才发传真通知买方并要求延长信用证有效期限，以便继续交货。由于国际市场行情发生了变化，买方不同意延期，并向中国对外经济贸易委员会申请仲裁。

点评：

此案涉及分批装运和信用证业务问题。国际贸易中，如合同中明确规定了分批数量，则卖方应严格履行约定的分批装运条款，只要其中任何一批没有按时按量装运，就可以作为违反合同论处，本批和以后各批均告失败。

本案例中，由于我外贸进出口公司最后一批货物没有按时装运，已经构成违约，而且违约后没有及时通知对方。因此根据国际商会 600 号出版物的规定，本批已失败，应判对方胜诉。

职业素养讨论：

请同学们分小组探究思考什么是契约精神，以及在我们的学习生活中，哪些事务中体现契约精神？

14.2.2 虚假广告的信用问题

虚拟 B2C 电子商务贸易的买卖双方会因为平台上的图片和文字、广告词等来选择自己购买的商品，如果文字存在夸大、不实，图片存在过度美化和非实物拍摄等情况，会直接影响买方的购买，从而带来信用危机。

虚假广告信用，是因为销售网页的操控者是电子商务中的卖方，卖方可以随时更新网页上的文字和图片，往往存在对产品的描述和产品图片的美化现象。

解决方案：过分夸张的宣传是导致消费者对商家不信任的一个重要原因，电子商务不同于传统交易的一点就是商品的不可触摸性，购买者无法在下单之前验证商品的质量，因此本身就对商家的宣传存在一定的怀疑，虚假的宣传将让消费者对卖方的信任彻底丧失，影响企业的长远发展。

14.2.3 由付款方式带来的信用危机

付款方式带来的信用危机是因为 B2C 跨境电子商务交易结算过程中安全性及保障性不

足而造成的，并且能直接影响到电子商务购买方的经济利益，也会涉及销售方的经济利益。跨境电子商务的付款方式过于依赖于网上银行、手机银行、快捷支付、支付宝等第三方支付平台来进行操作，就比较容易出现信用危机。支付宝这样的第三方支付平台，能够有效地对买卖双方交易起到一定的保护作用，但与此同时会有一些企业直接面对面交易，这样的交易方式比较容易产生信用危机。即使是第三方支付平台仍然会有一定的缺陷，如因为物流带来送达时间推迟时，有的支付平台会自动默认交易成功，并将购物款打到销售方账户，这个环节中依然存在一定的信用危机。

解决方案：我国的跨境贸易支付系统目前并不十分完善，消费者和商家都面临着支付和收取货款不便利的问题。从银行来说，要不断加大银行交易平台的安全性和稳定性，以及不同国家货币间的交易和转换，更要减小支付平台的操作难易程度，降低用户在使用过程中出现操作错误的可能性，从而能建立与买卖双方进行沟通的支付平台，在了解买卖双方交易进度的基础上再提供第三方平台支付服务，以此来消弱因买卖双方信息的不对称和时间空间的错位带来的信用危机。

14.2.4　由第三方物流带来的信用危机

B2C电子商务贸易不同于传统的有形市场的交易方式，物流运输的不确定性和多主体性加剧了B2C的信用危机。从目前主流的电子商务交易方式来看，多数第三方电商平台会将物流运输作为电商信用的重要指标。可即便如此，运输过程中商品的破损、错寄、漏寄、丢件等问题仍层出不穷。在近年网络交易货物量急速增长的同时，第三方物流企业面临着巨大的挑战。尤其是“双十一”等促销力度极大的节假日，第三方物流难以应对货物量激增的情形，面临着人力、配置系统的革新和完善。特殊的节假日也是电子商务诈骗案件的高发期。目前国内的支付平台偏向于保障卖家的利益，而第三方平台工作人员的消极工作或不负责的态度，会加剧信用危机的发展。譬如物流服务企业货物运送速度过慢导致买家未收到货，但支付平台因收货时间已到自动打款给销售方，消费者就此丢失了保障。

解决方案：除海关部门外，跨境电子商务进出口货物还涉及商检、税务、外汇管理等多个政府部门，海关如果能发挥同其他政府部门协同合作的意识，将有利于减少通关监管成本和监管风险，加大通关效率，为跨境电子商务的发展提供监管程序上的便利。海关部门还应加强与跨境电商平台的合作，从而可以为商家货物通关提供便利，有利于实现对平台上的企业和商品的把关，实现信息互通，最终实现统一申报、平台负责的机制。

14.2.5　尚未完善的监管体系带来的信用危机

我国当前监管电子商务交易市场的法律法规还在完善中，近年来国内电子商务中小型企业数量猛增，但我国目前还没有建立专门从事对网络电子商务市场进行有力监管的相关职能部门进行联合执法。电商销售投诉的增多也反映了市场急需完善监管体系的诉求。但由于网络销售的虚拟性决定其商品的交付并不是买卖双方的直接交易，而是依托第三方物流或是自建物流将商品送达，牵涉的环节和主体较多。

解决方案：我国目前还没有一个可以覆盖全国的国际物流配送系统，一个国际包裹可能需要通过分包给几家物流单位才能顺利到达买家的手中，这大大增加了货物在运送途中丢失或损坏的风险，也延长了购买者收到商品的时间，不能按时收到商品或商品受损坏都会影响商家的信誉，因此建立完善的国际物流系统变得尤为重要。

14.2.6 信用风险的基本特性

1. 不确定性

风险是指事实或结果的不确定性，主要指负面结果的不确定性。因此风险的基本特性为不确定性。风险的不确定性表现在风险的概率性。虽可以通过统计概率预测风险发生，但却无法预测风险发生的频次、精确时间以及风险造成的损失程度。信用风险亦是如此。第三方跨境支付环境下存在信用风险发生的可能。但因跨境交易日趋复杂、网络环境不稳定，支付参与方的个性特征、经历以及风险偏好存在个体差异，导致其对信用的认知以及履约能力均有很大的不同，随即产生不同程度、频率的风险。

2. 隐匿性

首先在第三方支付机构内部环境中。客观上，第三方跨境支付中支付机构对交易过程造成割裂，阻断了各监管方的联系，造成信息不对称，导致了风险监管壁垒；跨境支付业务处于起步阶段，支付机构配套设施不完善，对风险识别的效果较弱。主观上，支付机构考虑风险监管成本，出于盈利目的不会严格进行监管。另外，跨境支付环境打破了支付的时间和地域限制，但这种支付形式却无法实现各个支付行为主体之间的深入接触，跨境支付参与方出于骗取交易资金的目的，可能故意隐瞒真实信息或编造虚假信息。第三方支付机构及支付参与主体的违约行为均导致风险不易被识别。

3. 积聚性

第三方跨境支付的用户多为个人消费者，具有数量多、非理性、风险感知能力差以及交易所涉金额小的特点。消费者缺乏系统专业的风险知识培训，无法迅速识别风险，且存在显著的“羊群效应”，可能出现群体违约行为。另外，消费者会因互联网交易思维降低合理收益预期，面对风险造成自身损失的情况，会因数额较小、维权难度大而放弃维权，客观导致风险不断累积。最后，互联网交易环境的虚拟开放性也导致第三方跨境支付相较于传统金融支付更易产生信用风险，风险也会因互联网的强关联性迅速积聚，影响范围也迅速扩大。

任务 14.3 认知法律风险

14.3.1 走私风险

1. 伪报贸易方式

伪报贸易方式，即将应当以一般贸易进口的货物拆分、伪报成跨境电商零售进口商品走私入境。

从两则走私案例体会诚信经营的职业精神

典型案例 1：广州市某物流有限公司、骆某走私普通货物、物品案。

该案被告采取制作虚假个人消费者订单、支付单、物流单的手段，通过跨境电商渠道，将本应按一般贸易进口的嘉实多、美孚、福特等型号润滑油，以化整为零的方式伪报成消费者个人自用物品进口，逃避海关监管，违反海关规定，走私普通货物入境，偷逃应缴税款，构成走私普通货物罪。

典型案例 2：广州某进出口贸易有限公司、彭某走私普通货物、物品案。

被告将应当以一般贸易申报进口的某品牌果汁，通过某公司跨境电商平台伪报成个人跨境直购果汁走私入境，违反海关法规，逃避海关监管，偷逃应缴税款，构成走私普通货物罪。

职业素养讨论：

在未来的工作实践中，同学们应从哪些方面践行诚信经营的职业精神？

2. 低报价格

根据财关税〔2018〕49 号《财政部 海关总署 税务总局关于完善跨境电子商务零售进口税收政策的通知》，规定了跨境电商零售进口有单次交易 5 000 元、年度交易 26 000 元的限值要求。因此部分跨境电商企业为偷逃税款或不正当享受跨境电商零售的税收优惠政策，报低价格，与物流公司签订类似“包通关”协议等方式，将不应当以跨境电商零售方式进口的商品低报至交易限值内，逃避海关监管，偷逃应缴税款。

典型案例

深圳某投资公司与某跨境电商平台合谋，将本应以深圳某投资公司、张某以一般贸易方式进口的红酒由某云公司伪报成跨境电商贸易方式走私入境，并在境内销售。在申报进出口过程中，深圳某投资公司还联系供应商提供虚假发票，低报价格，逃避海关监管，违反海关法规，偷逃应缴税款，构成走私普通货物罪。

3. 退货漏税

根据海关总署《关于跨境电子商务零售进出口商品有关监管事宜的公告》（2018 年第 194 号），如发生退货，相应税款不予征收，并调整个人年度交易累计金额，但“退回的商品应当符合二次销售要求并在海关放行之日起 30 日内以原状运抵原监管作业场所”。实践中，有些消费者因为其他原因超出 30 天才退货，或者电商企业选择将消费者退货的商品存储在国内仓库而非退回原保税区仓库，这种情况下跨境电商企业应按时向海关办理纳税手续，否则也可能被认定为故意偷逃税款。

典型案例

某稽查局根据群众举报，对某私营服装加工厂进行税务稽查。通过该厂提供的账簿、报表，稽查组没有发现任何破绽，只感觉这样一家有 500 多名一线工人，且生产、销售十分正常的企业，年销售收入不过百万元，不能不令人怀疑。最后在仓库发现厚厚的账本，记录了真正的仓库成品账：该厂在近三年的时间里共隐瞒销售收入 1 022 万元，偷税 173.74 万元。

14.3.2　知识产权侵权风险

1. 普通类知识产权侵权

普通类知识产权侵权如知名产品商标侵权、外观或者专利侵权、著作权侵权等。

素养园地

从"山姆"名称遭擅用，体会企业诚信经营

沃尔玛公司发现山某大叔商贸有限公司（下称山某大叔商贸公司）、山某进出口有限公司（下称山某进出口公司）、达某多国际贸易有限公司（下称达某多公司）等三公司未经许可，在其实体店铺、微信公众号和宣传资料上使用"山姆"，遂以三公司构成不正当竞争为由将其诉至法院。

沃尔玛中国公司诉称，截至目前，其在中国北京、上海、广州、深圳、福州、大连、杭州等城市开设了15家山姆会员商店。山姆会员商店被中国电子商务协会评为"中国互联网电子商务诚信示范企业"。

沃尔玛中国公司认为，其提供的零售服务具有较高的市场知名度，属于反不正当竞争法所规定的知名服务。经过长期广泛使用，"山姆"已经成为具有一定影响的服务名称，与其零售服务密切相关，不可分割。三公司在实体店以及微信公众号大量使用其具有一定影响的服务名称"山姆"，并造成了消费者的混淆、误认，属于不正当竞争行为。

天津高级人民法院对这起不正当竞争纠纷案作出终审判决，认定三公司的涉案行为构成不正当竞争，维持了一审判决。

企业商业经营应当遵循诚实信用的原则。

在市场竞争中，一定范围内的模仿是允许的，但其界限在于对在先知名的商业标识要进行合理避让。

无论是对商标或者是有一定影响力的商品服务名称，都要注意避让，否则不仅会损害消费者和其他经营者的利益，最终也会自食其果，使得自己过去多年经营所积累的影响力付之东流。

2. 国际贸易中涉外定牌加工中的商标侵权

涉外定牌加工通常是指国内加工方接受境外委托方的委托，按境外委托方指定的商标生产产品，并将所生产的产品全部交付境外委托方并由其在境外销售，境外委托方向境内加工方支付加工费的一种贸易方式。不仅仅是定牌加工行为，贴牌销售等行为在出口转内销的过程中可能会存在商标、专利侵权等风险。

典型案例

原告系"高某村"的商标权人，该商标核定使用商品包含33类的含酒精液体、烧酒以及酒（饮料）等，该商标目前仍处于有效期，注册商标专用权受法律保护。该商标已经申请了海关知识产权知识保护备案并备案。

被告未经原告许可，在白酒上使用"高某村"商标。被告称，受韩国公司的委托在中国境内加工生产"一品窖高某村"商标的白酒，并出口韩国销售，属于涉外定牌加工。

点评：

法院认定涉外定牌加工仅为一种国际贸易方式，并不是侵犯商标权的法定除外情形，该种模式下的生产销售行为是否侵害中国商标权人的商标权，应当遵循商标法上商标侵权判断的基本规则，根据个案的具体情况分析判断。

被告作为中华人民共和国境内的生产企业，在履行涉外定牌加工合同时，对生产、加工产品是否涉及侵犯他人商标权也应当尽到合理的审查注意义务，被告在白酒产品及其包装上使用“高某村”字样，其行为系侵犯原告注册商标专用权的行为，应当承担停止侵权、赔偿损失的法律责任。

3. 平行进口的知识产权风险

平行进口，是指一国的进口商未经在该国享有知识产权的权利人的授权，将由权利人自己或经权利人同意在其他国家或地区已合法投放至市场的产品进口至该国的行为。

典型案例

德国库A黑啤酒公司拥有黑啤酒商标的专用权。大西洋B公司获得该商标在中国大陆区域内的商标独占使用权。B公司发现C公司销售侵害涉案商标的啤酒，随后多次向C公司发出律师函，要求其停止侵权。C公司至今仍然在大量低价销售侵害涉案商标专用权的啤酒。C公司的侵权行为给大西洋B公司造成了巨大的经济损失。

据此，请求法院判决C公司：立即停止侵害涉案商标专用权的行为，停止销售侵害涉案商标专用权的啤酒产品。

该案最终认为由于我国《商标法》及其他法律并未明确禁止商标平行进口，因此C公司将在欧洲市场上合法流通的系列啤酒进口到我国进行销售，并不违反我国《商标法》及其他法律的规定。

14.3.3 海关行政处罚风险

1. 对零售进口商品实施质量安全风险检测

海关对跨境电商零售进口商品实施质量安全风险检测，在商品销售前按照法律法规实施必要的检疫，并视情况发布风险警示。存在质量问题、安全隐患的，由海关督促跨境电商企业和跨境电商平台消除已销售商品安全隐患，依法实施召回，责令相关企业对不合格或存在质量安全问题的商品采取风险消减措施，对尚未销售的货物实施监管，并依法追究相关经营主体责任。

2. 对违反规定参与制造的企业进行处罚

海关对违反规定参与制造或者传播虚假“三单”信息、为二次销售提供便利、未尽责审核订购人身份信息真实性等，导致出现个人身份信息或者年度购买额度被盗用、进行二次销售及其他海关监管规定情况的企业进行处罚。对涉嫌走私或违规的，由海关依法处理；构成犯罪的，依法追究刑事责任。对利用其他公民身份信息非法从事跨境电商零售进口业务的，海关按走私违规处理，并按违法利用公民信息的有关法律规定移交相关部门处理。对不涉及走私违规，首次发现的，进行约谈或暂停业务责令整改；再次发现的，一定时期内不允许其从事跨境电商零售进口业务，并交由其他行业主管部门按规定实施查处。

3. 对零售进口相关企业的管理措施

海关将跨境电商零售进口相关企业纳入海关信用管理系统，根据信用等级的不同，实施差异化的通关管理措施。对认定为诚信企业的，依法实施通关便利；对认定为失信企业的，依法实施严格监管措施。同时，海关将高级认证企业信息和失信企业信息共享至全国信用信息共享平台，通过“信用中国”网站和国家企业信用信息公示系统向社会公示，并依照有关规定实施联合激励和联合惩戒。

项目小结

在跨境电商普遍通关效率低下、无法退税以及结汇不畅的市场环境下，面对跨境电商商品“频次多、货值小、品类杂”等问题，跨境电商企业和物流服务商都难以形成规模效益，加之跨境物流的烦琐性，给跨境电商物流带来过多的风险因素，从而影响跨境电商物流服务的效率和质量，也在一定程度上阻碍了跨境电子商务的发展。探索将大数据分析处理技术应用于跨境电商物流风险评估中，为跨境电商物流行业的进一步发展提供理论依据。

对跨境电商的信用评级，一是随着我国“互联网＋”时代的到来，跨境电商各个主体的信用评级将会成为信用评级的新型市场，信用评级指标的选取可以从评级主体基本财务状况、跨境电商的经营状况、以往的信用状况、跨境物流的配送状况以及消费者评价状况等方面进行考虑，综合跨境电商的特点，为其设计专门的信用评价体系；二是人民银行的征信系统应扩大征信的范围，不仅要涵盖信贷方面，对于跨境电商中的差评、投诉率也应进行相应的统计，为跨境电商的信用评价体系提供更加全面的数据，对于信用水平低的商家严格禁止进入跨境电商贸易服务领域；三是利用大数据完善跨境电商的信用评价体系，利用大数据可以方便地捕捉卖家和买家信息，进行详细的数据分析，从而得出科学的信用评价。

跨境电商企业的经营活动中，各国的海关既影响着物流效率，也影响着交易的顺利实现。在通关流程中，需要关注的因素有清关效率、商检水平、产品通关率和产品特性影响程度等。尤其是对产品有限制标准的邮政小包、国际快递和专线物流，通关率会因为产品超标而拒绝出入境，邮政小包和国际快递会因为通关时间过长而面临违约风险，海外仓模式要更加重视目的国对产品的进口限制，否则也会面临违约风险。国内跨境电商企业要在持续的国际交易中不断积累经验，基于不同物流模式提前考虑跨境交易双方国别海关政策，把政策风险降到最低，才能把跨境电商做大做强。

同步测试

一、单选题

1. 信用风险的基本特性有：不确定性、隐匿性和（　　）。

A. 聚集性　　B. 多样性

C. 复杂性　　D. 单纯性

2.（　　）是将一般贸易进口的货物拆分、伪报成跨境电商零售进口商品走私入境。

A. 伪报贸易方式　　B. 低报价格

C. 退货漏税　　D. 以上都是

二、多选题

1. 从出口角度来看，出口跨境物流主要有(　　)。

   A. 海外仓　　B. 国际物流　　C. 专项物流　　D. 国外官网

2. 跨境电商物流在转运途中的风险有(　　)。

   A. 国际电商物流中转过程中的丢失

   B. 恶劣天气导致的电商物流包裹投递延迟

   C. 分拣人员对包裹进行暴力分拣以

   D. 中转拆包所导致的电商出口包裹的外包装破损等

3. 造成跨境电商小包派送不成功的风险有(　　)。

   A. 地址信息错误　　B. 联系方式错误

   C. 地址数据不健全　　D. 商品通关困难

项目 15　知识产权风险及其防范

任务 15.1　认知知识产权的概念与特点

15.1.1　知识产权的概念

1. 国际知识产权

国际知识产权保护是指知识产权在国际上得到的法律保护。在没有加入有关国际条约或签订有关双边协定的情况下，一国知识产权只能在本国得以保护，产权权利人若想得到他国的法律保护，需向他国重新申请。

跨境电商是指分属于不同国境(关境)的主体，通过互联网平台达成交易、线上完成跨境支付，再通过跨境物流方式实现商品交付的新型国际贸易方式。据商务部发布的《中国电子商务报告(2019)》，通过海关跨境电商管理平台的出口总额从 2015 年的 336.5 亿元增长至 2019 年的 944 亿元，年均增速达 60.5%，我国的跨境电子商务已进入迅猛发展阶段。

近年来，随着互联网基础设施的完善和全球性物流网络的构建，跨境电商一直保持着较高的增长态势，但是在看到跨境电商在为企业带来更多商机的同时，也不能忽视由跨境电商引发的许多知识产权问题。据不完全统计，自 2012 年年底以来，数以万计的中国跨境电商因涉嫌知识产权侵权被原告品牌商起诉。

这些跨境电商多为 eBay、速卖通、阿里国际站的经营者，近几年也有更多的商务平台的卖家遭遇侵权纠纷，例如亚马逊和敦煌等。这类案件的被告们在因知识产权侵权被起诉后，均会收到来自平台及原告律师的通知邮件，告知其因涉嫌知识产权侵权而被冻结账户的事实。

2. 国内知识产权

各种智力创造比如发明、外观设计、文学和艺术作品，以及在商业中使用的标志、名称、图像，都可被认为是某一个人或组织所拥有的知识产权。知识产权，也称“知识所属权”，指“权利人对其智力劳动所创造的成果和经营活动中的标记、信誉所依法享有的专有权利”，一般只在有限时间内有效。

知识产权，是关于人类在社会实践中创造的智力劳动成果的专有权利。随着科技的发展，为了更好地保护产权人的利益，知识产权制度应运而生并不断完善。如今侵犯专利权、著作权、商标权等侵犯知识产权的行为越来越多。17 世纪上半叶产生了近代专利制度；一百年后产生了“专利说明书”制度；又过了一百多年，从法院在处理侵权纠纷时的需要开始，才产生了“权利要求书”制度。在 21 世纪，知识产权与人类的生活息息相关，到处充满了知识产权，在商业竞争上可以看出它的重要作用，2017 年 4 月 24 日，最高法院首次发布《中国知识产权司法保护纲要(2016—2020)》。

知识产权是一个无形的行业，大多数知识产权的获得需要法律程序，权利人对其智力劳动所创造的成果和经营活动中的标记、信誉依法享有专有权利。知识产权是一种无形的财产，具有专有性、时间性和地域性的特点，且大部分知识产权的获得需要法定的程序。知识产权包括著作权、专利权和商标权。

15.1.2　知识产权的特点

1. 排他性

排他性，是指专利权是一种无形财产权，具有排他性质，任何人要实施专利，除法律另有规定的以外，必须得到专利权人的许可，并按双方协议支付使用费，否则构成侵权。

排他性意味着排他性或垄断。除权利持有人同意或法律规定外，权利持有人以外的任何人不得享有或行使权利。这表明，权利人垄断或垄断的专有权得到严格维护，不受他人侵犯。只有通过“强制同意”“征用”等法律程序，才能改变权利持有人的专有权。

2. 区域性

区域性，是指一个国家授予的专利权只在授予国或地区的区域范围内有效，对其他国家或地区没有法律约束力，每个国家或地区所授予的专利权，其效力是互相独立的。

区域性仅在确认和维护的区域内有效。除了签署一项世界条约或双方之间的互惠协议，一个国家的法令所保持的某种权利只在该国的范围内产生法律效力。因此，在一定条件下，知识产权既具有地域性，又具有世界性。

3. 及时性

及时性，是指一个国家授予的专利权只在授予国或地区的区域范围内有效，对其他国家或地区没有法律约束力，每个国家或地区所授予的专利权，其效力是互相独立的。

及时性仅在规则期内保持。法律法规对于各种权利的维护都有一定的有效期。不同国家的法律法规可能有相同或不同的维护期。只有当参与世界协议或提出世界要求时，某个权利才能有一个持续的维持期。

任务 15.2　认知知识产权的分类

15.2.1　国际知识产权的分类

1. 著作权

国家（地区）之间对非本国（本地区）作者的作品给予的著作权保护，主要按照本国（本地区）的著作权法实施，同时遵循有关的国际条约。《保护文学和艺术作品伯尔尼公约》（简称《伯尔尼公约》）是最主要的国际著作权保护条约，签订于 1886 年，先后进行过五次修订（最近一次在 1971 年）。

该条约成员共同约定的基本原则，是国民待遇原则、自动保护原则、独立保护原则和最低保护原则。另一主要条约《世界版权公约》产生于 1952 年，1971 年修订。其中约定的保护原则与《伯尔尼公约》基本相同，但保护水平较低，还针对各成员方在取得著作权保护是否需要履行一定手续问题上存在的立法差异，约定了“非自动保护原则”及其实施方式，从而为各成员方之间在著作权国际保护上实现法律对接提供了简捷的途径。

中国于 1992 年加入上述两个国际条约，还先后加入《与贸易有关的知识产权协议》（简称《TRIPS 协议》）、《世界知识产权组织版权条约》、《世界知识产权组织表演和录音制品条约》、《保护录音制品制作者防止未经许可复制其录音制品公约》（简称《录音制品公约》）等与国际著作权保护有关的国际条约。

典型案例：因使用“Trust Your Journey”，迪士尼公司被诉商标侵权

迪士尼公司因在电影《冰雪奇缘2》宣传中使用“Trust Your Journey”这三个词而被起诉。一家位于内华达州的公司表示，这个口号是他们最先使用的。该公司称自2007年来一直使用“Trust Your Journey”的名称和口号。他们声称，迪士尼非法将该口号用于《冰雪奇缘2》的周边商品。

这家公司也表示自己拥有“Trust Your Journey”这个口号的商标权。从2006年至2013年，该公司确实提交了多件“Trust Your Journey”商标注册申请，目前有两件已经失效了，但还有三件是有效的，商标类别涵盖第3类、第4类、第14类、第16类以及第21类等多个类别。这些商标不仅包含“Trust Your Journey”文字商标，还包含一件图片商标。而迪士尼却在周边T恤、海报和珠宝上使用了“Trust Your Journey”这一标语，因此该公司才会状告迪士尼商标侵权。

2. 商标权

商标权具有严格的地域性，只在注册国领域内有效。为此，国际上签订了一些条约，以利于在国外取得商标保护，这就是商标权的国际保护。

商标权侵权通常指未得到产品品牌官方的正规授权，擅自使用对方的商标或LOGO。在所有的知识产权侵权纠纷案件中，绝大多数是商标侵权的案件。

《保护工业产权巴黎公约》于1883年订立，规定了对商标所有人的国民待遇和优先权。商标的优先权期限为6个月。商标在一个成员方内注册，同在其他成员方包括原属国家内的注册是相互独立的，即一个商标注册在某一个成员方内过期或撤销，并不影响在其他成员方内注册的效力。商标的申请和注册条件，都按照各国国内法律规定。在原属国注册的商标，其他成员方也应同样接受注册申请和保护，但如该项商标侵犯第三人已取得的权利、缺乏明显特征、违反道德与公共秩序，尤其是带有欺骗公众的性质时，须拒绝给予注册。

《商标注册条约》1973年6月12日签订，条约规定，申请人可以向世界知识产权组织国际局（或通过本国的机构）提出商标的国际申请。国际申请符合本条约及其实施细则时，国际局即给予注册并在公报上公布，分别通知申请人要求提供保护的每一个成员国的主管机关。各国家的商标注册机关可以在15个月的期限内拒绝该项国际申请的效力，否则该项国际注册即取得在该国注册的同样效力。国际注册的有效期为10年，期限可以续展，每期10年。《商标注册条约》不要求在国际注册之前必须先办理国家注册。

典型案例：商标“ADBLUE”案件

德国汽车工业协会向北京海淀区法院提起诉讼，称其合法拥有的商标“ADBLUE”被中国公司侵犯了商标权，理由是中国公司在其阿里相关网站上使用了该标志。中国公司认为，“ADBLUE”在国内就是车用尿素的意思，是一种通用名称，不构成侵权。此外，中方主张自己并未将“ADBLUE”用于产品包装上，仅在阿里巴巴网站关键字中使用。经查，“ADBLUE”是原告于1970年在德国注册的商标，后通过马德里注册申请国际商标，已获得中国商标权保护，且也在尿素所属第一类中注册了商标权。因此，中方侵权成立。

3. 专利权

国际专利是申请人就一项发明创造在《专利合作条约》(简称PCT)缔约国获得专利保护时,按照规定的程序向某一缔约国的专利主管部门提出的专利申请。

2020年4月,世界知识产权组织(产权组织)发布公报显示,2019年中国成为该组织《专利合作条约》框架下国际专利申请量最多的国家,共提交了58 990件专利申请,超过美国提交的57 840件。2020年,中国国际专利申请量同比增长16.1%。

首先,国际专利是不存在的,准确名称应为"专利的国际申请"。其次,上句想要表达的意思是,《专利合作条约》缔约国的国民想要对某一技术向《专利合作条约》缔约国中的一个或多个国家申请获得专利保护时,可以按照《专利合作条约》所规定的程序,向《专利合作条约》所指定的受理单位或国际局递交指定语种的申请文件,这一个递交程序就视为已经在所有的《专利合作条约》缔约国递交了专利申请,国际申请分为国际和国内两个阶段。国际阶段包括国际申请的受理、公开、检索和初步审查,国内阶段主要包括指定国或选定国对国际申请授权审查及其他有关事务的办理。

过去要在数国获得专利保护,必须向每个国家逐一办理专利申请,程序和手续都十分烦琐。为解决这一问题,1970年6月19日,由美、英、法、德、日等国在美国华盛顿举行了外交会议,签订了《专利合作条约》。截至2014年5月,其成员已达85个。也就是说,申请人提交一项国际申请,在85个国家或地区均有效。《专利合作条约》的宗旨是通过简化国际专利申请的手续和程序,强化对发明的法律保护,促进国际间的科技进步和经济发展。

如果产品是别人发明的,并且申请了专利保护,卖家未经允许擅自进行生产销售,也就是我们常说的销售仿品,产品的结构、工艺等方法与别人的发明专利一样,这样的行为极易引发专利侵权问题而导致损失。

典型案例:平衡车侵权事件

北京知识产权法院受理了一起因在京东网站上热销的一款平衡车引发的专利侵权纠纷。原告是著名平衡车厂商N旗下的常州和天津两家子公司,起诉深圳市飞某科技有限公司和揭阳市领某科技有限公司涉案侵犯N平衡车实用新型专利权,要求被告连同被告法定代表人郑某连带赔偿经济损失及合理费用530万元。

点评:

涉案专利产品的公司卖得越多,所需赔偿的数额也就越多。像此类专利侵权被索赔几百万元比较常见。

从以上案例分析,想要在跨境电商之路上走得更远更稳,卖家们不仅需在产品品质上把好关,还应不断加强产品专利侵权法律防范意识,在产品公开出售前做好专利维权申请,增强消费者对品牌与产品的信任度无疑是维持自身在海外市场扎稳根基的关键所在。

15.2.2 国内知识产权的分类

1. 著作权

著作权又称版权,是指自然人、法人或者其他组织对文学、艺术和科学作品依法享有的财产权利和精神权利的总称,主要包括著作权及与著作权有关的邻接权。通常我们说的知识产权主要是指计算机软件著作权和作品登记。

在跨境电商经营活动中，侵犯著作权的行为主要表现有：商家未经版权人许可，通过盗版的文字、音乐、视频等进行相关宣传或商业利用，以牟取不法利益，由此引发了诸如网络服务商侵权行为责任承担、第三方平台责任分担等法律问题。

在跨境电商著作权领域，“盗图”是最典型的侵权行为，即卖方未经允许，擅自使用他人享有著作权的文案、照片、视频等智力成果，或售卖货物中包含他人享有版权的作品，使真正的权利人的利益受到损失。网络上充斥着各种电子化数据，如风趣调皮的图案、耐人寻味的文案、令人心醉的视频，跨境电商活动经常要对这些享有著作权的作品进行利用，侵权行为人往往为了一己之利，通过下载、电子公告、电子邮件等不法方式，非法使用这些享有著作权的电子作品进行盈利，赫然侵犯著作权人的网络传播权和其他相关权利，对权利人利益造成难以估量的损害。

典型案例：手机游戏“换皮”侵害著作权纠纷案

苏州某牛数字科技股份有限公司(简称某牛公司)开发的手机游戏《太极熊猫》于2014年10月31日上线，成都某象互动科技有限公司(简称某象公司)、北京某艺科技有限公司(简称某艺公司)开发的手机游戏《花千骨》最早版本于2015年6月19日上线。某牛公司向江苏省苏州市中级人民法院提起诉讼，主张《花千骨》手机游戏“换皮”抄袭了《太极熊猫》游戏，即仅更换了《花千骨》游戏中的角色图片形象、配音配乐等，而在游戏的玩法规则、数值策划、技能体系、操作界面等方面与《太极熊猫》游戏完全相同或者实质性相似，侵害其著作权。法院遂判令某象公司、某艺公司停止侵权行为、消除影响，并赔偿某牛公司经济损失3 000万元。

点评：

本案是网络游戏产业领域知识产权保护的典型案例。二审法院在本案中明确，网络游戏“换皮”抄袭可能构成侵害著作权的行为，并在此基础上全额支持了权利人3 000万元的诉讼请求，体现了严格保护知识产权的裁判理念。

2. 商标权

商标侵权是跨境电商经营活动中知识产权侵权频发的“高风险区”。中国海关总署的统计数据显示，在跨境电子商务贸易中，侵犯商标权的产品已占据了所有侵权产品总量的98.48%，属于侵权“重灾区”。这是由于跨境电商交易活动是通过线上平台完成的，除了卖家在平台披露、介绍的信息外，境外买家在收到货物之前，无法判断所购商品的真伪、质量优劣，而只能通过对品牌信任与依赖来实现对商品的判断。正因如此，不少跨境电商企业往往会利用他人知名商标或品牌已有的影响力，来混淆消费者的视听。实践中，企业侵害商标权行为多种多样，主要包括将店铺名称或网站域名注册成与商标权人的商标一致或近似、在产品介绍时使用与商标权人相同或近似的商标、售卖标有他人注册商标的产品、销售仿冒产品等行为。

在跨境电子商务中，商标权(含商号或企业名称)侵害问题也十分突出，急需解决。

商标侵权是跨境电商经营活动中最为显著的问题，主要包括以下几种情况：未经权利人许可而在相同或相似商品上使用与他人相同或近似的商标、非法销售侵犯注册商标专用权的商品、伪造或擅自制造他人注册的商标标识、为侵权商品提供生产加工仓储运输等便利条件的行为、混淆行为或虚假宣传等不正当竞争行为。从具体形态上看,既存在电商平台上屡禁不止的制假、售假问题,也有第三方卖家冒用侵权商标、售卖侵权商品等行为。随着跨境电商的稳步发展和竞争升级,商标侵权行为的表现类型愈加多样,呈现出综合化、新颖化,这也给商标权保护带来一定程度的困难。

3. 专利权

典型案例:"MOTR"侵害商标权纠纷案

A 公司是核定使用在健身器材等商品上的"MOTR"商标(即涉案商标)的注册人,也是全球从事运动器材生产销售的知名厂商,并在中国拥有多项发明专利及注册商标。B 运动器材有限公司(简称 B 公司)在某展览会上推销使用了涉案商标的健身器材,并通过微信商城等多种方式进行实际销售。A 公司以侵害商标权为由,对 B 公司提起诉讼,并主张适用惩罚性赔偿。据此,上海市浦东新区人民法院判令 B 公司停止侵权行为,并鉴于其重复侵权的情形,适用三倍惩罚性赔偿标准,确定 B 公司承担 300 万元的赔偿责任。

点评:

本案系适用知识产权侵权惩罚性赔偿标准的典型案例,体现了人民法院严厉打击重复侵权、持续侵权等恶意侵权行为、加大侵权惩处力度的坚定信心。人民法院在判决中明确指出,被告不信守承诺、无视他人知识产权的行为,是对诚实信用原则的违背,侵权恶意极其严重。为保护商标权人的合法权益,严惩侵权行为,维护市场秩序,对权利人的诉讼请求应当予以全额支持。

相较于著作权侵权与商标侵权,专利侵权在知识产权侵权案件中所占的比例并不大,这是由于专利侵权确认的复杂性与专业性所导致的。在跨境电商活动中,专利侵权行为主要表现为:未经授权假冒、销售专利权人的产品;未经权利人许可,许诺销售、销售、进口、制造他人享有专利权的产品;未经权利人许可,利用专利方案制造、销售、许诺销售专利产品等。虽然专利侵权的占比不高,但一旦被认定为存在侵权行为,就会掀起不小的波澜。

著作权和商标侵权行为相对容易判断,侵权客观表现较多。专利侵权则很难判断,具有很强的专业性。

在跨境电商中,专利侵权问题主要看该标的物是否属于专利产品,该产品是否得到权利人的授权许可。作为"第三方商品与服务交易平台",仅仅可以获取产品的信息,无法获取实物,如何来认定"第三方商品与服务交易平台"的专利侵权及界定责任范围,往往成为争议的焦点。

在跨境电子商务领域,未经许可而以生产经营为目的,实施他人受保护专利的违法行为即为专利侵权。与商标保护和版权保护不同,专利权确权表现出很强的专业性和地域性,很难对相关权属作出判断,专利权保护在可操作性和责任划分上具有相当难度。

值得注意的是,一些国家已明确将跨境电子商务模式纳入专利保护范围,如美国专利与商标局和司法机构支持商业模式的专利保护,亚马逊就成功阻止了 Barnesandnoble 公司使用与其"一次点击购物"相类似的技术。此外,服装类商品多采用常规元素的变换组合,较少涉及功能性设计,因此专利保护难以清晰边界。

典型案例："机动车刮水器"侵害发明专利权纠纷案

W公司是名称为"机动车辆刮水器的连接器及相应的连接装置"(简称涉案专利)的中国发明专利的专利权人。W公司于2016年向上海知识产权法院提起诉讼称，厦门L汽车配件有限公司(简称L公司)、厦门F汽车配件有限公司(简称F公司)以及C制造、销售的雨刮器产品落入其专利权保护范围，请求判令L公司、F公司、C停止侵权，赔偿损失及制止侵权的合理开支。W公司同时提出了临时行为保全(又称临时禁令)申请，请求法院裁定L公司、F公司、C立即停止侵权行为。最高人民法院已经当庭作出判决，本案判决已经发生法律效力，另行作出责令停止侵害涉案专利权的行为保全裁定已无必要。

点评：

本案是针对部分判决的上诉案件，允许就侵权判定问题先行作出部分判决并提起上诉，有助于节省司法资源、提高审判效率。同时，最高人民法院还在本案判决中首次探讨了判令停止侵害的部分判决制度和临时禁令制度的关系，阐明了判令停止侵害的部分判决尚未发生效力时临时禁令的价值，倡导人民法院在作出部分判决的同时，支持专利权人关于责令停止侵权行为的保全申请。

任务 15.3 预防知识产权侵权

15.3.1 国内知识产权的侵权预防

1. 构建完善的电商知识产权法律及监管保护体系

我国已经具备了一些网络知识产权的相关政策法规和条例，但是这些法规条例一般层级较低，而且其中不少法律法规存在一定的滞后性，甚至部分法规条例存在明显的背离。这造成了跨境电商发展过程中的一系列法律空白，不利于我国跨境电商监管体系的建立。这不仅不利于我国的电商发展，也使得我国电子商务企业在跨境交易中缺乏法律依据，造成诉讼中的败诉问题。

首先，应划分清楚各政府部门的管理权责，设立以一个部门为中心，其他部门辅助执行的制度。例如，可以以海关为中心，知识产权部门、商务部等为辅助，监督管理跨境电子商务知识产权侵权行为。

其次，在立法中，应当加大对知识产权侵权行为的惩罚力度，可借鉴发达国家经验，设置高额惩罚性赔偿金、行为禁止令和严厉的刑事处罚规则，并保障其实行。

最后，明确跨境电子商务平台的权利义务。虽然《电子商务法》规定跨境电子商务平台应尽"注意之义务"，即负担监督平台可能存在的知识产权侵权行为及除去侵权产品或侵权行为之责任，同时也应积极承担权利人与侵权经营者之间沟通"桥梁"的角色，但还未明确跨境电子商务平台的权利义务。因此应建立按照经营模式、规模大小等区分跨境电子商务企业，并强化跨境电子商务平台责任义务；要求其应采用过滤技术，审理跨境企业注册信息及产品信息等是否存在知识产权侵权，事中应积极消除平台上的侵权行为并配合或联系相关政府部门对侵权产品或侵权企业予以处理，事后应设立完善的救济制度，如通畅的投诉渠道、完善的举报和处理规则机制等，保护权利人或公众有适当渠道寻求救济或予以监督。同时，立法时还应当注重跨境电商企业反垄断监管，避免跨境电商企业利用自己高市场份额的优势地位恶意行使知识产权。

因此，我国在防范跨境电商知识产权风险方面，首先要做好自身的法律及监管体系建设，打铁还需自身硬。只有做好跨境电商相关的知识产权立法，净化国内电商经营环境，才能推动互联网环境的优化，才能促进跨境电子商务产业的良性发展，增强其国际竞争力。

2. 树立并强化跨境电商的知识产权保护意识

我国跨境电商企业尤其是中小型跨境电商企业的知识产权保护意识仍较薄弱，这与保护意识差、保护措施缺失且对海外知识产权制度的不熟悉、不了解等因素有关。因此，在 B2C 跨境电商交易时，中小型跨境电商企业极易陷入知识产权侵权纠纷中。

因此，一方面，除以立法加大知识产权保护力度、预防知识产权侵权行为的发生外，政府还应鼓励并协助提高我国企业尤其是中小型跨境电商企业的知识产权保护意识和保护能力。具体而言，包括以下方面：第一，积极打造信息平台，录入境外各国尤其是与我国贸易频繁的国家的最新知识产权制度，为跨境电子商务企业提供充足可信的信息来源；第二，应定期与商业协会、大型跨境企业等合作开展知识产权相关的培训讲座，鼓励企业积极自助研发知识产权、设立知识产权布局、提高知识产权管理与保护水平等。

另一方面，中小型跨境电商企业也应自强自立，树立积极自主的知识产权保护意识。首先应加强知识产权战略意识构想，进行知识产权资金投入与研发，设立知识产权池，建立防御壁垒，如多地域申请注册与自身产品相同或相似的专利、商标及相关的域名等。其次，企业应设立知识产权管理与风险部门，负责产品相关信息的尽职调查，以避免不必要的侵权风险；同时也可由其负责定期对企业员工进行培训等。最后，面临跨境知识产权诉讼时，企业不应一味畏难退缩，而应该借助政府、协会等的力量，积极应对，合理合法地维护自身权益。这样，在跨境电子商务交易中，中小型跨境电商企业也可有效准备知识产权攻防战，避免在进行 B2C 跨境电商贸易时发生知识产权侵权风险。

3. 统一跨境电商知识产权审理标准，促进国际合作

国际上虽设立了知识产权条约——《与贸易有关的知识产权协议》，但是为尊重各国自主权，其内容大多为最低限度的选择性条款，非强制性条款，各国可依据其国情、政治、经济、文化等设立不同的知识产权法律，差异性极大。此外，也并无国际组织机构对跨境电子商务设立相关国际条约或规则。这也导致了跨境电子商务知识产权侵权方面的国际条约规则不完善，增加跨境电子商务企业知识产权交易成本、降低其交易效率。

因此，统一国际跨境电商知识产权侵权纠纷审理标准、促进国际合作迫在眉睫。一方面，国际组织应秉承公平与合作原则，设立更加完善细致的国际条约，并鼓励各国尤其是发达国家参与签订条约，促进国际跨境电子商务市场的规范和统一，完善跨境电商知识产权纠纷管辖制度。另一方面，我国现已成为综合经济体量第二的大国，并欲成为知识产权大国，应借鉴德国经验，努力促进国际合作，积极参与跨境电子商务知识产权相关的国际条约的制定，力求条约内容公平合理，加强国际协调。具体而言，政府可加强海外合作，让海关、知识产权管理局等与外国政府部门协作，提高打击跨境知识产权侵权行为力度。政府还可积极促进海内外跨境电商企业的合作，引导它们共同研发知识产权、相互许可，达成知识产权互补联盟，减少跨境电商企业因知识产权侵权而引发的摩擦纠纷等。

4. 优化海关监管制度

海关是监督跨境电子商务知识产权侵权行为的最后防线之一，因此应当在鼓励提高通关效率的同时更注重公平。首先，鉴于B2C模式主要是零售贸易，其商品大多是小额度、种类复杂多样，主要以邮政快递等直邮方式跨境流通，海关存在监管人手不足、判断知识产权侵权困难等问题。因此，建议借鉴国外海关监督管理经验，优化现有海关监管制度。一方面，可建立网络数据预警机制，由海关、知识产权部门、商务部等政府部门与跨境电商平台合作开发数据库，其内容应包括与知识产权相关的境内外法律法规、境内外权利公示、境内外案件、相关专家机构信息等，以此数据库为蓝本，建立相应数据网络预警制度，同时实行共享，允许跨境电商平台、海关、知识产权部门等与跨境电商多方共享并上传数据，并以此精确锁定知识产权侵权产品，设置通关黑白名单，提高跨境电子商务企业通关效率。黑白名单应根据时长定期予以检查轮换，以免跨境电子商务企业为获得白名单故意暂时性表现良好。另一方面，可提高检测技术水平，借助高科技扫描系统，精确锁定存在侵权嫌疑的商品，减轻海关监管压力，弥补其人手不足的问题。其次，应将虚拟性商品纳入监管范围，填补监管漏洞，避免其知识产权侵权行为泛滥。再次，应调整海关与其他政府部门的权责关系，创建以海关为中心，其他部门为辅助的一体化监督管理机制，共同对跨境电商知识产权侵权产品予以检查和监督。例如，可立法以确定政府部门(如知识产权部门)应及时回应并派遣专业人员予以监督，并出具专业鉴定意见书等。最后，可适当简化当前知识产权权利人在海关的救济程序，在产品通关时，发现其存在侵权行为的，允许权利人立即申报且不用提供担保，若事后发现存在欺诈、故意扰乱通关秩序的，可以要求权利人予以赔偿甚至对其处以惩罚，如将其行为信息公开、信用降级等。

5. 促进私人救济机制的形成

一方面，当前由于跨境电商贸易数量与日剧增，与此相关的知识产权纠纷也日益增多，政府部门如工商局、知识产权局、海关、法院等并不足以对跨境电子商务下知识产权权利人进行完全有效的救济。另一方面，当前国际协调不足，各国跨境电子商务知识产权立法多样化，许多侵权纠纷并不适合公力救济，且普通诉讼程序难度较大，且时间经济成本高昂。因此，发展跨境电商知识产权侵权纠纷私人救济制度就极为重要。事实上，我国《电子商务法》第六十三条就规定鼓励电商平台发展在线纠纷解决机制。

在在线纠纷解决机制中，可分为由政府组织发展的官方权威性在线解决机构和跨境电商平台等中介服务型平台创立的在线纠纷解决机制。由政府组织发展的官方权威性在线解决机构本身具有互联网特性，用于处理网络纠纷，其中就包括跨境电子商务知识产权侵权纠纷，即类似网络中的人民法院，其判决结果有强制性效力。而跨境电商平台等中介服务型平台创立的在线纠纷解决机制则更具有灵活性，平台本身就是跨境交易双方的“桥梁”，由其组织创建在线纠纷解决机制，角色适合且方便易行。在这一机制中，平台充当调解方，同时提供知识产权侵权人和权利人跨空间、跨领域的沟通与交流机会，使之最终达到平衡双方利益、停息纠纷的目的，该纠纷解决机制具有即时性、非强制性，但是相对而言更便宜高效。

15.3.2 国际知识产权的侵权预防

1. 前期背景调查

调查供货商及其竞争对手，避免从不能提供相关文件的批发商手里进货，相关文件一般包括真正品牌商的授权委托书等。

2. 了解供货方资质

充分了解供货方资质，并向供货方了解其是否有权生产、销售该产品，保证货源合法正规。此外，在交易时要符合规范的手续，并妥善保管交易凭证，例如采购合同、发票、供货方出具的进货单等，一旦发生知识产权侵权纠纷，这些凭证都将成为有力证据。

3. 沟通细节

沟通清楚货源细节，产品是自主研发还是在他人产品的基础上进行了改良、刻意模仿。在平台上销售不同品牌、同种产品的情况十分常见，那是因为供应商可能同时在给不同的卖家供货，这时卖家应确定自己是否是独家销售商，如果大家的产品来源一样，所售卖的产品都是一样的，就不存在谁侵犯谁知识产权的问题了。

项目小结

由于交易主体身份多重化，交易地域扩大化、交易过程碎片化，目前跨境电商知识产权的治理形势十分严峻，要与各国政府部门、社会机构、各大电商平台、知识产权权利人彼此相互监督和制约，实现多元联合协同治理。

跨境电商所面临的知识产权风险巨大，已成为跨境电商行业发展的重要“短板”。跨境电商的知识产权保护现状主要包括：知识产权保护意识淡薄；知识产权保护管理制度不够完善；侵权现象较为严重；域名与商标权、商号相冲突；店面装饰使用他人的版权；产品宣传使用他人的商标、外观设计；处理涉外侵权纠纷渠道不畅：语言障碍、不了解外国法律规范、司法程序。

跨境电子商务知识产权问题仍属于电子商务知识产权问题，具有电子商务知识产权问题的共同属性与特征，但是在“跨境”的情境下，又显现出其独特性。应全面分析研究跨境电子商务知识产权风险与应对措施，力求认清知识产权在电子商务活动的作用机理和运行规律，化解行业发展风险。

同步测试

一、单选题

1. 盗用图片侵犯哪种知识产权？（　　）

   A. 商标权　　B. 著作权　　C. 专利权

2. 英文缩写 WTO 是指（　　）。

   A. 贸易有关的投资措施协议　　B. 世界贸易组织

   C. 关税及贸易总协定　　D. 与贸易有关的知识产权协议

3. 以下不属于商标构成的是（　　）。

   A. 文字　　B. 著作　　C. 图形　　D. 字母

二、多选题

1. 跨境电子商务的主要风险有(　　)。

A. 政治和政策风险　B. 信用风险　C. 法律风险

2. 知识产权的特点有:(　　)。

A. 排他性　B. 区域性　C. 及时性

3. 知识产权的分类有:(　　)。

A. 著作权侵权风险　B. 商标权侵权风险

C. 专利权侵权风险

三、判断题

1. 政治风险具有突发性的特点,无规律可循。(　　)

2. 我国跨境电商支付交易双方都存在一定的信用风险。(　　)

3. 知识产权包括著作权、专利权和商标权。(　　)

项目 16　跨境电商诈骗与贸易投诉

任务 16.1　了解跨境电商诈骗与贸易投诉的概念类型

16.1.1　跨境电商诈骗

跨境电子商务诈骗从字面意义理解，是指存在跨境交易中的诈骗行为。从经济学的内涵解释，跨境电子商务诈骗应该包含两个方面：一方面是跨境电子商务诈骗的交易发生在电子商务平台，并且参与交易的主体来自两个或者两个以上的国家，即交易者双方的办公场所或者住址不在同一个国家或区域；另一方面，交易的一方通过虚构或者夸大自己发布的商品的真实作用，或者向另一方隐瞒商品的不利因素，误导另一方的交易决策，使另一方交易者做出不利于自己或者错误的判断。

从经济学角度看，跨境电子商务诈骗是交易者为了获取最大的利润而采取的一种违法行为。在经济学中，任何经济理论都存在一个基本假设，即理性人假设。交易者作为理性的个体，在经济活动中的目标就是追求自身利益最大化。交易者会在这个基本假设下，以最小的成本获取最大的利润。交易过程中，交易者理性地比较诈骗与不诈骗两种行为的收益，如果诈骗的收益大于不诈骗的收益，则交易者更倾向选择诈骗交易方式，反之，则倾向不选择。

在信息对称的情况下，如果市场有效，价格能正确地反应商品的价值，则诈骗交易很容易被识破。若在信息不对称的情况，交易诈骗者会综合考虑来选择策略，交易双方发生反诈骗，与监管机构发生多次博弈，从而会产生新的诈骗手法和反诈骗策略。从这里可以看出，跨境电商诈骗的目标是追求利益最大化，然后不断地扩展利润空间；诈骗手段是基于信息不对称而不断衍生出来的各种诈骗手段。因而从商业角度看，电子商务诈骗是交易者通过信息诱导、非法技术手段实施非常规的商业交易，以获取最大经济利益为目的的违法行为。

16.1.2　跨境电商诈骗类型

1. 针对账户信息的网络钓鱼诈骗

通常骗子会假冒跨境电商平台发送假的含有链接的电子邮件 ID，卖家点击链接时，这些链接将重定向到另一个新的网址，该网站将询问卖家的账户凭据和信用卡信息。为此，平台推出了两步验证码来规避这种诈骗。作为卖家要对这类诈骗做一个了解。

2. 物流配送失败

有一些不良买家购买商品后声称没有收到货，要求退款或重新发货。有时候也有可能买家确实没有收到商品。这就需要卖家采取适当措施，选择有追踪信息的物流服务商，保证有商品的签收信息。

3. 退货退款诈骗

退货和退款是卖家们不可避免的一部分。一些买家收到货以后称购买的产品不是新的或者产品有破损，要求卖家退款或者退换货，然后用一件一模一样的但是旧的、有损坏的东西调换。这种情况只能是卖家在发货前对产品进行质量测试，并且要购买一些专门防止这种诈骗的贴纸贴在产品上。

4. 赞助广告诈骗

如果你的平台 PPC（点击付费）预算在一天刚开始的时候就用完了，那你很有可能是赞助广告点击骗局的受害者。因为可能有人在恶意点击你的平台赞助产品广告，直到你的预算完全耗尽。

5. 侵权勒索诈骗

有骗子在国外申请注册大量的商标品牌，然后对没有品牌备案、店铺销量较好的卖家进行敲诈，投诉卖家品牌侵权，趁机敲诈一笔。这就要建议卖家在平台做好品牌备案，让骗子无空可钻。

16.1.3 贸易投诉

买卖双方在交易过程中产生争议，若双方无法协商或者协商不能达成一致意见，一方或双方可申请提交阿里巴巴进行处理。阿里巴巴介入后，会通知双方该贸易投诉产生。如果贸易投诉没有被即时解决，很可能升级为诈骗案件，被投诉方可能承担经济和法律上的责任。

16.1.4 贸易投诉类型

1. 会员到期自动续费招致投诉

客户开通会员后，到期后没有任何提醒而自动续费，且没有售后服务。

典型案例：某平台会员到期自动续费，被消费者疑为“霸王条款”

李女士于 12 月 12 日在微信上收到该平台会员到期自动续费的通知，被扣款 19.9 元，因为是会员到期前一天，所以想要求该平台退款，但找遍该平台的 App 和微信支付，都没有退款的选项，想打电话咨询该平台客服，电话也打不通。对此，该平台表示，如无须续费，打开微信，点击“我”→“钱包”，点击右上角，选择“支付管理”→“自动扣费”，选择签约项目关闭即可。

点评：

这类现象不单存在于该平台，很多平台都有这样的“通病”，在会员购买上，平台多会推出“自动续费”和“单月购买”的套餐，而自动续费的价格也会相对便宜，因此多数用户会选择自动续费选项。因此，就需要平台以更为“明显”的方式将取消套餐的方式呈现出来，让消费者进一步了解商品除详情页面以外呈现的信息，否则就是剥夺消费者的知情权，实属变相“强制消费”行为。

2. 商品降价，保价遭拒招致投诉

客户购买某商品时，不久后，商品降价，且没有保价服务。

典型案例：某购物平台商品降价，售后退款遭拒

魏女士 11 月 22 日在某购物平台店铺购买某商品，因在未发货的状态下该商品在 5 小时内迅速降价，故退款重新购买，但商家拒绝退款。申请平台介入后，后台售后窗口被强制关闭，不予退款并强制发货交易。对此，该购物平台表示，黑色星期五期间，卖家推出了限时限量低价抢购的店铺促销，促销商品价格低于日常销售价。对于给用户造成的误解，卖家已进行解释，并主动退还了差价，让用户以限时抢购的价格购买商品。

点评：

消费者在购买商品后短时间内出现降价的活动，平台商家应提供“保价”服务，给予消费者退还差价服务。

3. 质量问题投诉

客户购买商品后，收到货发现商品存在质量问题。

典型案例：某跨境电商App以次充好，售卖二手瑕疵品

刘女士于某年10月27日在某跨境电商App上购买了一款GUCCI马衔扣1955系列迷你手袋，价格5 867元。商品在质检过程中指出有明显的人为瑕疵问题，卖方提出赔偿1 000元作为补贴，刘女士未同意，客服表示可以重新下单并承诺不会再出现瑕疵情况，并承诺全新正品可放心购买。11月1日刘女士重新在该App上再次购买同款类产品，价格5 978元，并于11月4日下午又收到了质检查出来的人为瑕疵，这回刘女士不得不怀疑该跨境电商App售卖的根本不是全新正品，而是二手瑕疵品。

刘女士表示，该款购物软件主打的是“海外直邮全新正品”，现在却拿二手货品以次充好，过度虚假宣传，欺骗广大消费者，让刘女士对他们的货品来源极其怀疑。并且刘女士在与之尝试协调沟通解决问题时，不予理睬，拖延时间，客服搪塞敷衍，态度极其冷漠，辜负了刘女士的信任且耽误了时间，望相关部门解决处理。

点评：

跨境网购退款问题一直是消费投诉的“重灾区”，问题主要集中于商品质量、退款问题、售后服务、网络售假、订单问题、货不对板、退换货难、霸王条款等。同时，由于跨境网购在物流配送环节复杂，包括海外配送于国内配送量部分，其间出现包裹破损甚至是商品破损的概率会大大增加，因此产生退换货的概率相对较大，但是由于跨境网购商品与个人身份认证联系在一起，并且受到国外供应商、退货渠道等原因，很多跨境商品无法进行退货给商家。而退换货也将涉及关税问题，因此目前多数跨境网购平台并不能完全做到七天无理由退货，更别说是无理由退货。

4. 退款久未到账投诉

客户购买商品后，收到货不满意，进行退货，但是却未退款。

典型案例：“德国W家官网”退款久未到账

蒋女士在“德国W家官网”购买奶粉，因为没看清楚拍错了，按客服要求半个小时内申请取消订单。第二天收到W家邮件，并与客服确认已成功取消订单，客服说退款将在1～2周内到账，可是到了第16天依然没有收到退款。“德国W家官网”表示，会计部门已经安排退款给蒋女士，希望能以500积分(能抵扣5欧元)弥补蒋女士受到的损失。如果有积分，可以选择积分兑换来抵扣。如果接受的话，请以邮件方式联系，会立即将积分添加到蒋女士的W家账户里。

点评：

一般来讲，每个电商平台都会说明退款到账期间，但是出于多种情况，如在大促期间，平台运作流程较为繁忙，退款到账期限也会相应延长。因此，在超出期限未到账的情况下，消费者就要与平台沟通，如若电商平台迟迟未履行职责，则就是侵犯了消费者的权益。

5. 售后困难投诉

客户购买商品后，收到货发现商品存在问题，与客服进行沟通协商，却迟迟没有收到有效回复。

典型案例："英C海淘"商品久未发货，售后困难

潘女士于11月24日在"英C海淘"平台购买了水桶包，下单时承诺2～3周会发货，一个月内收到货，截至12月24日，物流信息仍然是订单创建状态。潘女士在12月多次联系平台客服，客服一直敷衍回复会尽快发货，但一直没有后续结果。对此，"英C海淘"表示，已经处理完毕。

点评：

《电子商务法》中明确规定，电子商务经营者应当按照承诺或者与消费者约定的方式、时限向消费者交付商品或者服务，并承担商品运输中的风险和责任。因此，按时发货是平台商家理应尽到的义务。此外，由于不同的跨境电商平台其物流模式在配送时效和服务质量上均有不同，消费者下单前应仔细了解发货模式，对于价值高的商品尽量选择保税进口、直邮等安全性高的物流模式；购买生鲜、食品、急需物品，尽量避开购买高峰期，并且了解发货时间和大致的物流时间；由于漂洋过海，快递务必"先验货再签收"，遇到商品破损、腐烂、货不对板的情况，可拒收快件。

6. 信息不符投诉

客户购买商品后，收到货发现商品信息存在问题。

典型案例："86M"信息不符，免邮商品仍需高额运费

黄女士在"86M"跨境电商平台下单，网站告知免邮，下单后发现商品已到仓库，要付跨国运费500多元。对此，"86M"表示，邮寄的运费取决于商品重量和邮寄方式。专线邮寄时会参考商品重量和体积重量。

点评：

商家在购买页显示"免邮"，但在消费者下单之后，却被告知支付跨国运费，实属不合理行为，商家应以"显著"的形式告知消费者商品的相关信息，不可事后再进行说明。

7. 货不对板投诉

客户购买商品后，收到货发现商品与之前看的有很大差异。

典型案例:"奥M家"货不对板,售后未有效处理

王先生在"奥M家"App购买一款碧欧泉男士洗面奶,该款洗面奶页面描述是淡蓝色颗粒状啫喱,含微小颗粒,颗粒适中。王先生收到货后使用一下发现就是淡蓝色液体,根本没有颗粒,于是向客服售后反应商品与描述不符,客服说颗粒是肉眼无法看到的,包含在液体中。后来王先生又找了其他平台的该商品页面,发现只有"奥M家"写的是颗粒状啫喱。对此,"奥M家"表示,鉴于用户对产品成分的质疑,已建议客户退回商品核实,并为客户进行退款处理,待寄回核实后将会再联系客户沟通。

点评:

该事件争议的焦点在于洗面奶是否存在货不对板问题。若商品确有王先生描述中提到的问题,那么商家应核实后联系用户进行退货退款。

8.未发货被扣邮费投诉

客户购买商品后,商家还未发货,但邮费却已扣除。

典型案例:"别Y"商品还未发货,退款时仍扣去邮费

张女士在"别Y"电商平台购买一双高帮休闲鞋,付款后一个多小时,在商家没发货的前提下取消订单,出现了被扣6美元手续费的问题。

点评:

取消订单扣取手续费,这有可能是"别Y"平台商家已有的格式条款中的规定,商家应该结合消费者的实际情况进行扣款,不能在商品确实没有发货的情况下依旧扣除手续费。

9.退换货困难投诉

客户购买商品后,收到货发现商品不满意,进行退换货,商家并不同意。

典型案例:商品出现质量问题,售后商家拒绝退款

黄女士在电商平台购买了护肤祛疤贴两盒,1盒5片,共计10片。拆开1片发现商品大面积起鼓,有质量问题。跟该电商平台电话沟通后,客服说可以提供供货凭证,但产品为什么会起鼓提供不了质量保证,经协商后,卖家同意退货,但只能退一盒,理由是另外一盒已拆开了一片,影响这盒的销售,所以这盒拒绝退货。对此,该电商平台表示,平台已联系供货商核实,气泡和皱褶是祛疤贴消毒的标志,没有气泡或者褶皱的话就是不合格品了。所以产品质量无任何问题,故未使用的产品可以退货处理,使用产品无法退货。

点评:

消费者在购买前,提前向卖家索要商品的品牌授权、商品质量等证明商品为正品的凭证,同时,还需索要购物小票等证明商品采购的凭证,以防出现商品质量问题时出现售后困难的情况。此外,在商品出现质量问题时,商家理应及时给予消费者退换货处理。

10. 虚假发货投诉

客户购买商品后，显示发货信息但却没有物流信息，可见商家在规定时间并没有实际发货。

典型案例：虚假发货，物流久未更新

陈女士在某电商平台购买了一台 Amazon kindle Paperwhite 3，起初迟迟不发货，找客服催了之后终于发货了，发货之后查不到物流消息，很长时间不更新物流，找客服反映，被告知继续等待。

点评：

对于商家迟迟不发货的，消费者可按照平台对于卖家发货期限规则要求商家进行赔偿。此外，有的商家为了在短时间内提高自己商品的销售量，故意用性价比高的商品吸引买家，但最后以物流原因推迟发货，甚至不发货。如果在催促后还未发货，则可以考虑取消订单，及时申请退款或者官方仲裁。

任务 16.2 掌握跨境电商诈骗和贸易投诉的防范及解决

16.2.1 跨境电商诈骗和贸易投诉的防范

1. 贸易洽谈期

1)交易约定

明确备货期的起止时间点以及交货条件。与买家确认交期时，请确认工厂可以真实完工的交期并加上可能会影响交期的风险时间，而非承诺最快的交期。

2)产品约定

熟悉自己公司的产品以及产品的最新功能，及时更新平台产品页面的介绍。与买家沟通产品性能时约定产品的使用场景以及适用范围，以规避不同使用环境带来的影响。

3)价格约定

不同的质量等级有着不同的价格，要保证买家的知情权，而非根据买家的目标价格擅自决定质量等级备货。

出现价格误报的情况，第一时间告知买家实情，与买家真诚沟通，而非临发货期擅自涨价。

价格中明确约定交易条款，交易条款不能与收费项目矛盾。明确约定首付款、尾款支付条款，详细支付条款应包含且不限于下列因素：支付金额、支付币种、支付日期，等等。

4)物流约定

在获得第三方物流的明确消息前，勿随意承诺客户不确定的信息。

5)售后约定

详细的售后条款应包含且不限于下列因素：保障时间(含开始时间与期限)、保障范围、保障方式、期间买家责任、期间卖家责任、免责条款及鉴定方式。

6)单据、证书约定

了解主要出口对象国相关行业对本行业产品进口所需认证、检测、许可、登记等特殊要求，并在洽谈过程中提醒买家、充分沟通。

2. 备货期

确认颜色、款式时，最好同步到所有关联部门，如仓库、采购、船务等，保证买家的要求能够得到完整落实。

打样过程中每一环节都做好留样；买家确认样品后，样品务必保留；建议原样留存。

若需更换新工厂，要多加考察、重新打样，确认工厂的生产水平可以达到买家的要求；建议将买家的特殊要求背书，保证新工厂能获取一致信息；建议仅外包到一个工厂，以保证产品质量的统一性。

备货期内，与买家及上游供应商之间定期保持沟通、汇报备货进展情况，若出现任何异常情况，及时与买家沟通。

备货完成后，出货前最后与买家确认后再发货。

3. 发货后

第一时间同步物流信息或者海运信息给买家，并提供相关单据。预计到达时间快到的时候，提醒买家注意收货。买家收到货物后第一时间主动跟进买家，了解买家对货物的反馈。

4. 发生纠纷后

积极与买家沟通，以解决问题为目的，主动提供可行的解决方案。与上游供应商协商解决方案的过程，要实时同步给买家，以获得买家理解。若要求买家退货，在退货前调查清楚自身是否有能力完成进口清关。

16.2.2　如何处理贸易投诉

1. 迅速原则

如果投诉是在服务传递过程中发生的，那么要实现充分的补救，时间就很重要；当投诉发生在服务完成之后，许多卖家已经建立了 24 小时反应的政策。即使是在完全解决可能需要更长时间的情况下，对顾客投诉做出迅速的反应仍然非常重要。

2. 承认错误但不要太多辩解

辩解太多可能表明公司要隐藏某些事情或不愿意充分披露整个情况。

3. 表明你是从每一个顾客的观点出发认识问题

通过顾客的眼睛看问题是了解他们认为问题出在哪里的唯一途径。受理人员应当避免用他们自己的解释轻易地得出结论。

4. 不要同顾客争论

你的目的应当是收集事实信息以达成双方都能接受的解决问题的方案，而不是赢取辩论赛的胜利或证明顾客是一个傻瓜。争论会阻碍聆听顾客的观点，并不能平息顾客的怒气。

5. 认同顾客的感觉

以默许或明言的方式认同顾客的感觉（“我能理解你为什么如此不高兴”），这种行动有助于建立融洽的关系，它是重建关系的第一步。

6. 给顾客怀疑的权力

并非所有顾客都是诚实的，也并非所有的投诉都被证明是正确的。但是在明确的反面证据出现之前，应当把顾客视为拥有确凿的投诉理由来对待。如果牵涉大量的金钱（如索赔或法律诉讼），那么就要保证进行认真的调查；如果涉及金额数量较小，那么可能就不值得为退款或其他补偿争论不休——但是检查记录以了解这个顾客是否有过可疑投诉的历史，仍不失为一个好主意。

7. 阐述解决问题需要的步骤

在不可能当场解决投诉的情况下，告诉顾客公司将计划如何行动，这可以表明公司正在采取修正的措施，还设定了顾客对时间进度的期望(所以不要过分承诺)。

8. 让顾客了解进度

没有人喜欢被抛弃在黑暗中。不确定性导致焦虑和紧张，如果顾客知道目前的情况并收到定期的进度报告，那么他们将更易于接受处理过程的递延。

9. 考虑补偿

在顾客没有得到他们花钱购买的服务结果，或遇到了严重的不便，或因为服务失误而遭受了时间和金钱的损失时，正确的做法是支付金钱或提供同类服务给他们。这样的做法还可能有助于降低恼怒的顾客采取法律行动的风险。服务保证通常会事先确定补偿方式。在许多情况下，顾客最想要得到的是道歉和承诺避免类似错误的发生。

10. 坚持不懈地重获顾客的友善

当顾客感到不满时，公司所面临的最大挑战是恢复他们的信心和为未来保留这种关系，这可能需要毅力和追踪，不仅是为了平息顾客的怒气，而且要让他们相信公司正在采取行动避免问题的再次发生。出色的补救工作有助于建立顾客忠诚和推动顾客向他人推荐公司的服务。

项目小结

跨境电商诈骗类型包括针对账户信息的网络钓鱼诈骗、物流配送失败、虚假信息、退货退款诈骗、赞助广告诈骗及侵权勒索诈骗等；贸易投诉类型包括会员到期自动续费招致投诉、商品降价保价遭拒投诉、质量问题投诉、退款久未到账投诉、售后困难投诉、信息不符投诉、货不对板投诉、未发货被扣邮费投诉、退换货困难投诉及虚假发货投诉等。

作为跨境电商运营者，处理投诉应做到迅速、承认错误但不要太多辩解、表明你是从每一个顾客的观点出发认识问题、不要同顾客争论、认同顾客的感觉、给顾客怀疑的权力、阐述解决问题需要的步骤、让顾客了解进度、考虑补偿、坚持不懈地重获顾客的友善。

同步测试

一、单选题

1. 信用证是一种(　　)信用。

A. 企业　　B. 商业　　C. 银行　　D. 民间

2. 信用证的第一付款责任人应该是(　　)。

A. 议付行　　B. 通知行　　C. 转让行　　D. 开证行

二、多选题

1. 贸易投诉的类型有(　　)。

A. 未收到货物招致投诉

B. 货物与约定不符招致投诉

C. 未收到货款招致投诉

2. 跨境电商网上争议主要有(　　)。

A. 商品描述与事实不符的争议

B. 实际接到的货物与描述的货物不符的争议

C. 产品质量问题引起的争议

三、判断题

1. 买卖双方在交易过程中产生的争议，若双方无法协商或者协商不能达成一致意见，一方或双方可申请提交电商平台进行处理。(　　)

2. 我国已经具备了一些网络知识产权的相关政策法规和条例，但是这些法规条例一般层级较低。(　　)

项目 17　跨境电商中的争议解决机制

任务 17.1　了解跨境电商争议现有模式

17.1.1　线上争议

1. 公众信任度不高

跨境电商平台本身以营利为目的，既是争议规则创设主体又是争议裁判主体，兼具“运动员”和“裁判员”双重角色，其中立性、公正性被跨境消费者所担忧。同时，由于裁决流程在平台内部运行，各国政府机构也难以监管解纷人员。

在网络虚拟环境下，争议双方对解纷程序的不信任导致其对裁决结果亦不信任，当事人宁愿选择其他更高成本的途径化解纠纷。

2. 跨境执行规则缺位

国际法中《承认及执行外国仲裁裁决公约》涉及在线仲裁裁决执行，但是对于跨境电商，其适用范围、适用性都无从定论。此外，《联合国关于调解所产生的国际和解协议公约》对在线调解与和解能否适用也并未提及。欠缺富有实效的国际法规则成为制约跨境在线纠纷执行的瓶颈。

3. 在线裁决无司法强制力

目前，由于多数在线裁决结果是当事人选择程序前以自愿遵守的方式接受，即使交易一方获得“胜诉”赔偿，也可能因为国际公约尚未赋予其司法强制力，不具执行保证，往往难以获得令人满意的结果。

4. 商品描述与事实不符

首先，我们要自己排查，是不是确实如顾客所说与具体货物不符。主要通过产品的标题描述、产品图片、规格、包装、色调、产品的详细说明内容，以及是不是言过其实等方面逐一排查。

其次，如果是多变量，例如各种各样的色调、各种各样规格的产品，排查顾客是不是选择错了变量。如果产品是均码或是随机发送的，排查是不是在详情页面的描述中有对这方面的声明。如果是断货或是备货状态的产品，一定要问清楚顾客是否可以等待，是否愿意调货退换，切记不能擅作主张，随意发货。

5. 实际接到的货物与描述的货物不符

首先明确是不是如顾客所说，存在具体货物与描述不符的情况。如果是自身的错误，那么第一时间向顾客致歉并且采用防范措施。如果是顾客有意的诈骗个人行为，则递交平台，进行投诉和消费者维权。

要积极安抚顾客情绪，与顾客沟通。对比较喜欢为难人的顾客，可以退货退款或者送一些精美礼品，以弥补错误。

6. 产品质量问题

产品质量问题包含产品自身的缺点，或者因介绍不够引起顾客对使用功能提出质疑。

对于功能复杂的产品，发货前应配置详尽的使用手册，并提醒顾客如果碰到任何使用问题，第一时间与商家进行沟通。

17.1.2　传统线下争议

1. 投入成本高制约跨境诉讼和仲裁发展

跨境电商纠纷多围绕标的额较小的交易纠纷，理智消费者通常渴望通过最低投入获得保护，若诉讼成本、执行成本远高于标的额，那么消费者会试图寻求其他方式以节约成本。

2. 法律适用不确定与管辖权冲突加大解决争议难度

跨境电商在各国发展程度不一，法律依据、程序也不同，最终导致审判结果和执行产生差异。

跨境电商会面临跨境审理烦琐耗时的问题。更为棘手的是各国出于保护本国企业和消费者的目的，在案件管辖权上可能产生分歧。

跨境电商纠纷可能因涉及国内法的域外适用问题导致当事国不予接受或承认裁判作出过的判决，进而直接影响执行结果。因此，传统线下解纷方式难以逾越不同国家法律、政策和文化的障碍，并非解决跨境电商纠纷的首选。

3. 货源问题

中小企业本身的货源来源就比较欠缺，出单量小，不受厂家重视，价格被抬得很高，单量不多的情况下，平台权重给得很低，在平台上面很可能触犯规则。

4. 资金问题

中小卖家的资金周转能力比较弱，没有较强的供应链，在这种情况下，前期仓储物流需要压不少资金，而新品上线后运营也需要时间，给店铺资金周转带来了极大压力。

5. 数据问题

中小企业卖家没有足够的实力实现数据化、智能化，对于选品、PPC（点击付费广告）如何投放、关键词如何优化、货存如何备货，没有数据的支撑很难做到完美。

任务17.2　认知跨境电商争议解决机制构建

17.2.1　明确机制建立的目标

优化跨境电商的经营环境，充分保障消费者的权利，完善跨境电商的服务网络和服务体系，这些应当作为机制的基本目标。从本质上说，跨境电商纠纷解决机制是跨境电商交易的衍生服务，与物流服务、支付服务等相同。因此，建立适用于跨境电商的纠纷解决机制旨在优化跨境电商的经营环境，充分保障消费者的权利，完善跨境电商的服务网络和服务体系，预防和减少因互联网跨境交易而引发的纠纷。该纠纷解决机制整合了协商、调解、仲裁等多元化的纠纷解决方式和途径，为企业、平台以及消费者提供全方位的纠纷解决服务。

17.2.2　信息技术与替代性纠纷解决相结合

通过司法途径解决跨境电子商务争议往往存在很多困难，使用网上争议解决机制，不但能够与跨境电子商务的网上交易无缝对接，而且也加快了解决争议的进程；更好地保护中小企业和普通消费者的利益，不至于让他们在国际诉讼中花费更多的时间和金钱。

信息技术通过一系列的信息保存和处理技术可以使跨境电商交易中的所有基本交易信息

得以长时间保存，因而，基于对电子信息技术的肯定和信任，双方对于电子证据将较少提出异议，这也将促成纠纷的快速解决。此外，信息技术在纠纷解决中扮演着类似独立第四方的角色，可以缓和争议各方的对立情绪，帮助双方更快更高效地解决纠纷。

17.2.3 平台建设

跨境电子商务争议解决平台可以按需要区分为内部争议解决平台和独立第三方争议解决平台。首先通过内部争议解决平台提供买卖双方友好协商的环境，为快速解决争议提供便利。在协商、谈判无法达成有效协议时，则可以通过与独立第三方解决平台的合作，由买卖双方选定中立人进行网上调解或仲裁。

17.2.4 使用信用评价机制作为补充

网上仲裁裁决可以根据《承认及执行外国仲裁裁决公约》在国际范围内获得承认和执行，但网上协商、网上调解所达成的协议无法利用《承认及执行外国仲裁裁决公约》的执行机制。切实可行的补充执行方式是通过包括跨境电子商务平台信用等级制度、网络评价制度、互相评分制度等私人执行方式，鼓励当事人服从争议解决结果，自觉履行仲裁裁决或调解协议。这样的评价体系不但适用于跨境电子商务中的商家，同样也适用于买方，总体而言对商家更为关键。

目前，此类制度已广泛运用于各大网络购物平台，如淘宝、亚马逊等，但缺乏将平台信用评价体系与争议解决执行机制相联系的制度。私人执行方式看似“软法”机制，不能强制要求当事方对裁决、协议自觉执行，但商誉评价所具有的威慑力是任何网络商家所不敢忽视的。

17.2.5 优选路径:线上替代性纠纷解决

跨境电商不同于传统贸易的特征导致了传统国际贸易法规则不能完全引导和规制跨境电子商务中的国际贸易行为。客户的分散化直接导致的问题是商家有可能会随时面临来自全世界各国的诉讼，通过司法机制解决跨境电子商务纠纷的高成本令人望而生畏，且存在着诸多规则障碍。正因为通过司法途径解决跨境电子商务争议存在很多困难，各国都偏向于将协商、谈判、调解和仲裁、模拟法庭等替代性纠纷解决方式作为解决跨境电子商务争议的主要方式。

17.2.6 法律适用

争议解决过程中的法律适用问题是决定当事人权利义务关系的关键，也是买卖双方非常关注的问题。但鉴于各国法律有关电子贸易以及消费者立法的不同，适用一方当事人所在国的法律往往不被双方所接受。在国际法律实践中，进行网上仲裁、网上调解的双方当事人可以就争议应当适用的法律做出约定，同时也允许在争议中适用商人习惯法。

事实上，在网上调解和网上仲裁程序中适用法律的一般原则或是商人习惯法是快速、高效、公平解决争议的良策。建议网上争议解决机制采用公平原则、行为守则、统一通用规则等商人习惯法规则作为实体法，从而避免在解释适用法规则时可能出现的复杂问题。

因为网上解决处理的绝大多数案件都可以在合同条款基础上裁决，诉诸复杂法律规则的必要性较小。因此，网上争议解决所需要的只是一套适用于基本事实的一般法律原则，这样就可以避免处理法律适用和管辖权问题。

17.2.7 关注各国消费者立法的不同

网上仲裁方面，由于世界各国有关消费者保护的立法多带有政策性规定，有些国家的国内法明令禁止争议发生前订立消费者仲裁协议。如何使网上仲裁规则既能有效地为参与跨境电子商务的消费者和商家提供权益保障，同时又不违反有些国家禁止争议发生前订立消费者仲裁协议的规定，成为需要探讨的问题。

联合国贸法会对该问题的提议是，采用双轨制为基础，拟订网上争议解决程序规则草案，其中一个轨道以仲裁结束，另一个轨道则不以仲裁结束，而是以中立人提出的不具约束力的“建议”结束。

双轨制的适用由买方自我确认并进行选择。双轨制的优点是：一方面使得网上仲裁在不违反他国国内法的前提下依然能够有效进行，发挥仲裁裁决约束力和终局性的特点，防止一方当事人违反网上协商或调解协议，单方面将争议再次提交至法院解决，起到定纷止争的作用；另一方面，双轨制的做法也尊重了交易双方的选择权，避免出现因为违反有关仲裁协议有效性的国内法规定，而使得做出的仲裁裁决无效或无法执行。

项目小结

线上争议包括公众信任度不高、跨境执行规则缺位、在线裁决无司法强制力、商品描述与事实不符、实际接到的货物与描述的货物不符、产品质量问题。传统线下争议包括投入成本高制约跨境诉讼和仲裁发展、法律适用不确定与管辖权冲突加大解决争议难度、货源问题、资金问题、数据问题等。

跨境电子商务争议遇到的困境主要包括：语言不通、法律不同、商业文化不同、执行有难度。不同于法律所具有的强制性，仲裁不具有强制性，在纠纷仲裁后，仲裁结果执行存在难度。实践中可探索基于区块链的去中心化争议解决方式，作为一种解决争议的补充手段，可以避免传统司法耗时长、费用高、执行难的问题。鉴于跨境电商争议的特点，建议通过建立统一的区块链解决平台来解决跨境电商争议，这有利于提高跨境电商消费者体验，促进跨境电商发展。

同步测试

一、多选题

1. 跨境电商的线上争议有：实际接到的货物与描述的货物不符和(　　)。

   A. 公众信任度不高　　B. 跨境执行规则缺位

   C. 在线裁决无司法强制力　　D. 商品描述与事实不符

2. 跨境电商争议解决机制构建包含(　　)、优选路径、法律适用和关注各国消费者立法的不同。

   A. 明确机制建立的目标

   B. 信息技术与替代性纠纷解决相结合

   C. 平台建设

   D. 使用信用评价机制作为补充

3. 跨境电子商务争议遇到的困境主要包括(　　)。

   A. 语言不通　B. 法律不同　C. 商业文化不同　D. 执行有难度

二、判断题

1. 对于功能复杂的产品，发货前应配置详尽的使用手册，并提醒顾客如果碰到任何使用的问题，第一时间与商家进行沟通交流。（ ）

2. 跨境电商在各国发展程度不一，法律依据、程序基本相同。（ ）

同步实训

跨境电商风险控制

1. 实训背景

近年来，我国跨境电商贸易持续保持高速发展，各类跨境电商平台企业雨后春笋般不断涌现，但该领域在监管上却一直处在滞后甚至“空白”状态，跨境电商各类风险频发，令行业发展陷入“野蛮生长”。

2. 实训目的

（1）通过实际操作认知跨境电商的主要风险。

（2）了解遇到跨境电商退货与恶意投诉时应如何解决。

3. 实训内容与步骤

1）买家信息验证（以亚马逊为例）

（1）查看客户信息。在后台订单管理处查询客户信息，卖家可以自行尝试去看看买家账户的一些注册信息，其中包括注册的时间、账户是否有认证、是哪个国家等。

（2）客户的收货地址与认证地址是否一致，如果客户是一个美国的用户，要发货至英国，那么这个客户就有可能是一个骗子，请谨慎行事。

2）开通信用保障服务（以阿里巴巴国际站为例）

阿里巴巴会根据每个供应商在国际站上的基本信息和贸易交易额等其他信息综合评定并给予一定的信用保障额度，帮助供应商向买家提供跨境贸易安全保障。

（1）进入主页。国际站首页右上角 order protection，可以看到信用保障图标，如图 1 所示，单击可查看更多信息。

图 1 国际站首页

（2）进入信用保障服务页面，单击“立即开通”，如图 2 所示。

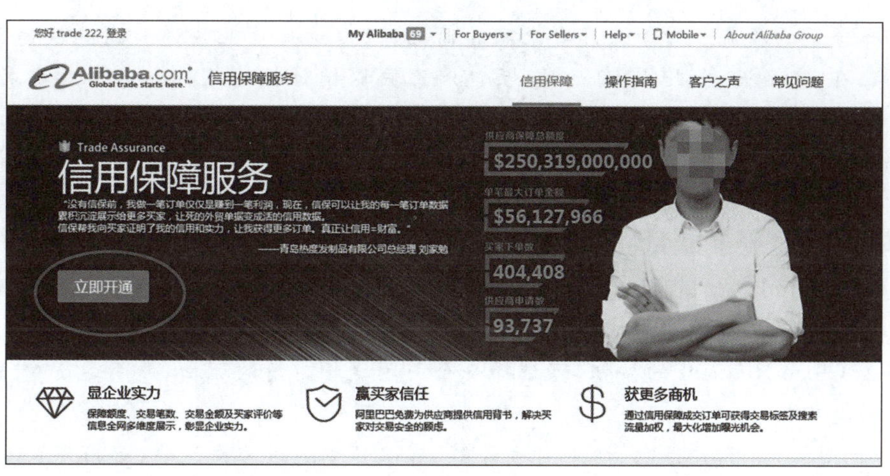

图 2　信用保障服务页面

(3)填写企业基本信息，并提交。

(4)开通成功，如图 3 所示。

图 3　开通成功

3)支付风险控制

(1)查看 PayPal 信息。PayPal 注册的时间越长，或者是已经通过认证的账户，这些客户基本上是比较好的客户。

(2)邮件尝试法。买家的账号有可能被别人盗用，但是客户的邮箱同时被盗用的可能性较小，可以尝试给买家发一封邮件，让客户回复，如果客户能回复的话，风险就会降低了。

4)物流风险控制。

(1)海关出口问题。液体、粉末、电池、贵金属等严禁出口的产品是无法通过海关检验的，上架商品时需要注意。

(2)物流运输方式问题。常见的货物破损或丢失，有可能是以下几种原因造成的：一是某些货代为了追求更大的利润，选择更换偏远的渠道，导致货物上网的信息非常慢；二是由于物流线路较长，一些较远的城市容易出现车辆颠簸、转运碰撞，造成货物丢失或破损；三是个别货运代理对高价值产品扣货，这是极个别的现象，在平时的物流中不常见，但却有发生；四是物流操作人员不规范操作或暴力分拣。面对这些问题，商家们要选择正规的货运代理公司，产品要严格包装好。

(3)选择合适的物流。对于速度要求高的商品,可以选择商业快递。商业快递费用高,可以全程追踪,在5～7天左右到达目的地,丢包和客户撤销付款的风险小。速度要求不高的情况下,可以选择航空小包。

5)退货管理与恶意差评申诉

(1)首先卖家在后台找到退货管理(Return Request)的入口。

(2)单击进入退货申请(Return Request)界面后,可以看到页面的左边会有Authorize Required、Completed、Authorized、Closed by seller、Closed by Buyer、with A-to-Z Guarantee Claims等状态,可以单击筛选想要状态的退货申请。

(3)单击Close Request的按钮,可选择一个关闭退货申请的理由,关闭退货申请。

(4)售后与申诉。

①退货问题:先和客户道歉,请求对方谅解;可以具体地跟客户说明,如出现商品外观上问题,一般可能是物流刮痕或者运输损坏等。需要说明的是,亚马逊的退货政策里面,FBA的订单大部分品类都是可以30天内无理由退货。

②恶意差评:直接选择Report Abuse,在Review的下方,有一个"Report Abuse"按钮,出现这样的差评,直接单击这里即可,如图4所示。

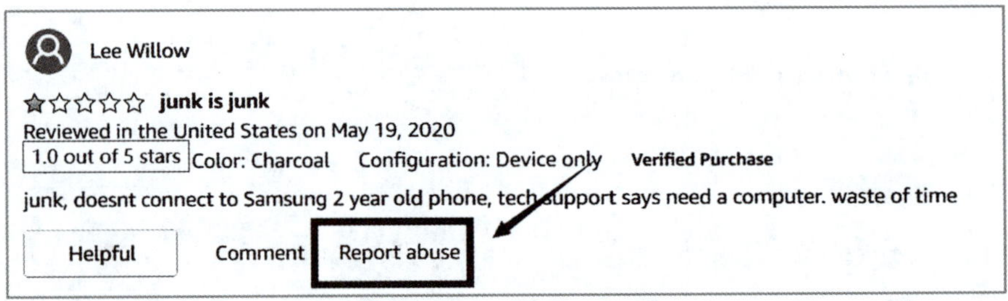

图4　单击"Report Abuse"

还可以后台开case,正常的差评,通过开case是消除不了的。

只有差评中存在大量的攻击、谩骂、威胁、引诱等与产品无关的内容时,才可以开case解决。

开case的方式也很简单,在后台选择"Help→Get support→Selling on Amazon→Product Reviews"即可,如图5所示。

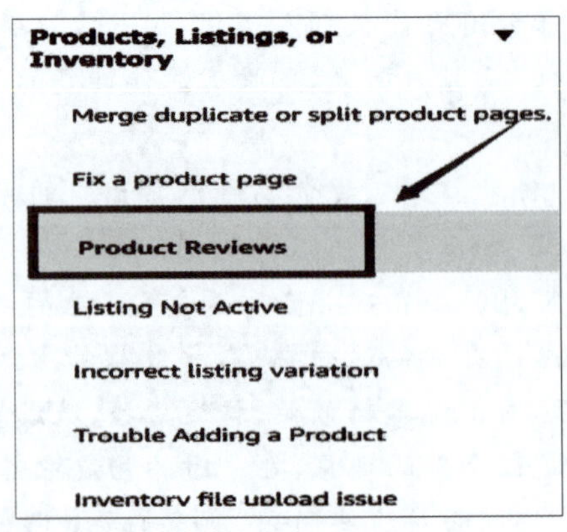

图5　选择"Product Reviews"

然后在右边的页面中，填入自己申请删除的 Review 的详细信息，如图 6 所示。

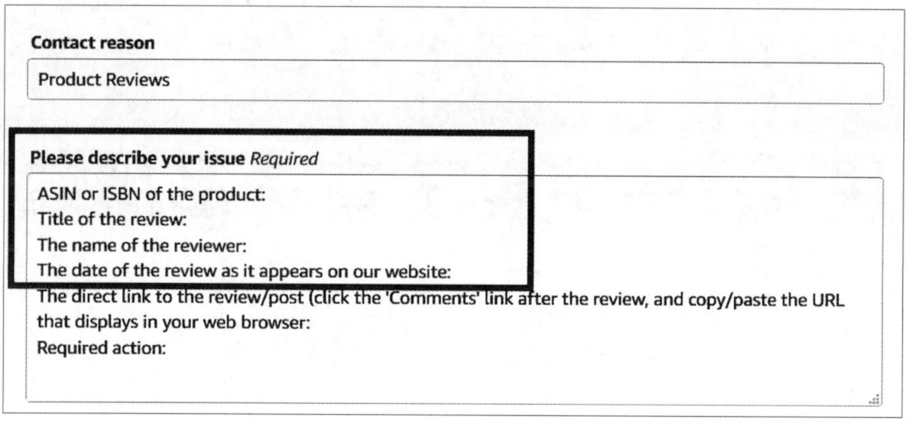

Contact reason

Product Reviews

Please describe your issue *Required*

ASIN or ISBN of the product:
Title of the review:
The name of the reviewer:
The date of the review as it appears on our website:
The direct link to the review/post (click the 'Comments' link after the review, and copy/paste the URL that displays in your web browser:
Required action:

图 6　填入详细信息

4. 实训提醒

(1)买家提供的地址与账户所显示的收货地址不一样，或者无端要求变换地址。这种情况要提防，可以确认好最终的收获地址，把地址添加到账单重新付款。

(2)回复买家时，要沟通清楚问题，尽量解决问题，不可以出现不文明的用语。

模块 6　跨境电子商务品牌建立

学习目标

知识目标

1. 了解树立品牌内涵及特点。
2. 掌握跨境电商品牌形成的过程。
3. 熟悉跨境电商的品牌定位和品牌传播。

能力目标

1. 能认识建立品牌对于跨境电商的重要意义。
2. 能深刻领会品牌经营策略在实践中的应用。
3. 能认识跨境电商怎样进行品牌定位、怎样进行品牌传播。
4. 能对跨境电商的品牌有进一步的认识，更好地在实践中运用打下了基础。

素养目标

1. 培养品牌意识，弘扬劳动精神。
2. 培养数智思维，提升数据敏感度。

思维导图

- 跨境电子商务品牌建立
  - 树立品牌内涵及特点
    - 从供应商走向制造商和品牌商
      - “赛尔贝尔”——高端蓝牙品牌
      - Outer——户外沙发垂类品牌
    - eWTP助力中泰跨境电子商务发展
      - 品牌内涵的塑造
      - 品牌内涵的特点
      - 如何塑造品牌内涵及原则
      - 跨境电商的“可持续之道”
      - 品牌价值
      - 顾客对品牌的五种态度
  - 跨境电商的品牌定位和品牌传播
    - Naturehike（挪客）——引领沉浸式露营新场景
      - 创建属于你的品牌群组
      - 跨境电商品牌定位的方法
      - 为什么要做品牌定位
      - 什么样的企业需要做品牌定位
    - “SHEIN” 品牌的定位和传播
      - 建设供应链体系
      - 充分了解自身产品特性
      - 全面分析当前市场概况
      - 各种类型渠道优劣对比
      - 不同载体配合品牌发展
  - 跨境电商品牌形成的过程
    - 消费电子品牌“蓝弦”的品牌之路
      - 品牌塑造
      - 品牌定位
    - “ANKER”品牌是怎样炼成的
      - 掌控亚马逊平台
      - 充分利用产品优势
      - 成功向消费者灌输产品价值
      - 做出极致口碑
      - 界定好边界
      - 由极致口碑形成忠诚度

场景引入

1.“赛尔贝尔”——高端蓝牙品牌

2000年到2008年，谭继华从传统外贸开始创业，找订单、跑业务、报关、商检、订舱，经历过艰辛，也和大批传统外贸人一样分享到了中国外贸黄金时代的红利。而他事业的转折点是从2008年全球金融危机爆发开始的。那一年，外贸生意陷入了低谷，渠道难做，库存难清，业务告急。很多人认为外贸的好时候已经结束了，也正是这个时候很多外贸人开始退出江湖。

但谭继华仍然认为外贸是一个有待继续开垦的金矿，只是掘金的方式需要改变。于是，他逐渐将业务拓展到外贸电商领域，主营高端蓝牙耳机，先后在易贝、敦煌网等几个平台同时运作。2011年，创立了国内的高端蓝牙品牌“赛尔贝尔”，研发了数十种领先国际的专利产品，以主动降噪、无辐射、智能切换、远距离无障碍蓝牙接收、高品质立体原声控放、设计时尚环保舒适等特点，迅速成为全球三大高端蓝牙品牌之一。公司的营销团队也从当初的18人，发展到一个拥有研发、销售、售后服务一体化的80多人的团队，年销售额从30万美元增长到5 000万美元，利润率更是大幅提升，原来做传统外贸利润率只有5%，拥有网络品牌后，利润上升为30%。

2. Outer——户外沙发垂直类品牌

DTC户外家具品牌Outer 2018年在洛杉矶创立，第一款户外沙发产品于2019年5月上线。2020年1月到5月，Outer的销售收入增加了21倍，成为全美第二季度增速最快的DTC品牌，2021年Outer成为全美家居品牌增速第一的品牌。

作为深耕户外沙发垂直类的品牌，Outer通过精准定位用户的核心痛点，有针对性地打造独特功能性的优势单品。在Outer创始人看来，对用户的深入研究帮助他们定义了户外沙发易发霉/易污脏、维护不便、过重且搬入室内不便的核心痛点。基于此，Outer开始思考如何打破现有的困境，让户外沙发也能够兼具防潮防霉、便于收纳等更符合用户期待的特质。经历反复几次的产品打磨后，Outer终于将全新的防水防潮防霉面料和模块化特点融入了产品设计中，并开发出“OuterShell”专利。

直通职场

❖ **职位描述：**跨境电商主管。

❖ **技能要求：**

(1)精通亚马逊运营，同时有速卖通和独立站运营经验。

(2)熟悉各电商平台的操作规范和流程，对运营、推广、优化有深入的思考和独到的见解。

(3)善于使用网站营销数据分析等营销手段，能对客户需求、使用习惯、推广效果做出及时有效的评估。

❖ **岗位职责：**

(1)负责跨境电商团队建设，建立团队管理制度，带领团队达到销售目标；同时保证账号健康发展。

(2)关注户外行业和竞品的新动向，分析和反馈相关数据，与公司品牌部门配合，打造爆品。

(3)统筹规划各个跨境电商平台(亚马逊、速卖通、独立站),相互配合,提升品牌的线上市场占有率。

(4)负责制定产品营销活动策划,并对营销活动的实施进行调研、分析、预测、推广手段设计及效果评估等。

(5)负责收集和分析市场、产品情报及竞争对手状况,并制定实施相应措施。

❖ **岗位要求:**

(1)有品牌店铺运营经验,有统筹规划能力,在选品、推广、打造爆品方面有自己的想法和思路。

(2)本科以上学历,英语 CET-6 以上,书面写作要求语句通顺、没有语法错误。

(3)沟通和协调能力强,能够带领团队实现目标。

(4)有户外行业经验者优先考虑。

项目 18　树立品牌内涵及特点

每个品牌都有其内涵，不同的是有的品牌内涵是由企业主动去倡导且被公众接受的；而有的则是完全由公众去感受而得的；有的很有个性；有的则略显平庸，不被人注意。从品牌内涵本身来看，主要具有以下三个特点：品牌内涵的形成最终是由公众决定的，要在公众心中塑造或改变某种内涵非常困难，品牌内涵代表品牌的核心价值。

任务 18.1　分析品牌出海案例

1.“赛尔贝尔”——高端蓝牙品牌

(1)自建工厂，保持质量创新。拥有自己的研发团队，可以自建工厂。

(2)重视产品创新和专利保护。每年都会申请大量的发明专利和外观专利。

(3)价格策略。目前，“赛尔贝尔”分价格段采取不同的生产策略，售价 200 元以内的低端产品，交给外包加工；200 元以上的产品全部由自己的工厂生产。品牌创始人说：“在美国、欧洲，我们有一些拥有发明专利和外观专利的产品，我们都是自已的生产部负责生产，绝不会交给外面。”

(4)建立海外分公司，提升售后服务。海外分公司主要充当海外仓及售后服务店的作用，以提高海外买家的体验，并帮助推广品牌。此外，海外分公司还负责当地销售渠道的扩展。

(5)品牌价值来自品质和服务。目前的产品价格依然比海外同类型产品要低至少 30%，这也是中国商品质优价廉的持续优势所在；另一方面，中国的生产商应该将品牌价值的核心做在品质和服务上。通过打造网络微品牌走向海外市场，不失为一条中小微企业切实可行，而且成本可控的新路径。

2. Outer——户外沙发垂直类品牌

1)品牌出海遇到的挑战

在早期产品研发阶段，Outer 团队一年就打磨了一款户外座椅，在这款产品上花了很多时间和资金。后期他们还是选择把供应链团队和产品研发团队放在国内，让国内团队去推进，这也确实让他们的新品开发和上市都顺利了很多。第二就是团队搭建。公司华人很少，目前还是依赖国内的供应链，也获得了国内投资机构的注资，比如红杉中国和 SHEIN。所以 Outer 也希望吸引更多国内的高端人才，让他们能够更加密切地和国内的资方和供应链保持沟通。

2)品牌出海

出海近期是一个很大的风口，无论是大公司、新兴企业还是投资人都在关注。Outer 的产品之所以能在相对短的时间之内在美国取得不错的成绩，得到很多消费者的支持，是因为他们在一些细节点上的打磨，这是一些大公司或者和消费者离得远的团队很难做到的。比如说他们发明了一个专利设计，是帮户外沙发坐垫防潮的，解决了消费者日常生活中一个很小的痛点。而这个专利是非常有价值的。很多很大的家具厂商都来找 Outer，想要用这个发明。另外，在社交媒体上做传播时，Outer 做了一个 5 秒的视频，展示出这个盖是怎么盖的。那个视频一下子让大家都知道了 Outer 的产品。

任务 18.2 了解从供应商走向制造商和品牌商

在全球零售行业格局重塑后的今天，越来越多的出海企业意识到品牌化转型的必要性。当消费者心智走向成熟，“用户导向思维”已经成为了跨境电商无法忽视的发展因素。想要走向可持续发展之路，中国跨境电商企业需要在用户、产品和品牌三个维度联动发力(见图 18-1)，来迎接跨境电商黄金时代中的机遇与挑战。

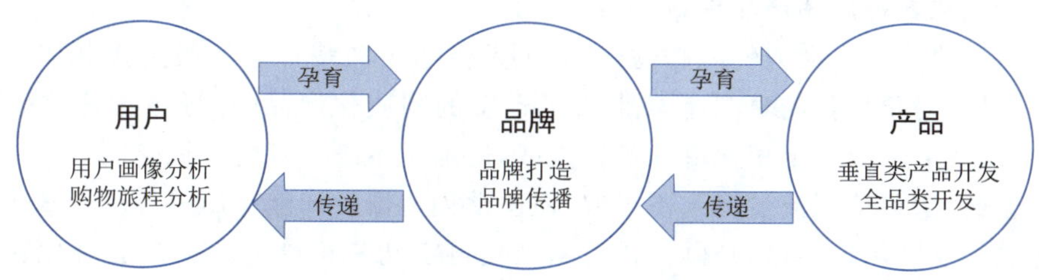

图 18-1 用户、品牌、产品三个发展维度

1. 洞察用户特性，走精细化运营之路

对于跨境电商来说，如何在直面当地消费者时触及其真正的需求，成为了一项必须完成的功课。因为消费用户群体的种类繁多，品牌往往无法满足所有用户的要求，因此，对于中国跨境电商来说，了解用户的消费特性，对各类可触达的用户信息进行收集与分析，了解核心用户是谁，以及相关诉求，才能够在跨境电商出海打造品牌时，带来更强的生命力。

《2021 中国跨境电商发展报告》(以下简称《报告》)中显示，尽管部分中国跨境电商已经意识到了用户画像分析、购物旅程分析等数字化行为分析的重要性，但许多企业对其的理解仍然停留在表层，经营过程中也仍然将 GMV(Gross Merchandise Value，主要指网站的成交金额)当作主要的运营指标。对于中国跨境电商来说，如何建立全面的消费者画像及全动态路径指标体系，是打造品牌中值得重视的一环。具体来说，则是中国跨境电商应该去思考如何利用用户数据有效地驱动营销推广、产品研发及用户全生命周期管理等业务优化，从而提升用户体验和复购率。在进行用户画像分析时，主要可以利用内部调研及搜索引擎等外部分析工具来收集用户画像的相关数据，并针对该类核心人群开展有针对性的产品研发以及市场营销，实现品牌的清晰定位。

除了在定位目标用户上做出努力外，品牌还需要对消费者的购物旅程进行分析，如图18-2所示，从而更好地了解用户在消费决策的过程中所产生的重要数据，识别各个关键触点和指标，寻找流失客户的原因，以此来补充在品牌构建过程中的疏漏。针对购物旅程中的关键指标，如网站流量、各产品点击率、购物车弃置率、用户打分数据以及联盟营销额和联盟会员数量等方面进行了追踪，并每日通过会议对这些核心指标以及其前一日、前一月、去年同期的变化情况进行分析，从而通过对购物旅程数据的追踪来指导运营。

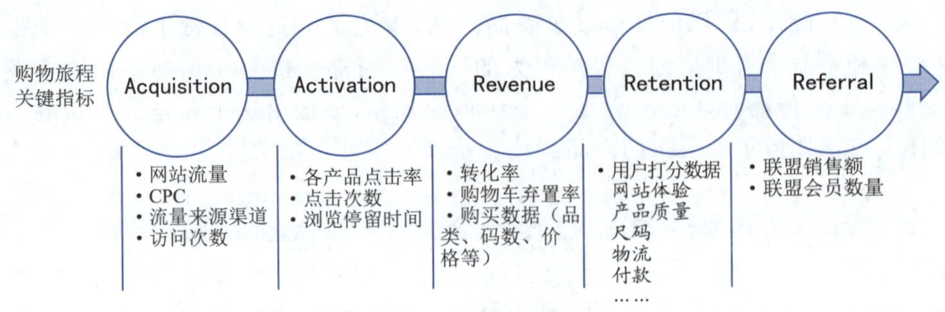

图 18-2　购物旅程关键指标

如果没有对用户画像的精细化定位和购物旅程的追踪更新，跨境电商很容易走上盲目追逐流量、忽视用户体验和需求的误区。

2. 以用户需求数据反哺产品创新

产品是打造出具有生命力的品牌的根基，也是传达出品牌理念的最直接载体。但由于市场竞争激烈，品牌对于爆款的盲目追求带来了过多的同质化产品，在导致用户体验下降的同时，也让企业陷入了争夺特定用户群的价格之战，压缩了本来广阔的发展空间。

从长远来看，盲目追逐流量爆款不可取，但主动创造爆款却能写出另外一个故事。如果说熟悉海外市场消费者习惯、对用户画像进行精细化再定义是跨境电商迈向品牌化转型的第一步，那么基于对消费者各方面了解的不断深入，产品维度的数据驱动创新也需要提上日程。产品是用户与品牌最直接的触点，能够根据用户反馈及时调整产品设计是打造产品力的第一步。更进阶的目标，是品牌能够主动理解和对接消费者需求，从而更具前瞻性地规划产品结构。产品维度的数据驱动创新主要来自于两方面：一是对于垂直类品牌来说的，通过精准定位用户的核心痛点，针对该痛点打造出具有独特功能的优势单品；另一方面则是对于全品类品牌来说，需求导向和数据洞察能够刺激其产品维度的周期性更新，以更加科学的方式规划产品的上新周期，打造能够让用户眼前一亮的爆款。

无论是垂直类品牌，还是全品类品牌，从用户需求和数据洞察对产品进行更新和迭代，都是对品牌调性的持续性输出。而用户维度与产品维度的高效联动能够为树立品牌认知度和忠诚度带来正向作用，也是当下多数跨境电商在产品维度需要深思和挖掘的发力点之一。

3. 打造跨境电商的“品牌能量”

当下，品牌打造能够为跨境电商带来的生命力是源源不断的。在通过产品及用户孕育品牌的同时，品牌也需要通过品牌故事打造、品牌形象呈现以及品牌传播三方面进行发力，让消费者看到产品和服务，同时加深对品牌的信任和品牌文化的认同感。隔着文化、消费习惯、语言等障碍，也让中国跨境电商讲好自身品牌故事的过程变得愈加艰难。应该传达出什么样的观念给潜在用户，又应该如何在发展中不断让品牌的内核丰富起来，成为了许多中国跨境电商需要迈过的门槛。

打造品牌故事主要有两种途径：一种是突出产品的功能性价值来构建品牌故事，主打“实践”的属性；另一种则围绕着产品应用场景和人群来讲故事，让消费者看到“景”，就能联想到品牌的精神内核。由于中国零售市场的产品供应链和制造能力较为出色，通过高质量、价格亲民的产品来讲述品牌故事是中国跨境电商可以利用的优势之一。除了选择突出产品的功能性价值来构建品牌故事，品牌也可以通过产品的使用场景来打造和深化品牌印象。

光拥有清晰的品牌故事并不足够，品牌还需要让用户实际地感受到相对抽象的品牌概念，这部分可以通过统一的品牌素材来展现。还可通过官网产品介绍的文字来传达“可持续发展”的品牌价值，视觉上会用更为生活化的视频和图片去展示户外生活状态，以此打造品牌形象。同时，品牌还可以通过效果营销及品牌营销的组合方式开展品牌传播，在导流的同时创造更多品牌声量。

任务 18.3　eWTP 助力中泰跨境电子商务发展

18.3.1　案例引入

为助力中小微企业提升数字化水平，打开出海通道，寻找贸易新增长点，2022 年 12 月 8 日，阿里巴巴 eWTP（世界电子贸易平台）与泰国共建的首个数字自贸区正式开始试运营。

泰国数字自贸区坐落在交通便利的泰国东部经济走廊区域，毗邻泰国经济的主动脉线，占地 40 000 m^2，eWTP 与泰国东部经济走廊办公室、泰国海关紧密合作，共同完成了数字化自贸区的创新模式。“通过 eWTP 泰国公共服务平台可以实现自贸区全流程数字化的监管，从商品进入泰国境内到最终配送到消费者手中，数字技术可以实现货物的可追溯、可关联；尤其是在转关的过程中，实时定位电子关锁的技术可以保证货物的完整和安全，确保泰国海关全流程的实时监管，让我们感觉很放心。”泰国海关工作人员表示。

18.3.2　案例分析

泰国数字自贸区的建成，标志着中国数字监管和跨境电子商务创新范例在泰国得到了成功推广，也从以下三方面为中泰跨境电子商务的发展提供保障：一是使用电子关锁、全流程无纸化等科技手段，使平台实现对自贸区全流程数字化监管，从商品进入泰国境内到最终配送到消费者手中，数字技术可以实现货物的追溯、关联。二是利用全球贸易网络的多边参与，促进 B 端和 C 端互联，推动新实践、新模式，为跨境电子商务的发展创造良好营商环境，服务全球发展中国家及中小微企业便捷进入全球一体化市场；三是自贸区面向所有中国企业和泰国的中小企业开放，帮扶中泰企业提升数字化水平，将中泰跨境电商履约时间从 10 天缩减到 3 天，降低商家海外备货成本与占期等风险，提高跨境电商企业抗风险韧性。

18.3.3　嵌入知识

1. 品牌内涵的塑造

当很多公司探索依靠广告及营销塑造品牌失利时，不妨让我们将目光转移到塑造品牌内涵上。

品牌是被公众认可和接受的，包含某种特定利益或内涵的特征；从构成看，普遍来说，品牌应该包含三个方面：

（1）感官内容：如视觉上的文字、标志、图案，也可以是听觉上的。

（2）内涵：可以理解为某个品牌倡导或在消费过程中所形成的理念，且该理念可以为消费者带来某种利益，如海尔的“真诚到永远”等。

（3）公司形象：这是被很多人忽视的，事实上，绝大多数情况下，在公众心中，公司的背景形象客观上也构成品牌的一个元素。例如，如果市场上突然出现一种“HELTOOTH”牌牙膏，可能很多人不会去看它，如果过几天，宝洁公司突发出宣传，说那是他们潜心研制的具某种特殊功能并定位高端人士的产品，估计很多人就可能去了解或购买了。

从这儿可以看出，品牌内涵是构成品牌的元素之一。

2. 品牌内涵的特点

从品牌内涵本身来看，主要具有以下三个特点：

1）品牌内涵的形成最终是由公众决定的

很多企业在推品牌时会提出要倡导某个理念，其实不管理念有多好，最终能否占据公众的心智才是品牌成败的关键。

也有公司没有主动为品牌注入内涵，而是通过其包装、说明、企业宣传及消费者使用等产生一种理念或感觉，这对某些行业当然也适用。

2）要在公众心中塑造或改变某种内涵非常困难

普通消费者一般会根据其有限的经验及知识对某一品牌形成自己的认知，尽管那可能会跟客观情况不一致，但消费者却认为是正确的，所以“心智认知就是品牌”，消费者会根据自己的认知去消费。一个品牌要在消费者心中形成某种内涵，不仅取决于公司本身的情况，还要看竞争对手是否已经先你一步。当然，也可以利用不同的定位去导入不一样的内涵。

3）品牌内涵代表品牌的核心价值

品牌的核心价值是品牌资产的主体部分，同时也是品牌持久竞争力的保证。应该通过品牌的内涵去铸造品牌的核心价值。针对行业产品的不同特点，结合市场定位，赋予品牌独特的内涵。

3. 如何塑造品牌内涵及原则

由于消费者对不同的品牌有不一样的认知，他们在购买时就会做出不同的选择，如果公司不主动去给品牌塑造内涵并让公众接受，那在竞争中就会处于被动，因此，要维护品牌的核心价值，需要从以下几方面入手去塑造内涵：

1）内涵的确立

这是塑造品牌内涵的第一步，企业首先要做的就是收集竞争市场信息，包括竞争对手品牌的内涵及被接受程度、市场上品牌分布状况、产品特点和档次等，再根据自己公司或产品的特点确定合适的内涵。

在此过程中，企业应遵循的最重要原则，是“避免跟风原则”，因为改变消费者的心智非常困难。想当初某品牌汽车也曾试图想树立自己“豪华轿车”的形象，但其改变不了消费者对其“安全性”的认识，幸亏当时其高层及时认识并纠正了这个问题。其实市场是很大的，客户的需求也多种多样，如“性能”“性价比”“经济”等。

2）内涵的传播

一旦内涵被确定，企业就需要制定合适的方案去传播，包括时间、地点、途径、是否请明星代言、如何包装、广告的制定等，不同的传播途径会覆盖不同的消费群体，不一样的手段也会给人不一样的感觉，企业需要根据自身品牌、产品特点及公司实际情况做出合理安排。切不可一味依靠广告。在品牌传播过程中，有一个很多公司时常忘记的也是需要遵守的一个原则，即“避免品牌内涵与产品、服务或公司形象不符合，不统一”。很多品牌投入了很多资金做广告，却在产品的设计或研发上显得落后，这极大影响了品牌在公众心目中的形象。

企业要生存就要盈利，产品为了获得更多市场份额而需要打造品牌，品牌因为获得公众认可而产生价值。什么样的品牌才会获得公众认可呢？唯有一个品牌可以为消费者创造更多价值，消费者才会选择它。因此说企业倡导的内涵能否被公众接受，是由公众决定的，那公众根据什么决定呢？根据其在消费时获得的利益，反映在产品性能、包装、渠道、公司形象、内涵的地位等。所以说，内涵绝不是一句口号。

3)内涵的维护与创新

社会总是向前发展,客户需求也是会随着时代的变化而变化,特别是竞争者会在你不小心时利用你的弱点,抢走你的客户。只有不断关注并满足客户需求,才能保持发展。品牌内涵的维护与创新,同样来自客户需求,如新产品、组织活动、创新营销、参与一些公益事业等。需要指出的是,如果要抛弃原有内涵而塑造全新的内涵,则需要企业做各方面战略上的重新部署,同时还可能会冒一定的风险。

4)塑造内涵需要坚持再坚持

俗话说的好,"坚持就是胜利""贵在坚持",我们很多人都懂这道理,可为什么在做品牌时就忘了呢?要坚持,首先要对品牌有一个清醒的认识,虽然品牌不是目的,也不是所有的公司都需要依靠品牌,但对那些需要做品牌的公司,既然确立了品牌及其内涵,就要坚持,否则说不定会前功尽弃,这样也才可能会最终被公众接受。

通过多年的发展与探索,国内品牌人对品牌的建设积累了相当多的理论与实践,也包括很多教训,希望有更多中国品牌占有更多的市场。

4. 跨境电商的"可持续之道"

跨境电商的品牌化构建分为三个阶段:第一个阶段是渠道品牌阶段,这个时候品牌更多的是帮助消费者去判断好的产品和好的服务的一种手段;第二个阶段是品牌改良阶段,这个阶段可以从各个渠道去搜集消费者的声音,然后把它转换为产品研发和消费者体验的改进;第三个阶段是希望做到领导品牌的阶段,这个阶段可以更多地转向品牌的全域营销。

而对于多数跨境电商来说,建立"用户一产品一品牌"的联动已经提上了日程。但在打造这一可持续发展的商业模式之前,跨境电商也需要认清自身的企业特性,以寻求更有针对性的转型和升级方案。

5. 品牌价值

一件商品或服务,一系列商品或服务,一个企业的品牌,如果赋予了消费者需求的满足,那么这件商品或服务、这个系列商品或服务、这个企业的品牌才有价值。价值不仅包括经济上用金钱可衡量的价值,也包括金钱不能衡量的价值。在市场上表现卓越的产品,能使在顾客消费完毕后,不仅获得满足感,而且能取得某些具体价值,如愉悦、身份、舒服等在心理上体现的价值。各种品牌在市场上的力量和价值各不相同。梯队效应将品牌价值对购买行为过程中的作用区分为知名度、接受度、偏好度、忠诚度等几个层次。初识"耐克",到将其列为购买参考范围,继而到喜欢买"耐克",最后不知不觉地在等"耐克"的新款,甚至不惜为之省吃俭用并舍弃其他竞争产品或替代品。由于强烈的精神和感情的投入,顾客将为一个强大的品牌支付更多。

6. 顾客对品牌的五种态度

相对来说,对品牌忠诚的顾客是很少的。顾客对品牌可区分出五种态度,从低到高排列如下:

(1)顾客无品牌忠诚,经常转换品牌,特别是由于价格原因。

(2)顾客是满意的,没有理由转换品牌。

(3)顾客是满意的,并不会因为费用而转换品牌。

(4)顾客认识到品牌的价值并把它看作朋友。

(5)顾客愿为该品牌做贡献。

品牌是企业产品营销战略的重要组成部分。若将一辆汽车冠以宝马之名,一瓶香水加以Dior之称,企业不仅可以获得高溢价,而且由于消费者的忠诚而赢得市场。消费者对品牌产品的使用，如果形成满意的消费经验，则可为其再次消费决策提供依据。良好的品牌口碑，使消费者重复购买，不断宣传，最终形成对品牌的忠诚。一些企业更是树立了良好的品牌形象，赋予品牌情感符号，同时体现了浓厚的文化，使品牌产品在消费者心目中形成了美好的记忆。

品牌的图案、文字等鲜明的个性特征，使各竞争对手的同类产品形成差别，便于消费者识别某个销售者的产品或服务。同时，不同的品牌也隐含着彼此之间在产品形式、质量、品位及服务等方面的差别，这些可为消费者在购买不同品牌产品时是供参考和借鉴。

品牌不但从一定程度上意味着较高的商品质量和良好的售后服务，同时也是信誉的保证。树品牌、创名牌是企业参与市场竞争的重要手段。通过品牌对产品、企业加以区别，形成品牌追随，通过品牌扩展市场。在一些名牌中形成的顾客忠诚度、信在度、追随度，实际上也是一种产品信誉的保证。

然而，品牌并非一蹴而就，开发一个名牌需要在广告、促销和包装上进行大量长期投资，以及在品牌定位、品牌设计、品牌更新、品牌扩展、品牌保护、品牌管理等方面进行一系列品牌运营。

素养园地

对于跨境电商运营者而言，数据分析能力是运营的核心竞争力，每一步调整并非空穴来风，都是根据后台确切的数据而做出的选择。一名出色的运营者要有搜集数据、整理数据、筛选数据、分析数据的能力。不能放过数据给你的任何提示，需要深究，并提出新的方案。

- 以周为维度，找出工作日与非工作日用户的购物偏好，找出单量最多的那一天，判断是否应加大推广力度。
- 以月为维度，拉长时间维度看整个月的变化情况，通过整个月的数据去找出一些异常的数据，分析其中的原因。
- 以年为维度，尤其针对季节性产品，当然更建议记录下每次调整和推广的情况，方便追溯查询。

但不管是以周为维度，还是以月或是年为维度，规律总结是一个漫长的过程，运营者需要时刻积累数据来作为支撑，进行推断。

项目小结

跨境电商品牌出海，需要落地在自建工厂保持质量创新、产品创新和专利保护、价格策略、海外分公司提升售后服务、品牌价值等方面。我国跨境电商处于逐年增长的趋势，2021 年进出口总额同比增长 15%。我国鼓励外贸企业自建独立站，支持专业建站平台优化，提升服务能力。跨境卖家搭建独立站不仅能得到政策红利，独立站本身的特征也能为跨境卖家带来极大的运营销售优势，在品牌塑造方面更显示优势。

当下，全球消费者购物行为大量从线下转到线上，这不仅为跨境电商带来了极好的发展契机，同时也深刻地改变了跨境电商的竞争格局。如何留住用户则更加暴露出了传统铺货与流量变现类商业模式的短板。如何从用户出发驱动增长、打造品牌来沉淀消费者，成为了跨境电商需要思考的重中之重。

跨境电商想要获得持续增长，打造品牌是最为直接和有效的途径。打造品牌的目的是构建起开拓市场、占领市场、获得利润的能力。依靠较强品牌影响力在消费者群体中构建起明显忠诚度。跨境电商在不断提升功能价值的同时，通过特定的品牌价值与价值观，和消费者建立情感连接，帮助品牌构建“人设”，才能为品牌带来可持续发展的机遇。

同步测试

一、单选题

1. 从品牌内涵本身来看，主要具有哪些特点？（　　）

A. 品牌内涵的形成最终是由公众决定的

B. 要在公众心中塑造或改变某种内涵非常困难

C. 品牌内涵代表品牌的核心价值

D. 以上都对

2. 在《战略品牌管理》一书中提出了品牌金字塔。品牌金字塔将品牌构成分为四个层面，分别是品牌根基（Brand Root）、（　　）、品牌主旨（Brand Theme）和品牌执行（Brand Execution）。

A. 品牌定位　　B. 品牌塑造　　C. 品牌推广　　D. 品牌营销

二、判断题

1. 在进行用户画像分析时，主要可以利用内部调研及搜索引擎等外部分析工具来收集用户画像的相关数据，并针对该类核心人群开展有针对性的产品研发及市场营销，实现品牌的清晰定位。（　　）

2. 对于全品类品牌来说，产品维度的数据驱动创新主要来自于精准定位用户的核心痛点，针对该痛点打造出具有独特功能的优势单品。（　　）

项目 19　跨境电商品牌形成的过程

大多数粗放式的跨境电商净利润不超过 6%，甚至有的还亏损。跨境电商的大部分商品，零售价卡位多集中在 15～30 美元，自认为“小而美的品牌”，对大部分消费者来说没有辨识度，没有品牌溢价。在国外消费者的心中，买到的只是亚马逊上的商品，对卖家的品牌一无所知。更可怕的是，一旦平台有不利的政策，跨境电商们就会一无所有：没有用户，没有了其他零售渠道。如果跨境电商只是简单地卖货，则必将被时代淘汰。

国内跨境电商拥有成本优势、产品优势，却缺乏品牌优势。品牌是企业最宝贵的无形资产。有了品牌，消费者购买的时候是用感性思维代替了理性思维，充分的信任降低了对价格的敏感度，也减少了购买决策的时间。这也就解决了跨境电商之间无休止的价格竞争，这就是品牌的力量。

任务 19.1　了解消费电子品牌“蓝弦”(Bluedio)的品牌之路

19.1.1　案例引入

在 2016 年亚马逊全球 Prime Day 大型促销活动中，来自中国广州的立伟电子有限公司生产的“蓝弦”系列产品取得了亮眼的销售业绩——销售额位列中国卖家第二位，在 Prime Day 当天销售额超过 50 万美元。

蓝弦(Bluedio)是广州市立伟电子有限公司于 2009 年推出的蓝牙耳机品牌，产品定位为造型时尚、品质出众、性价比高。作为初创本土品牌，蓝弦在国内品牌知名度并不高，销量也不甚理想。2013 年，立伟公司看重了亚马逊在海外的资源优势，选择加入亚马逊“全球开店”，力求借助亚马逊在全球的业务体系和运营网络，拓展海外业务。如今，立伟公司的业务已经由最初的亚马逊美国相继拓展至包括加拿大、英国、德国、西班牙、意大利、法国和日本在内的各大主流国际站点，并凭借高品质产品和具有竞争力的价格获得了全球消费者的认可。

19.1.2　案例分析

1. 蓝弦为什么能获得成功

蓝弦的成功主要基于两大因素。第一，关注产品本身，悉心研发高质量的选品，重视消费者反馈。蓝弦在国内拥有自己的研发中心，集中研发具有高科技含量的蓝牙耳机，并组建了产品测试和质量把控团队，严把质量关。此外，蓝弦非常重视亚马逊平台消费者留下的产品评论，并根据这些真实可信的反馈信息来进一步优化产品性能。第二，充分运用亚马逊为卖家提供的资源。首先，亚马逊提供了一系列专属服务帮助新上线卖家迅速开展国际业务，包括产品与品牌创建、销售流程规范、活动资源支撑、年度促销推广等，这些支持不仅能够有效提升卖家单品曝光率，让海外消费者充分了解卖家的产品优势和品牌特性，还能迅速转换为销售；其次，亚马逊物流服务(FBA)非常重要，目前，蓝弦在售的所有产品，全部采用亚马逊物流服务，通过这个服务，卖家仅需将产品提前备货于亚马逊海外运营中心，消费者下单后，亚马逊负责物流配送和售后服务。借助FBA，蓝弦不仅可以大幅缩短配送时间、降低派送成本、专注于产品质量及研发，还可以对客户的需求迅速进行反馈，有效减少因物流问题引发的纠纷，提升客户满意度。再者，亚马逊"全球开店"团队提供了一整套解决方案，帮助卖家轻松拓展全球业务。在蓝弦由亚马逊美国向亚马逊其他海外站点进军的过程中，有针对欧洲、日本站点的专属卖家咨询顾问团队帮助其制定拓展业务的策略，使其顺利实现了平台延展，迅速把生意由美国拓展至整个北美，乃至欧洲和日本站点。

上线三年来，蓝弦的整体业绩平均年增长3倍。在每年11～12月份的销售旺季，其单日最高销售额高达45万美元。更为重要的是，借助亚马逊网站的用户黏性和亚马逊的品牌优势，蓝弦已经在海外消费者中间建立了非常好的品牌认知。未来，蓝弦希望借助亚马逊平台完成品牌的提升和转变，努力成为全球领先的移动音频品牌，为全球用户提供极致的音频体验。立伟电子创始人兼董事长表示："对于像我们这样用心打磨产品、专注研发的企业来说，亚马逊是帮助我们拓展海外业务、打造良好品牌形象的最佳渠道。我们重视亚马逊上每一个客户的反馈，并及时做好后续的更新和维护。我们期待通过与亚马逊的合作，最终成为享誉全球的移动音频领先品牌。"

2. Bluedio(蓝弦)如何实现品牌海外布局

1)关于Bluedio

Bluedio(蓝弦)是全球领先的移动音频设备制造商，提供专业音频及无线通信解决方案；设计力主极致、时尚和简约。目前，Bluedio蓝弦已经成功实现了品牌在海外市场的布局，销售额节节攀升。

2)做品牌的原因

(1)外部：趋势、成本。

• 国内传统外贸工厂劣势及OEM代工模式弊端不断显现(靠低劳动力成本，出口退税生存，产品同质化，利润低)。

• 掌握研发设计、营销渠道、品牌运作才能站在产业价值链的顶层(制造→质造→智造，供给侧改革)。

• 跨境电商及互联网的发展，线上品牌建设，销售成本及门槛下降(跨境平台、政策支持、资本注入等)。

(2)内部：定位、转型。

企业自身长期持续发展及市场、产品定位需要，转型迫在眉睫(拥有定价权、品牌溢价、真正了解终端消费者)。

3)品牌卖家引流运营思路分享

(1)精细化、全渠道、本土化：引流运营方式如下：

• 站内：优化|促销。

- 站外：多渠道。
- Reviewer 合作。

（2）引流目的：

- 吸引客户：增加销量。
- 产生黏性：品牌认知。
- 重复购买：品牌认可。

4）品牌运营：站内（精细化）

（1）关键词（根据数据进行标题描述优化）、增加曝光。

（2）图片（总体图、拆分图、包装配件图、实际使用场景图等），增加点击浏览。

（3）促销，关联产品营销（跟行业经理积极沟通），打造爆款。

（4）站内信/邮件（产品推荐），许可营销。

①买家付款/发货后：及时告知买家预计发货时间、追踪方式、预计到货时间、提醒买家注意清关等，并同时可推荐其他热门款式，询问买家是否感兴趣。

②货物妥投后：提醒买家确认收货，并发表 Review（了解买家对产品、价格、运输、服务的态度及需求），同时可推荐产品折扣信息，提醒关注相关社交平台账号等。

③未付款订单跟进：提醒买家尽快付款后可立即发货，主动给折扣，如买家一直未付款可引导到店铺，推荐其他产品。

④买家交易数据整理：分析了解持续购买的潜力买家，通过 Excel 对买家归类整理，更有针对性地维系重点老买家，并推荐优质产品。

Bluedio 店铺引流热门搜索词，如图 19-1 和图 19-2 所示。

引流主图实例：如图 19-3 所示。

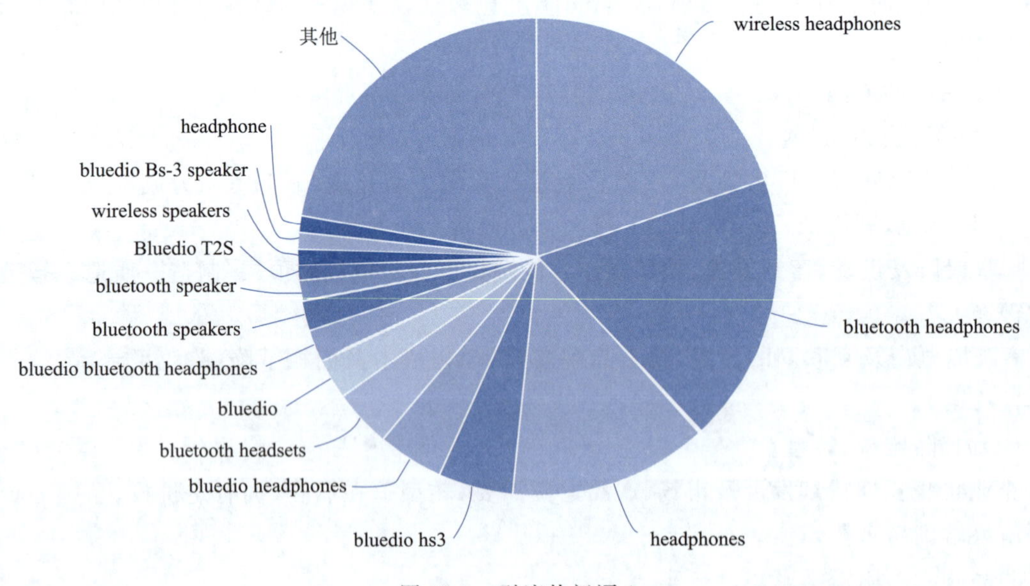

图 19-1　引流热门词 1

wireless headphones	71	19.8%
bluetooth headphones	65	18.1%
headphones	50	13.9%
bluedio bs3	18	5.0%
bluedio headphones	16	4.5%
bluetooth headsets	14	3.9%
bluedio	10	2.8%
bluedio bluetooth headphones	8	2.2%
bluetooth speakers	7	1.9%
bluetooth speaker	5	1.4%
Bluedio T2S	4	1.1%
wireless speakers	4	1.1%
bluedio Bs-3 speaker	4	1.1%
headphone	3	0.8%
其他	80	22.3%

图 19-2　引流热门词 2

图 19-3　引流主图

5)品牌运营:站外(全渠道)

·SNS,即社交网络服务,根据自身产品品牌及客户群体特点选择合适的平台,建立专页,集中精力运营。内容:公司行业动态,产品技术知识,新品信息发布,价格促销,引导购买,售后服务,买家互动评论等,多渠道、全方位提高品牌影响力。

·SEO,即搜索引擎优化,可选择付费广告。

·EDM,即电子邮件营销。

·Reddit 行业论坛等。

6)测评推广合作(本土化)

联系目的市场专业做测评推广的人、网站及团队。

先评估 Reviewer 的主页流量、受众、背景后,可选择性地免费寄样。通过图片、视频等多种形式展示产品测评,测评页面加入对应的产品或店铺链接。合作制订出符合当地受众习惯的本土化营销推广方案。

19.1.3　嵌入知识

1. 品牌塑造

世界著名的某品牌管理公司根据多年来对品牌的研究指出,一个好的品牌必须具备四大资产:品牌知名度、品牌认知度、品牌联想和品牌忠诚度。一个新的品牌的资产等于零,随着品牌经营的不断深入,上述资产才逐渐产生。而上述四大资产也不是同时产生的,而是遵循一定的规律和顺序的:一个品牌首先有知名度,随着知名度的不断提升,开始产生品牌认知度,随着品牌认知的不断深入,开始产生品牌联想,随着品牌认知和品牌联想的产生,而开始产生品牌忠诚度。高的品牌知名度不是品牌的全部,而是品牌经营的开始。未来品牌的最终目的在于使其品牌成为强势品牌,而强势品牌的形成是一个长期的过程,需整合品牌的忠诚度、品牌的美誉度、品牌的认知度和联想度等,只有注重品牌资产的综合经营,不急功近利,实施品牌的可持续发展,才能最终成就强势品牌。

2. 品牌定位

品牌定位是企业在市场定位和产品定位的基础上,对特定的品牌在文化取向及个性差异上的商业性决策，它是建立一个与目标市场有关的品牌形象的过程和结果。换言之，即指为某个特定品牌确定一个适当的市场位置，使商品在消费者的心中占领一个特殊的位置，当某种需要突然产生时，比如在炎热的夏天突然口渴时，人们会立刻想到“可口可乐”红白相间的清凉爽口。品牌定位是市场定位的核心和集中表现。企业一旦选定了目标市场，就要设计并塑造自己相应的产品、品牌及企业形象，以争取目标消费者的认同。由于市场定位的最终目标是为了实现产品销售，而品牌是企业传播产品相关信息的基础，品牌还是消费者选购产品的主要依据，因而品牌成为产品与消费者连接的桥梁，品牌定位也就成为市场定位的核心和集中表现。

任务 19.2　了解 ANKER 品牌是怎样炼成的

19.2.1　案例引入

Anker 于 2011 年诞生于美国加州，是一家充满活力的跨国电子商务零售企业，最初是由几个前谷歌工程师一手创办，成立至今，在积累沉淀过程中能够始终保持快速的成长，目前已经成为北美排名第一的 USB 充电品牌，在全球拥有超过 2 400 万用户，主要分布在北美、日本和欧洲。Anker 为什么能实现连续多年的翻倍增长，成为细分领域的“隐形冠军”？显然，其成功离不开产品、销售渠道(跨境电商)及推广方式(网络营销)这几个因素。

Steven Yang 在 2011 年创立了智能设备配件品牌 Anker。现在，Anker 已经成为亚马逊上最受欢迎的移动电源品牌之一。2021 年，Anker 在亚马逊上的销售额超过 10 亿美元。智能手机时代，尽管智能手机不断发展，但是其电池的持续时间并不长，最多也就坚持 36 个小时，主要原因在于手机的锂电池受规模和容量的限制。正是手机电池持续时间短才让 Anker 得以蓬勃发展。《华尔街日报》的技术专栏作家写道：“Anker 的成功很大一部分是因为我们的电池不能持续足够长的时间。他们看到了解决客户痛点的需求。而且他们的产品价格低廉，每种产品你都可以买得起。”

19.2.2　案例分析

1. 从销售笔记本替换电池到移动电源

其实，移动电源并不是公司的初始目标。最初 Yang 认定需求尚未得到满足的市场是笔记本电脑替换电池。开发电脑替换电池是一个漫长而痛苦的过程。在 2011 年 7 月辞职后，他和团队花了 12 个月的时间来开发第一台笔记本电池的原型。为此 Yang 和其核心团队还搬到深圳寻找可靠的制造商合作伙伴。Anker 当时是由十人左右的团队组成的。在第一年 Anker建立了一个供应链，并开始测试其第一批产品——在亚马逊上直接向消费者销售笔记本电脑充电器和电池。也是从那时候起，Anker 开始涉足智能手机电池领域，其第一个推出的是为 HTC Sensation 开发的替换电池。在看到了智能设备爆炸式增长所潜藏的机遇后，Anker 开始大力发展移动电源、插座充电器和数据线。2012 年底，在重点发展移动电源之后，Anker 每天销售的产品数量从 100 个发展到了 1 000 个。为了确保产品的质量，Anker 花了大部分精力进行产品研发。Anker 的大部分销售额来自亚马逊，结合良好的评论、低廉的价格和突出的搜索排名等因素，它得以使单一产品成为一个有利可图的业务。对于习惯借助于主流电子产品消费趋势的配件市场来说，能实现真正的突破是罕见的。但是 Anker 就在充电产品市场找到了自己的突破。Anker 认识到，虽然电池技术可能很难改善，但充电时间肯定可以得到改进。根据此前 PhoneArena 进行的一项研究，在 2013 年时，要将一个设备充满电平均需要两个小时，而如今几乎只需要一半的时间。所以 Anker 决心做出充电最快的充电器。

2. Anker 的产品优势

以 Anker 的 PowerPort 5 标准移动电源，这是一个只有纸牌大小、磨砂黑的矩形移动电源，带有五个 USB 端口。当它在 2015 年首次推出时，它是市场上唯一可以以最佳速度同时给五台设备充电的配件。大多数 Anker 的充电产品都有一个标识——PowerIQ 技术的标志。这是 Anker 在 2013 年推出的专有充电技术标准，现在这种标准几乎用在了其全部的电池和插座充电器上。该技术会在每个 Anker 的充电器内装上一个小芯片，它能够识别出插入的设备，检测并提供该设备允许的最大电流。Anker 表示，这项技术可以减少完全充电所需要的时间。

除了产品的技术优势之外，Anker 移动电源的包装也能使它从同类产品中脱颖而出。其品牌经理 Elisa Lu 表示，从客户收到产品到打开和使用它的各个环节体验上，Anker 每个设备包装都是经过精心考虑的。产品的包装外壳是一个带有白色和浅蓝色的盒子，正面印着一个全大写的 Anker 标志；内部是精心包装的轻质纸板。除了红色外，Anker 销售的产品只有两种颜色可供选择：黑色和白色。所有这的一切都具有战略性的商业目的。Lu 说："当我们的消费者收到我们的产品时，我们想确保他们知道，他们是从一个可靠和值得信赖的公司得到它的。"在亚马逊平台以外随机购买电子产品时，品牌信任是个关键的考虑点。在 Anker 较大产品的包装箱里，消费者还会发现一张方形的小纸片，上面询问你是满意还是不满意，如果不满意，会有一段文字指示你通过电话、电子邮件或其网站与 Anker 客服联系；如果满意的话，它希望你能告诉你的朋友或家人，最好再留下一个亚马逊评论。

3. Anker 靠什么在配件市场打败苹果和三星

在很多方面，Anker 的成功是基于苹果和三星等大品牌的"制造失败"。这些公司不断推出越来越薄的设备，但是其电池寿命却很短，于是 Anker 就这么站出来了。

在多端口插座充电器和移动电源方面，苹果等大公司未能成功开发自己的产品，而 Anker 看到这个机会并充分利用了它。Anker 很快填补了智能手机制造商创造的空白。

4. 掌控着亚马逊平台是确保 Anker 未来的真正成功关键

亚马逊上的智能手机配件商品中，Anker 的产品位于排名的最顶部。搜索"手机插座充电器"(Cellphone Wall Charger)或"数据线"(Lightning Cable)等通用配件，可在搜索结果中找到 Anker 品牌，而且通常为 4.5 或 5 星级。事实上，Anker 产品占据了亚马逊畅销移动电源的前五名。除了评级，还会看到数千个顾客评论。Anker 会仔细阅读这些评论，想出改进其产品开发过程的办法。

在 Yang 离开谷歌的两年前，他曾为一位在亚马逊销售第三方产品的朋友建立了一个自动化系统，所以他对亚马逊平台非常熟悉。这个自动化系统主要负责的是库存、物流、配送及销售跟踪等业务。通过建立这个系统，Yang 得到了亚马逊第三方销售运作方面的宝贵经验。依托着亚马逊提供的服务和在中国的工程及技术支持，Anker 得以蓬勃发展。

Yang 说："亚马逊提供多种服务——金融服务、物流等，这实际上把销售门槛降低了。"尽管 Anker 在早期尝试过自己来处理物流，但最终发现自己还是无法与亚马逊提供的服务竞争。现在，约 95%的 Anker 产品为"Fulfilled by Amazon"。如何让产品在亚马逊获得曝光十分困难。“Anker 最大的挑战不是销售，而是顾客对我们的品牌感知。”Yang 说。要让人们知道有一个好产品，并说服他们保持购买，是 Anker 的核心挑战。

5. Anker 的目标

在硅谷出现过很多旨在启发和证明技术的力量和影响力的使命宣言，如苹果著名的“think different”口号等。而 Anker 的目标比较实际，就是解决技术上遇到的问题，如电池电量不足和有限的端口等。在 Anker 的亚马逊页面上写着这样一句格言：“Say hello to an easier, smarter life.”（欢迎来到一个更加简单、更加智能的生活。）现在，Yang 正试图把这个简单的理念扩展到耳机、音响、手机壳和智能家居类别。

Yang 表示，由于快速充电和无线充电技术的进步，他预计未来移动电源将不再是一个必需品。但是消费者肯定都需要插座充电器和数据线，Anker 把其现在的目标定为跟上不断变化的技术标准，如 USB Type-C 的推出。

与此同时，Yang 表示，随着未来 Anker 扩展到音频设备、智能家居和汽车产品，该公司正在变得更加多元化。Anker 现在已经在生产蓝牙耳机和音响，但它有望与 Harman Kardon（哈曼卡顿）和 Bose 等世界一流音响公司竞争。这些产品要取得成功的关键在于向实体零售商转变。Anker 在 2015 年聘请了宝洁公司的首席营销官 Terrence Wang，他表示，Anker 开始就尝试在百思买和沃尔玛开实体店，这是 Anker 演变的下一个阶段。

Anker 对实体零售的关注，主要在于电商纯粹依赖消费者。Anker 如今发现，要在亚马逊推出新产品是件很困难的事。较老的产品有数以千计的评论，但较新的产品需要在搜索排名中获得排名并得到好口碑，才能让更谨慎的买家购买。同时，Anker 复杂的产品系列也可能会让一个想要寻找简单选择的消费者眼花缭乱。Yang 说：“我们将尝试以每 18～24 个月为周期发布一代产品。”选择哪些产品要在百思买推出、哪些产品应该停产、应该在未来把资源投放在哪……这些都是 Anker 在成长中要经历的一部分烦恼。

6. Anker 的成功在于向消费者说出了产品能提供的价值

Anker 团队每年都会进行消费者调查。这个调查只有一个问题：你的智能手机多久会耗尽电池？每天一次？一个星期一次？每月一次？还是永远都不会？“40%的人表示，他们的电池在上周至少完全没电过一次，另外有 40%的人说他们的电池在上个月至少完全没电过一次。”Yang 说，“只要这些数字不下降，我们就有很多的工作需要去做。”

19.2.3 嵌入知识

1. 网络整合营销 4I 原则

1）Interesting（趣味原则）

互联网一定程度上具有娱乐属性，在互联网这个“娱乐圈”中，广告、营销也应适当带些娱乐化、趣味性。将营销信息巧妙包裹在趣味的情节当中。

2）Interests（利益原则）

利益原则是指网络是一个信息与服务泛滥的环境，营销活动若不能为目标受众提供利益，必然寸步难行。

3）Interaction（互动原则）

互动原则是网络媒体区别于传统媒体的另一个重要的特征，如果不能充分地挖掘运用这个特点，沿用传统广告的手法无异于买椟还珠。再加上网络媒体在传播层面上失去了传统媒体的“强制性”，如此的“扬短避长”，单向布告式的营销，肯定不是网络营销的前途所在，只有充分挖掘网络的交互性，充分地利用网络的特性与消费者交流，才能扬长避短，让网络营销的功能发挥至极致。

4）Individuality（个性原则）

个性原则是指个性更容易俘获消费者的心。个性化的营销，让消费者心理产生“焦点关注”的满足感，个性化营销更能投消费者所好，更容易引发互动与购买行动。但是在传统营销环境中，做到“个性化营销”成本非常之高，因此很难推而广之。但在网络媒体中，数字流的特征让这一切变得简单、便宜，细分出一小类人，甚至一个人，做到一对一营销都成为可能。

网络整合营销就是以目标客户需求为出发点，整合企业各方面网络资源，进行的低投入、精准化网络营销活动。在传统媒体时代，信息传播是自上而下、单向线性流动，消费者们只能被动接受。而在网络媒体时代，信息传播是“集市式”，信息多向、互动式流动。声音多元、嘈杂、互不相同。网络媒体带来了多种“自媒体”的爆炸性增长。

2. 打造极致口碑

互联网时代，营销的本质并没有变，还是需要我们把握需求、满足需求、控制需求。互联网时代的品牌怎么做？刚好相反，先做口碑，再做忠诚度，直到全面覆盖受众。

极致口碑来源于极致产品，没有好的产品，一切都是空中楼阁。传统的产品观念认为，产品就是具有特定的物质形态和用途的实体，强调的是产品本身的使用价值。现代市场营销观念从满足消费者需求的角度出发，认为产品是通过交换而获得的需求的满足。这里既包括看得见的物质需求，也包括看不见的心理需求。因此，产品是指通过交换能满足消费者或用户需要和欲望的一切有形或无形的要素。它包括核心产品、形式产品、期望产品、附加产品、潜在产品五个层次。要做到极致口碑，应做到以下几点：

第一，小而精。如果一年推出几百种产品，要做到“极致”很困难，但如果一年只推出几款产品，就可以做到。

第二，界定好边界。品牌都要有边界，一个品牌只能代表某类消费者，而不能是全部的消费者，所以要有所界定和取舍。

第三，快速革新和升级。任何一个顾客都不希望十年如一日看到同样一个产品。特别值得注意的是，口碑的来源是超出客户的期望。

①由极致口碑形成忠诚度。互联网时代是去中心化、媒体碎片化、没有权威的时代，因为大家自身都是“权威”、是媒体，这话不无道理。但互联网时代一样可以形成品牌忠诚，一样可以塑造伟大的品牌。由内而外的品牌塑造，更有爆发力和穿透性。②由铁杆粉丝形成的口碑，带动最核心的目标用户，完成最关键的消费群的建立。这些用户是种子用户，可以不断进行向外的辐射和影响其他用户。③忠诚度到更大的美誉度，一般通过活动形式开展，如微博的抽奖、关注转发抽奖等手段，在内容上有趣好玩。④从美誉度到更广泛的认知，要让传统媒体参与进来，利用传统媒体的优势，更广泛地覆盖消费群体。这一步是借助传统媒体进行传播，为品牌的继续强化服务。⑤由认知度到全部受众的知名度。经过以上步骤，基本完成了互联网时代的品牌打造。最后是需要线上和线下的结合，打造成为一个全社会有影响力的品牌。美誉度、忠诚度当然可以起到口碑传播、带动销售的作用，但“知名度”覆盖达不到全体受众，就不会成为一个全社会有影响力的品牌，只有让更多人知道，才有更多的销售机会，因此从这个角度说，没有“知名度”一切销售都是空谈。

项目小结

要塑造强势品牌，首先是对品牌历史和当前真相的审视。发现品牌历史上的主要里程碑或转折点：如公司（品牌）成立与扩张、传播战役、第一次转型行动等；对今天的品牌拍“快照”：谁是品牌的核心消费者，品牌的联想有哪些，品牌能够向消费者真正提供的东西是什么等；与主要竞争对手相比，找出自身品牌的竞争强项以及与竞争者的关键差别化因素。

蓝弦定位于全球领先的移动音频设备制造商，提供专业音频及无线通信解决方案。主张极致、时尚和简约。品牌定位和目标市场都很清晰。在品牌传播上，以全渠道传播为策略，利用电商平台、社交网站、邮件、博客、搜索引擎等推广渠道提升品牌知名度，向全世界传达其品牌理念。为了提升用户体验，重视做好产品布局和引流，以用户体验细节赢得客户，提升客户价值。

每个品牌中都一定有产品，但不是所有产品都可以发展成品牌。当有人对品牌赋以爱心、情感、关怀之时，当有人真正了解并重视目标对象的生活时，当有人与使用者或潜在对象有亲密而定期的对话时，品牌才能欣欣向荣。

对跨境电商而言，“品牌建设”并不指单纯的品牌营销，更应该称之为一种可持续发展的电商商业模式。它以用户为核心、以单一品牌站点为载体，向客户提供具有情感和功能双重联系的产品，形成用户、产品、品牌的联动，从而使得跨境电商能够获得持续的增长。

同步测试

一、单选题

1. 商家集中力量塑造一个品牌形象，让一个成功的品牌附带若干种产品，使每一个产品都能够共享品牌的优势。这种战略被称为（　　）。

   A. 单一品牌战略　　　　B. 多品牌战略

   C. 副品牌战略　　　　D. 整合品牌战略

2. 随着企业经营环境的变化和消费者需求的变化，品牌的内涵和表现形式也要不断变化发展，以适应社会经济发展的需要。这被称为（　　）。

   A. 品牌更新　　　　B. 品牌定位

   C. 品牌传播　　　　D. 品牌危机管理

二、判断题

1. 品牌定位是企业在市场定位和产品定位的基础上，对特定的品牌在文化取向及个性差异上的商业性决策，它是建立一个与目标市场有关的品牌形象的过程和结果。（　　）

2. 高的品牌知名度就是品牌的全部。（　　）

项目 20　跨境电商的品牌定位和品牌传播

定位是指某个品牌在消费者心目中的位置，通俗地讲，就是对顾客来说，某品牌在顾客心目中的印象是什么？

首先，定位不是创造新的概念，而是去控制顾客内心中已经存在的认知，把产品与顾客的认知相关联。比如，人们一看到沃尔沃汽车，就会联想到优良的安全性能，人们在心智中把安全性与沃尔沃品牌进行了关联，这就是品牌定位。

其次，品牌通常只选取一个最能代表它的产品理念作为其品牌的定位，比如前面提到的沃尔沃汽车，只选安全性作为品牌定位，宝马汽车则选择优秀的驾驶性能作为主要的品牌定位，这样做的好处是，顾客只需接受一个理念，从而可以更快速地记住你的品牌，从营销成本和效果上能大大提高品牌在消费者心目中的地位。

任务 20.1　Naturehike(挪客)——引领沉浸式露营新场景

20.1.1　案例引入

夏日炎炎，"精致露营"悄然兴起。拥有轻奢时尚外观的 Naturehike(挪客)的户外装备，从帐篷到睡袋，从炉灶到照明，一站式的"轻户外·轻旅行"，让你在朋友圈分分钟"出圈"(见图 20-1)。

图 20-1　轻户外·轻旅行——引领沉浸式露营新场景

自2010年创立以来，Naturehike（挪客）在国内户外运动领域深耕多年，乘着“露营”这股热风，更借着亚马逊的东风，坚持走中国品牌出海之路。

Naturehike（挪客）逐渐在国外社交媒体上创立自己的频道，进行创意内容营销，通过“让户外成为一种生活方式”的理念，引发全球更多用户的共鸣。

步入2022年，Naturehike（挪客）开始积极准备多元化的联名营销，这让Naturehike（挪客）意识到，将品牌与中国文化元素结合在一起，可以爆发出巨大的能量与潜力。

20.1.2 案例分析

“这不仅为品牌注入了文化基因，也赚到了‘现象级’的话题热度。”Naturehike（挪客）跨境电商部经理说。

2018年，Naturehike（挪客）荣获“亚马逊全球拓展卖家”称号，“2021年，我们在亚马逊上的销售额实现翻倍增长，突破1 000万美元，并将继续扩大Naturehike（挪客）品牌在世界范围内的影响力。”

目前，Naturehike（挪客）越走越稳，年均销售额增长超过40%，热销产品更是几度卖空，2021年产品已经畅销至全球80多个国家和地区，真正实现全球开店。

Naturehike（挪客）产品在用户个人社交圈的传播，使得“让户外成为一种生活方式”在社交媒体迅速扩散，这就是典型的SNS营销传播方式。SNS营销要注意哪些方面呢？

首先，要了解社区的特性。每个社区都会有自己的特点，包括风格、氛围。要在某个社区营销，我们就要先去了解这个社区的特性，明白什么样的话题会在社区中被很好的传播，用户对什么信息反感等。当对这些社区的特性有了足够的了解之后，我们才可以针对性的分享，也才能保证我们的分享能够得到比较好的传播。

其次，创建属于你的品牌群组。很多SNS社区都提供了群组的版块，建议大家在选择社区营销的时候最好选择具有群组模块的社区，因为小组是可以累积到同兴趣的用户的，也会有很多意见领袖的存在，小组会是我们营销的很好资源。我们需要去培养属于自己的品牌群组，通过活动的形式为小组添加人气，有了属于自己的品牌群组之后，这个小组的组员都会是你传播品牌最好的渠道。同时，随着你的品牌小组人气不断上升，你的品牌在整个社区当中的影响力就会得到展现，从而会有更多的人了解到你的品牌，这是一个非常好的良性循环。

然后，多接触超级用户。任何一个社区里面都会有一些非常受关注的用户，我们称之为超级用户，这些用户是我们必须去接触的，如果能够得到他们的帮助，我们的品牌传播会非常的迅速。接触他们的方式是要先了解他们的兴趣点，通过他们感兴趣的话题来吸引他们的注意力，最好是经常更新他们所关注领域的最新资讯，他们会很愿意去转载给他们的粉丝，这样我们与他们的关系就会变得非常的紧密。之后再对他们进行营销，成功率会高出很多。

由于现在做社区营销的很多，作为社区的普通用户来说，对于很多的营销、广告都有了相当的判断力，所以大众化的营销手段是很难取得效果的，我们需要进行创新，需要去思考营销思路。

20.1.3 嵌入知识

1. 跨境电商品牌定位的方法

1）看市场，找风口

做品牌定位其实就是做产品定位，选择一个好的产品，能让你的营销推广事半功倍。任何一个市场、任何一类产品都有其成长周期，选择一个处于上升期阶段的产品才更容易成功。如果选择了一个处于衰退期的产品，再多的营销手段也是徒劳。选对产品、找到风口是品牌定位首先要考虑的问题。

2)看自己,找优势

要做好品牌定位,必须对自己的优势和劣势有一个清醒的认识,即做到扬长避短。自己企业或产品的优势一定要继续发扬壮大,做自己擅长的事情,不能盲目跟风,不能看别人卖什么我也卖什么,一定要结合自身优势,持续打造品牌影响力,在自己擅长的领域圈地为王。

3)看同行,找空位

看市场中的同类品牌采用了哪些定位,还有哪些定位是对手没有占用的,不要做同一个定位里的老二,永远只做第一名,因为第二名永远是不被人记住的。

4)看需求,找角度

找需求,找到客户最迫切的需求点或痛点,永远是商业活动的头等要事,如果大家都选择了同一个需求点,那么你还可以采用一个新的角度,为你的定位找到突破点。

5)用视觉营销塑造品牌定位

找到属于自己的品牌定位,定位是钉子,视觉就是锤子,用视觉的锤子把定位的钉子植入客户的内心,用视觉营销手段呈现品牌定位,是品牌塑造的唯一路径。

任务20.2　"SHEIN"品牌的定位和传播

20.2.1　案例引入

集商品设计、供应链、仓储物流、线上运营、互联网研发及数字化建设为一体,专注于快时尚的跨境互联网公司,旗下品牌SHEIN创建于2014年,以快时尚女装为业务主体,主要产品包括女装、服饰配件、家居饰品、男装、童装等。SHEIN集商品设计、供应链、仓储物流、线上运营、互联网研发及数字化建设为一体,通过全生态链、全球运营、全数字化的快时尚新生态,为全球消费者提供高丰富度、高性价比的快时尚产品。

公司的业务已经发展至法国、俄罗斯、意大利、西班牙、澳大利亚、德国和泰国等地,覆盖全球100多个国家和地区;讲究扁平化的管理思路,务实而且注重成效,并且很快成为快时尚的一匹黑马,运营比较稳定,发展也很快,依靠迅速更新的款式、稳定的质量、稳定的服务和创新的运营,会员数量不断增长并跨越了5 000万的大关;2018年单库日出货量130万件,整体营业额已过百亿元人民币,业务连续多年保持倍增。

20.2.2　案例分析

从品牌电商的角度来说,最重要还是口碑和品牌给商城带来的自有流量,这点上来说,SHEIN抓住了"红人"和"意见领袖"的好时机,大量通过红人宣传品牌,把品牌的势能打造起来,同时完成自己移动App的流量导入。SHEIN开始就非常重视建设供应链能力,打造工厂、投资服装工厂等。SHEIN的供应链体系相对ZAFUL比较强,相对流量和营销来说,SHEIN其实并不如ZAFUL厉害。所以在互联网方面,SHEIN目前也在补课,在IT系统和BI数据化等方面也在建设中。另外,跨境电商行业越来越多的玩家涌入,在目前的市场环境下,流量成本变得越来越高,单纯的价格优势已经不是电商各平台的主要核心竞争力。更核心竞争力在于供应链的降低成本和后端商品开发对市场和用户需求的把握。

20.2.3　嵌入知识

品牌传播的步骤:

1.充分了解自身产品特性

产品是品牌的基石,一定要明确企业产品的属性,充分发掘产品的实用性、独特性、优越性，能够从本质上区别与市场其他产品的特点，就是利用产品进行品牌传播的突破点。你的产品是针对什么消费人群，优点是否可以进一步优化，缺点是否能够最大程度忽略，通过这些方面进行分析，有助于找准品牌传播定位的着力点。

2. 全面分析当前市场概况

在进入市场之前，首先要全面了解市场，而不是一股脑地投入进去，花了大价钱进行推广，却发现没有什么实际意义上的收获。互联网环境下的市场瞬息万变，不但要分析当前市场消费者的主流选择，还要了解市场变化的趋势，否则当分析结束准备投入市场的时候，市场又完成了新一轮的更迭。全面地分析市场，也对竞争者进行对比分析，有利于我们在品牌传播定位上找准方向。

3. 各种类型渠道优劣对比

目前主流的传播渠道主要分线上和线下两部分。线上的渠道又是多种多样，微信、微博、抖音等；线下的有门店、活动、户外广告等。许多企业见新媒体营销很火热，不考虑自身产品和消费者人群就投入大量资金进行新媒体推广，可想而知，并不能得到他们预期的效果。各类渠道都有其针对的特定人群，结合自身产品特性和企业品牌形象，优化选择最佳的传播渠道进行搭配，才能打出漂亮的组合拳，有助于精确品牌传播定位。

4. 不同载体配合品牌发展

产品、服务、代言人、品牌故事、热点事件等都可以作为品牌传播的载体，传播载体的选择也要结合品牌的发展程度，这是一个循序渐进的过程，操之过急反而不能发挥载体本身可以达到的传播效果最大化。所以要确定各种载体是否适用于品牌发展的各个阶段，同时也要注重载体在渠道内传播的效果，从而争取品牌传播能获得最佳效果。精准的分析离不开大量准确的数据，收集数据、分析数据、得出结论，有利于确立精准的品牌传播定位，过程虽然辛苦，但只有在前期将定位精准化，才能避免后期要花更多的时间和资金去规整它。

项目小结

如今的外贸行业，利润空间越来越小，推广成本越来越高，而国内企业由于品牌意识淡薄，往往只重视生产，忽略品牌营销，到最后只能打价格战。

另外，品牌也是提升客户信任感、提高转化率的最有力手段。同样一款产品，有品牌的产品会更受消费者青睐，而没有品牌则只能依靠低价打动消费者。

如果一家企业在一个行业中已经占有了一定的市场份额，但是业绩遇到了瓶颈，很难提升，这时候建议采取品牌定位战略，重新梳理品牌定位，从而突破瓶颈，迎来曙光。

如果是一家新创企业，不太建议马上采取定位战略，因为企业没有前期的市场积累和试错，对市场、对自己都还没有一个清晰认识，这时候定位，只能是凭感觉，无法发挥定位理论的真正作用。

建立了一定的品牌意识之后，接下来对传播的方式方法选择可能会有些迷茫，这时候就要对品牌的传播定位进行分析。在品牌推广初期，如果定位错误，不会看出太大差别，但随着品牌的发展壮大，定位错误会使得品牌传播出现偏差，甚至要付出极大的代价去进行修正。所以品牌传播一开始的定位就显得尤为重要，可以从产品、市场、渠道、载体等方面进行分析。

同步测试

一、单选题

品牌危机管理应从以下三步骤进行,分别是(　　)。

A. 品牌危机预警、品牌危机处理和品牌危机善后

B. 品牌危机发现、品牌危机处理和品牌危机善后

C. 品牌危机界定、品牌危机处理和品牌危机善后

D. 品牌危机预警、品牌危机发现和品牌危机界定

二、多选题

1. 跨境电商品牌定位的方法有(　　)。

A. 看市场,找风口　　B. 看自己,找优势

C. 看同行,找空位　　D. 看需求,找角度

E. 用视觉营销塑造品牌定位

2. 品牌传播步骤包含(　　)。

A. 充分了解自身产品特性　　B. 全面分析当前市场概况

C. 各种类型渠道优劣对比　　D 不同载体配合品牌发展

三、判断题

1. 品牌是一种名称、术语、标记、符号或图案,或是它们的相互组合,用以识别企业提供给某个或某群消费者的产品或服务,并使之区别于竞争对手的产品或服务。(　　)

2. 一个企业要想建立成功的品牌,首先是生产过硬的产品,其次是建立有效品牌的识别系统,最终为消费者带来除产品使用功能之外的附加价值。(　　)

3. 品牌由两大部分构成,即品牌的有形部分和无形部分。有形部分主要包括品名、标志、标准色、标志音、代言人、标志物、标志包装、产品、员工等;无形部分主要是指品牌所表达或隐含的"潜藏在产品品质背后的、以商誉为中心的、独一无二的企业文化、价值观、历史等"。(　　)

4. 品牌组合的管理是动态的艺术,必须随着环境的变化而不断调整,但成功的品牌组合管理定是在品牌组合的量与质上取得平衡的管理,一定是提高品牌组合效益和企业市场竞争能力的管理。(　　)

同步实训

跨境电子商务品牌建立

1. 实训背景

随着跨境电商产业生态发展不断成熟,中国跨境卖家正迎来一个提升产品、创立品牌的绝佳机遇。品牌不仅仅是跨境电商的口碑,还有定位和运营。做一个产品,就要对自己的产品和发展方向有明确的定位,不管做电商还是非电商,品牌都是非常重要的点。后期的电商发展,

一定是需要卖家有很专业的品牌运营能力，需要卖家从一开始树立这种概念，并且朝着这个方向走。

2. 实训目的

(1)设计品牌，并树立品牌的内涵与特点。

(2)熟悉电商品牌形成的过程。

(3)运作跨境电商品牌的传播。

3. 实训内容与步骤

1)设计一个跨境电商品牌

(1)构思一个品牌，并赋予品牌理念与内涵。

(2)使用 PS、AI 等绘图软件制作品牌的 LOGO，如图 1 所示。

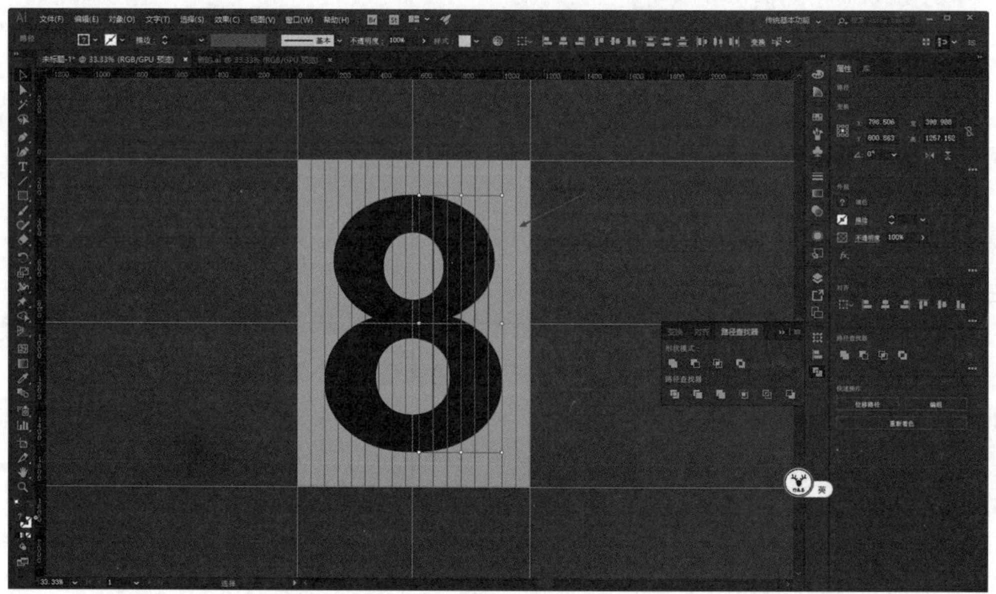

图 1　制作品牌的 LOGO

(3)确定品牌的定位与方向。

2)在跨境电商平台上开通品牌店铺(以速卖通为例)

(1)入驻速卖通第一步：注册账号，如图 2 所示。

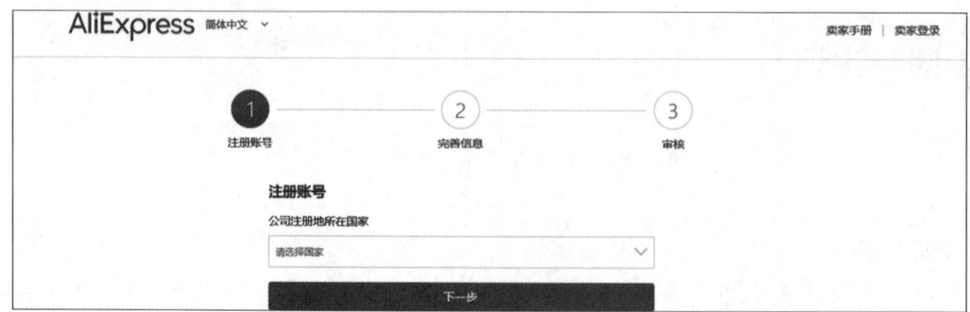

图 2　注册账号

3)根据品牌特点进行选品

(1)站内选品在众多的方式中,最常见的大概就是利用平台来寻找了,这种方式可以快速找到合适的目标。进入速卖通首页,在速卖通首页点击 Bestselling,可以选择 Hot product 或 Weekly Bestselling 查看平台里卖得好的产品,如图 3 所示。

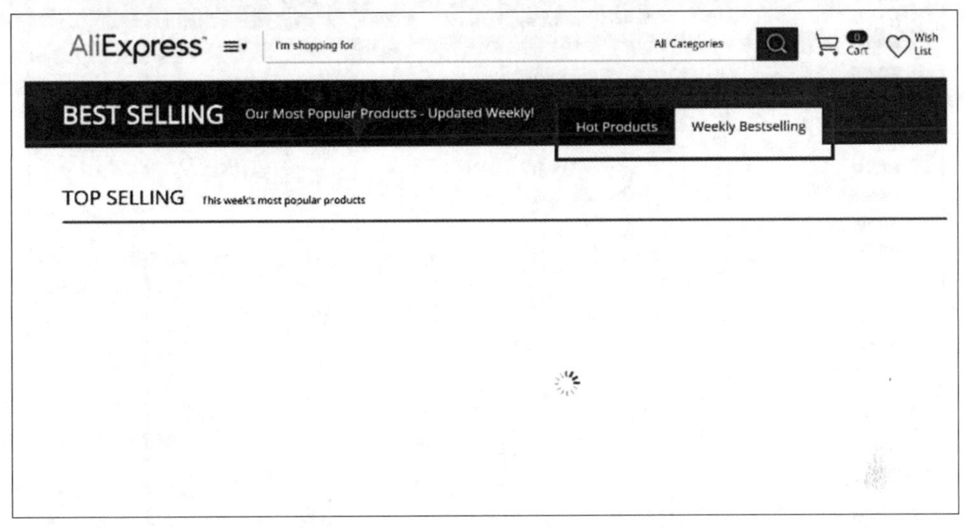

图 3　查看产品销量

(2)按类目查找热销品。打开平台首页,在 CATEGORIES 找到所带店铺的类目,查看各个二级类目的产品,如图 4 所示。

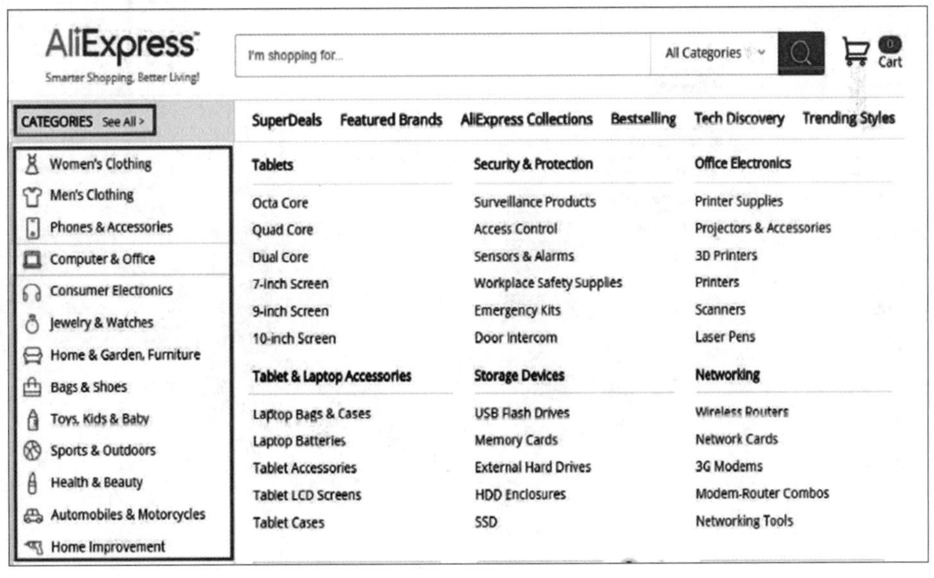

图 4　查看二级类目的产品

(3)打开速卖通后台的"数据纵横",选择"选品专家",如图 5 所示。单击"热销",选择店铺的主营行业,选择国家和时间,如图 6 所示,分析当前行业哪些品类更有市场优势。

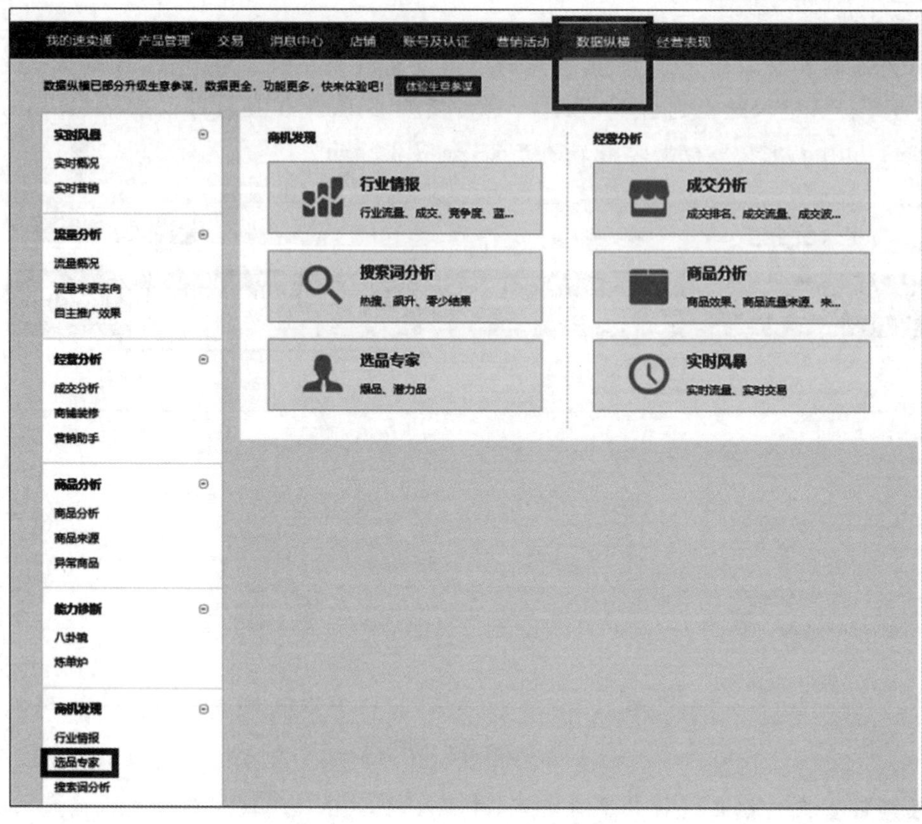

图 5　选择“选品专家”

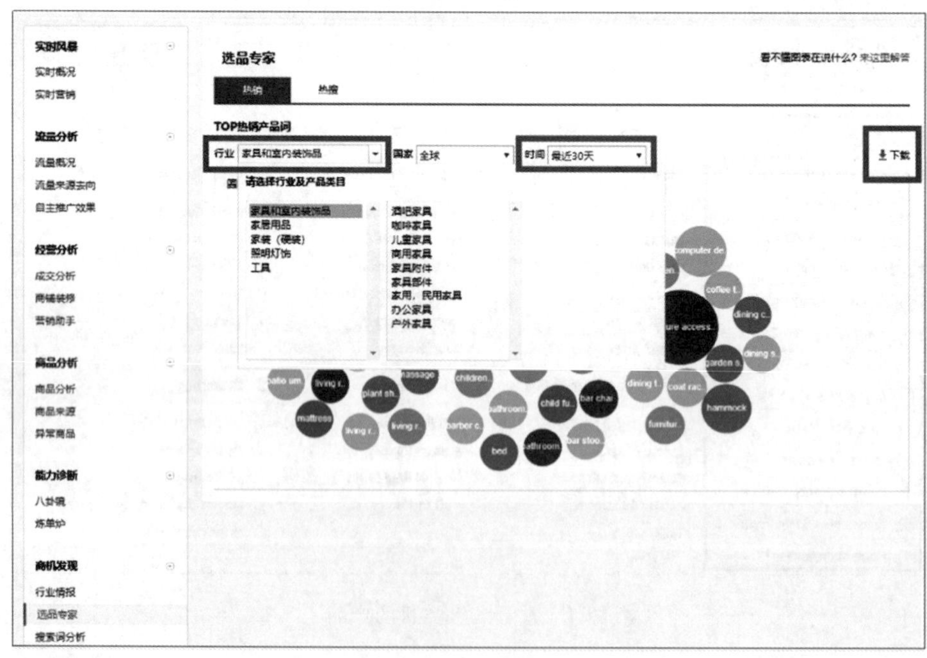

图 6　选择行业、国家和时间

4)上架商品

(1)在产品管理页面单击“发布产品”。该场景适用于发布单条产品,如图 7 所示。

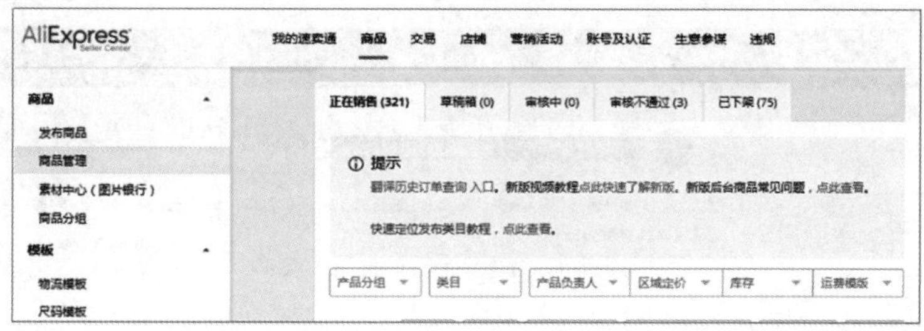

图 7 上架商品

(2)选择“类目”页面,选择合适的产品发布类目,如图 8 所示。

图 8 选择合适的产品发布类目

(3)填写产品属性,如同 9 所示。

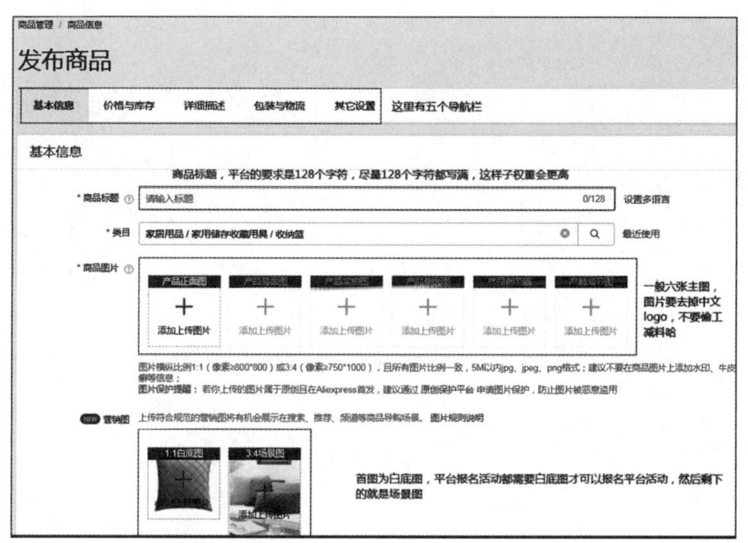

图 9 填写产品属性

(4)提交成功后会进入审核,如同10所示。

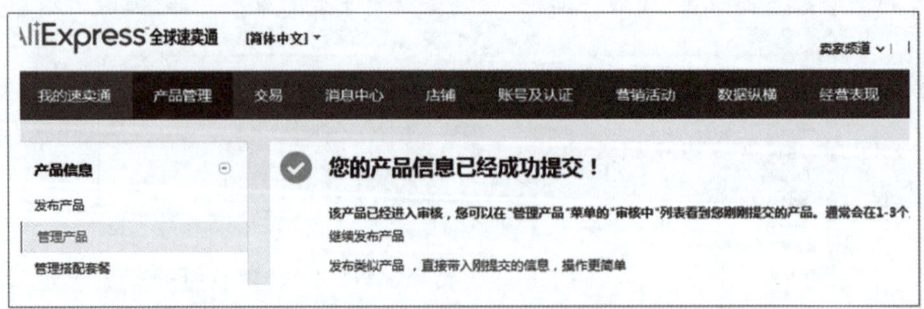

图10 提交成功

4.通过网络、社群营销推广品牌,并成功售出商品

目前主流的推广方式主要分为:付费推广与免费推广。

- 付费推广:就是通过付费在一些官方平台购买广告位、信息流等方式进行推广。
- 免费推广:通过个人或企业账户在社交、网络等平台进行推广。

5.分析自身产品特性,撰写品牌发展方向与规划(略)

实训提醒

1.设计LOGO时注意LOGO的知识产权问题,不要抄袭。

2.在社交平台进行推广是需要注意规范,防止被封号。

参考文献

[1] 刘志远. 亚马逊跨境电商运营宝典[M]. 北京:电子工业出版社, 2020.
[2] 老魏. 大卖家[M]. 2 版. 北京:世界图书出版公司,2018.
[3] 李彦哲. 我国跨境电商物流发展模式研究[J]. 商场现代化,2018(23):74-75.
[4] 邬佳伟,韩曙东. 多元化运营模式下跨境电商物流服务体系构建[J]. 商业经济研究,2018(22) :88-90
[5] 朱耿,朱占峰,朱一青. 人工智能背景下跨境电商物流体系构建的理论和案例剖析[J]. 物流工程与管理,2018,40(11):31-35.
[6] 杨子. 消费者体验视角下跨境电商物流模式的选择:以福建自贸区为例[J]. 福建商学院学报,2018(3):58-66.
[7] 王军海. 跨境电子商务支付与结算[M]. 北京:人民邮电出版社有限公司 2010.
[8] 盛立强. 王佳. 跨境电子商务基础[M]. 北京:高等教育出版社. 2020.
[9] 邓志超. 崔慧勇,莫川川. 跨境电商基础与实务[M]. 北京:人民邮电出版社有限公司,2017.
[10] 沈萍,严立,谢鑫. 跨境电子商务实务[M]. 中国商务出版社有限公司. 2021.
[11] 伍蓓. 跨境电商理论与实务[M]. 北京:中国工信出版集团,2021.
[12] 袁江军. 跨境电子商务基础[M]. 北京:中国工信出版集团,2020.
[13] 陈道志. 跨境电商营销推广[M]. 北京:中国工信出版集团,2019.
[14] 潘百翔,李琦. 跨境网络营销[M]. 北京:中国工信出版集团,2018.
[15] 刘颖君. 跨境电子商务基础[M]. 北京:中国工信出版集团,2020.
[16] 逯宇铎,陈璇,易静等. 跨境电子商务理论与实务[M]. 北京:中国工信出版集团,2021.
[17] 郑明. 跨境电子商务实务[M]. 西安:西北工业大学出版社,2018.
[18] 郑成思. 知识产权论[M]. 北京:法律出版社,2003.
[19] 柯丽敏,洪方仁,郑锴. 跨境电商案例解析[M]. 北京:中国海关出版社,2016.